MASHLE

MAGIC AND MUSCLES

HAJIME KOMOTO

AF630048

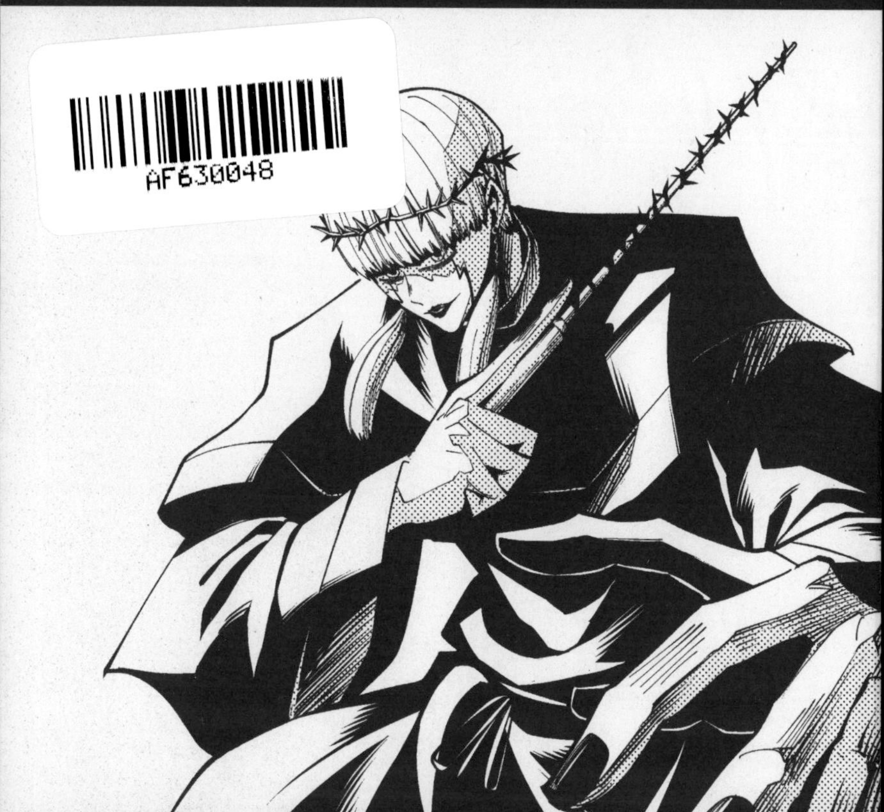

8

Mash Burnedead und die vier Diamantringe

CHARAKTERE

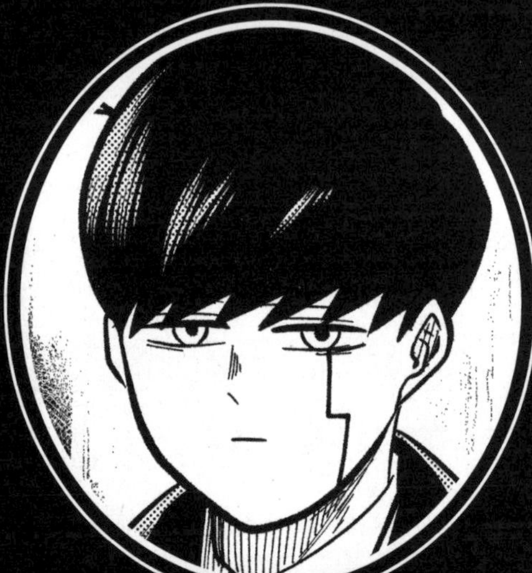

Mash Burnedead

Ein ungewöhnlicher Junge mit muskulösem Körper. Er kann nicht zaubern, stellt sich aber jeglicher Magie. Sein Weltbild ist sehr unkonventionell. Er schätzt Familie und Freunde und liebt Windbeutel. Außerdem hat er Schwierigkeiten, zu erkennen, ob eine Tür aufgezogen oder aufgedrückt werden muss.

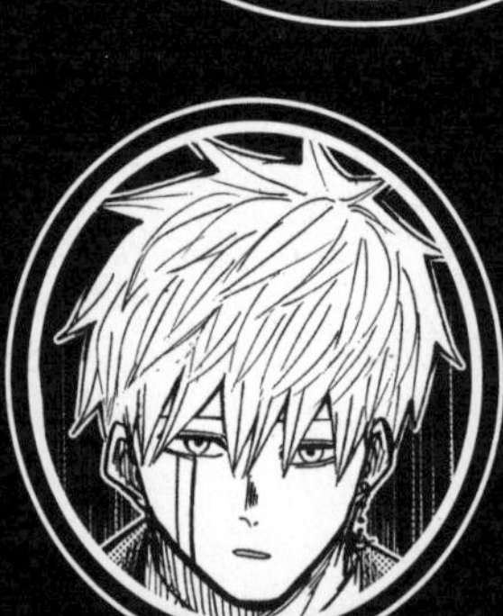

Lance Crown

Ein gut aussehender Junge, der bei der Aufnahmeprüfung die höchste Punktzahl erreicht hat. Er hat einen ausgeprägten Schwesterkomplex.

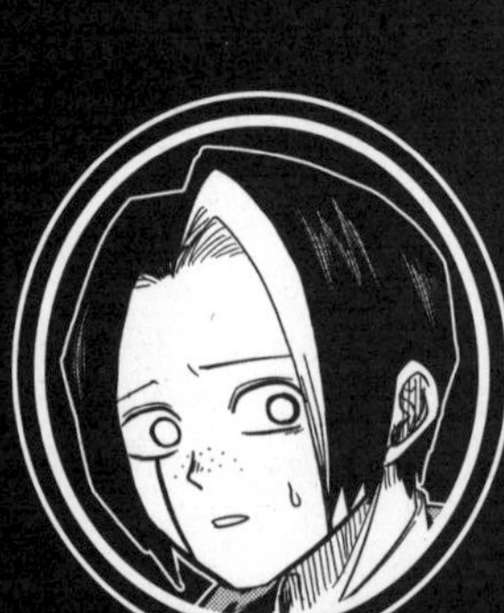

Finn Ames

Mashs lustiger Zimmergenosse und sein allererster Freund

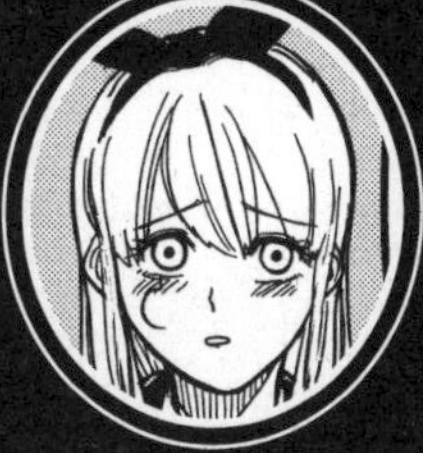

Lemon Irvine

Hat sich bei der Aufnahmeprüfung in Mash verliebt.

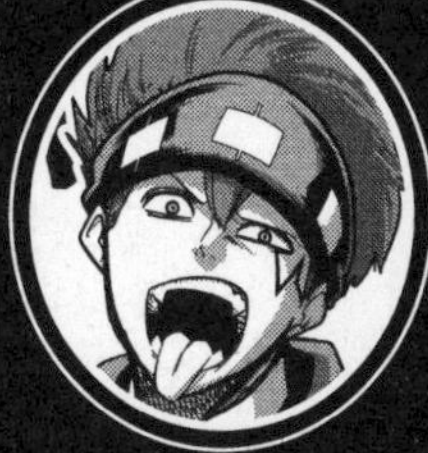

Dot Barrett

Ein direkter und aufbrausender Typ. Er kommt nicht gut bei Mädchen an und hasst gut aussehende Kerle.

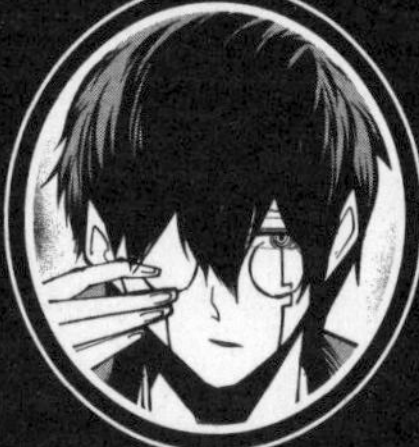

Orter Mádl

„Stab des Sandes“, Gottesseher und zuständig für Zauberkraft-Verwaltung

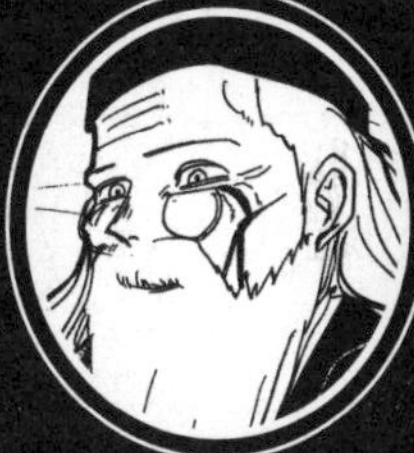

Direktor Wahlberg

Der Schulleiter der Easton-Magieschule erwartet viel von Mash.

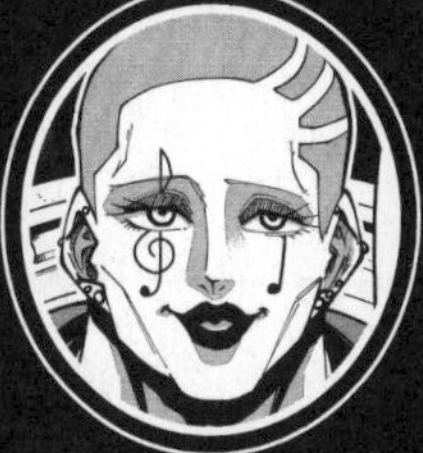

Margarette Macaron

Dem künstlerischen Aufsichtsschüler des Hauses Orca ist ein Anreiz wichtiger als das Sammeln von Münzen.

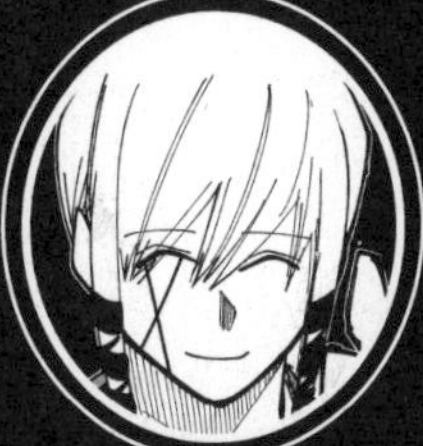

Kaldo Gehenna

Leiter der Magiepersonal-verwaltung. Gottesseher, besitzt den Stab des Feuers.

STORY

In dieser Welt bestimmt Magie über alles! Tief im Wald lebt ein Junge namens Mash. Hartes Training hat ihm einen stahlharten Körper beschert, aber er hat ein Geheimnis: Er kann keine Magie anwenden! In der magischen Welt ist das ein Grund zur Vernichtung. Um sein Geheimnis zu wahren, geht Mash auf die Magieschule. Seine außergewöhnliche Stärke hilft ihm, seinen Mangel zu verbergen, und so schafft er es bis zur Auswahlprüfung für den Gottesseher - jemand, der von den Göttern auserwählt wird.

Mash hat die zweite Stufe der Prüfung bestanden. Alles, was es benötigte, waren ein Tennisschläger und Carpaccios Kopf. Mash schlägt sich gut, doch am Ende erwartet ihn ein Duell mit Macaron. Muskeln allein reichen nicht gegen jemanden, der so schnell ist wie der Schall. Doch als alles verloren scheint, denkt Mash sich eine explosive Strategie aus und gewinnt den Kampf! Doch dann taucht Innocent Zero am Schauplatz auf und fordert Mash...

Inhalt

63. Kapitel Mash Burnedead und der große Turm

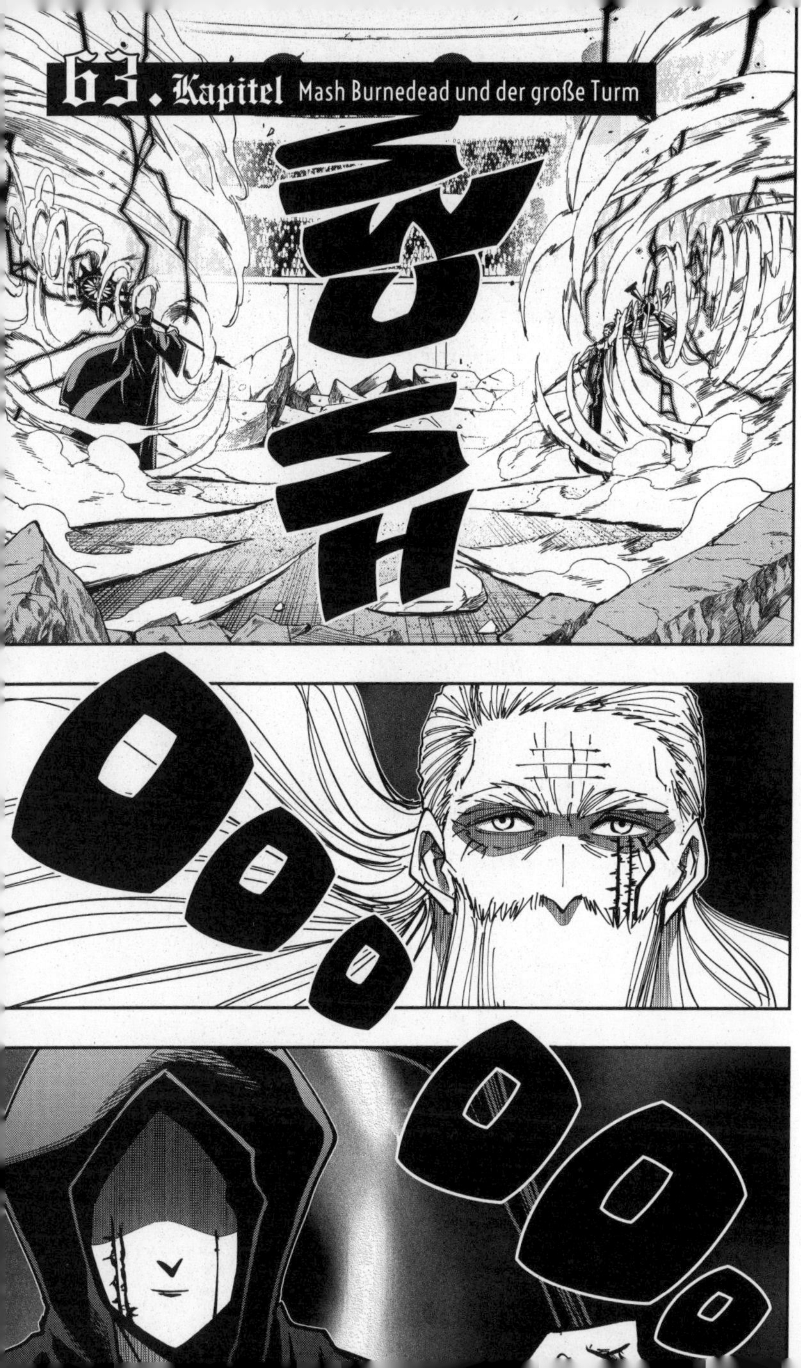

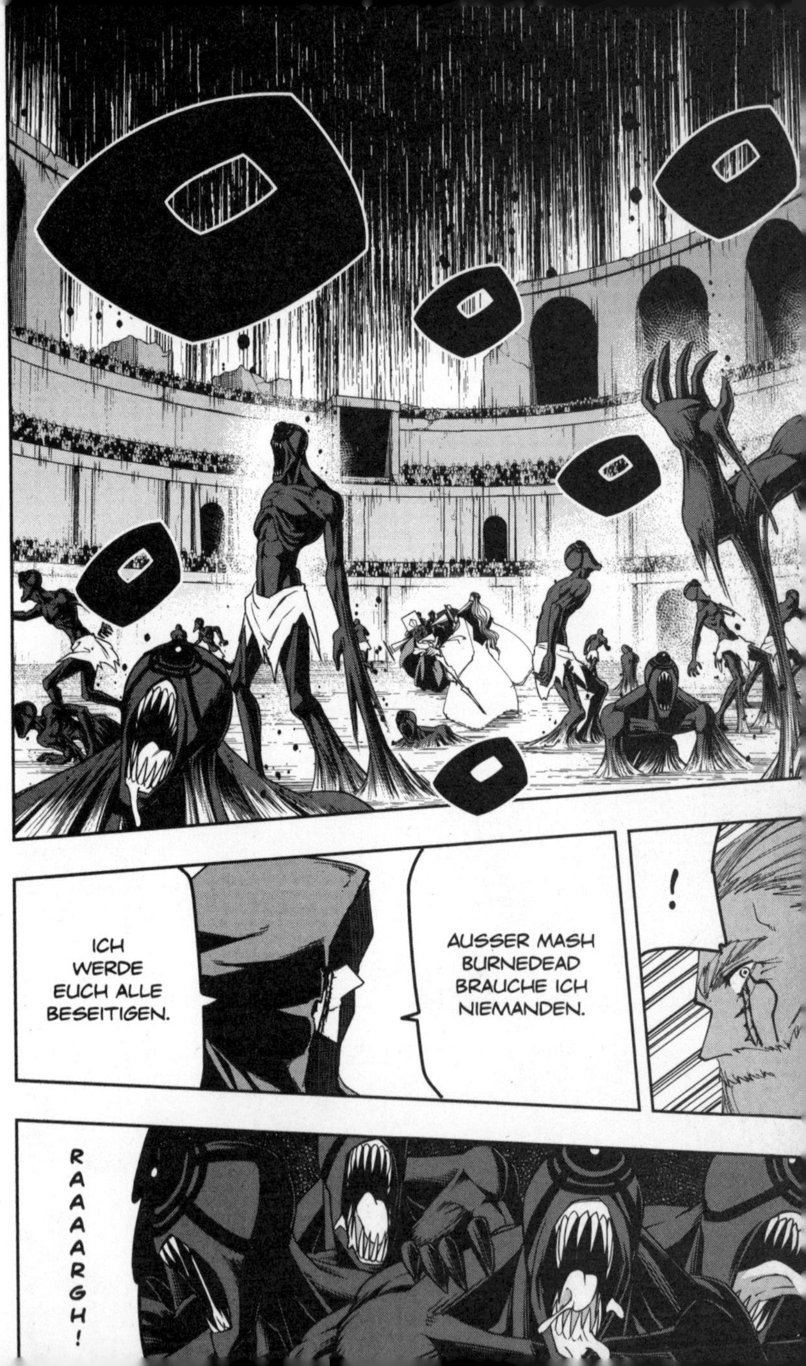
!
AUSSER MASH BURNEDEAD BRAUCHE ICH NIEMANDEN.
ICH WERDE EUCH ALLE BESEITIGEN.
RAAAAARGH!

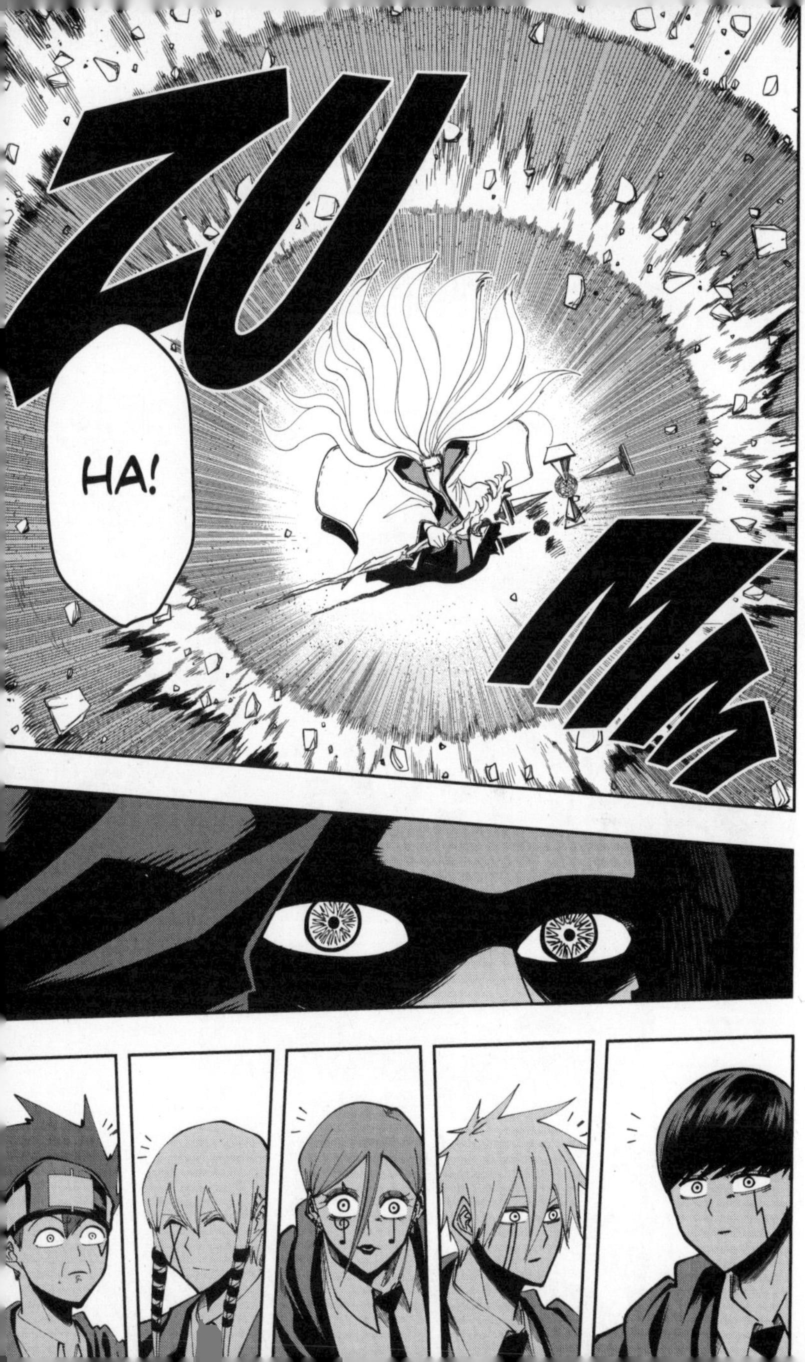
ZUMM
HA!

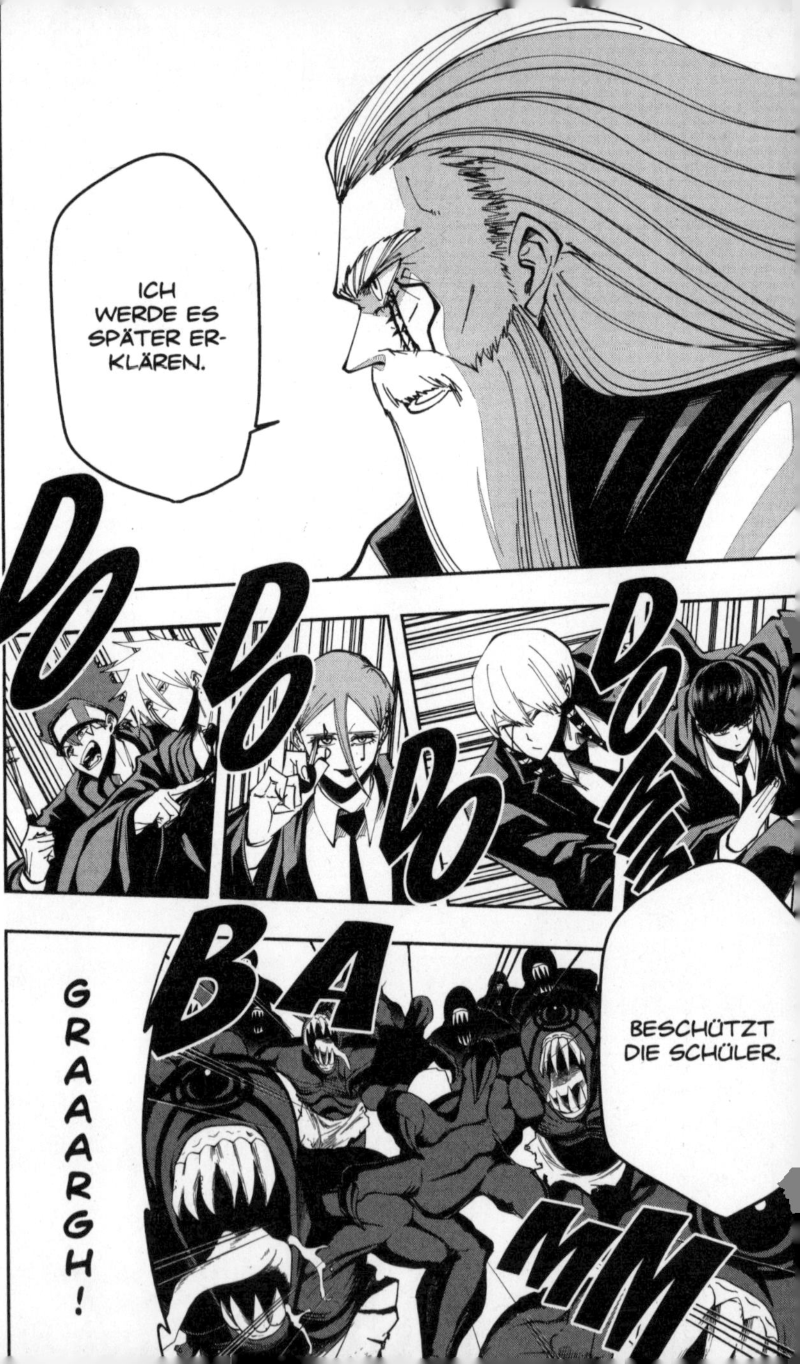
ICH WERDE ES SPÄTER ER-KLÄREN.
DOMM
DO
DO
DO
BESCHÜTZT DIE SCHÜLER.
BA
MM
GRAAAARGH!

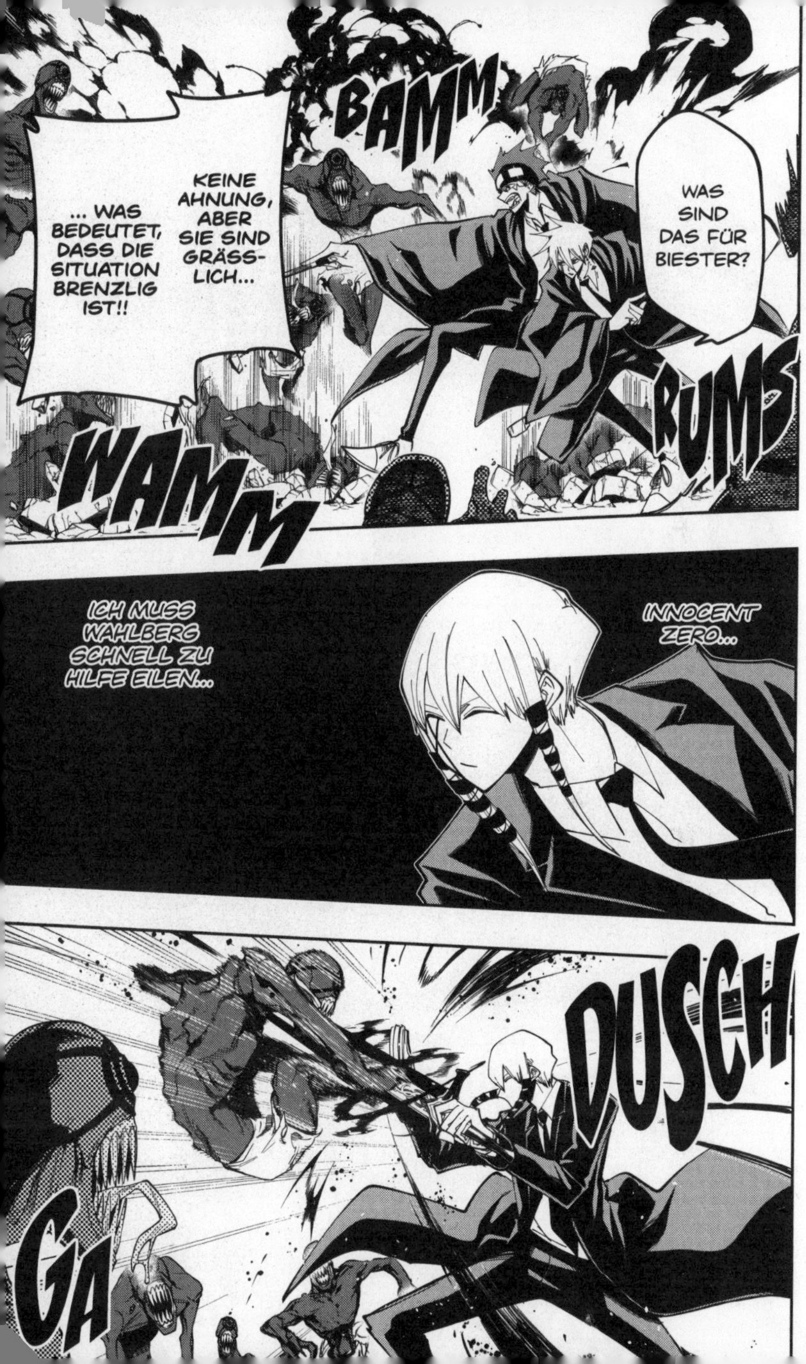
BAMM
WAS SIND DAS FÜR BIESTER?
KEINE AHNUNG, ABER SIE SIND GRÄSS-LICH...
... WAS BEDEUTET, DASS DIE SITUATION BRENZLIG IST!!
BUMS
WAMM
INNOCENT ZERO...
ICH MUSS WAHLBERG SCHNELL ZU HILFE EILEN...
DUSCH
GA

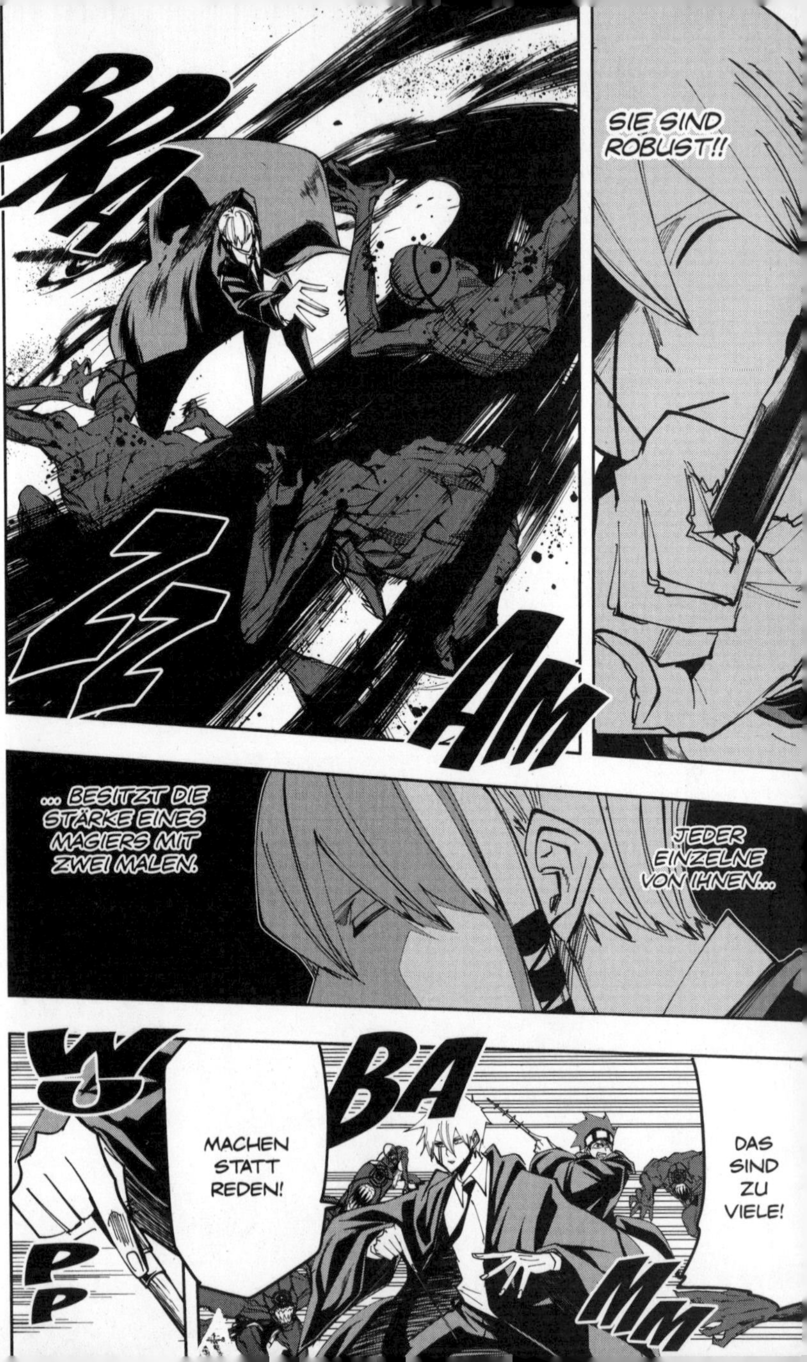

SIE SIND ROBUST!!
BRA
ZZZ
AM
JEDER EINZELNE VON IHNEN...
... BESITZT DIE STÄRKE EINES MAGIERS MIT ZWEI MALEN.
DAS SIND ZU VIELE!
BA
MM
MACHEN STATT REDEN!
PP

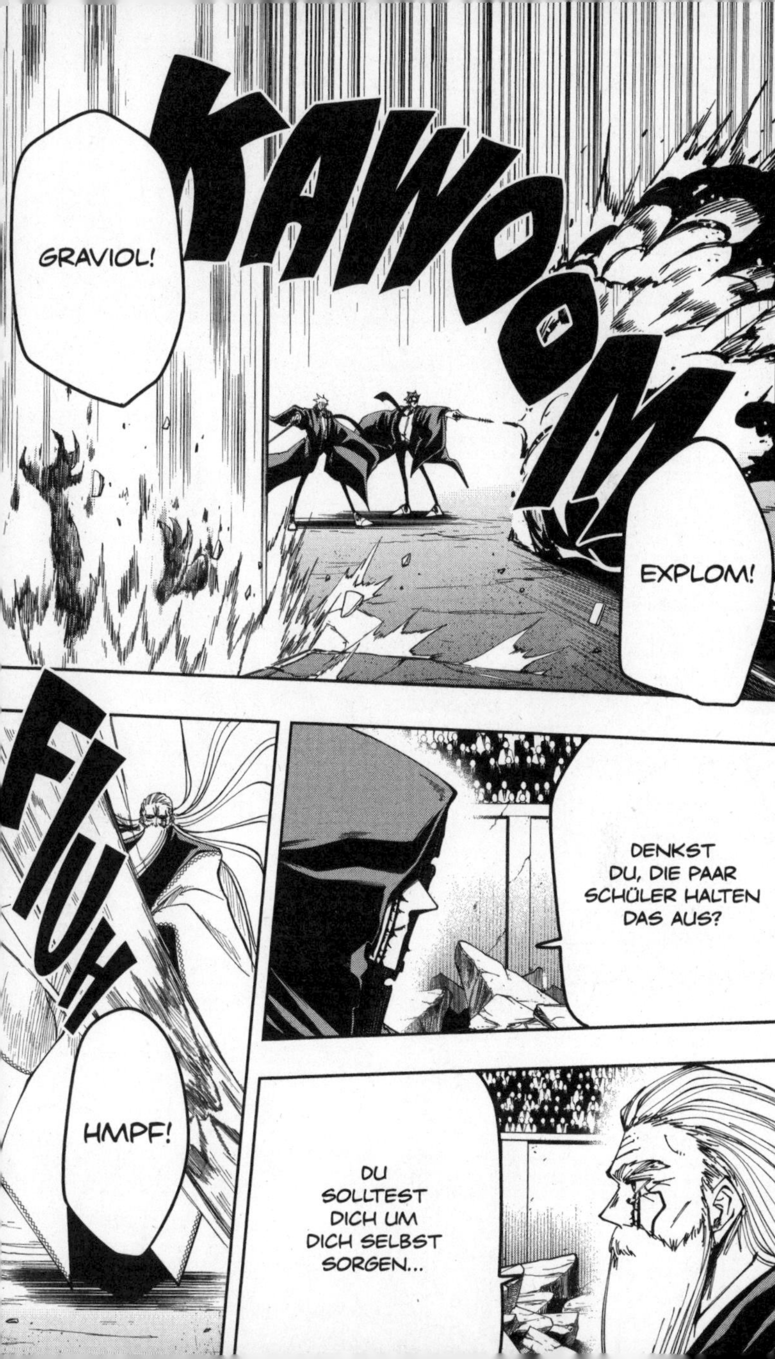
KAWOOM!
EXPLOM!
GRAVIOL!
DENKST DU, DIE PAAR SCHÜLER HALTEN DAS AUS?
FLUH!
HMPF!
DU SOLLTEST DICH UM DICH SELBST SORGEN...

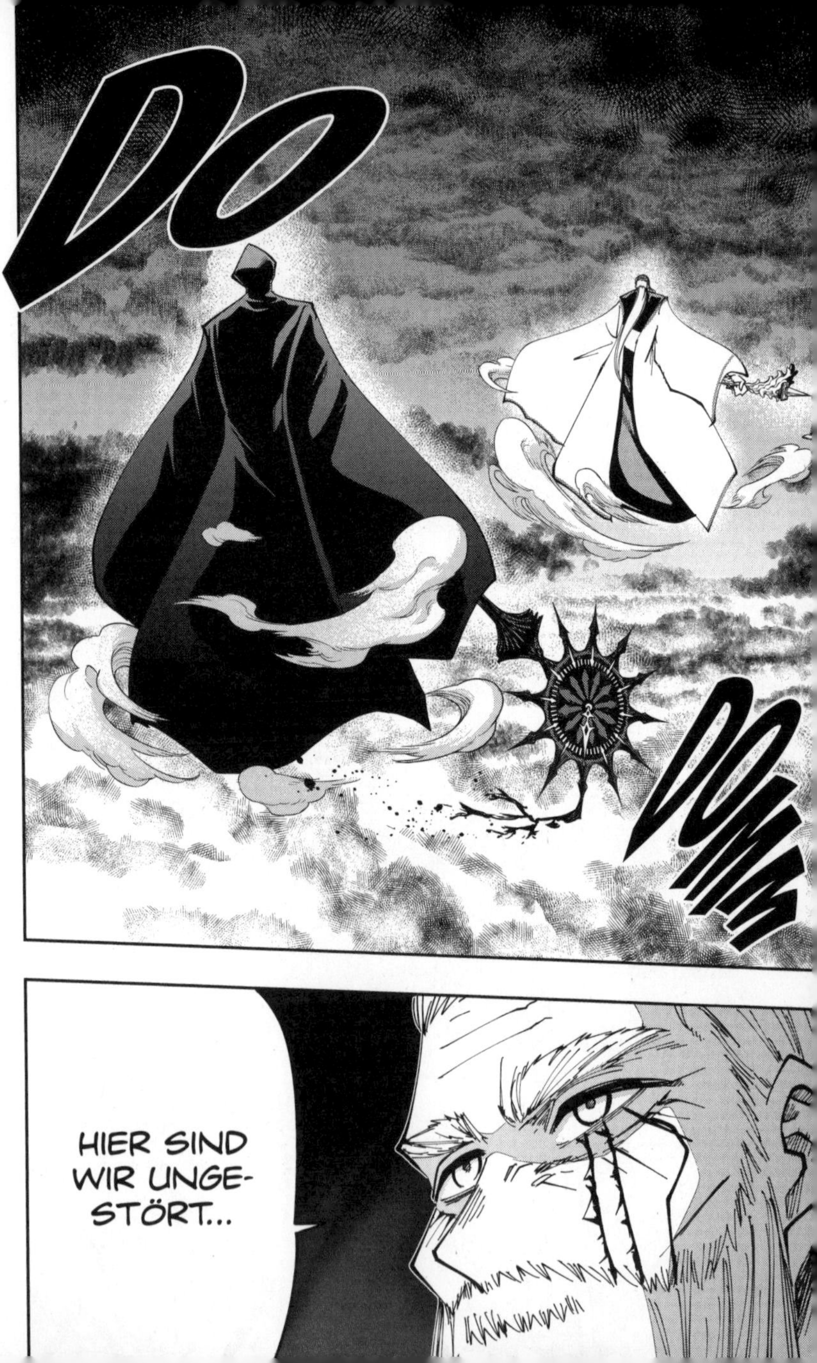
DO
DOMM
HIER SIND WIR UNGE- STÖRT...

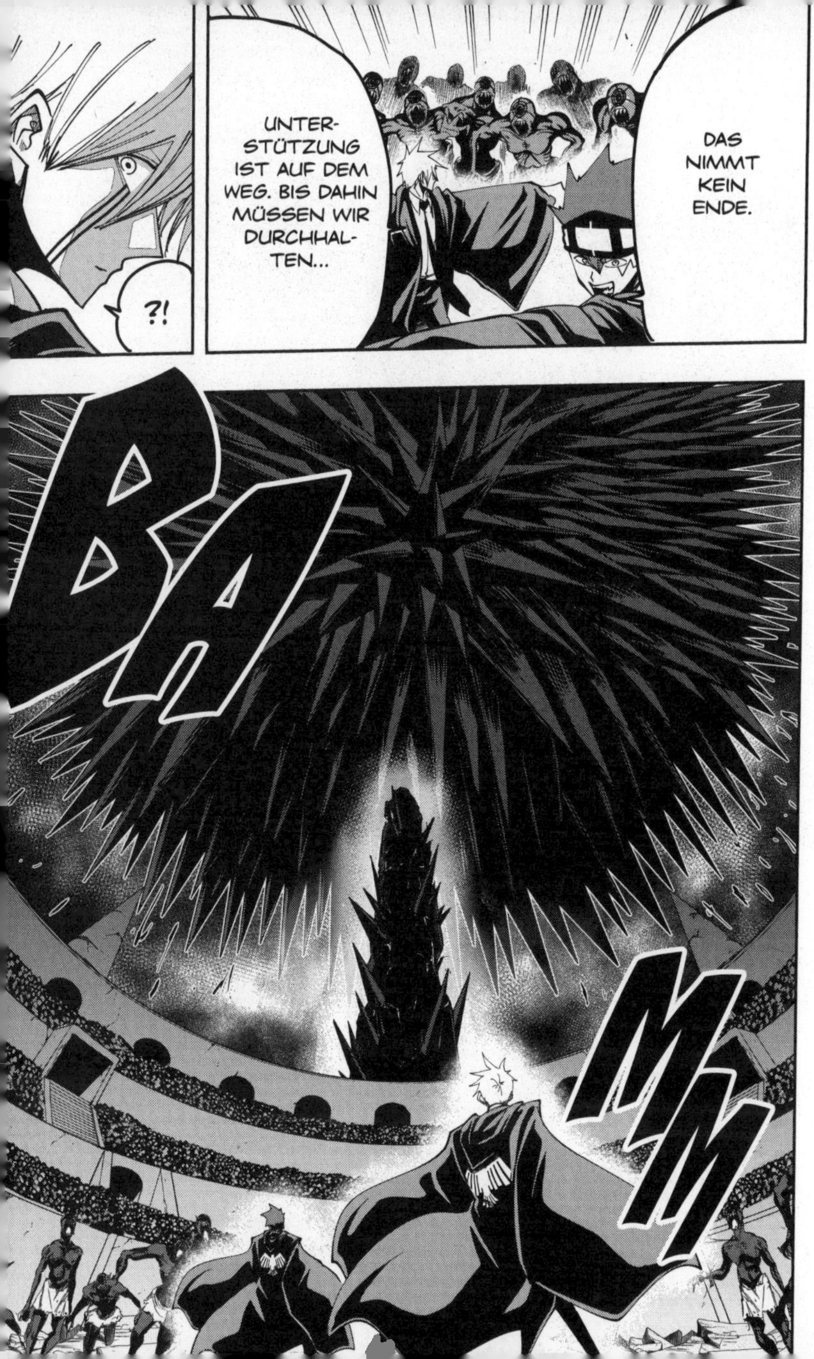
DAS NIMMT KEIN ENDE.
UNTER-STÜTZUNG IST AUF DEM WEG. BIS DAHIN MÜSSEN WIR DURCHHAL-TEN...
?!
BAMM

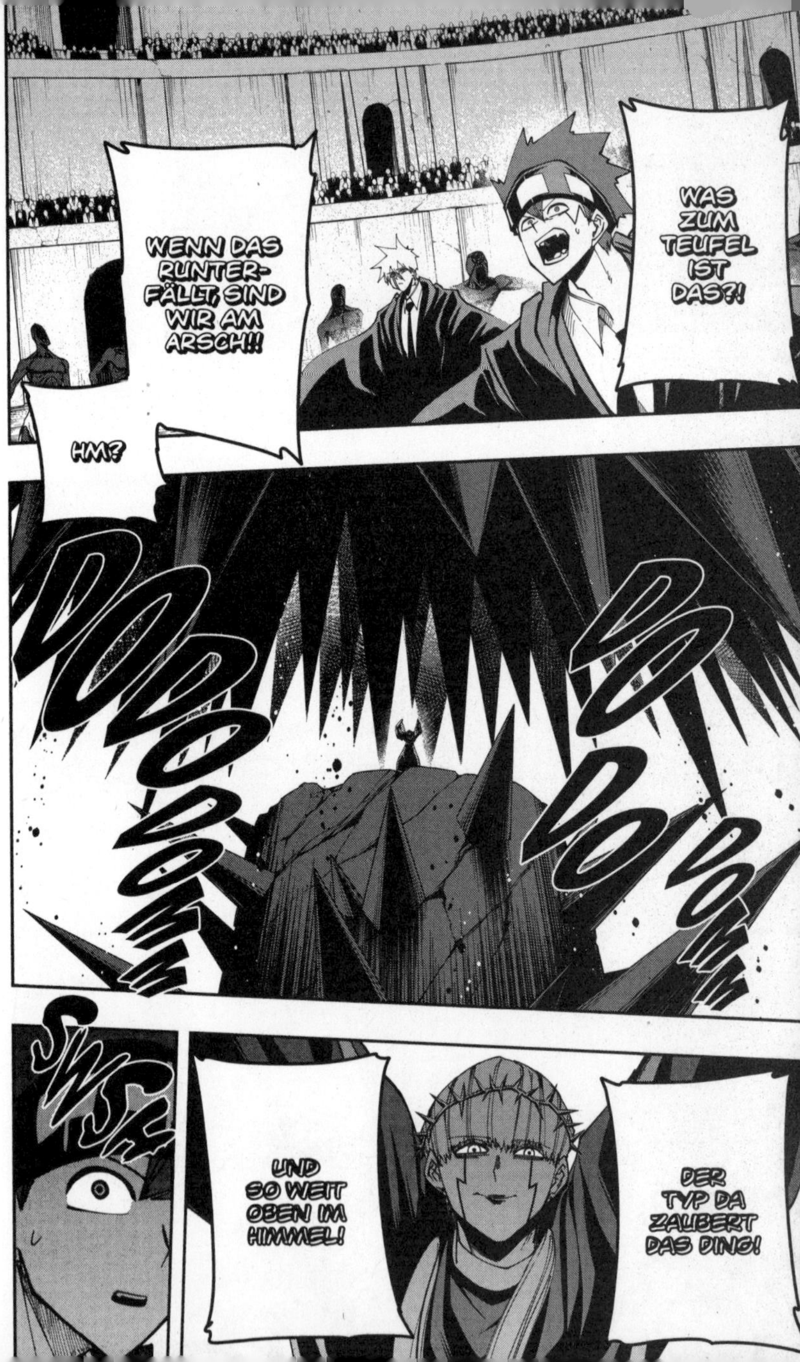
WAS ZUM TEUFEL IST DAS?!
WENN DAS RUNTER-FÄLLT, SIND WIR AM ARSCH!!
HM?
SWSH
DER TYP DA ZAUBERT DAS DING!
UND SO WEIT OBEN IM HIMMEL!

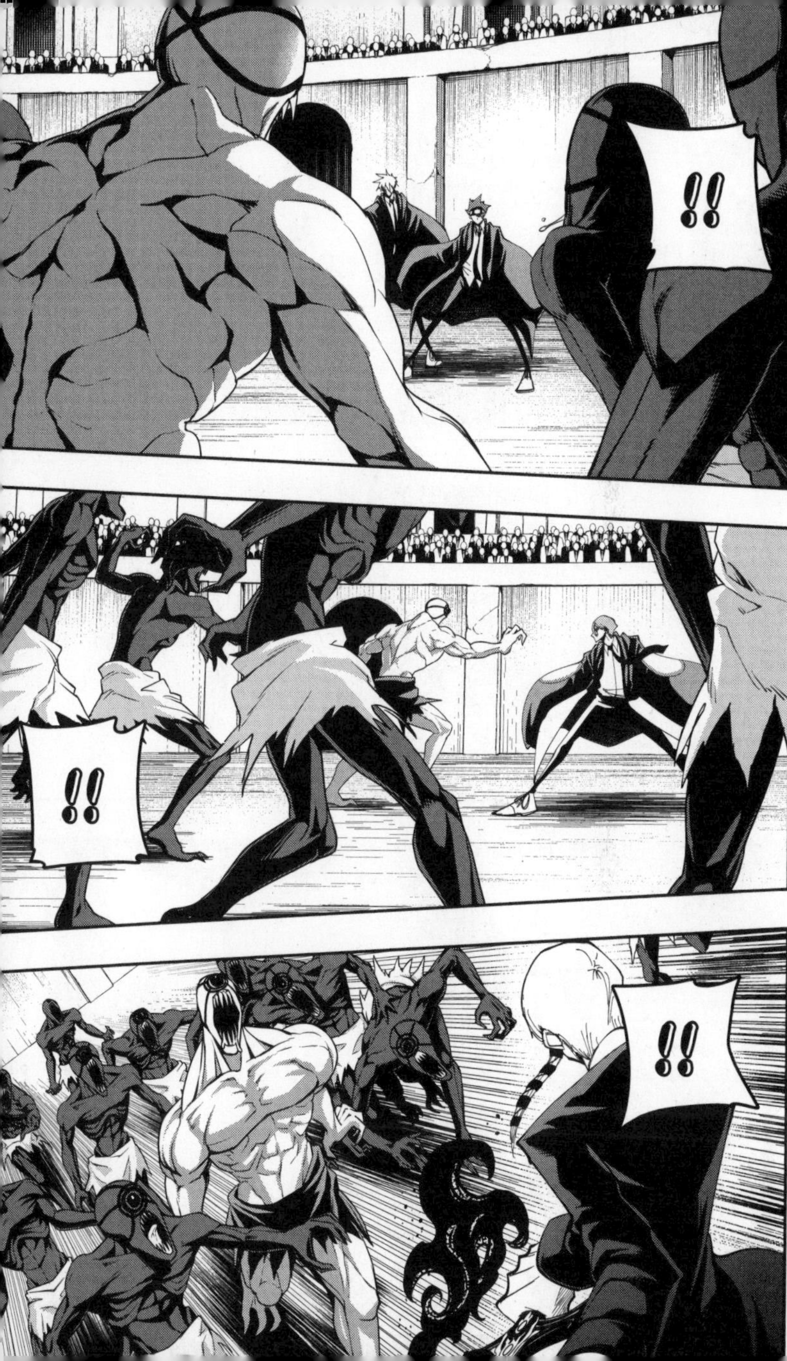

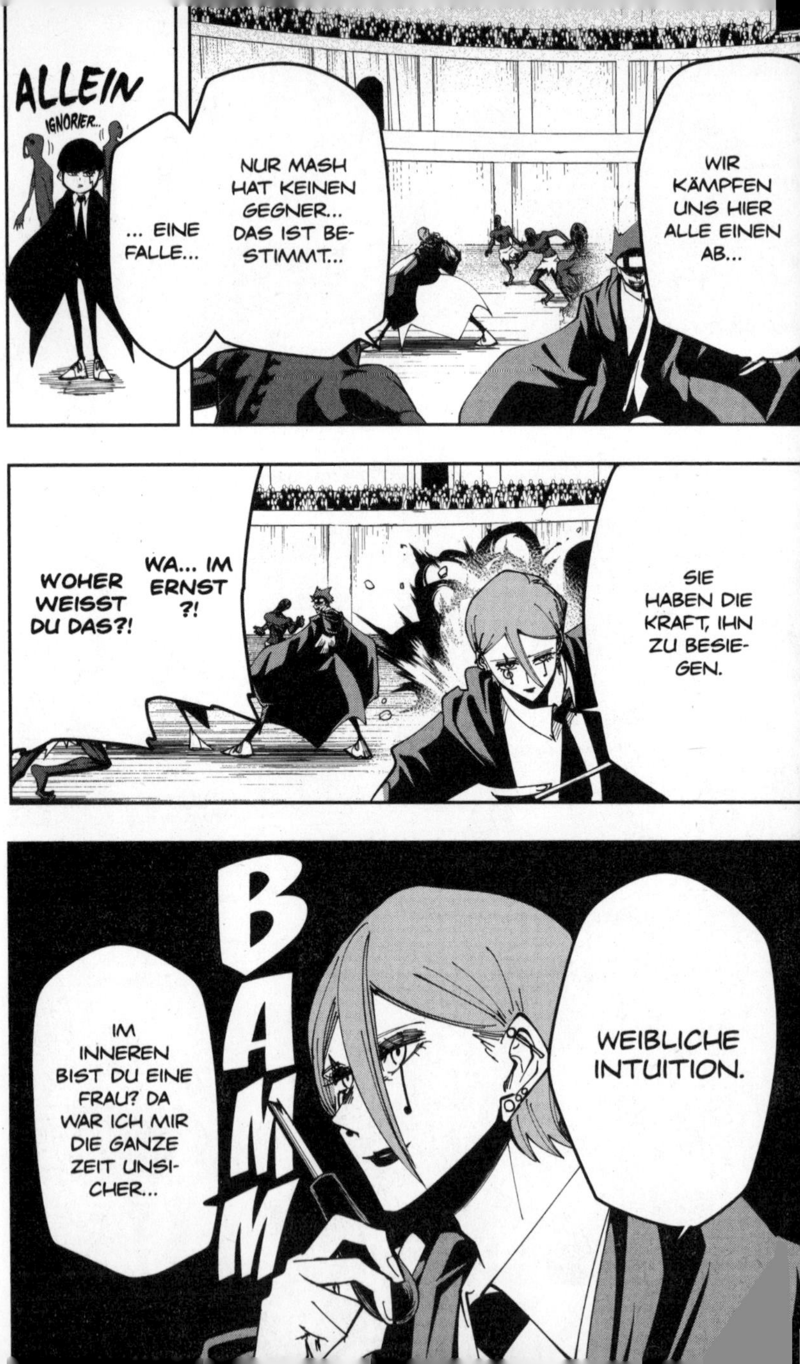
WIR KÄMPFEN UNS HIER ALLE EINEN AB...
NUR MASH HAT KEINEN GEGNER... DAS IST BESTIMMT...
... EINE FALLE...
ALLEIN
IGNORIER...
SIE HABEN DIE KRAFT, IHN ZU BESIEGEN.
WA... IM ERNST ?!
WOHER WEISST DU DAS?!
WEIBLICHE INTUITION.
BAMM
IM INNEREN BIST DU EINE FRAU? DA WAR ICH MIR DIE GANZE ZEIT UNSICHER...

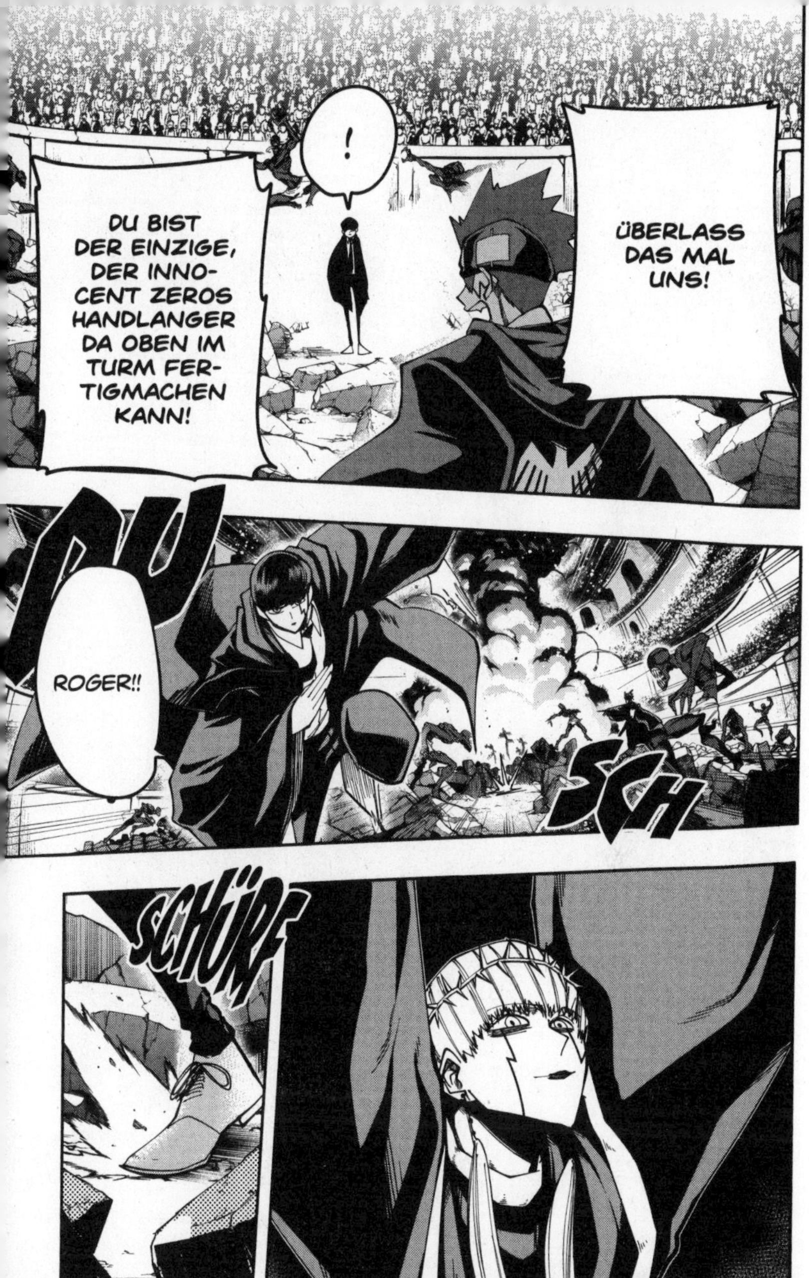

ÜBERLASS DAS MAL UNS!
!
DU BIST DER EINZIGE, DER INNOCENT ZEROS HANDLANGER DA OBEN IM TURM FERTIGMACHEN KANN!
DU
ROGER!!
SCH
SCHÜRF

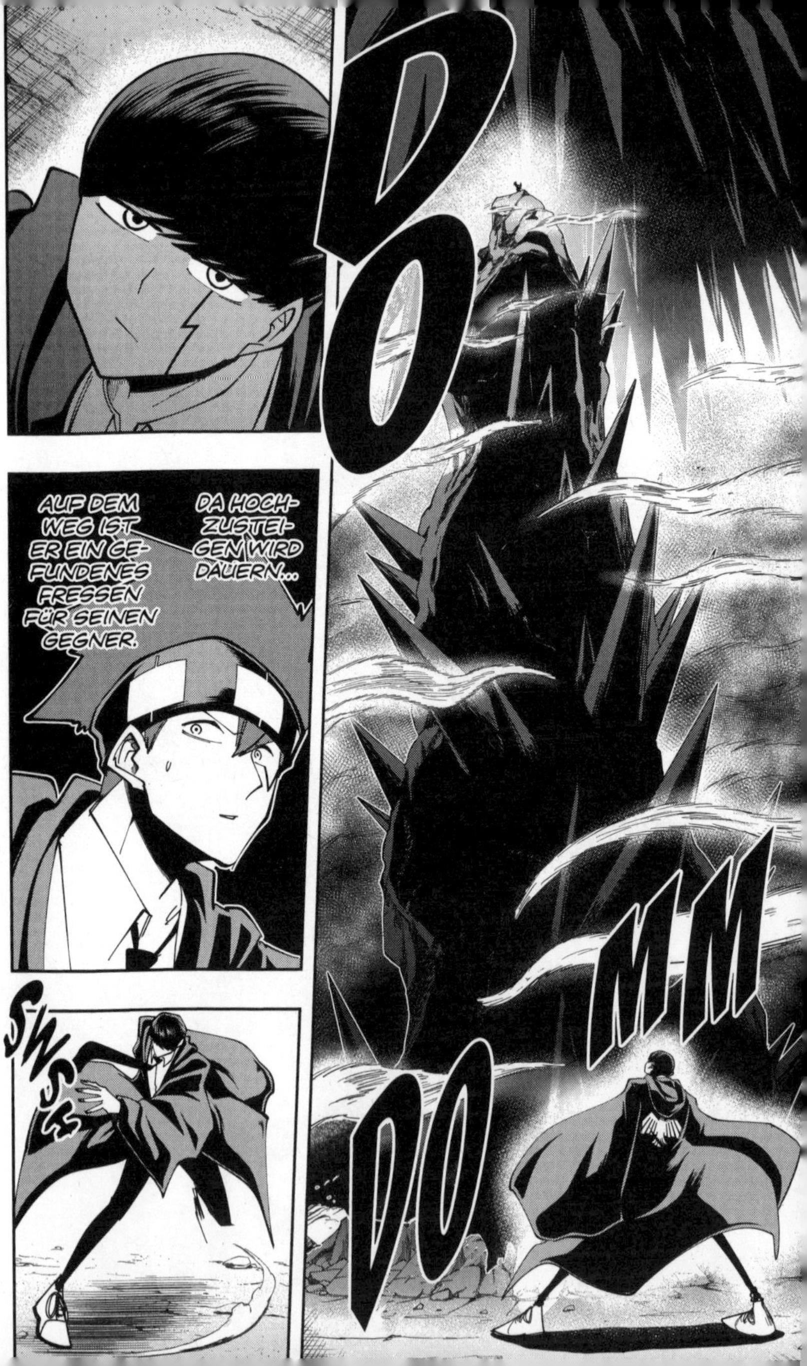

DA HOCH-ZUSTEIGEN WIRD DAUERN...
AUF DEM WEG IST ER EIN GEFUNDENES FRESSEN FÜR SEINEN GEGNER.
SWSH
DOOMM
DOO

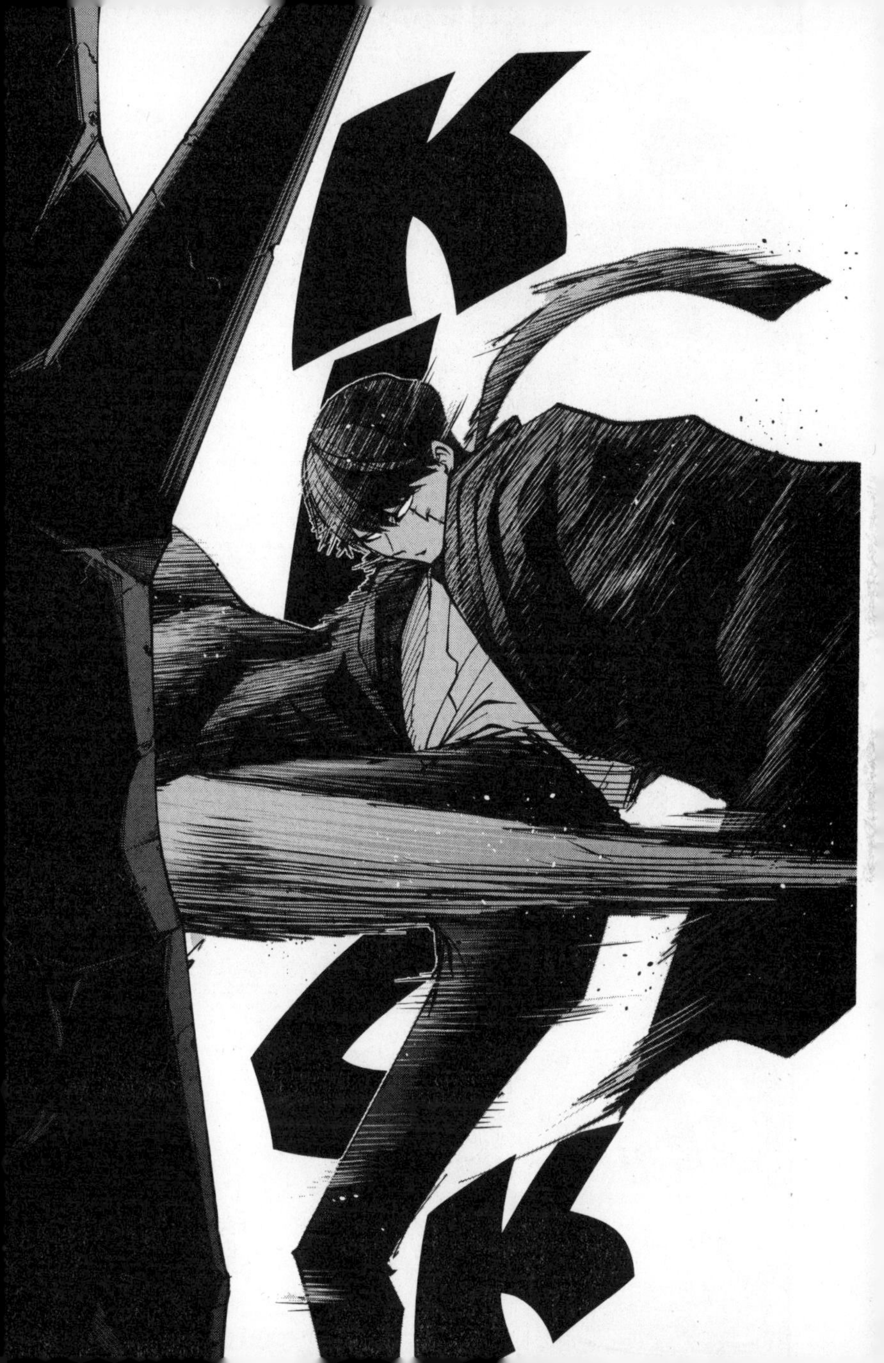

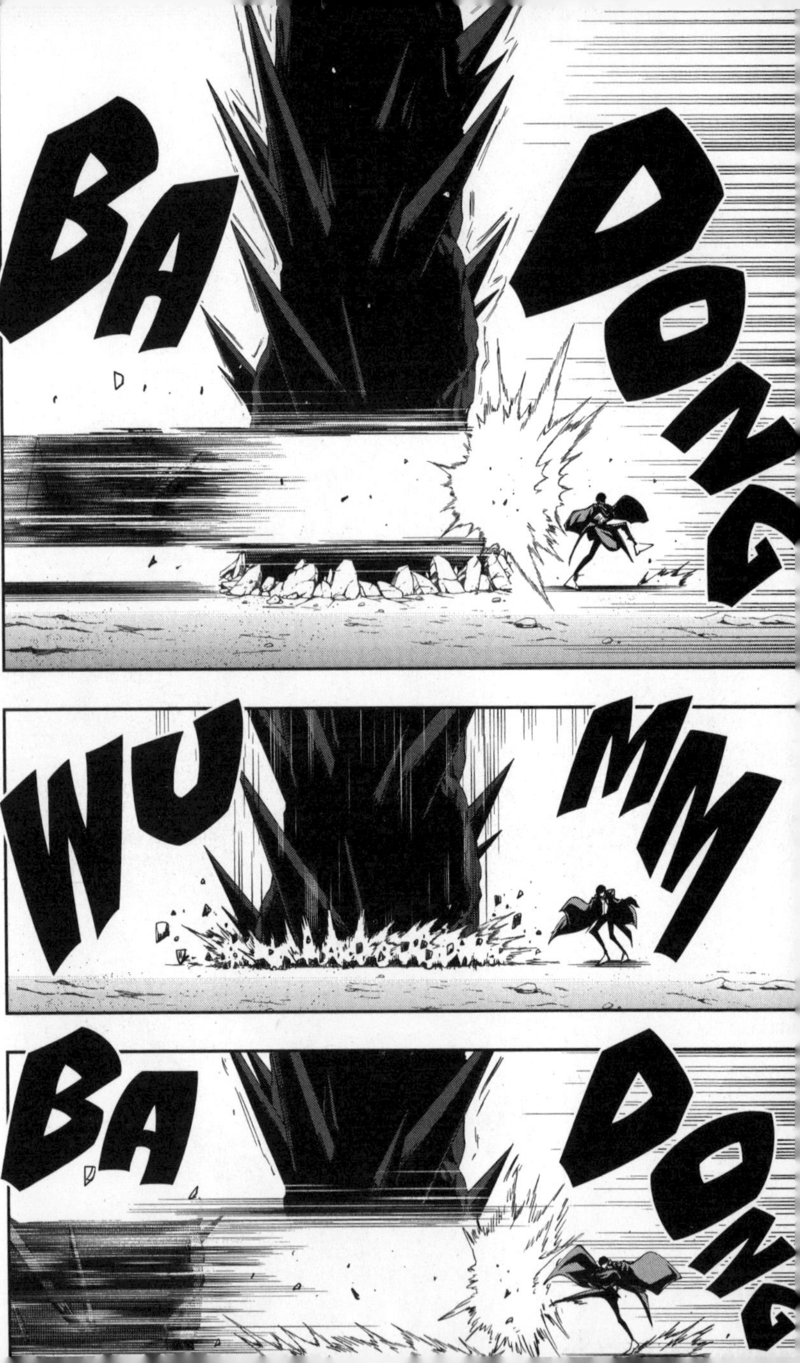
BA
DONG
WU
MM
BA
DONG

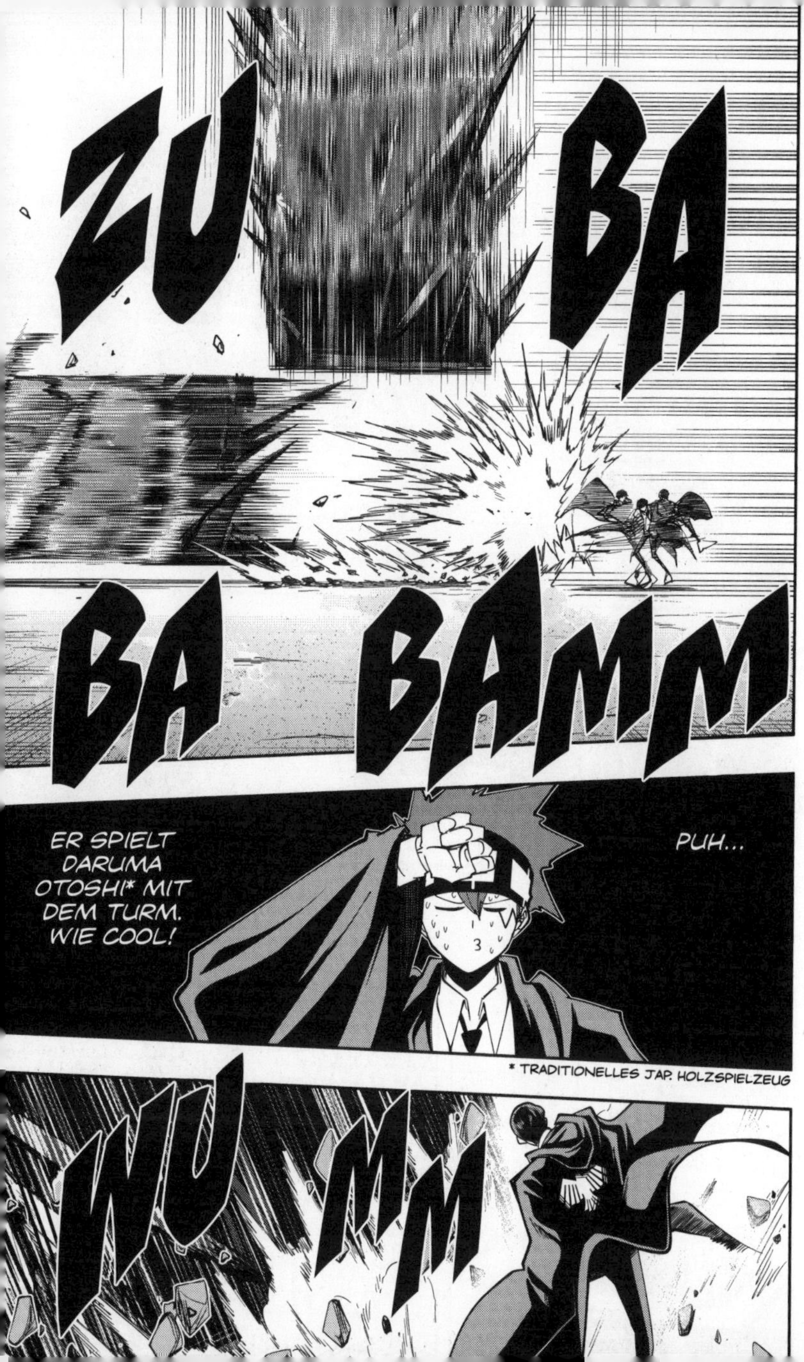
ZU BA
BA BAMM
PUH...
ER SPIELT DARUMA OTOSHI* MIT DEM TURM. WIE COOL!
* TRADITIONELLES JAP. HOLZSPIELZEUG
WUMM

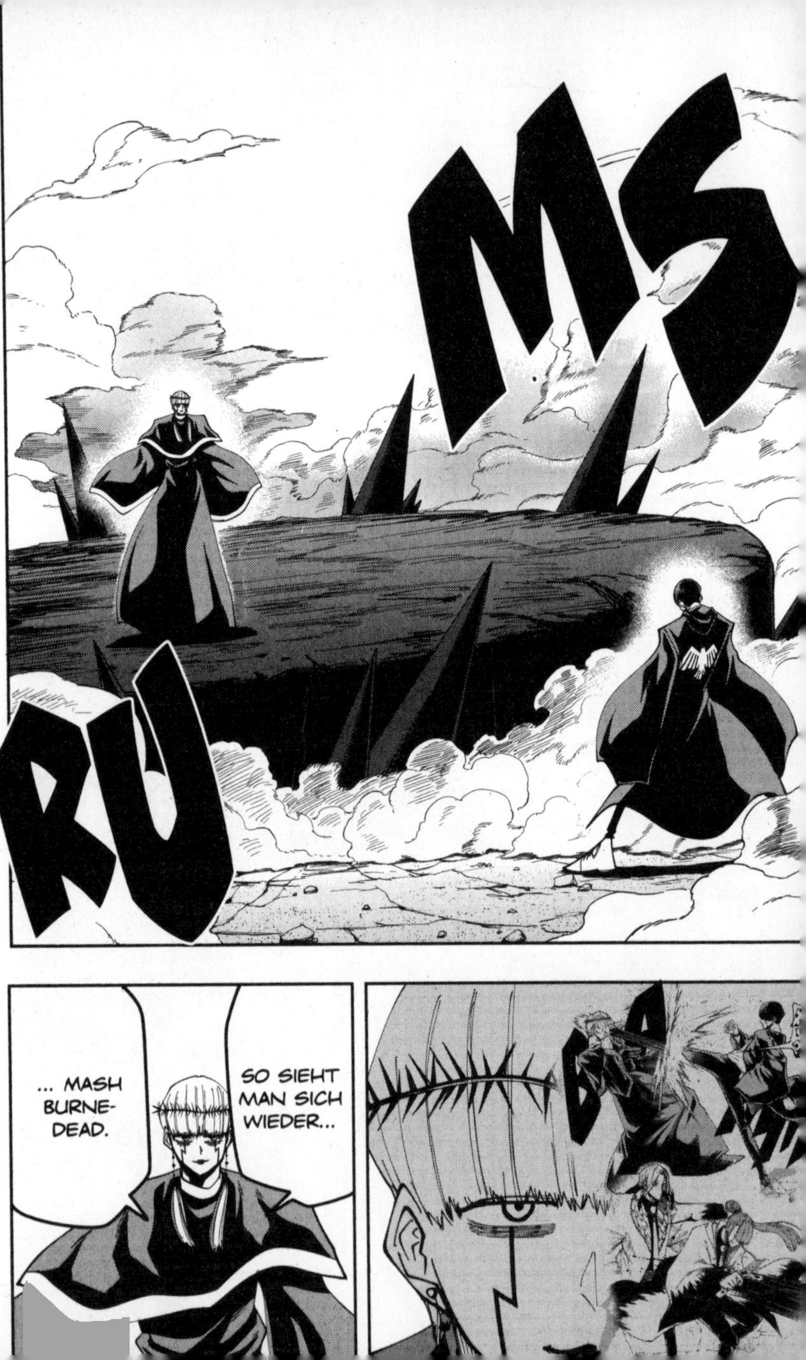
MS
RU
SO SIEHT MAN SICH WIEDER...
... MASH BURNE-DEAD.

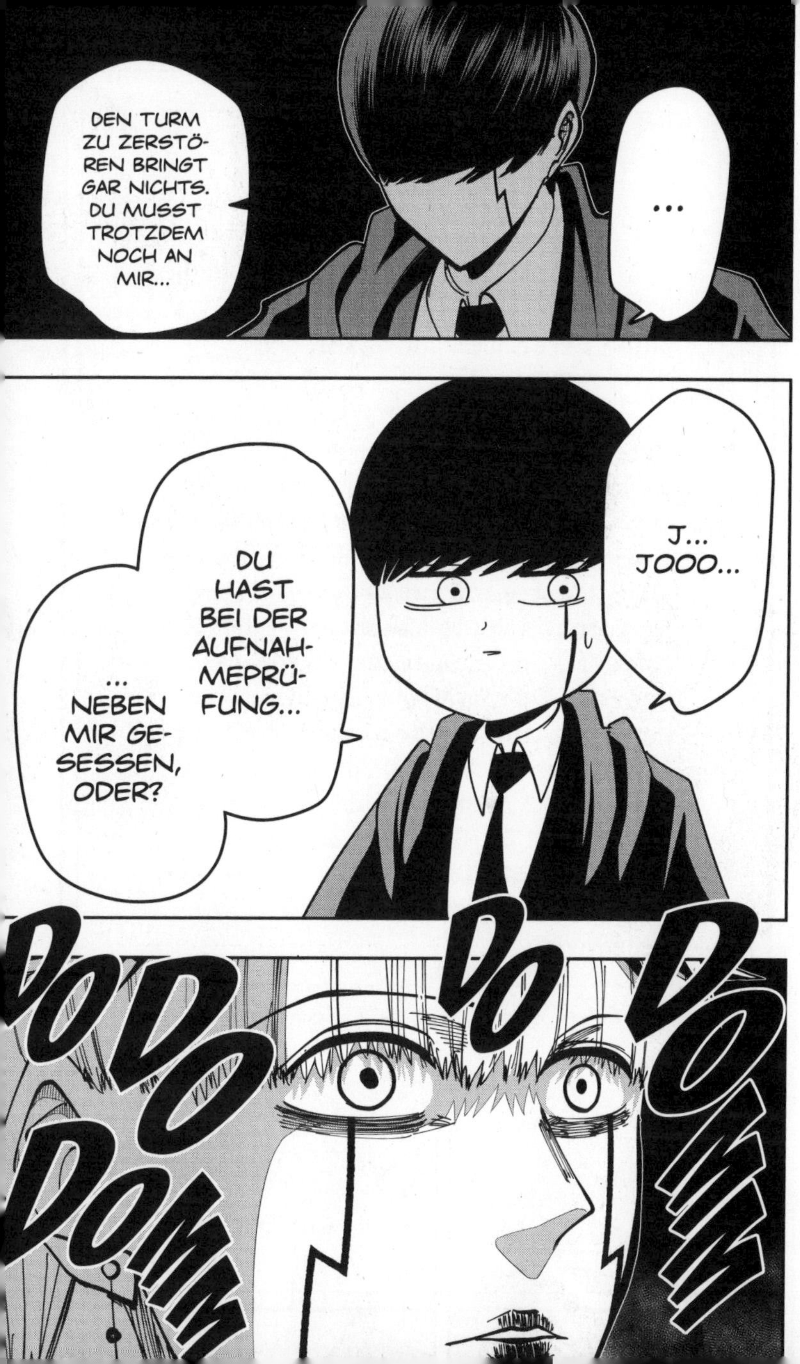
...
DEN TURM ZU ZERSTÖREN BRINGT GAR NICHTS. DU MUSST TROTZDEM NOCH AN MIR...
J... JOOO...
DU HAST BEI DER AUFNAHMEPRÜFUNG...
... NEBEN MIR GESESSEN, ODER?
DOMM
DO
DODODODOMM

Liebe Leserinnen und Leser,

vielen Dank, dass ihr Band 8 gekauft habt. Aus verschiedenen Gründen hat er ein Kapitel mehr als normal, deshalb war er in Japan etwas teurer. Dafür möchte ich mich entschuldigen (bei allen Kindern, die mit ihrer 500-Yen-Münze in der Hand losgegangen sind)! Ganze 20 Yen mehr... Damit kann man zwei Umaibo-Maisstangen kaufen. Eine hat 30 Kalorien. Das sind insgesamt 60 Kalorien. Das entspricht zehn Minuten Joggen... Ich kann es nicht glauben! Ich hab euch alle zehn Minuten laufen lassen... Nicht einmal Sportlehrer sind so grausam!!! Ich schätze, ich muss mir den Bauch aufschlitzen... Tut mir leid, das war ein Scherz. Der nächste Band sollte wieder zum Normalpreis erhältlich sein. Ich hoffe, ihr unterstützt mich weiterhin!!

PS: Vielen Dank für die Briefe, wie immer!!

64. Kapitel Dot, Lance und die Baby-Magie

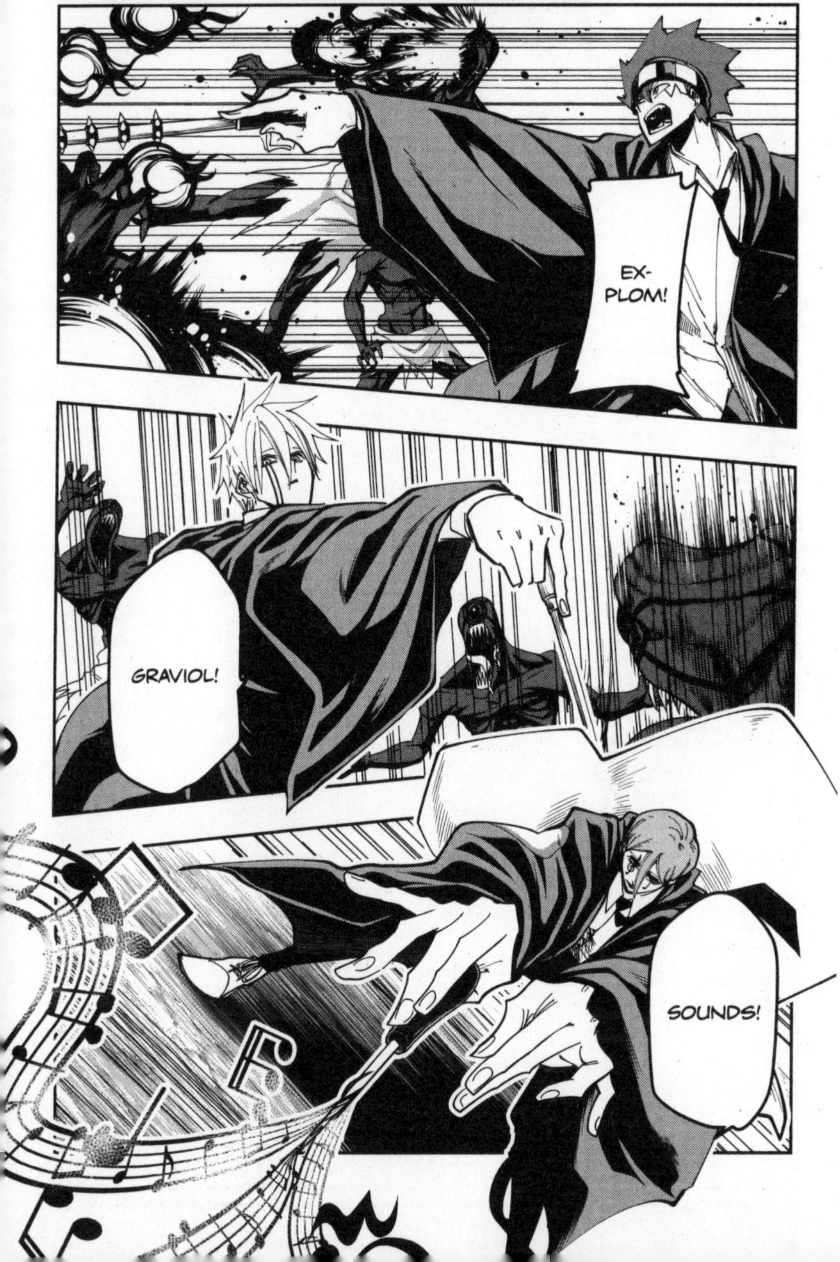

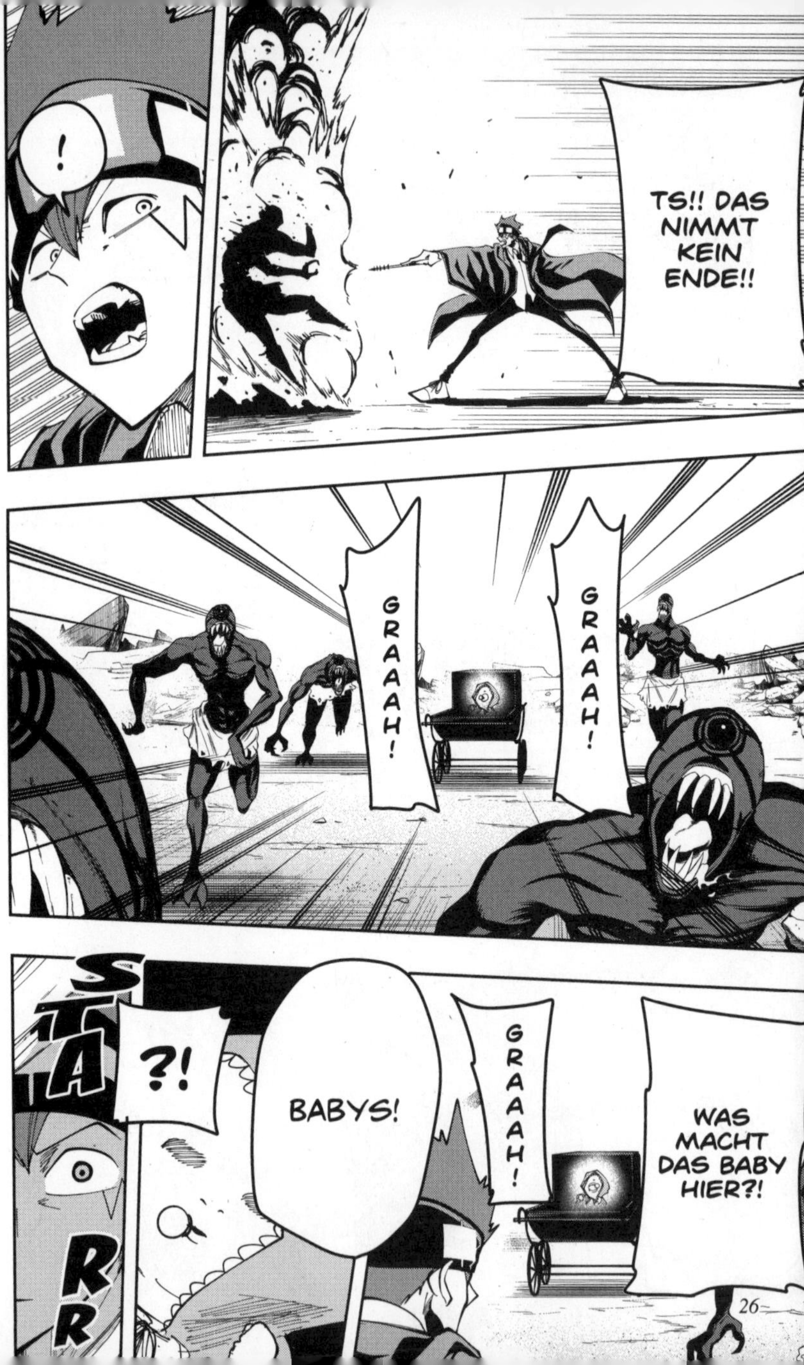

!
TS!! DAS NIMMT KEIN ENDE!!
GRAAAAH!
GRAAAAH!
WAS MACHT DAS BABY HIER?!
GRAAAAH!
BABYS!
?!
STA
RR

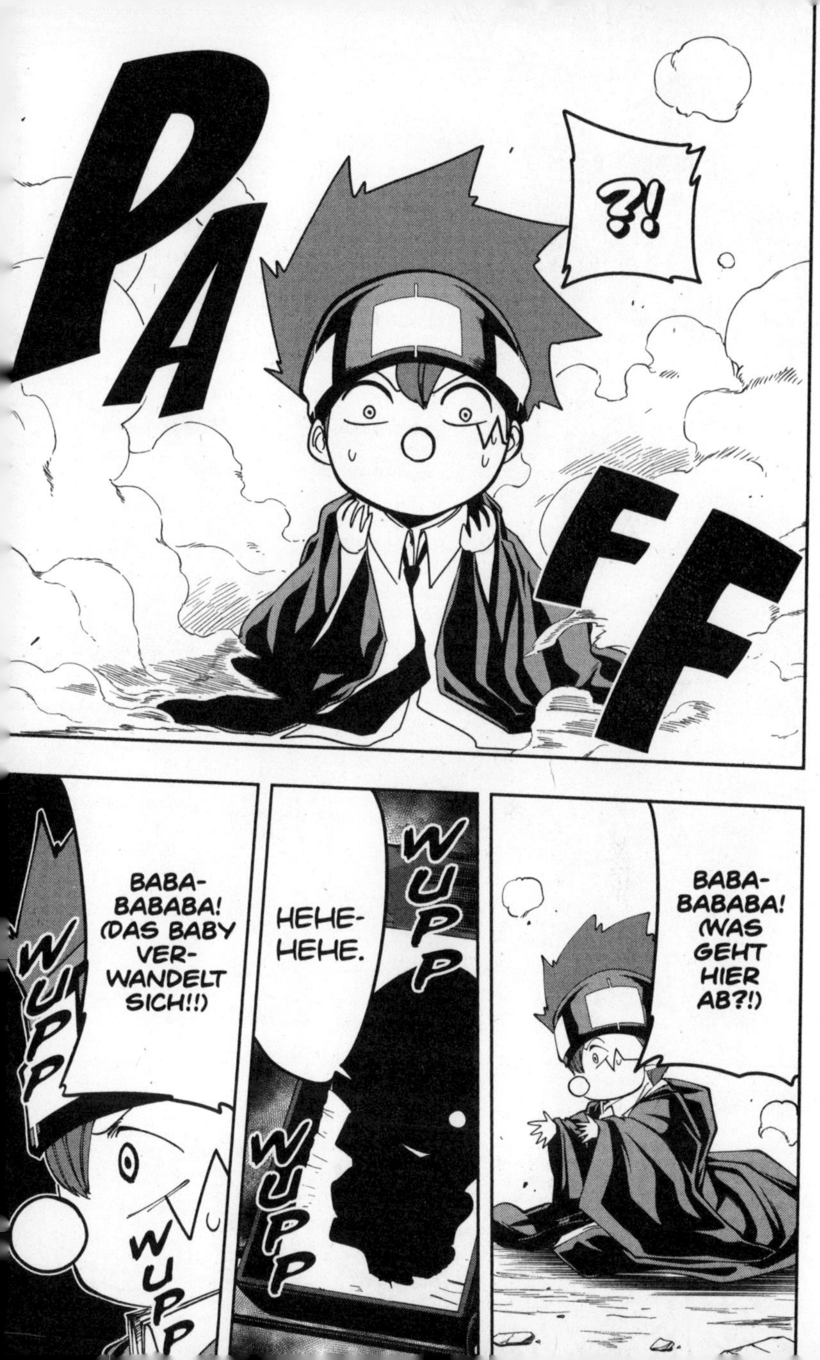
PAFF
?!
BABA-BABABA! (WAS GEHT HIER AB?!)
WUPP
HEHE-HEHE.
WUPP
WUPP
BABA-BABABA! (DAS BABY VER-WANDELT SICH!!)
WUPP
WUPP

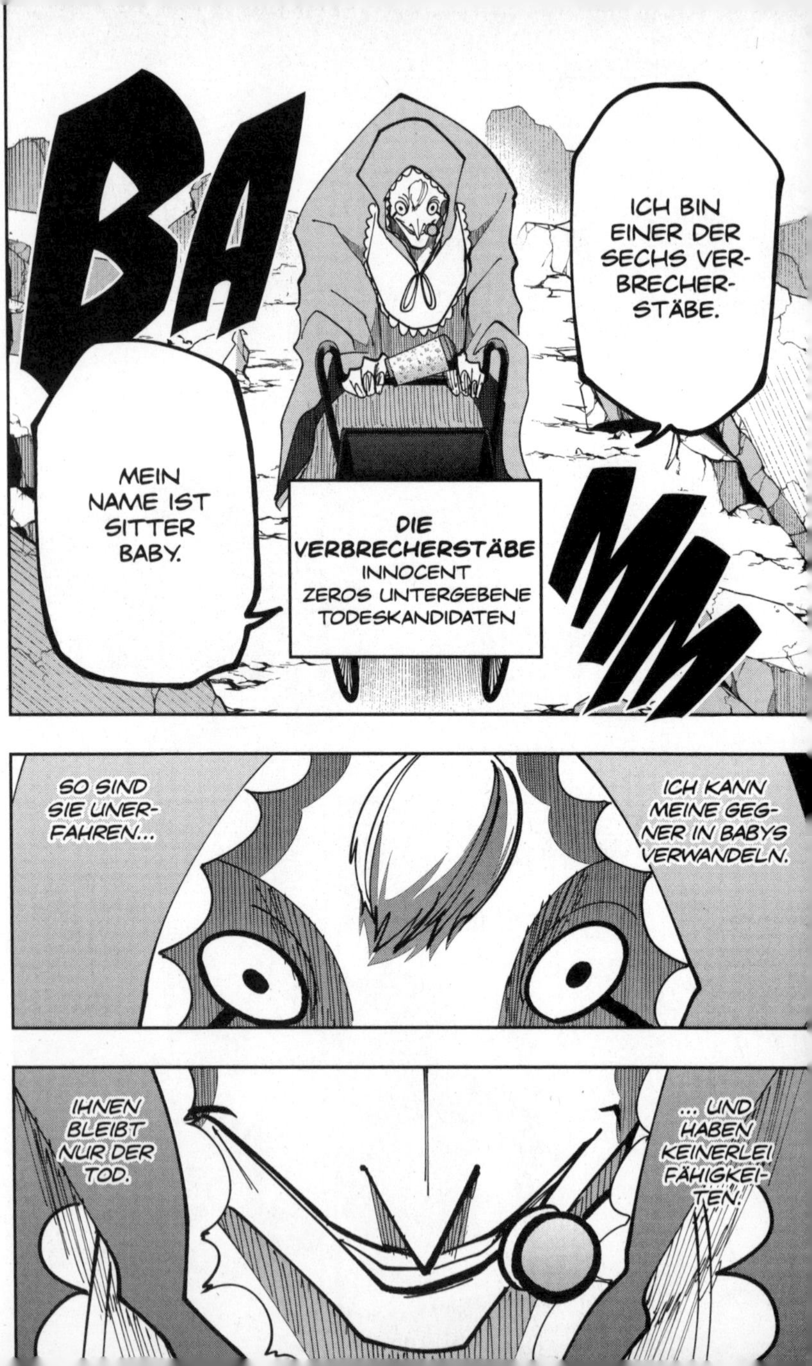
ICH BIN EINER DER SECHS VERBRECHERSTÄBE.
BA
MEIN NAME IST SITTER BABY.
MMM
DIE VERBRECHERSTÄBE
INNOCENT ZEROS UNTERGEBENE TODESKANDIDATEN
ICH KANN MEINE GEGNER IN BABYS VERWANDELN.
SO SIND SIE UNERFAHREN...
... UND HABEN KEINERLEI FÄHIGKEITEN.
IHNEN BLEIBT NUR DER TOD.

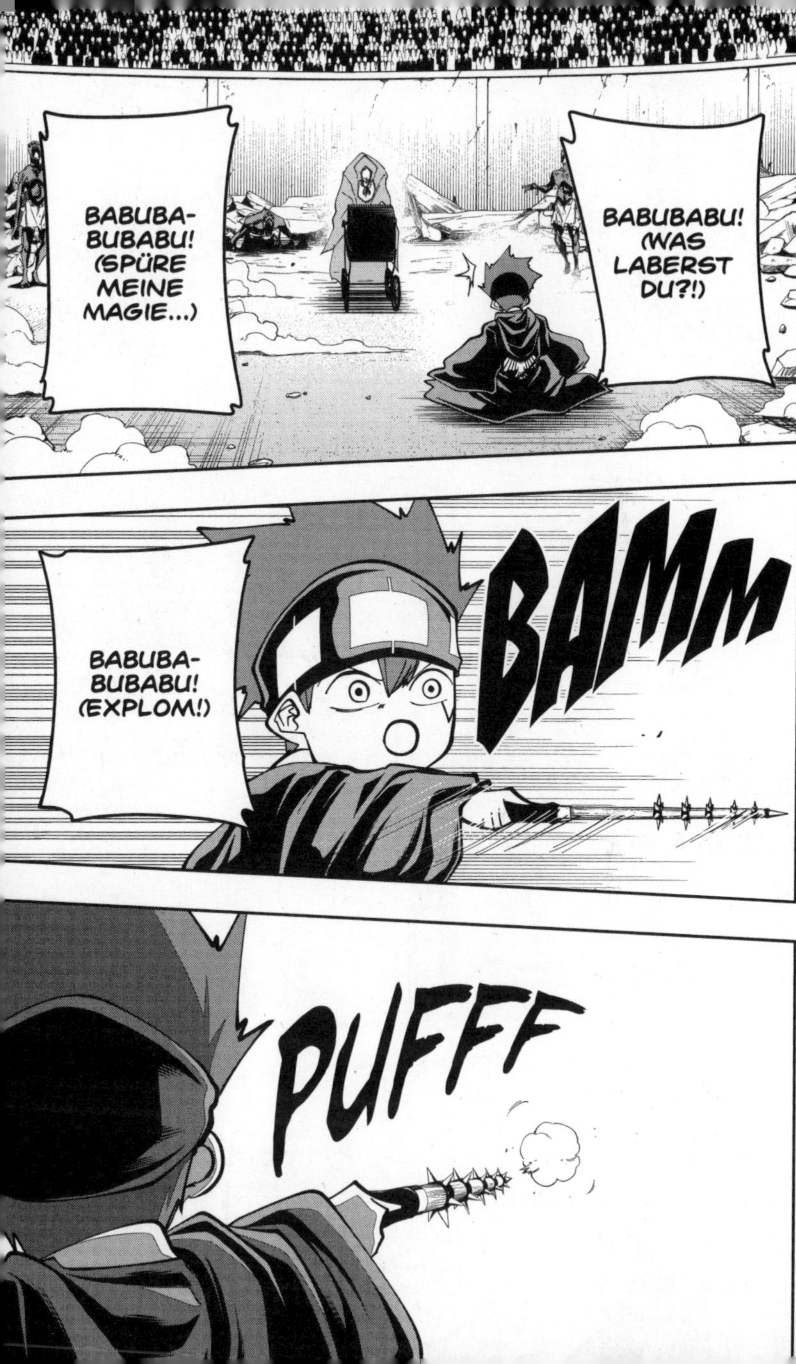
BABUBABU! (WAS LABERST DU?!)
BABUBA-BUBABU! (SPÜRE MEINE MAGIE...)
BAMM
BABUBA-BUBABU! (EXPLOM!)
PUFFF

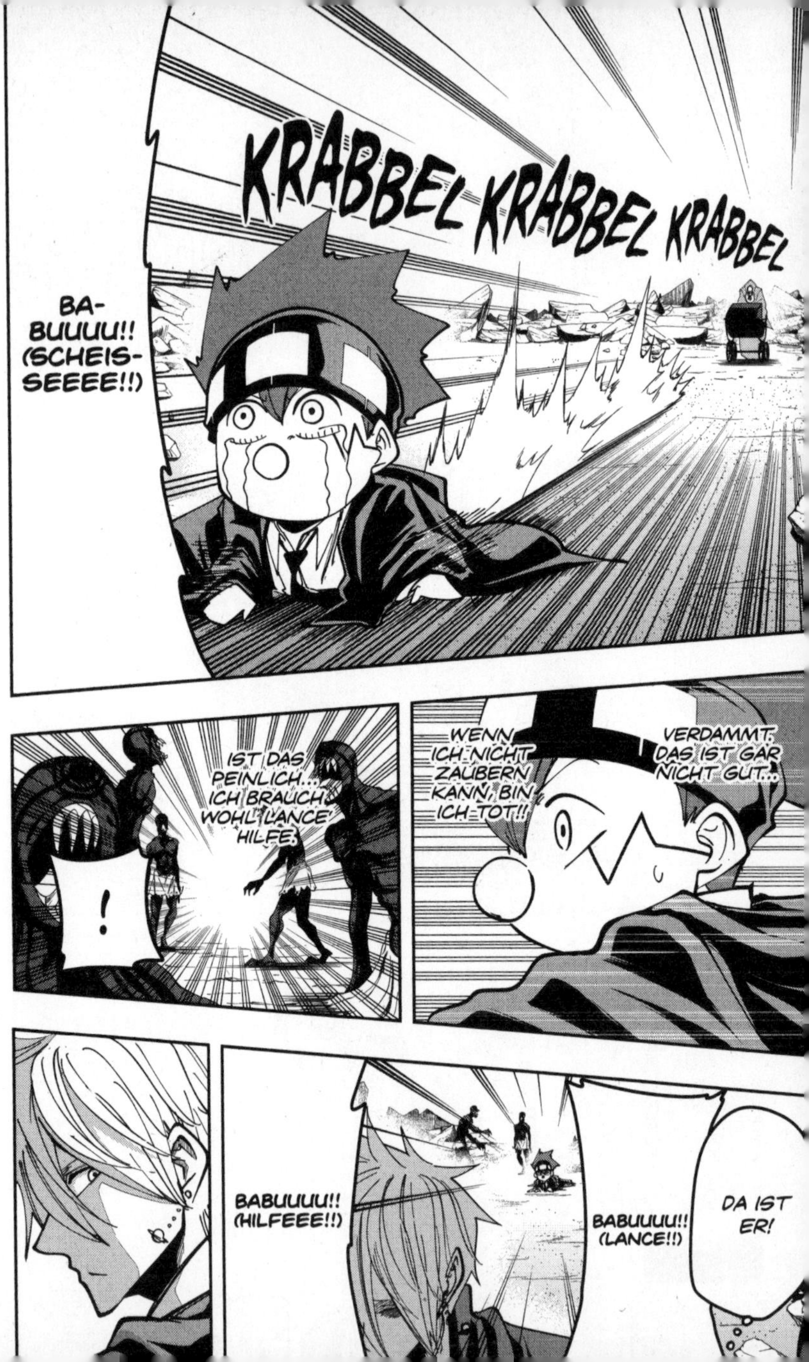
KRABBEL KRABBEL KRABBEL
BA-BUUUU!! (SCHEIS-SEEEE!!)
VERDAMMT. DAS IST GAR NICHT GUT...
WENN ICH NICHT ZAUBERN KANN, BIN ICH TOT!!
IST DAS PEINLICH... ICH BRAUCH WOHL LANCE' HILFE.
!
DA IST ER!
BABUUUU!! (LANCE!!)
BABUUUU!! (HILFEEE!!)

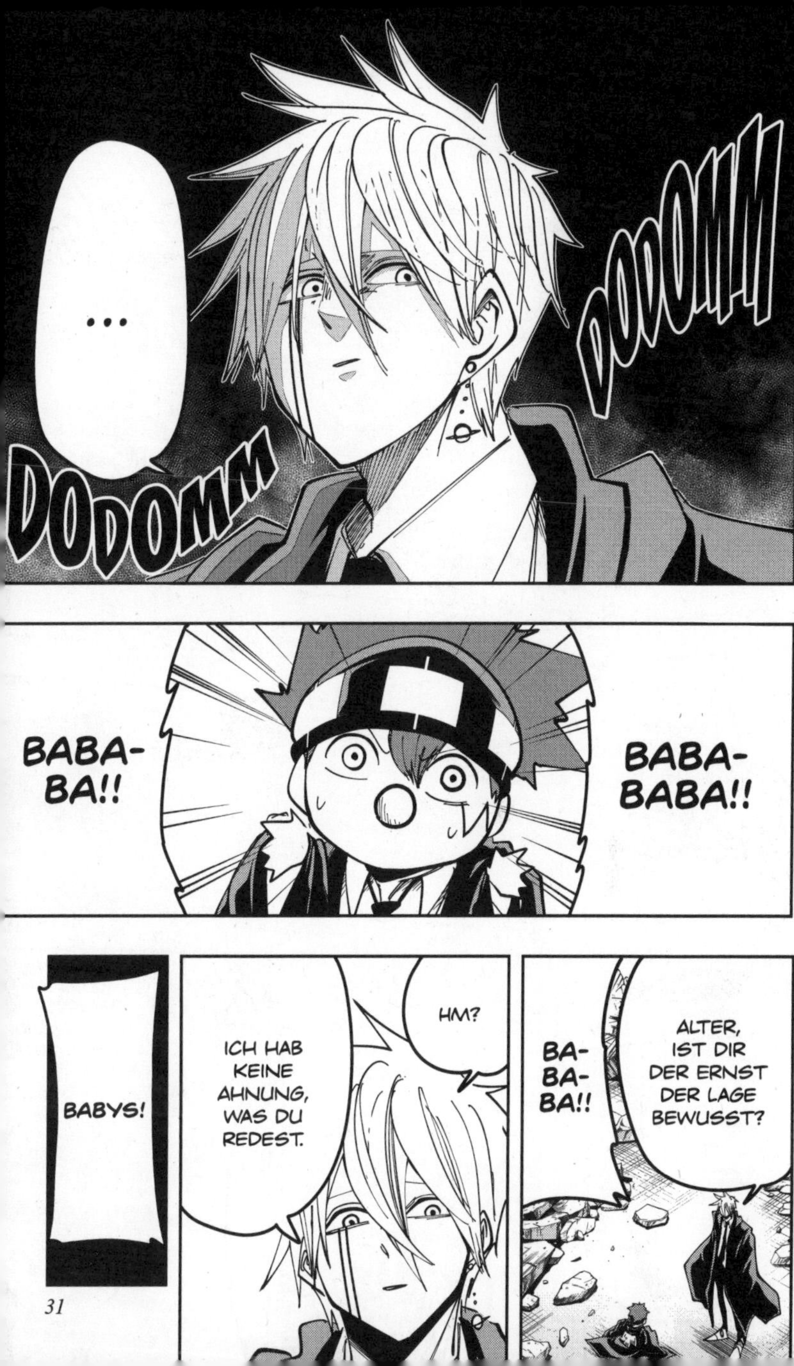
DODOMM
...
DODOMM
BABA-BABA!!
BABA-BA!!
ALTER, IST DIR DER ERNST DER LAGE BEWUSST?
BA-BA-BA!!
HM?
ICH HAB KEINE AHNUNG, WAS DU REDEST.
BABYS!

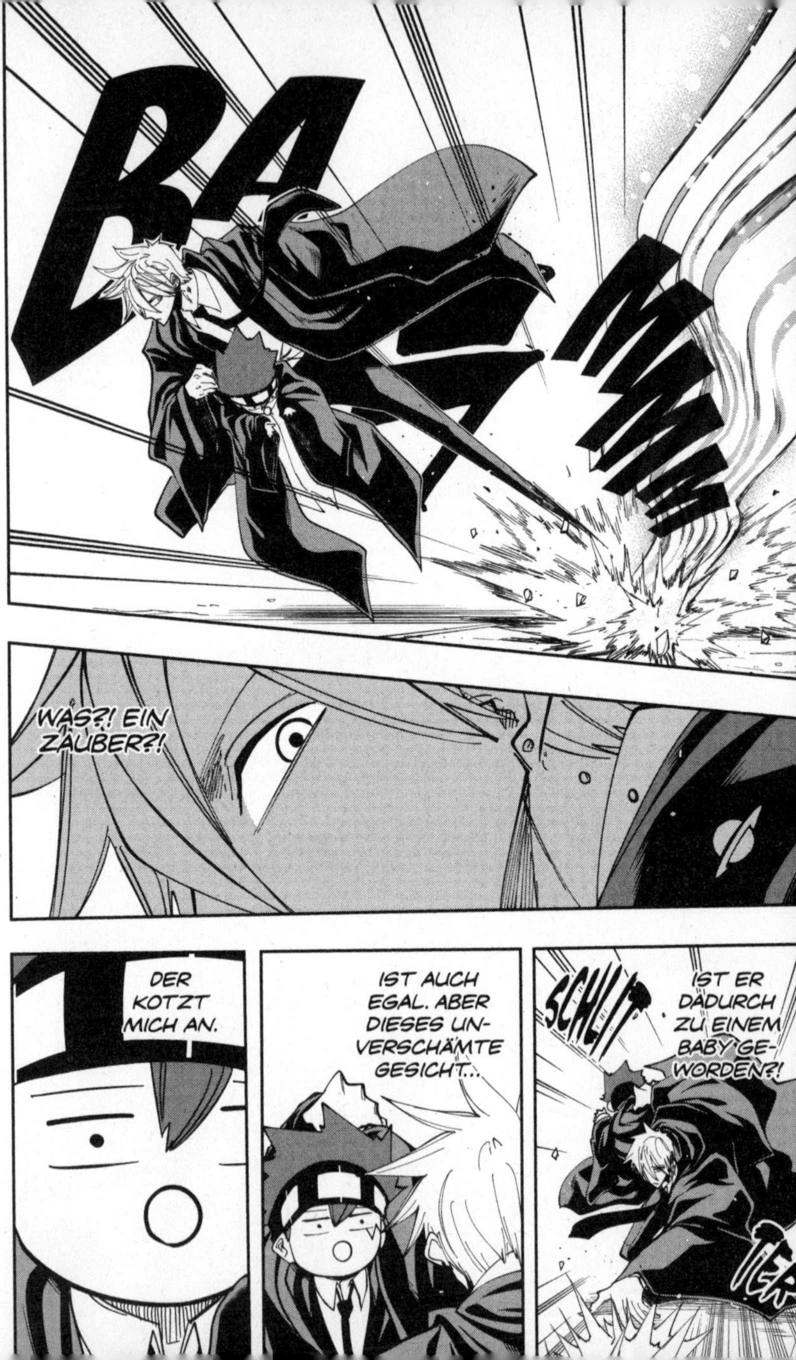
BAMMMM
WAS?! EIN ZAUBER?!
SCHLITTER
IST ER DADURCH ZU EINEM BABY GEWORDEN?!
IST AUCH EGAL. ABER DIESES UNVERSCHÄMTE GESICHT...
DER KOTZT MICH AN.

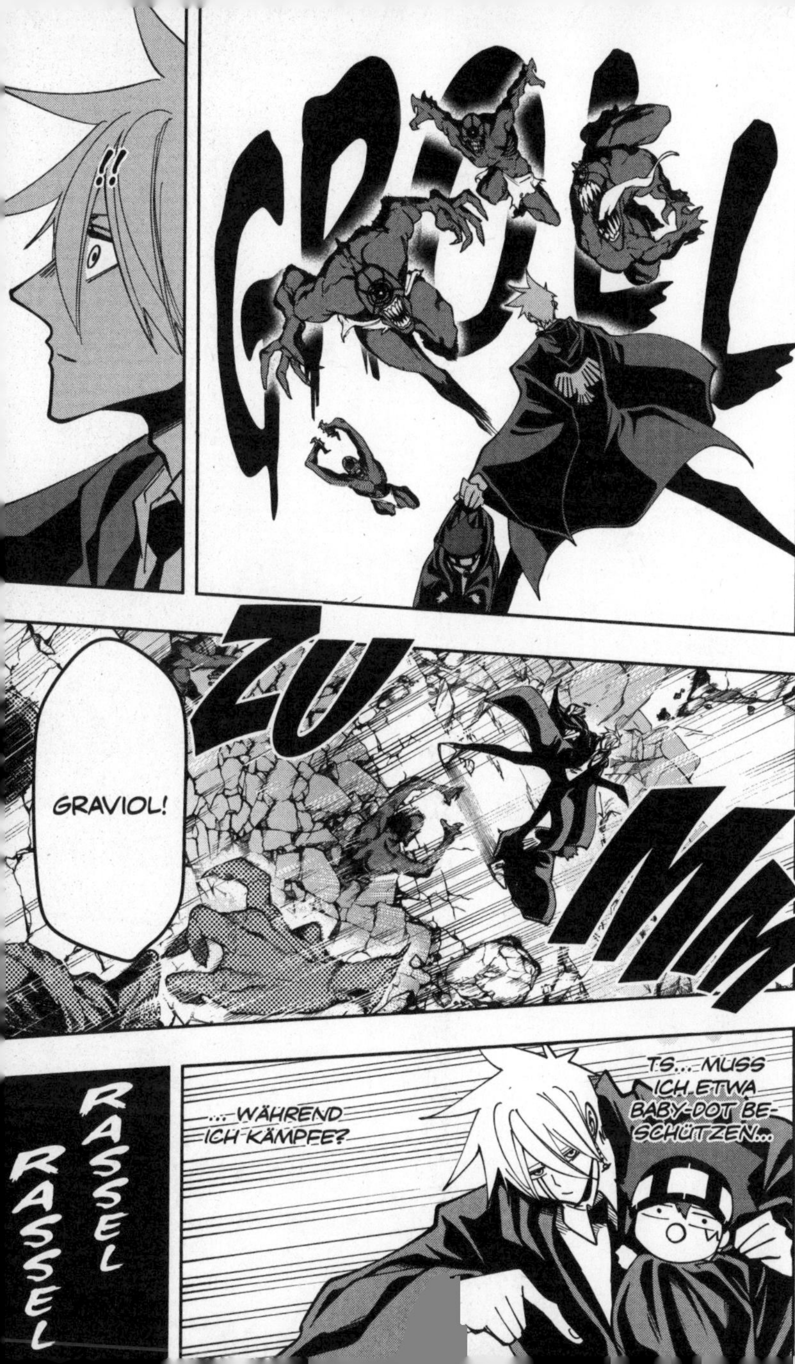

!!
GROLL
ZUMM
GRAVIOL!
TS... MUSS ICH ETWA BABY-DOT BESCHÜTZEN...
... WÄHREND ICH KÄMPFE?
RASSEL RASSEL

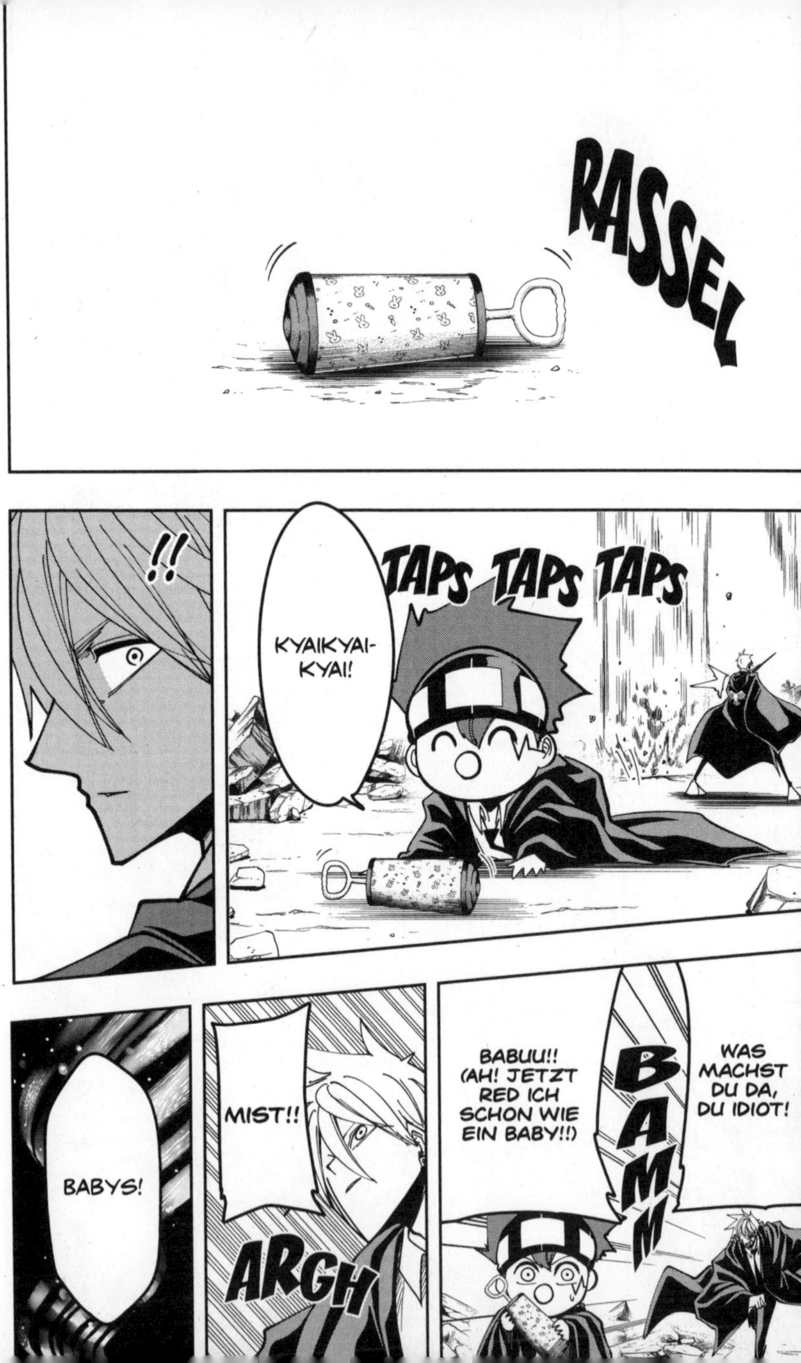
RASSEL
TAPS TAPS TAPS
KYAIKYAI-KYAI!
!!
WAS MACHST DU DA, DU IDIOT!
BAMM
BABUU!! (AH! JETZT RED ICH SCHON WIE EIN BABY!!)
MIST!!
ARGH
BABYS!

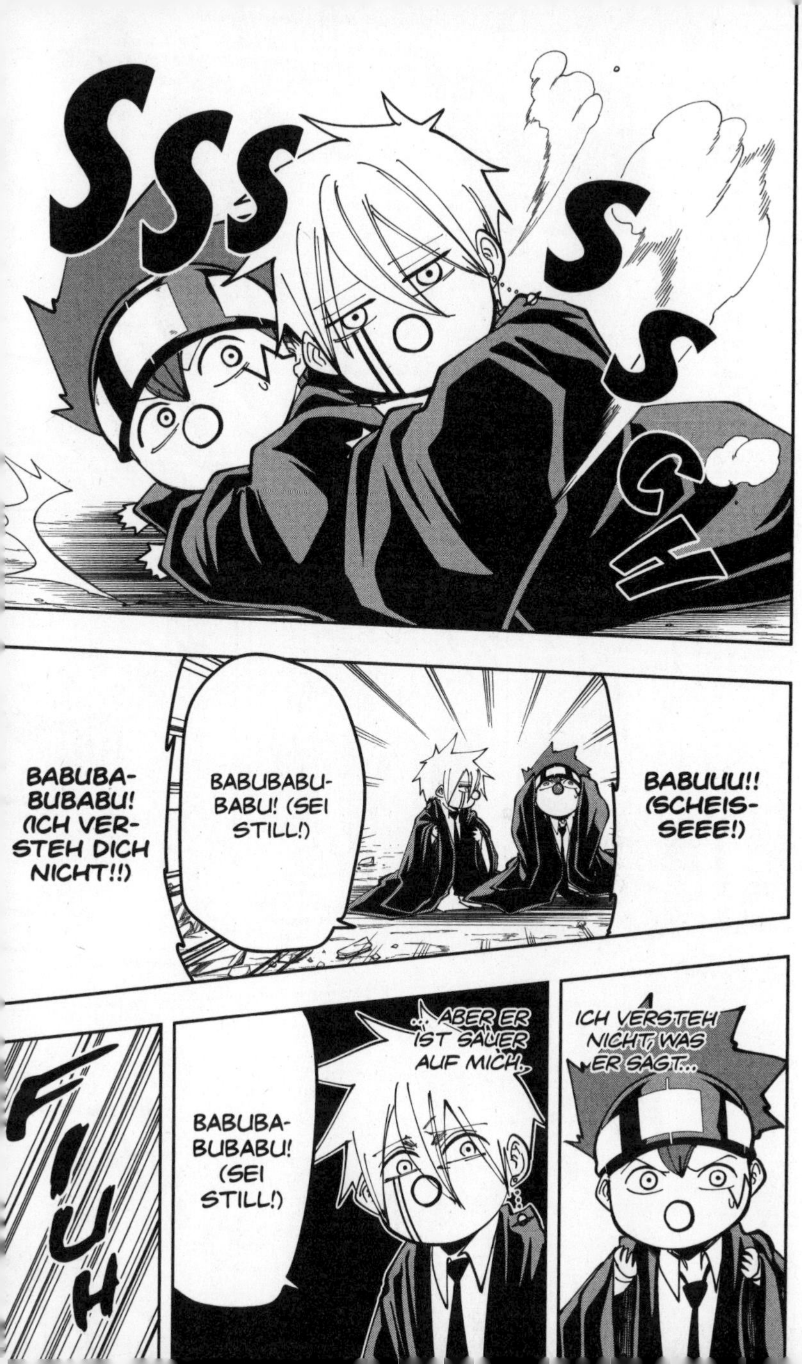
SSSSSSCH
BABUUU!! (SCHEIS-SEEE!)
BABUBABU-BABU! (SEI STILL!)
BABUBA-BUBABU! (ICH VER-STEH DICH NICHT!!)
ICH VERSTEH NICHT, WAS ER SAGT...
...ABER ER IST SAUER AUF MICH.
BABUBA-BUBABU! (SEI STILL!)
FLUH

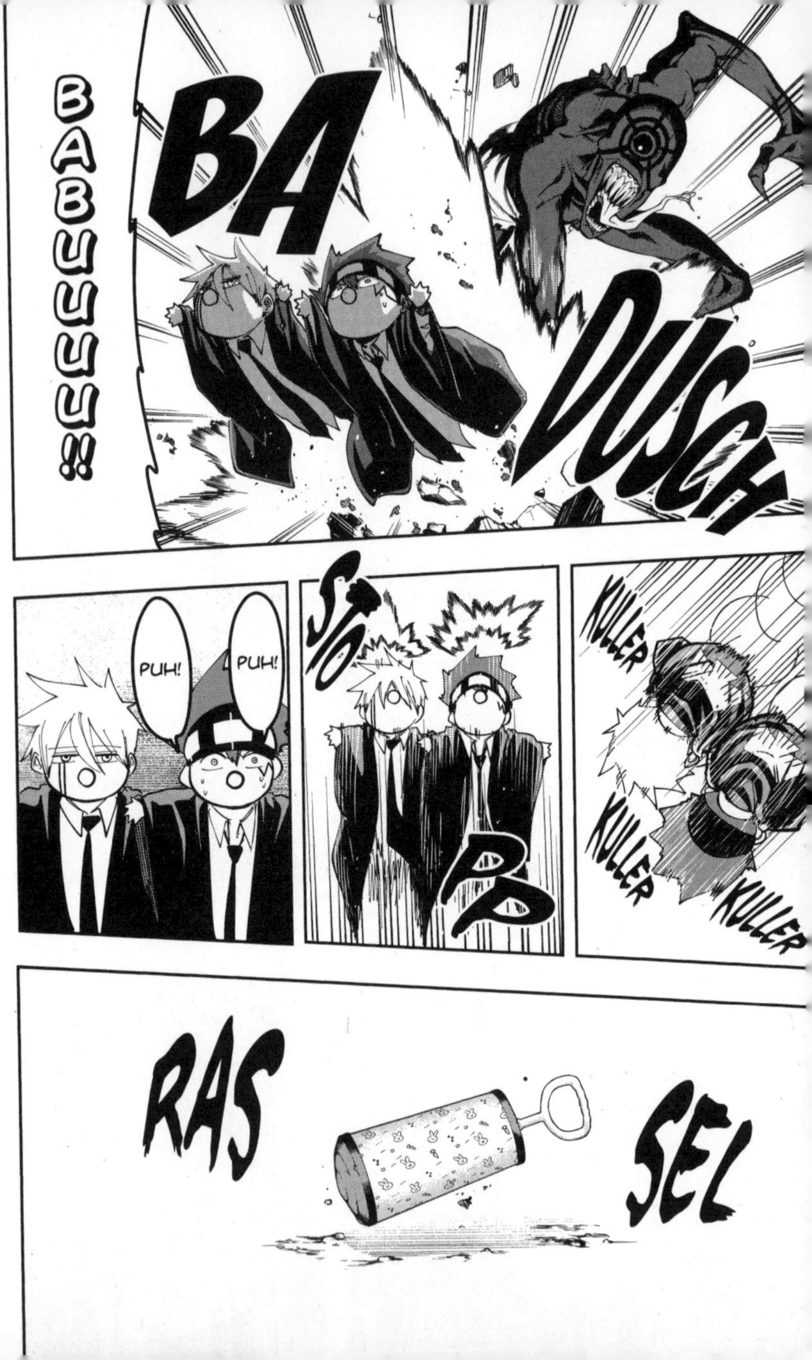
BA
DUSCH
BABUUUU!!
KULLER
KULLER
KULLER
STO
PP
PUH!
PUH!
RAS
SEL

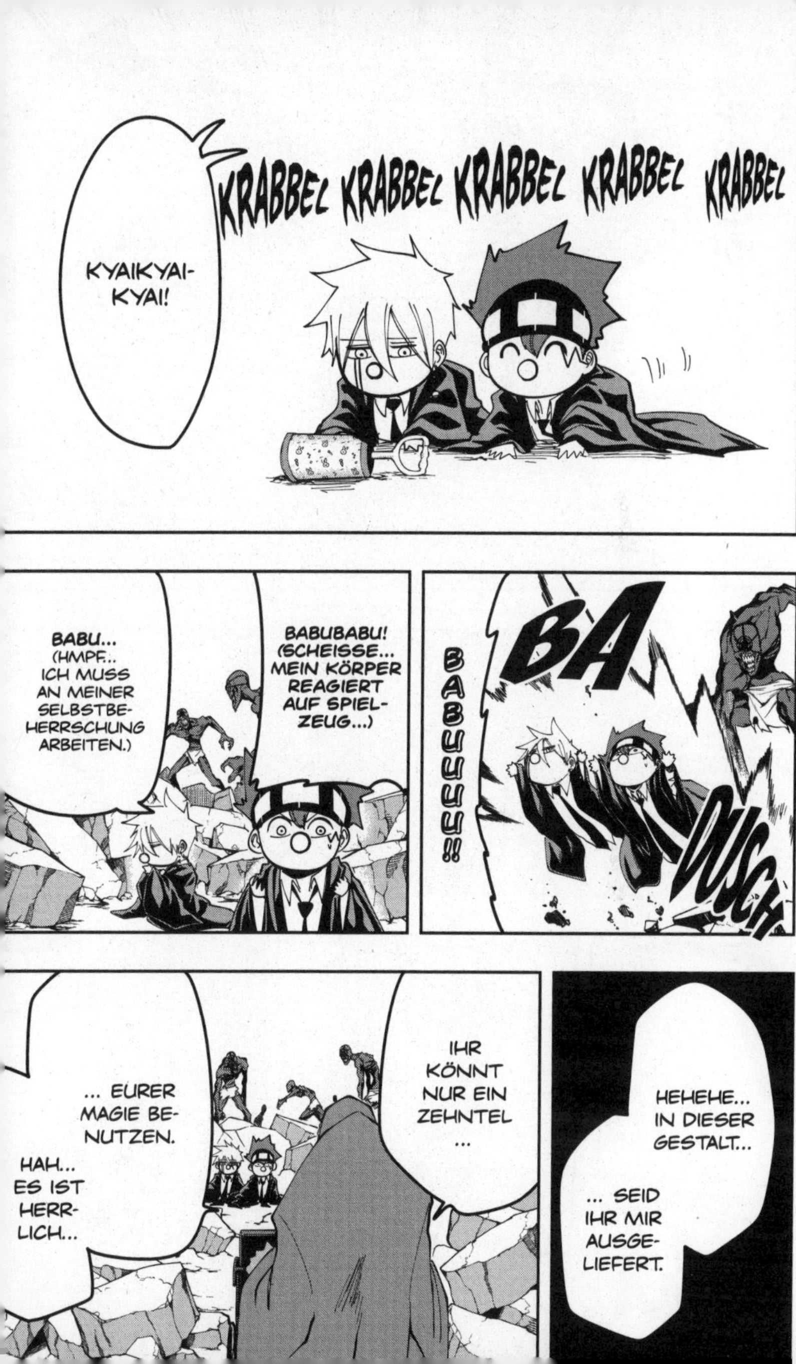
KYAIKYAI-KYAI!
KRABBEL KRABBEL KRABBEL KRABBEL KRABBEL
BABUUUUU!!
BA
DUSCH
BABUBABU! (SCHEISSE... MEIN KÖRPER REAGIERT AUF SPIEL-ZEUG...)
BABU... (HMPF... ICH MUSS AN MEINER SELBSTBE-HERRSCHUNG ARBEITEN.)
HEHEHE... IN DIESER GESTALT...
... SEID IHR MIR AUSGE-LIEFERT.
IHR KÖNNT NUR EIN ZEHNTEL ...
... EURER MAGIE BE-NUTZEN.
HAH... ES IST HERR-LICH...

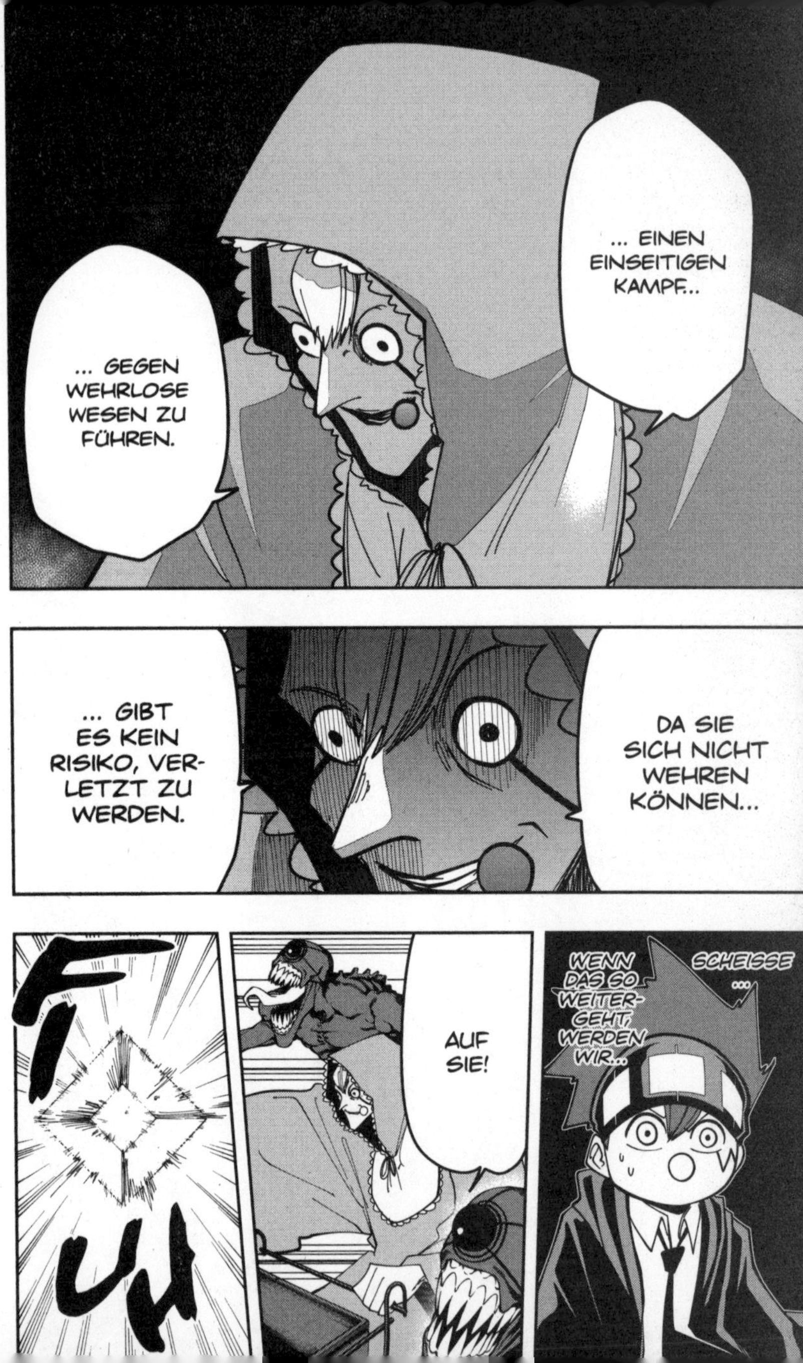

... EINEN EINSEITIGEN KAMPF...
... GEGEN WEHRLOSE WESEN ZU FÜHREN.
DA SIE SICH NICHT WEHREN KÖNNEN...
... GIBT ES KEIN RISIKO, VER-LETZT ZU WERDEN.
SCHEISSE ...
WENN DAS SO WEITER-GEHT, WERDEN WIR...
AUF SIE!
FUH

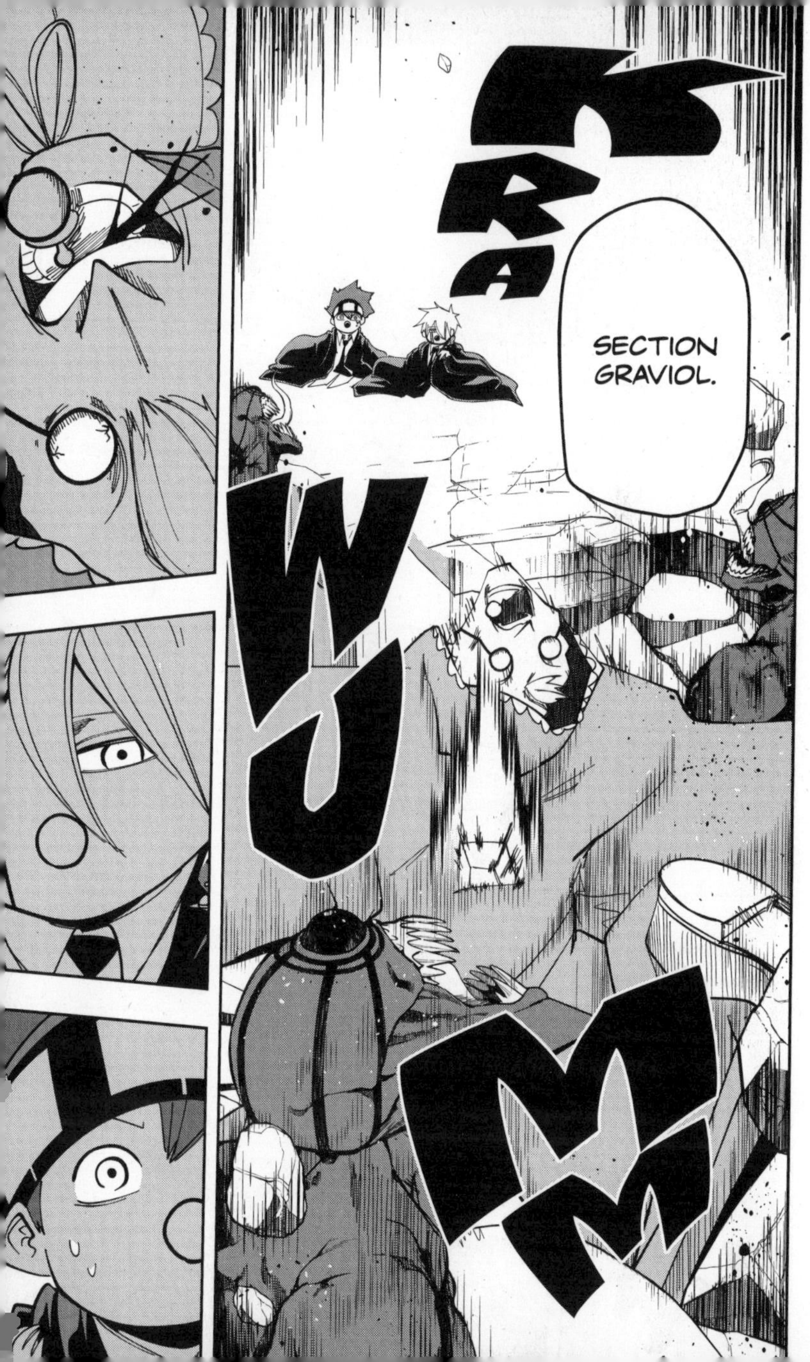
SECTION GRAVIOL.
KRAWUMM

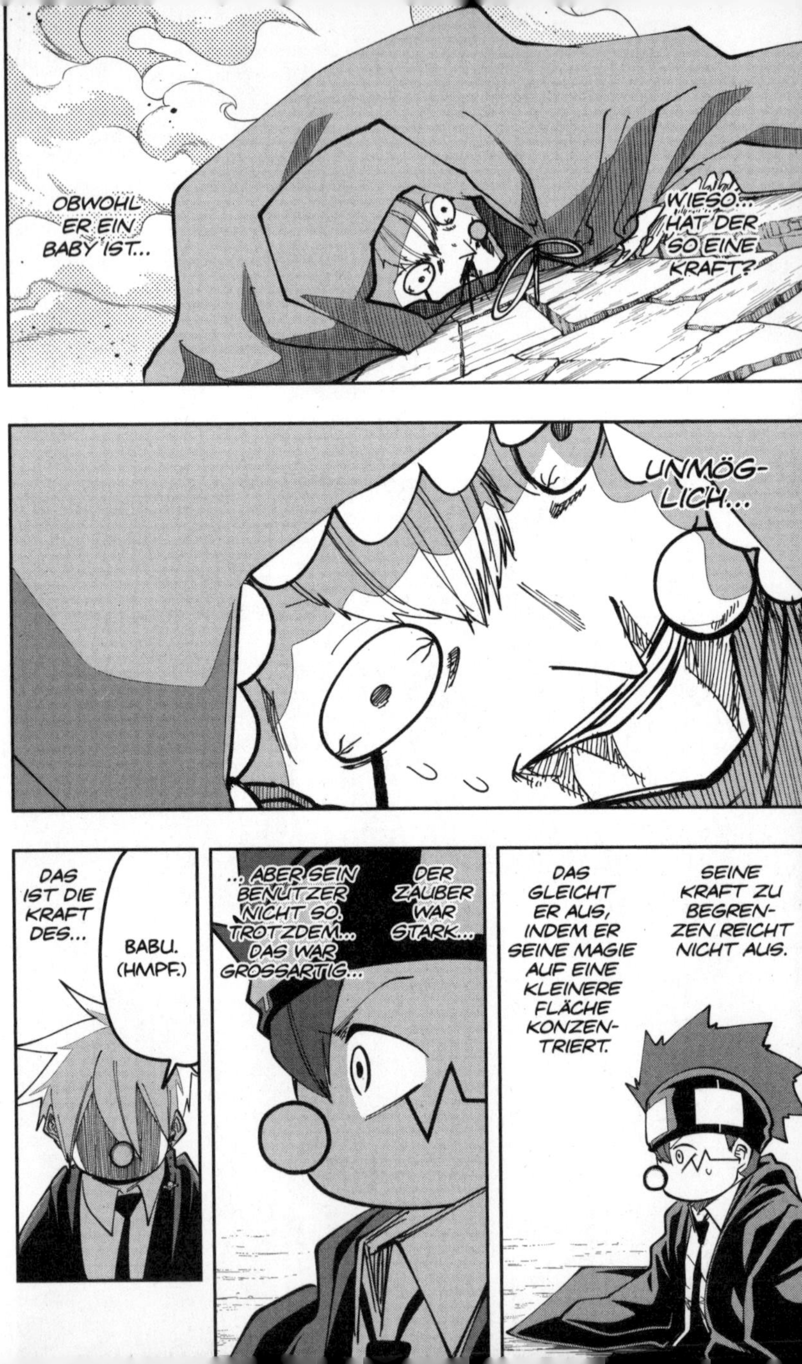
WIESO... HAT DER SO EINE KRAFT?
OBWOHL ER EIN BABY IST...
UNMÖG-LICH...
SEINE KRAFT ZU BEGREN-ZEN REICHT NICHT AUS.
DAS GLEICHT ER AUS, INDEM ER SEINE MAGIE AUF EINE KLEINERE FLÄCHE KONZEN-TRIERT.
DER ZAUBER WAR STARK...
... ABER SEIN BENÜTZER NICHT SO. TROTZDEM... DAS WAR GROSSARTIG...
BABU. (HMPF.)
DAS IST DIE KRAFT DES...

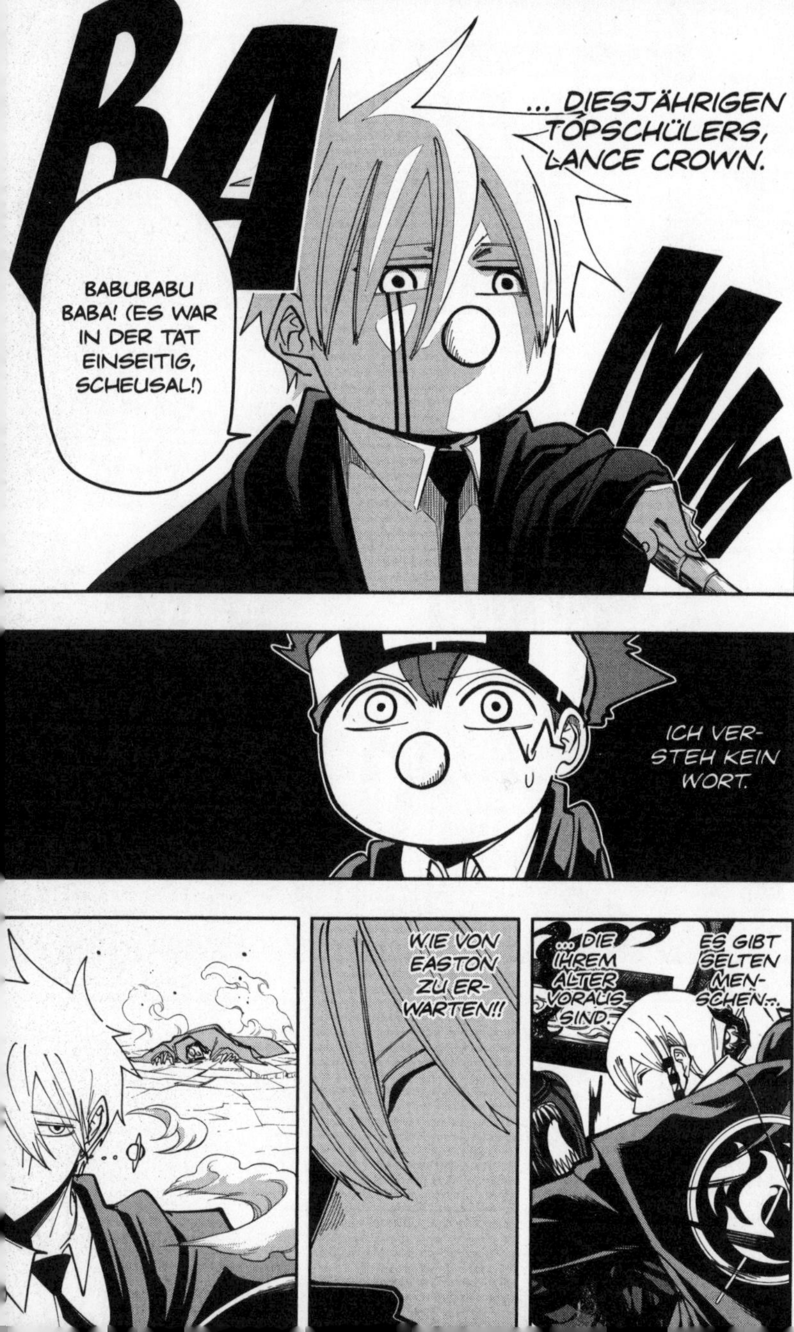

BA
... DIESJÄHRIGEN TOPSCHÜLERS, LANCE CROWN.
BABUBABU BABA! (ES WAR IN DER TAT EINSEITIG, SCHEUSAL!)
MM
ICH VERSTEH KEIN WORT.
ES GIBT SELTEN MENSCHEN ...
... DIE IHREM ALTER VORAUS SIND.
WIE VON EASTON ZU ERWARTEN!!

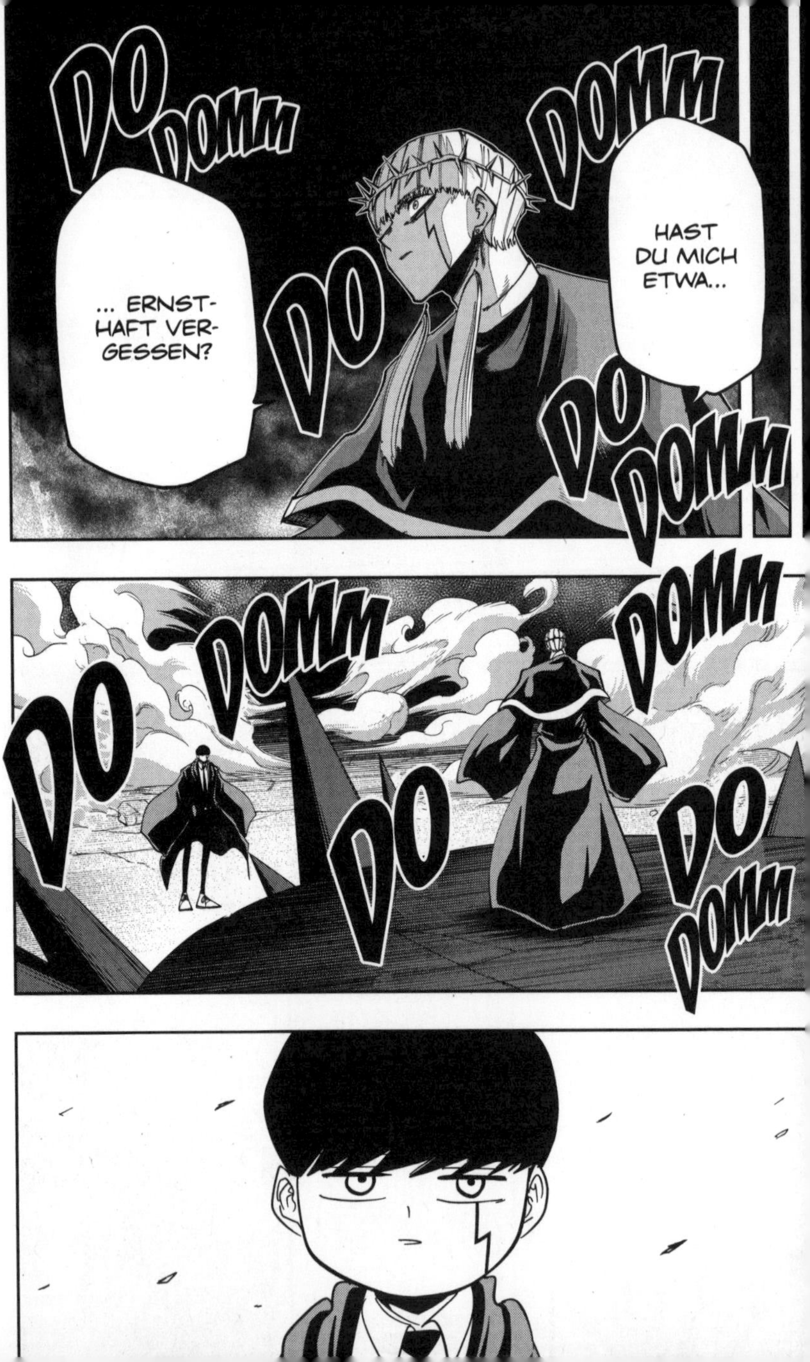
DO DOMM
DO DOMM
HAST DU MICH ETWA...
... ERNST-HAFT VER-GESSEN?
DO DOMM
DO DOMM
DO DOMM
DO DOMM
DO DOMM

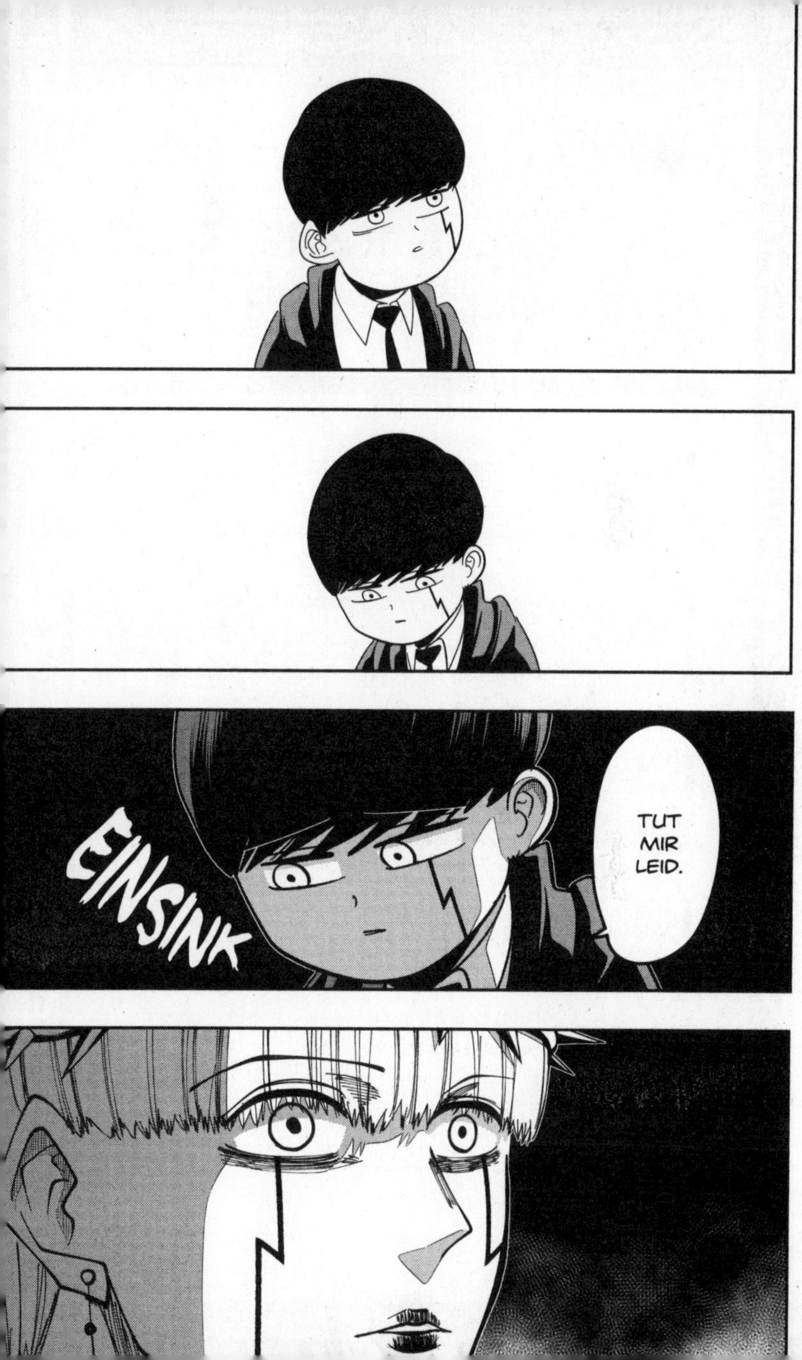
TUT MIR LEID.
EINSINK

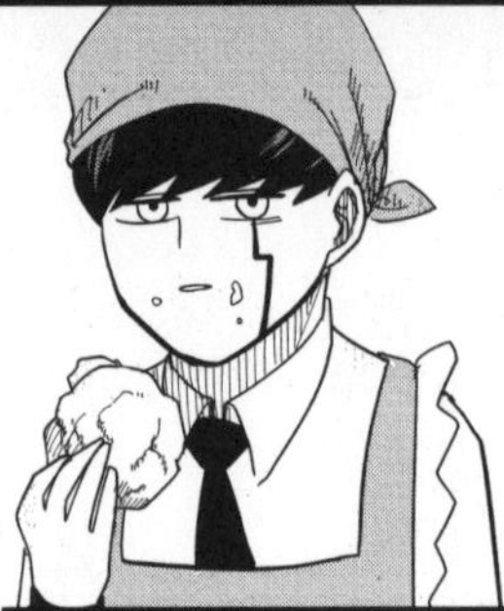

Frage-Antwort-Ecke ① Q&A

F.1 WAS HAT CARPACCIO IM ORCA-HAUS ERFORSCHT?

A.1 Den Zusammenhang zwischen Magie und Schmerz.

F.2 WELCHER IST MASHS LIEBLINGSMUSKEL?

A.2 Der Quadrizeps!! Denn er ist groß und stark!!

F.3 WIE HABEN SICH RAYNE UND MAX GETROFFEN?

A.3 Sie sind Zimmergenossen!

F.4 WO HAT MASH GELERNT, WINDBEUTEL ZU BACKEN?

A.4 Er hat die Grundlagen in einem Buch gelernt. Dann hat er die Windbeutel vom Markt studiert und selbst welche gemacht!!!

F.5 WANN IST RAYNES GEBURTSTAG?

A.5 Am 3. März.

65. Kapitel Mash Burnedead und das Rennen im Regen

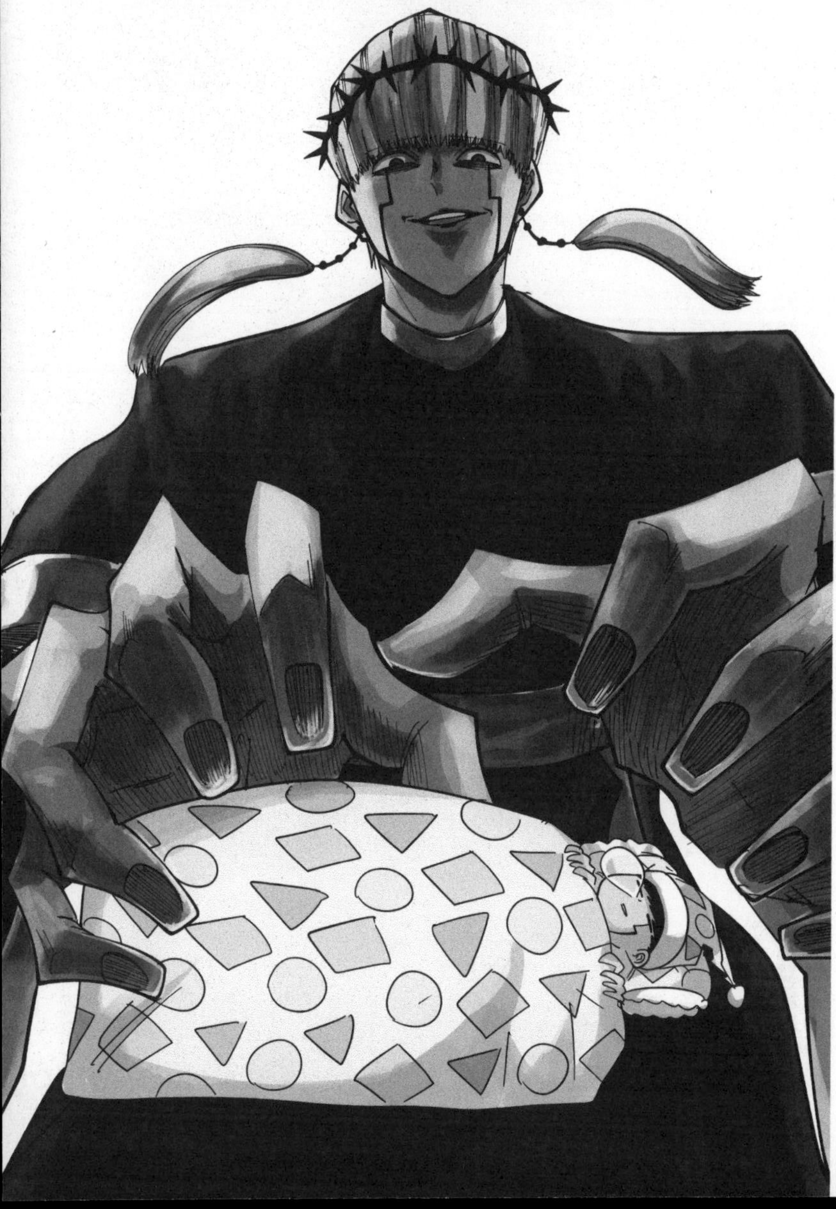

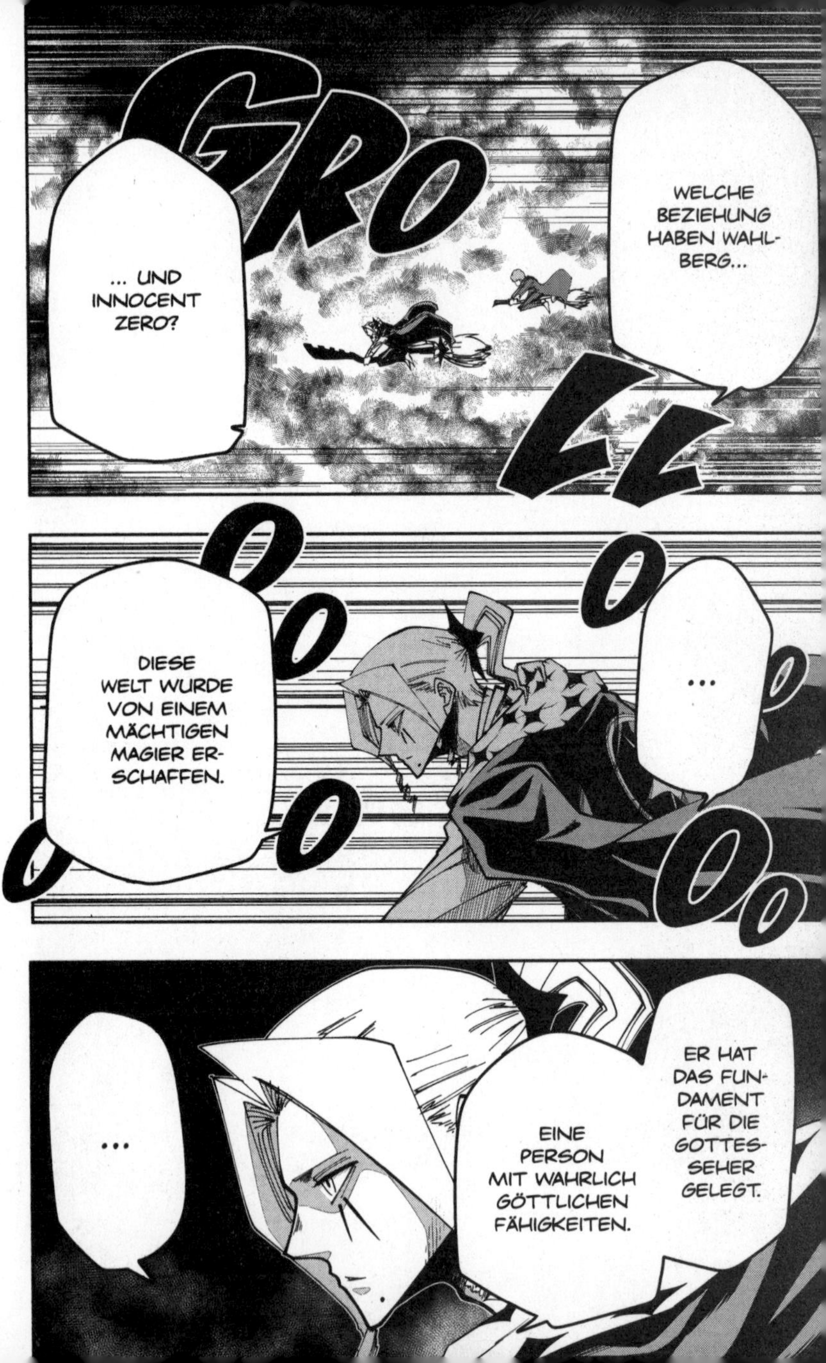
GROLL
WELCHE BEZIEHUNG HABEN WAHL-
BERG...
... UND INNOCENT ZERO?
OOOOOOOOO
...
DIESE WELT WURDE VON EINEM MÄCHTIGEN MAGIER ER-
SCHAFFEN.
ER HAT DAS FUN-
DAMENT FÜR DIE GOTTES-
SEHER GELEGT.
EINE PERSON MIT WAHRLICH GÖTTLICHEN FÄHIGKEITEN.
...

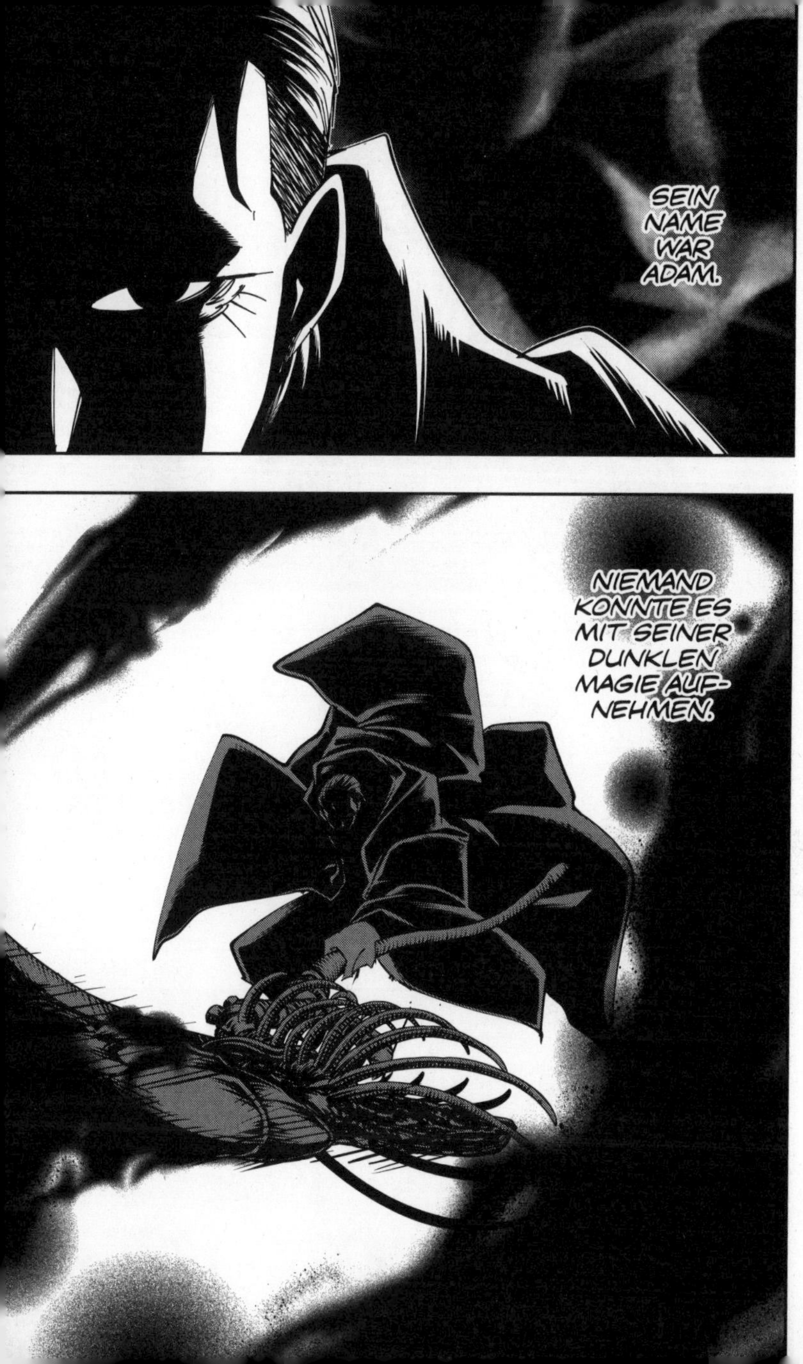
SEIN NAME WAR ADAM.
NIEMAND KONNTE ES MIT SEINER DUNKLEN MAGIE AUF-NEHMEN.

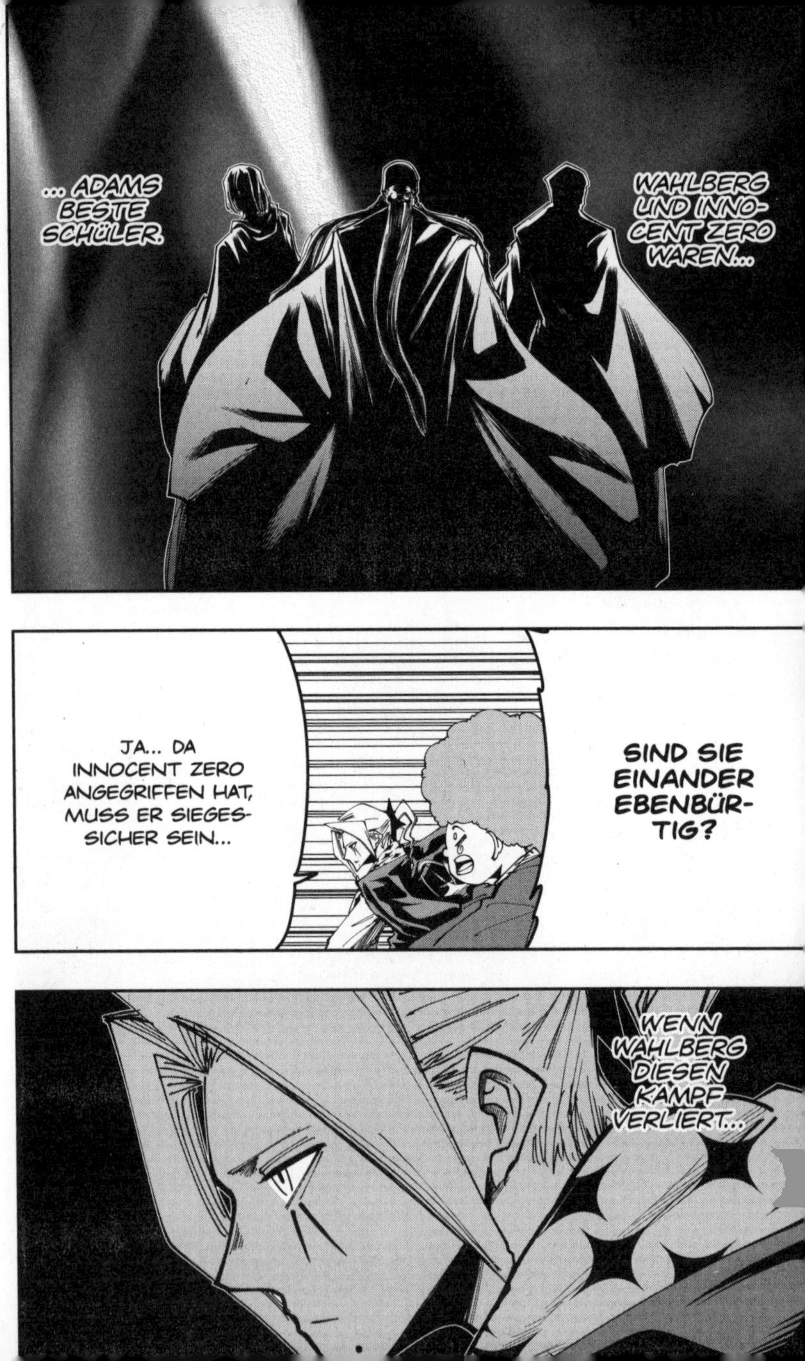
WAHLBERG UND INNOCENT ZERO WAREN...
... ADAMS BESTE SCHÜLER.
SIND SIE EINANDER EBENBÜRTIG?
JA... DA INNOCENT ZERO ANGEGRIFFEN HAT, MUSS ER SIEGESSICHER SEIN...
WENN WAHLBERG DIESEN KAMPF VERLIERT...

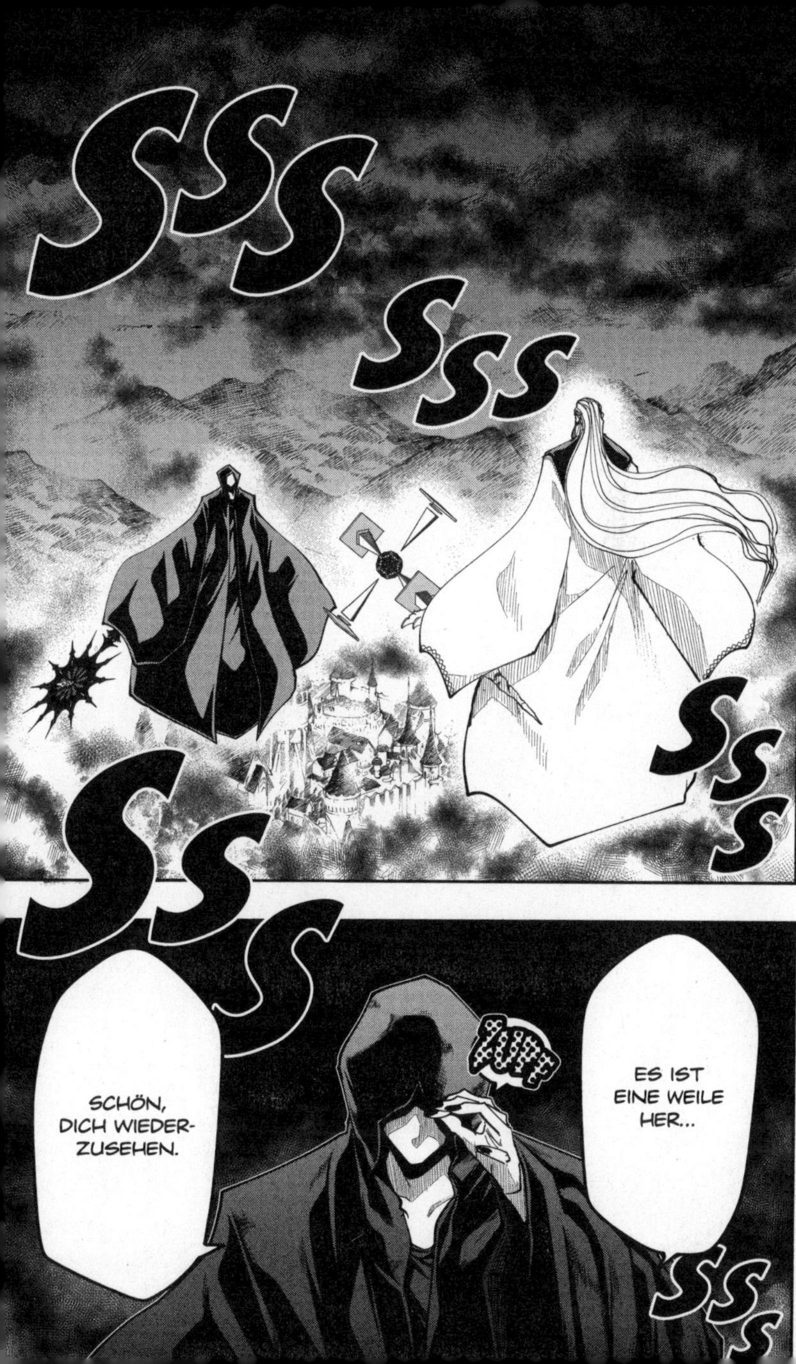
SSS
SSS
SSS
SSS
ES IST EINE WEILE HER...
ZUPF
SCHÖN, DICH WIEDER-ZUSEHEN.
SSS

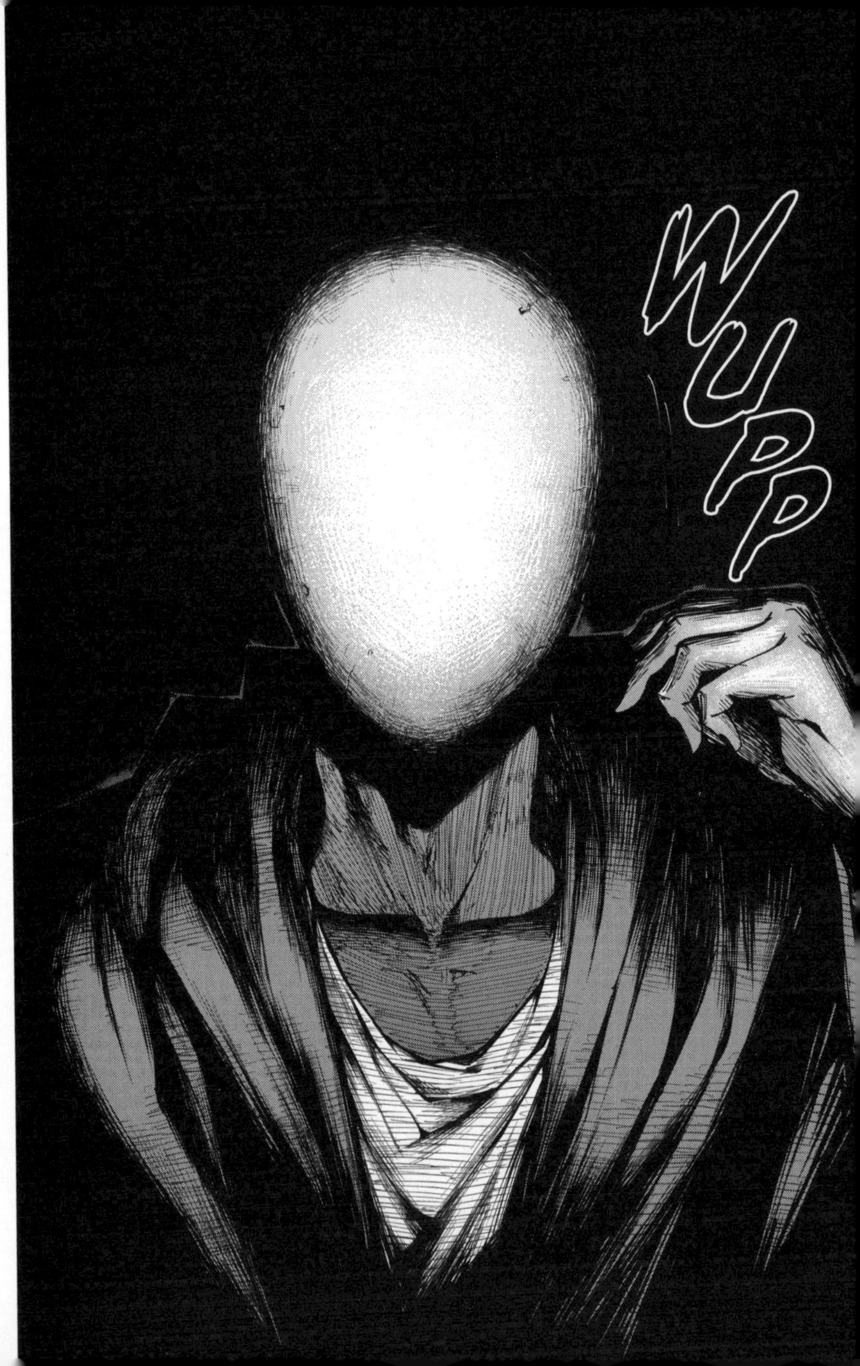
WUPP

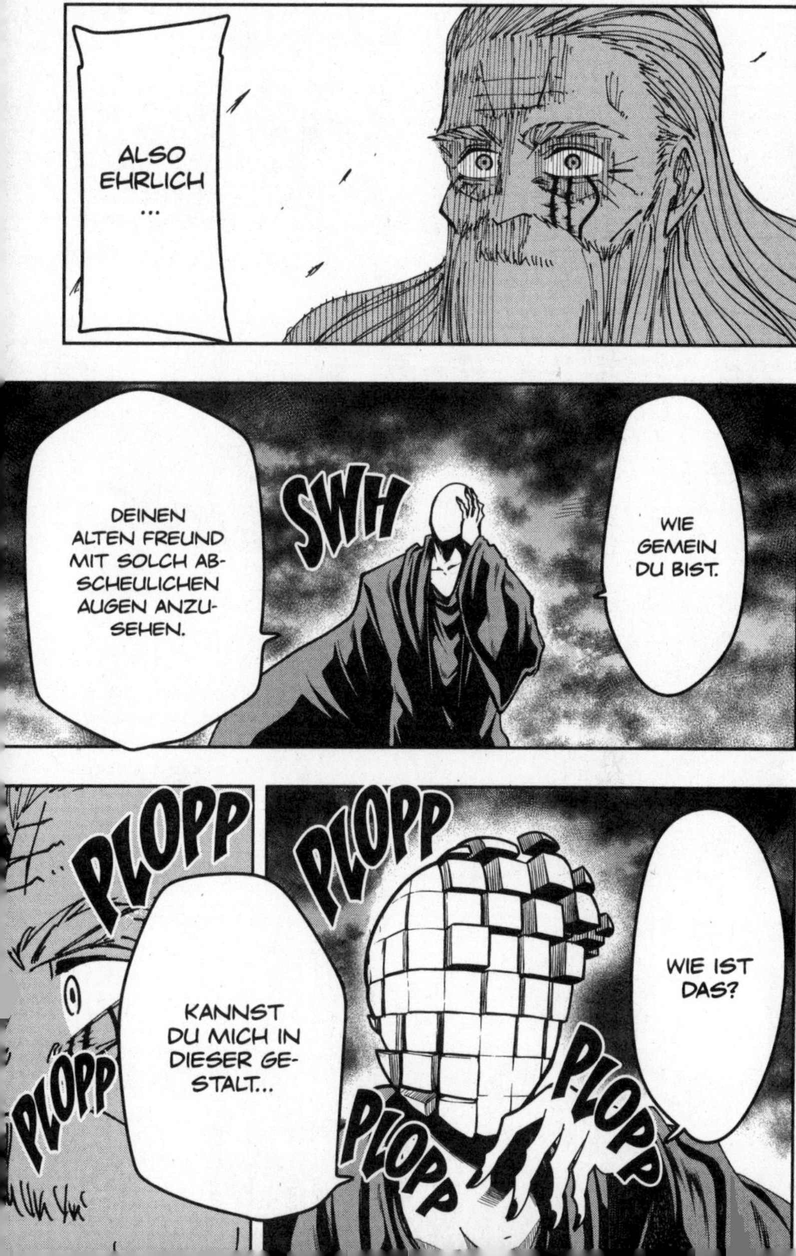
ALSO EHRLICH ...
WIE GEMEIN DU BIST.
SWH
DEINEN ALTEN FREUND MIT SOLCH ABSCHEULICHEN AUGEN ANZUSEHEN.
PLOPP
WIE IST DAS?
PLOPP
KANNST DU MICH IN DIESER GESTALT...
PLOPP
PLOPP
PLOPP
PLOPP

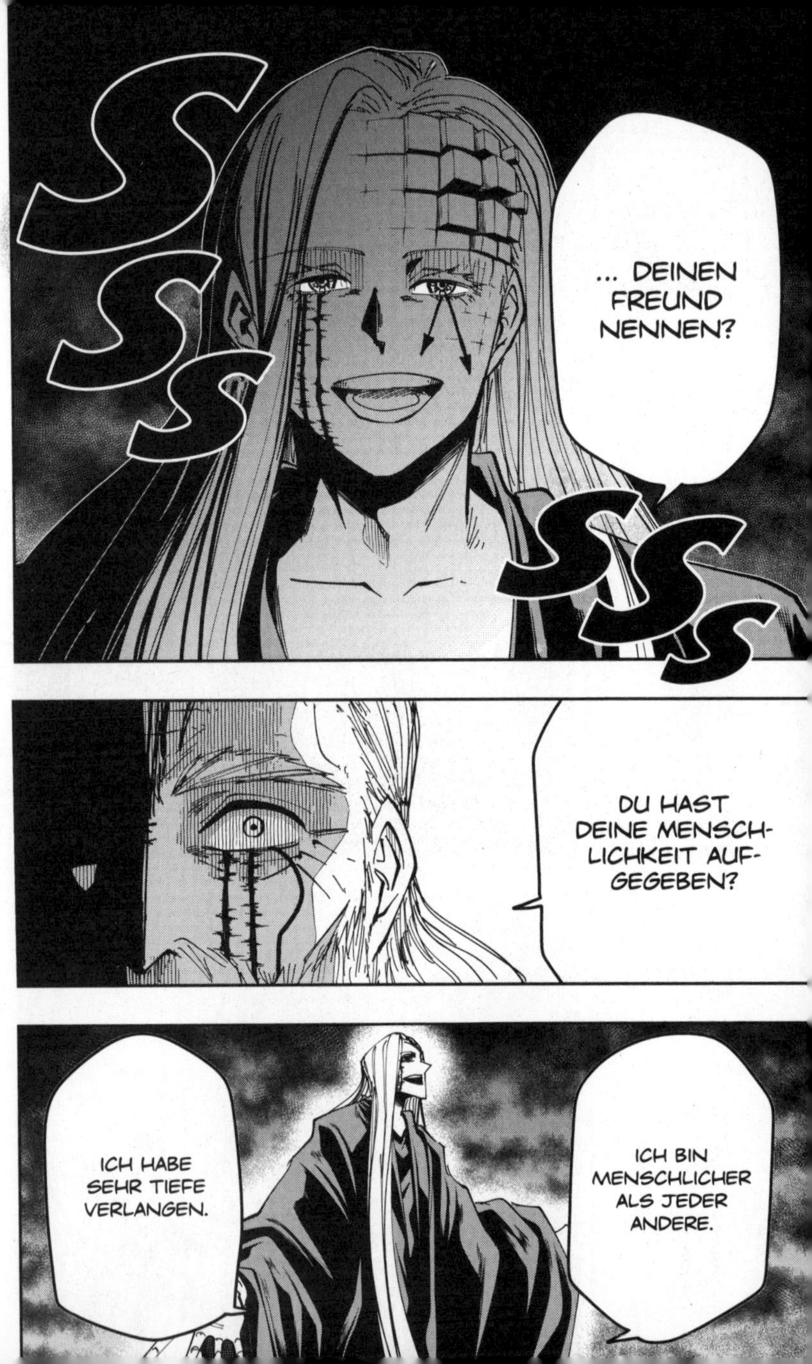

SSS
... DEINEN FREUND NENNEN?
SSSS
DU HAST DEINE MENSCH-LICHKEIT AUF-GEGEBEN?
ICH BIN MENSCHLICHER ALS JEDER ANDERE.
ICH HABE SEHR TIEFE VERLANGEN.

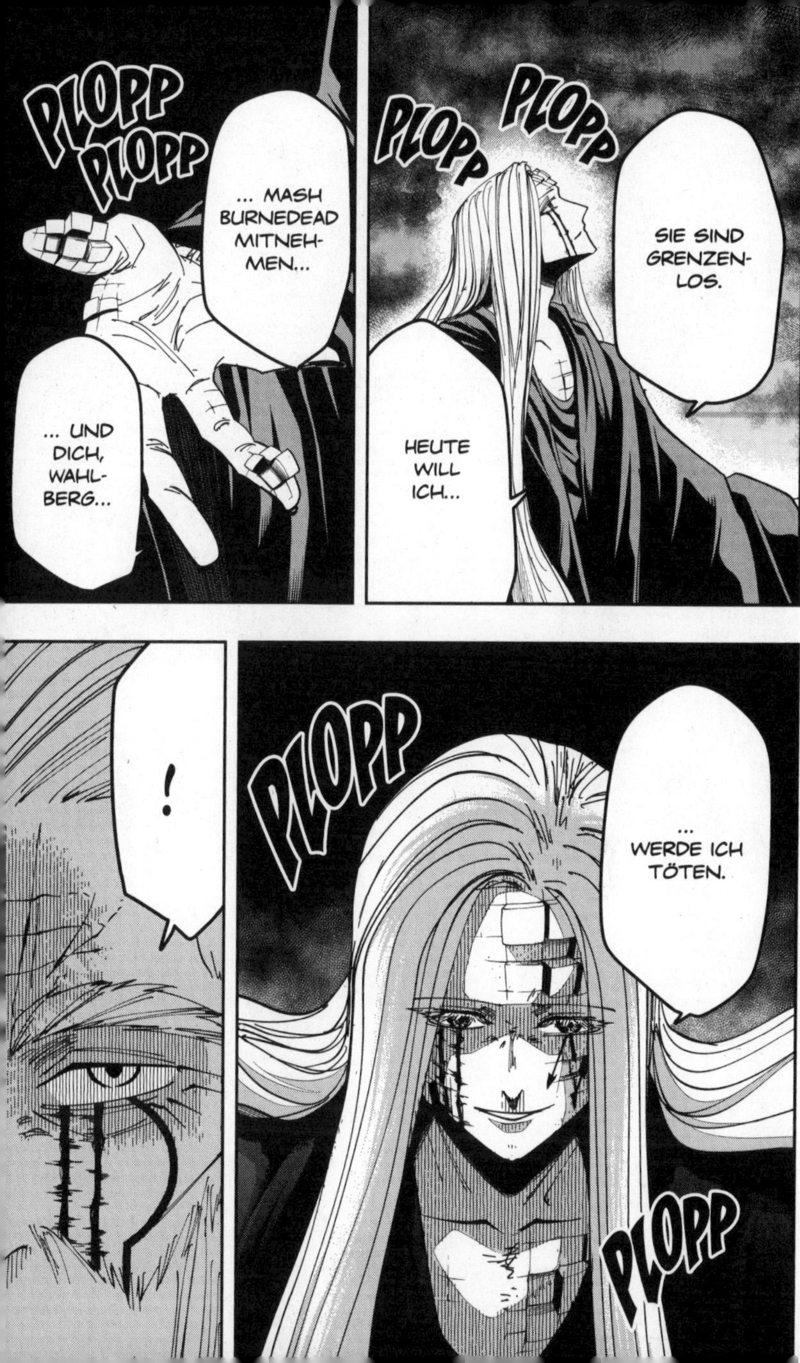
PLOPP
PLOPP
SIE SIND GRENZEN-LOS.
HEUTE WILL ICH...
PLOPP
PLOPP
... MASH BURNEDEAD MITNEH-MEN...
... UND DICH, WAHL-BERG...
PLOPP
... WERDE ICH TÖTEN.
PLOPP
!

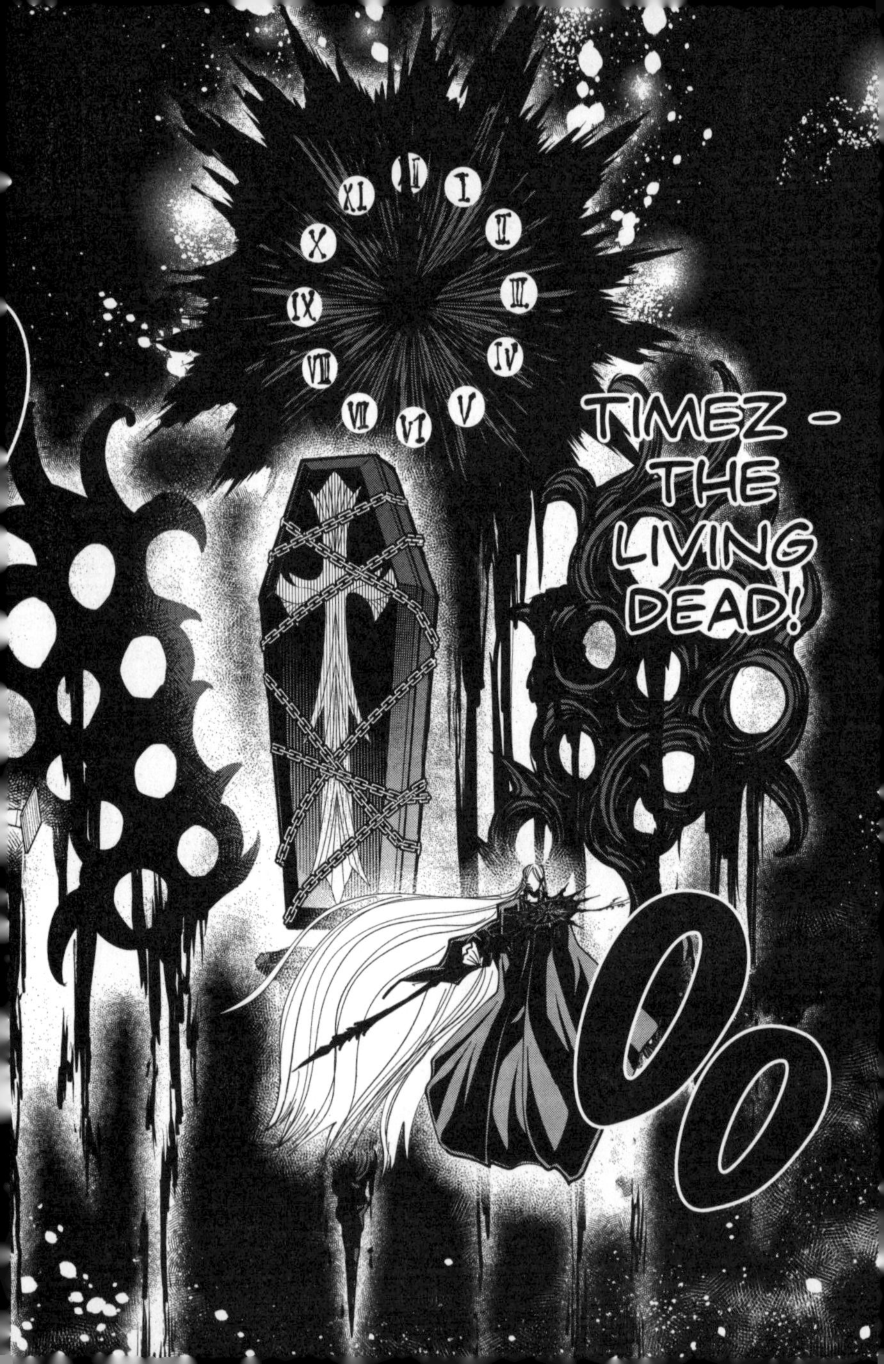
TIMEZ - THE LIVING DEAD!
OO

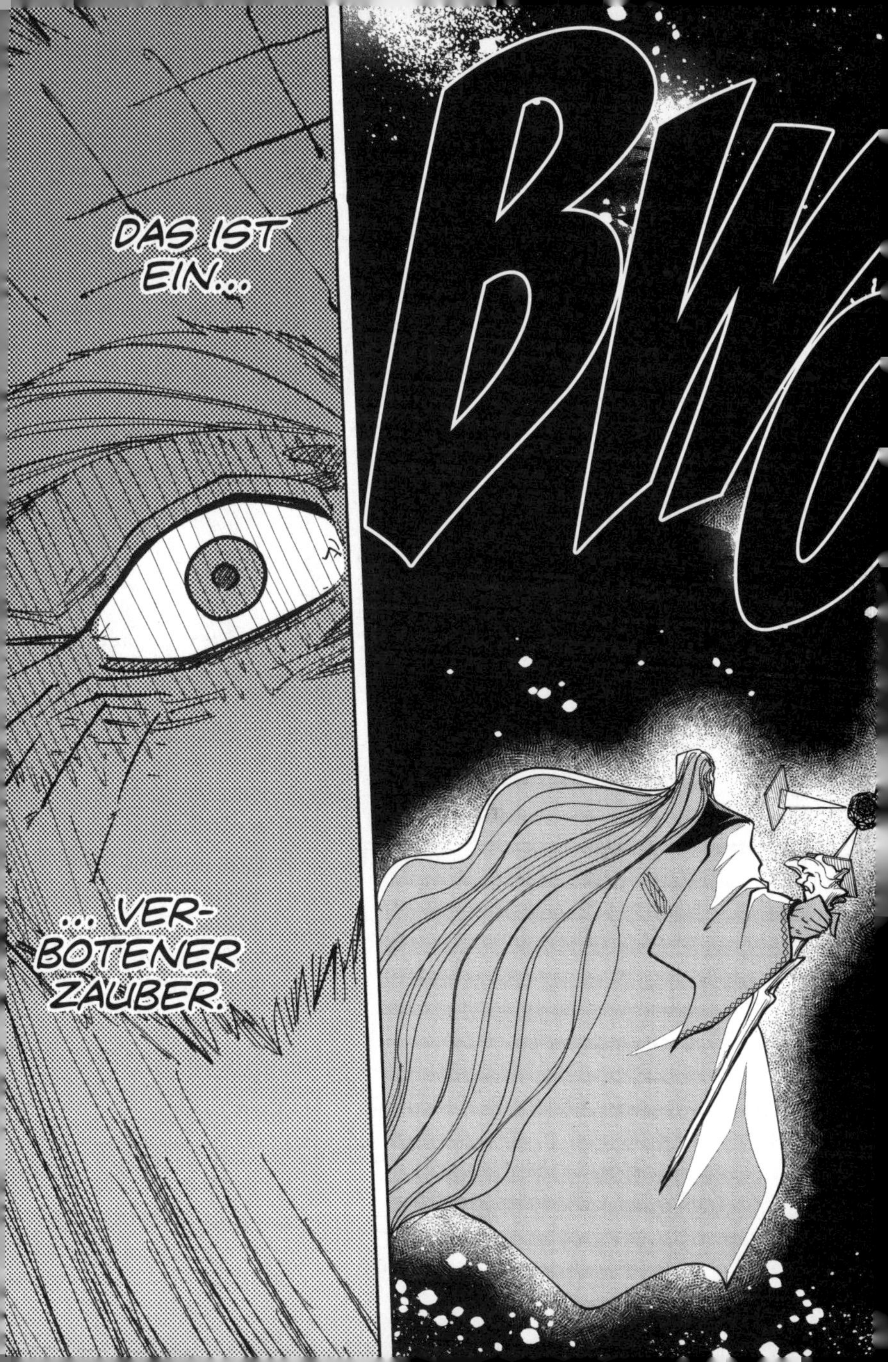
DAS IST EIN...
... VERBOTENER ZAUBER.

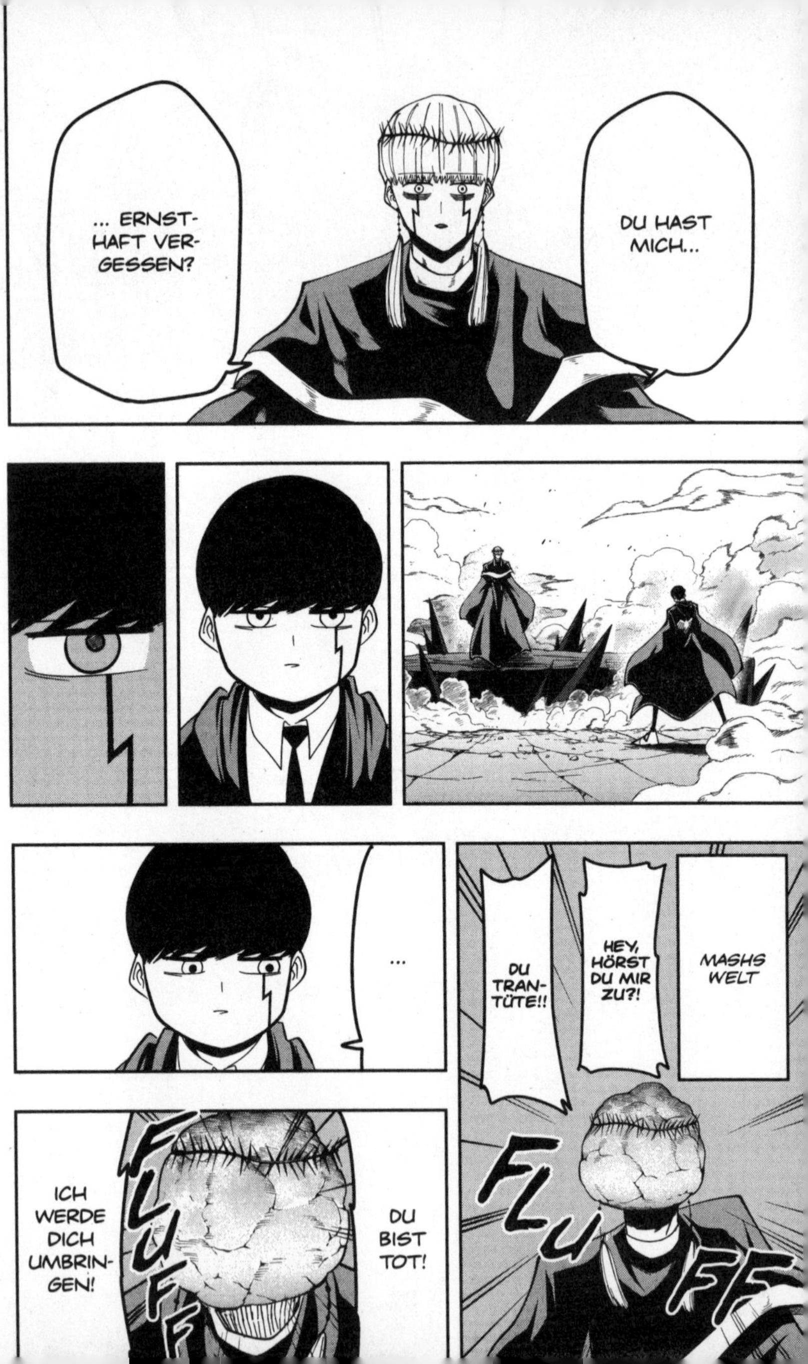
DU HAST MICH...
... ERNSTHAFT VERGESSEN?
MASHS WELT
HEY, HÖRST DU MIR ZU?!
DU TRANTÜTE!!
FLUFF
...
DU BIST TOT!
ICH WERDE DICH UMBRINGEN!
FLUFF

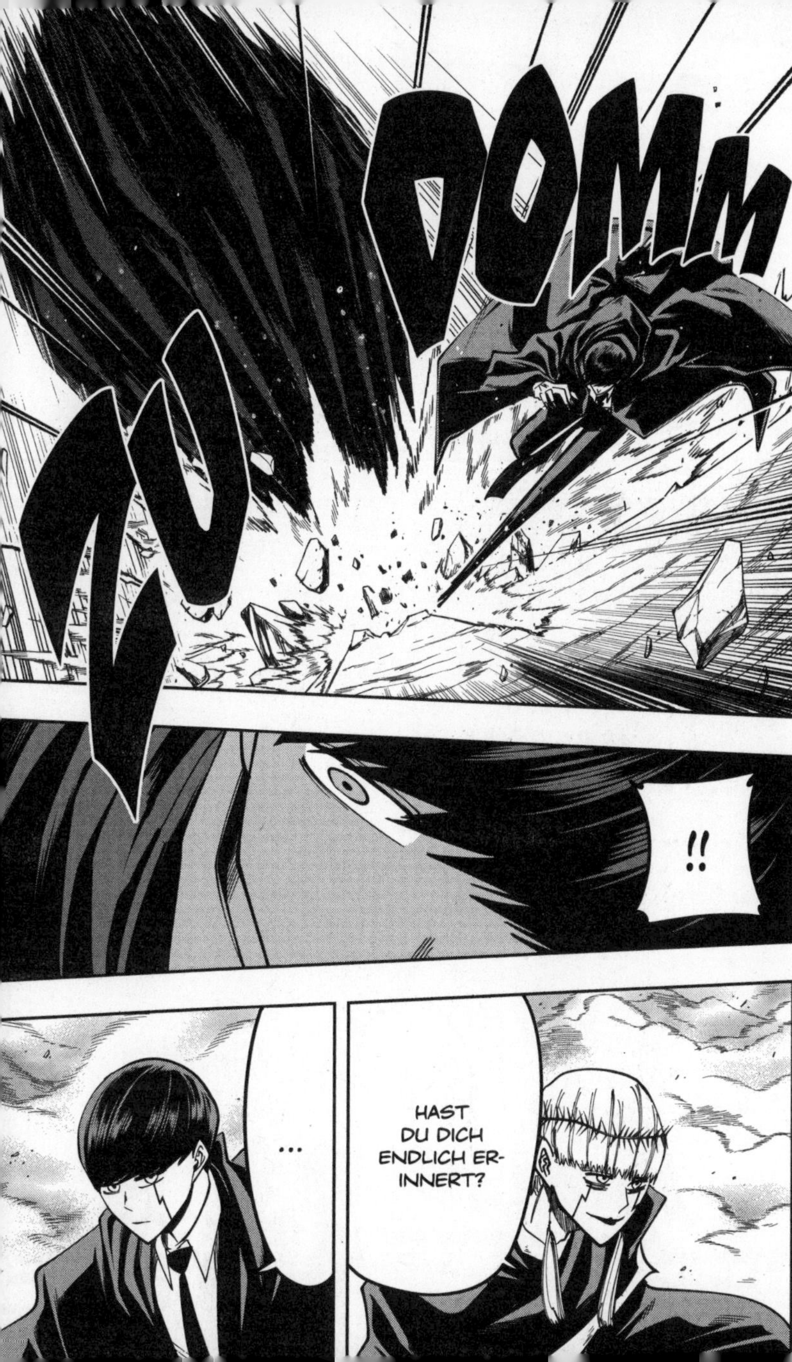
DOMM
ZU
!!
HAST DU DICH ENDLICH ER-INNERT?
...

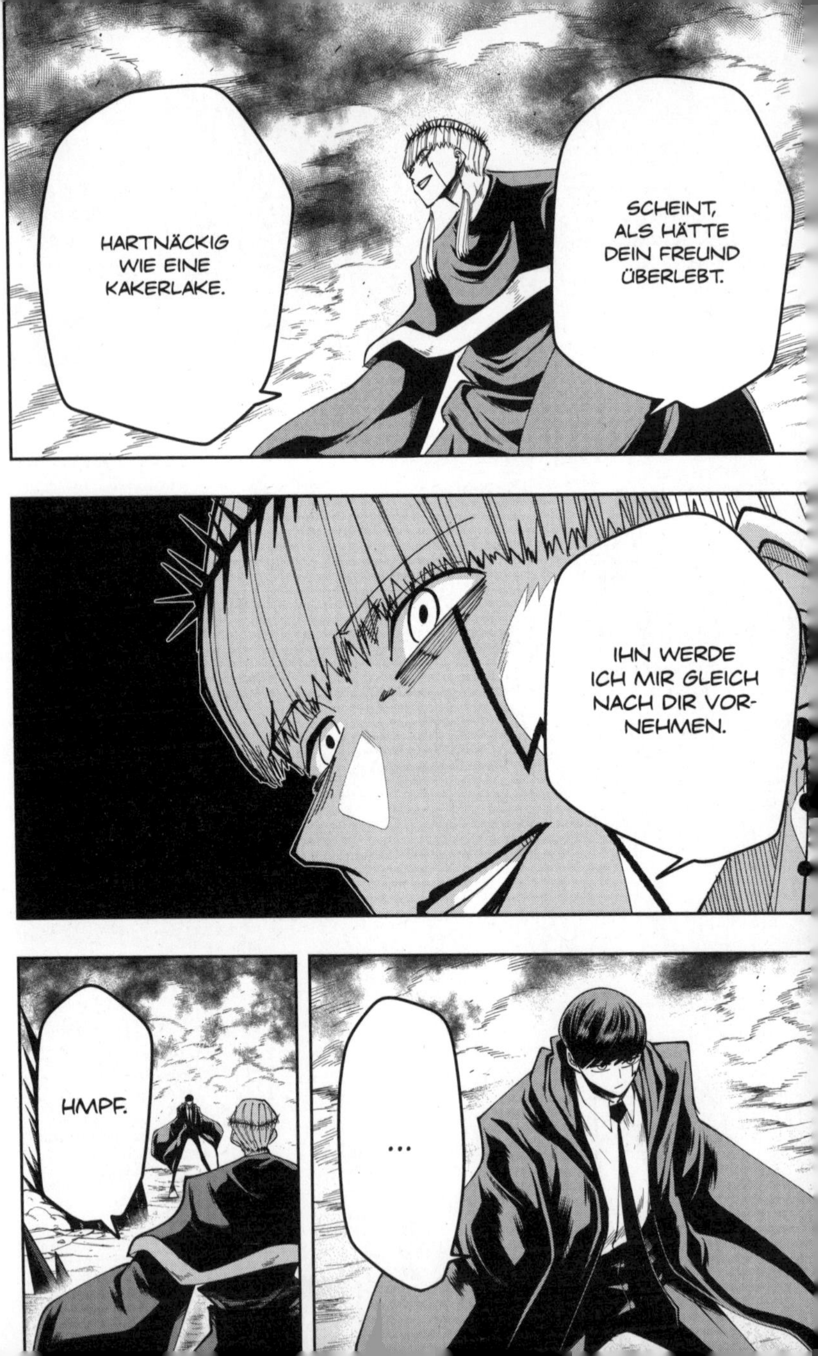
SCHEINT, ALS HÄTTE DEIN FREUND ÜBERLEBT.
HARTNÄCKIG WIE EINE KAKERLAKE.
IHN WERDE ICH MIR GLEICH NACH DIR VOR-NEHMEN.
...
HMPF.

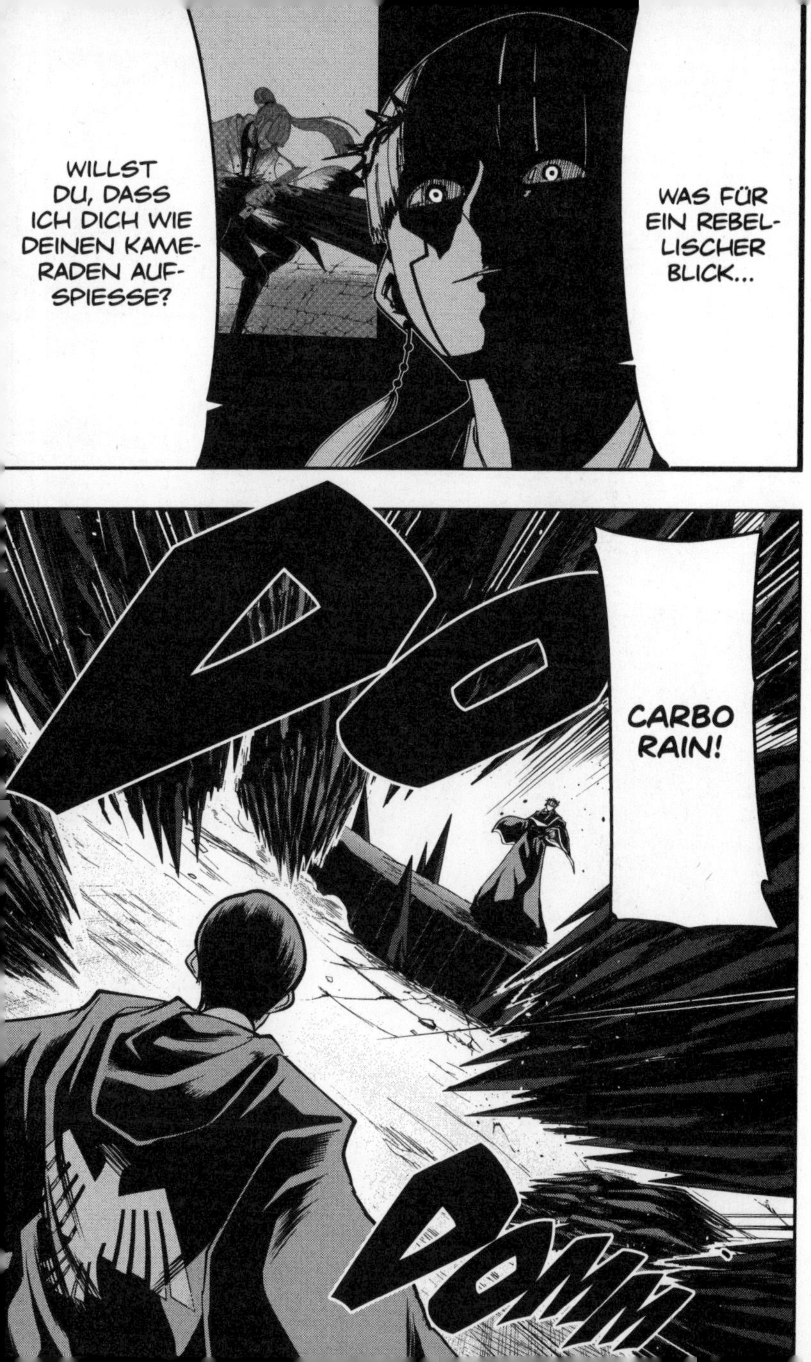
WAS FÜR EIN REBELLISCHER BLICK...
WILLST DU, DASS ICH DICH WIE DEINEN KAMERADEN AUFSPIESSE?
CARBO RAIN!

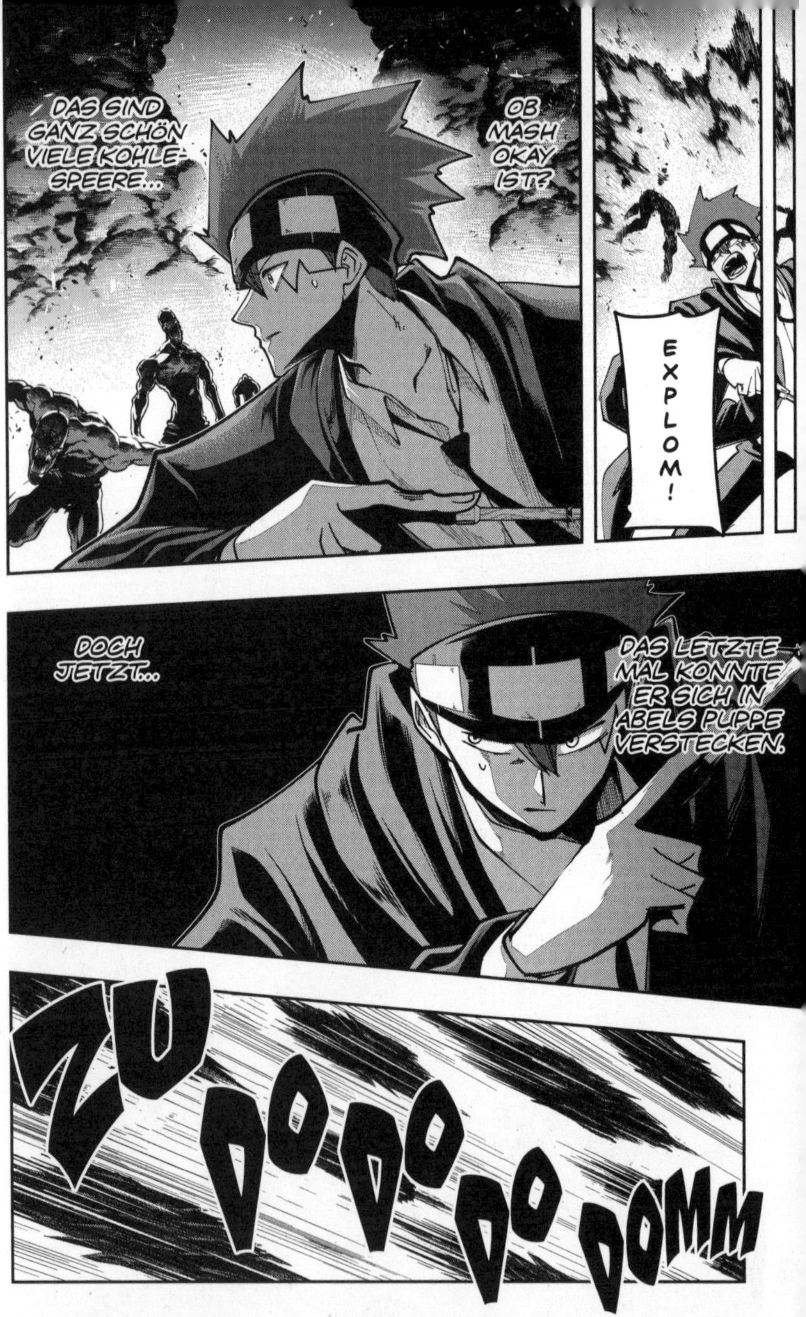
EXPLOM!
OB MASH OKAY IST?
DAS SIND GANZ SCHÖN VIELE KOHLE-SPEERE...
DAS LETZTE MAL KONNTE ER SICH IN ABELS PUPPE VERSTECKEN.
DOCH JETZT...
ZU DO DO DO DOMM

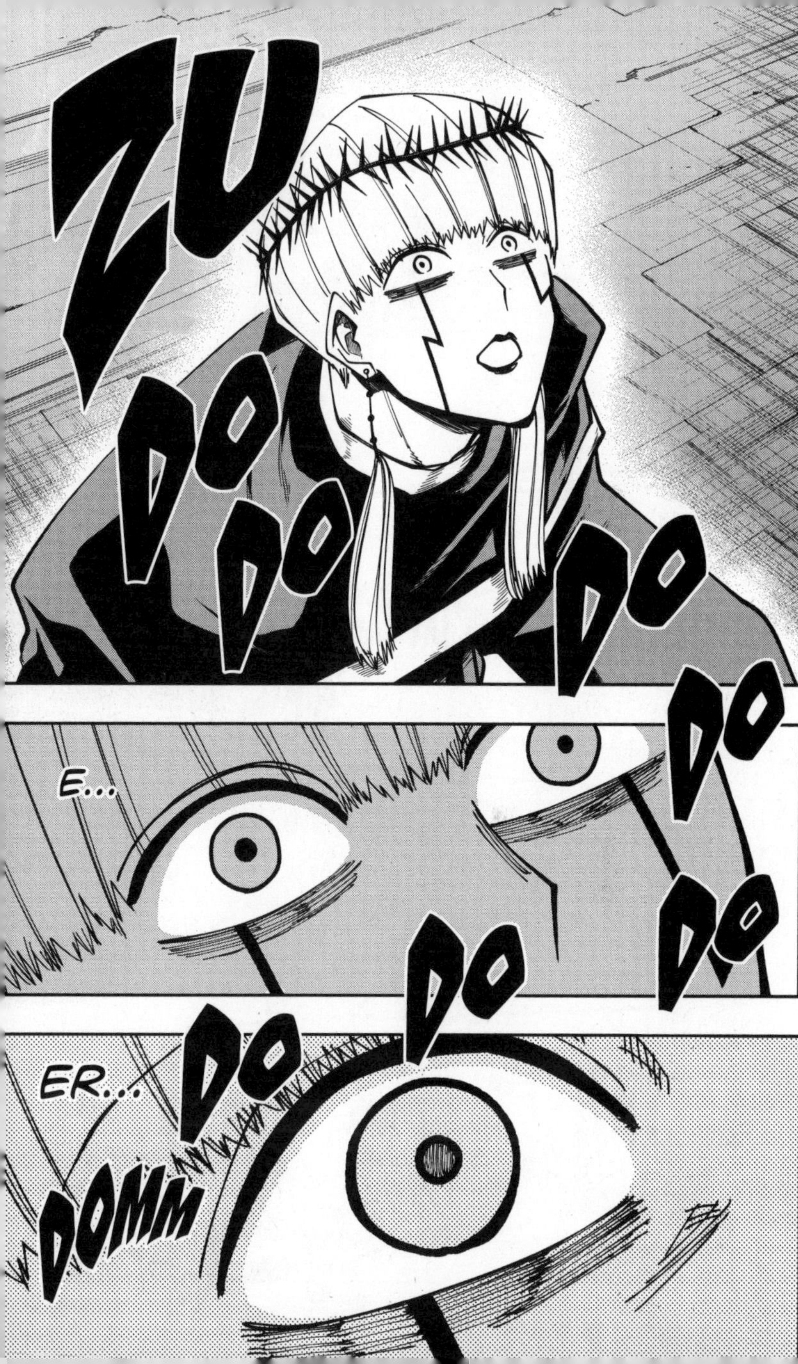
ZU
DO
DO
DO
DO
E...
DO
DO
ER...
DO
DOMM

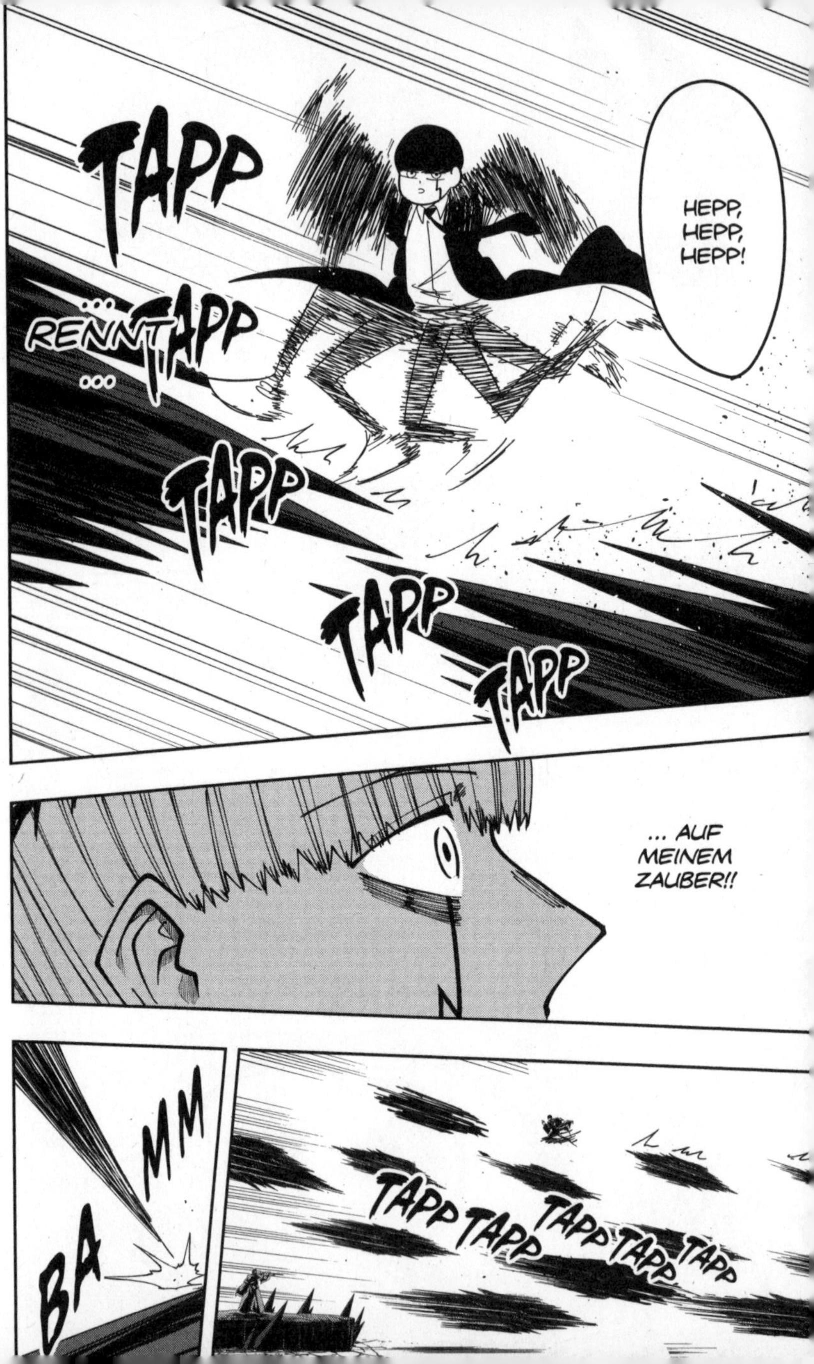
HEPP, HEPP, HEPP!
TAPP
... RENNT ...
TAPP
TAPP
TAPP
TAPP
... AUF MEINEM ZAUBER!!
TAPP TAPP TAPP TAPP TAPP TAPP
BAMM

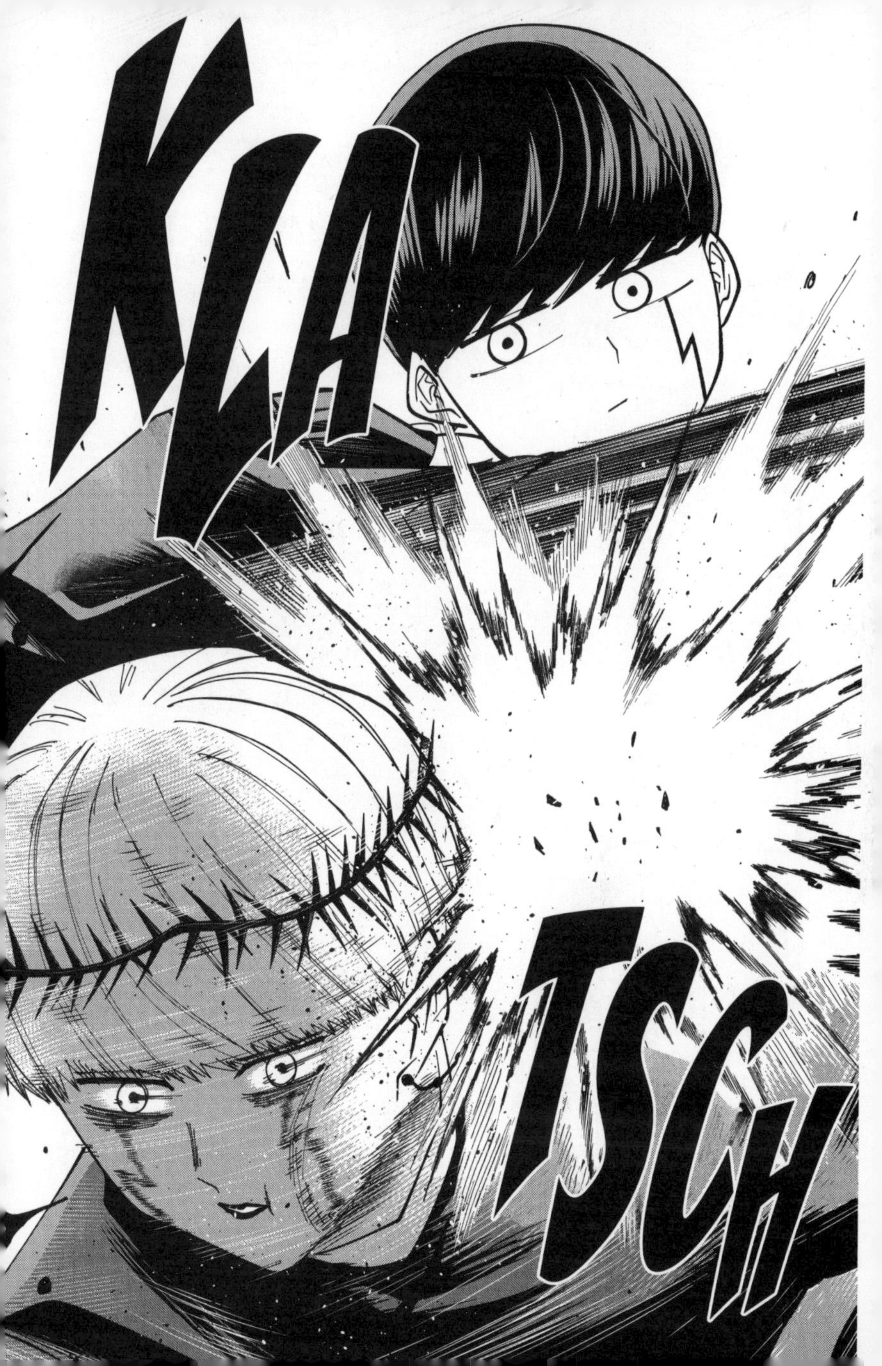
KLA
TSCH

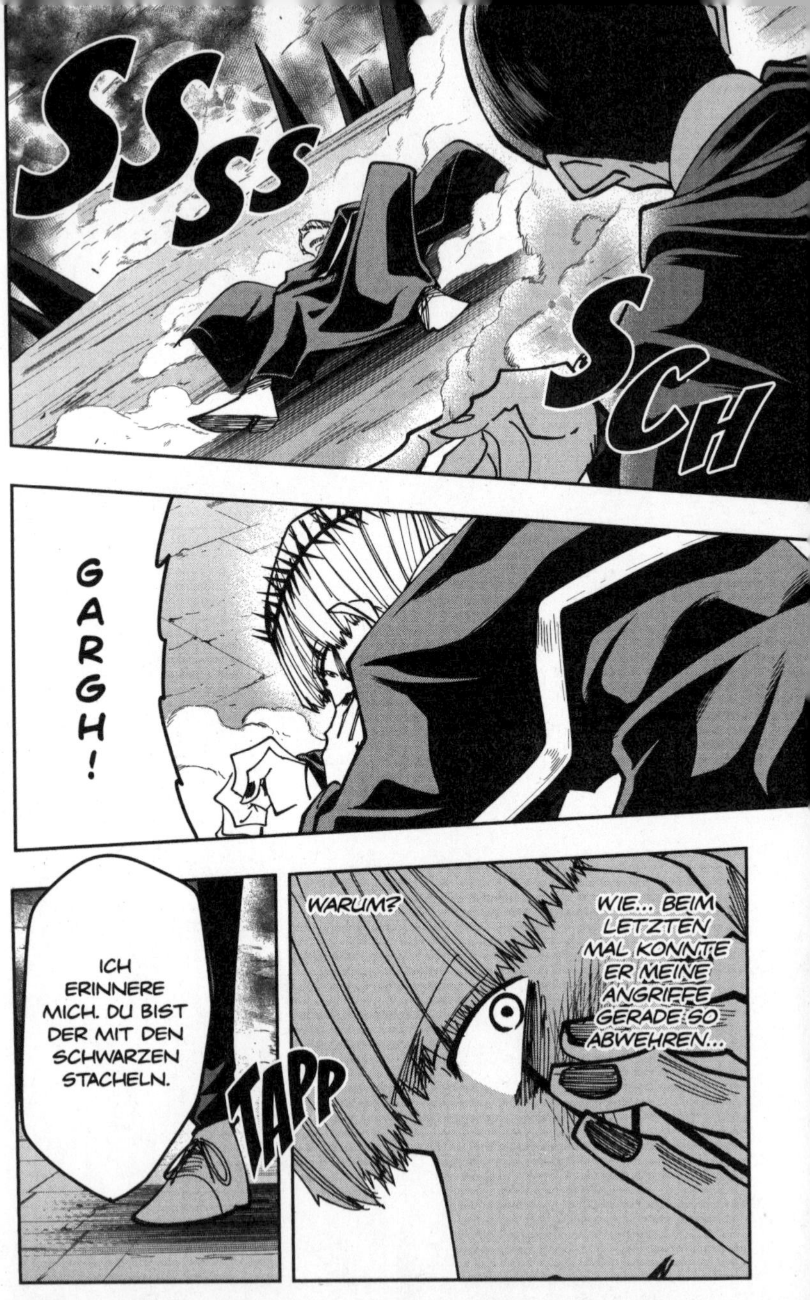
SSSSS
SCH
GARGH!
WIE... BEIM LETZTEN MAL KONNTE ER MEINE ANGRIFFE GERADE SO ABWEHREN...
WARUM?
ICH ERINNERE MICH. DU BIST DER MIT DEN SCHWARZEN STACHELN.
TAPP

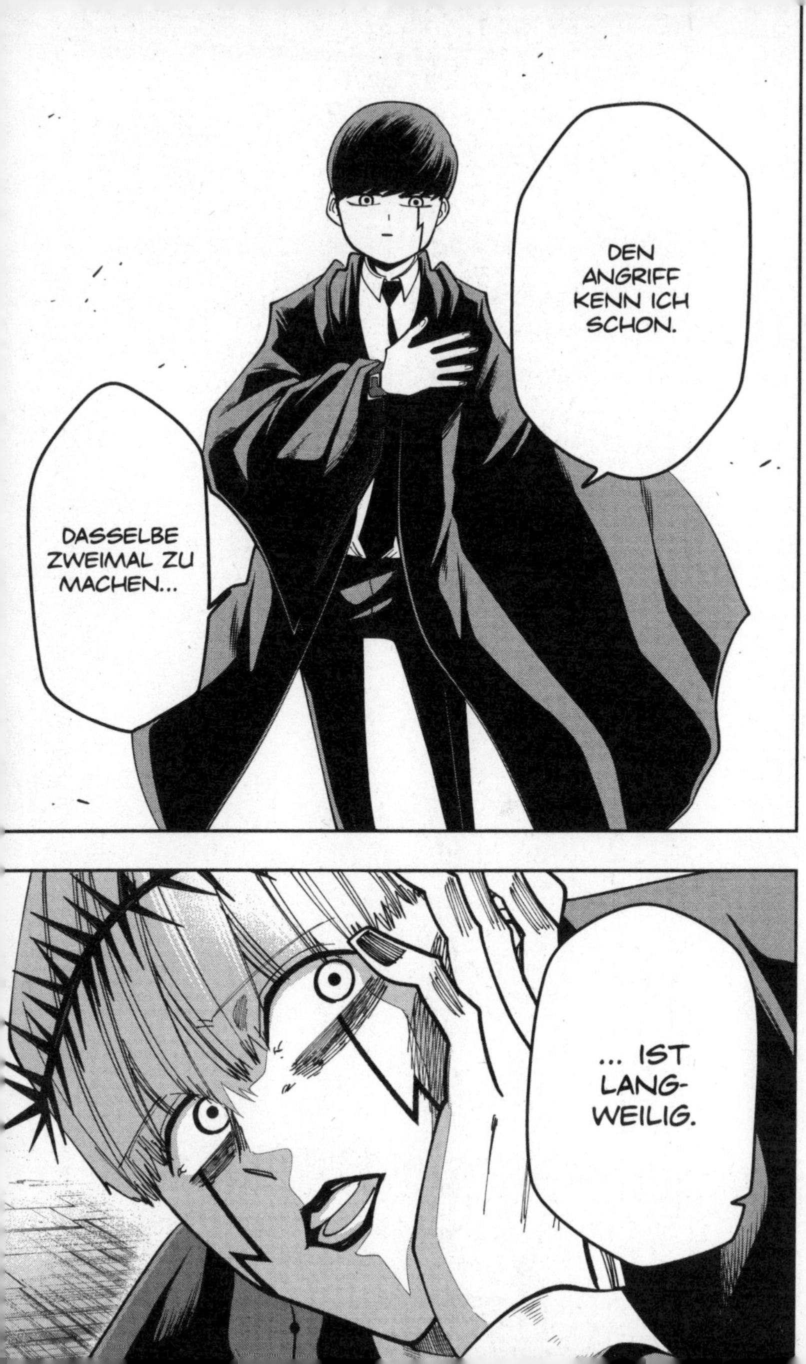
DEN ANGRIFF KENN ICH SCHON.
DASSELBE ZWEIMAL ZU MACHEN...
... IST LANG-WEILIG.

Frage-Antwort-Ecke ② Q&A

F.6 WAS FÜR ANDERE ITEMS MIT HASENDESIGN HAT RAYNE?

A.6 Bettbezug, Vorhänge, Tasse. Fast alles ist mit Hasen drauf!!

F.7 WENN EASTON AGS HÄTTE, IN WELCHEN WÄREN DIE CHARAKTERE?

A.7 Dot - Blaskapelle Finn - Kunst
Lance - geht nach dem Unterricht heim
Lemon - Handarbeit Mash - Duelo

F.8 HAT DIE MAGIESCHULE EINE CAFETERIA? FALLS JA, WAS IST DAS TAGESGERICHT?

A.8 Ja, hat sie! Frittierter Salamander!! Verdammt heiß!!

66. Kapitel Mash Burnedead und das schwere Schicksal

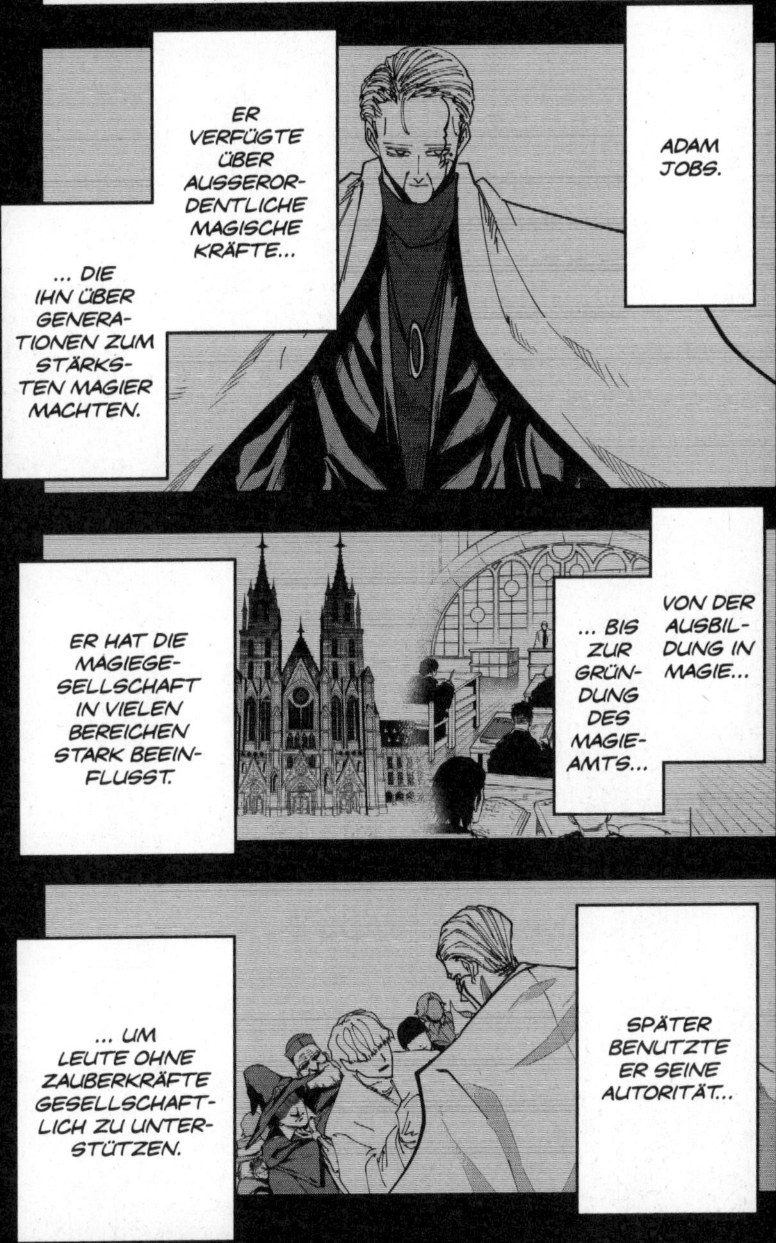

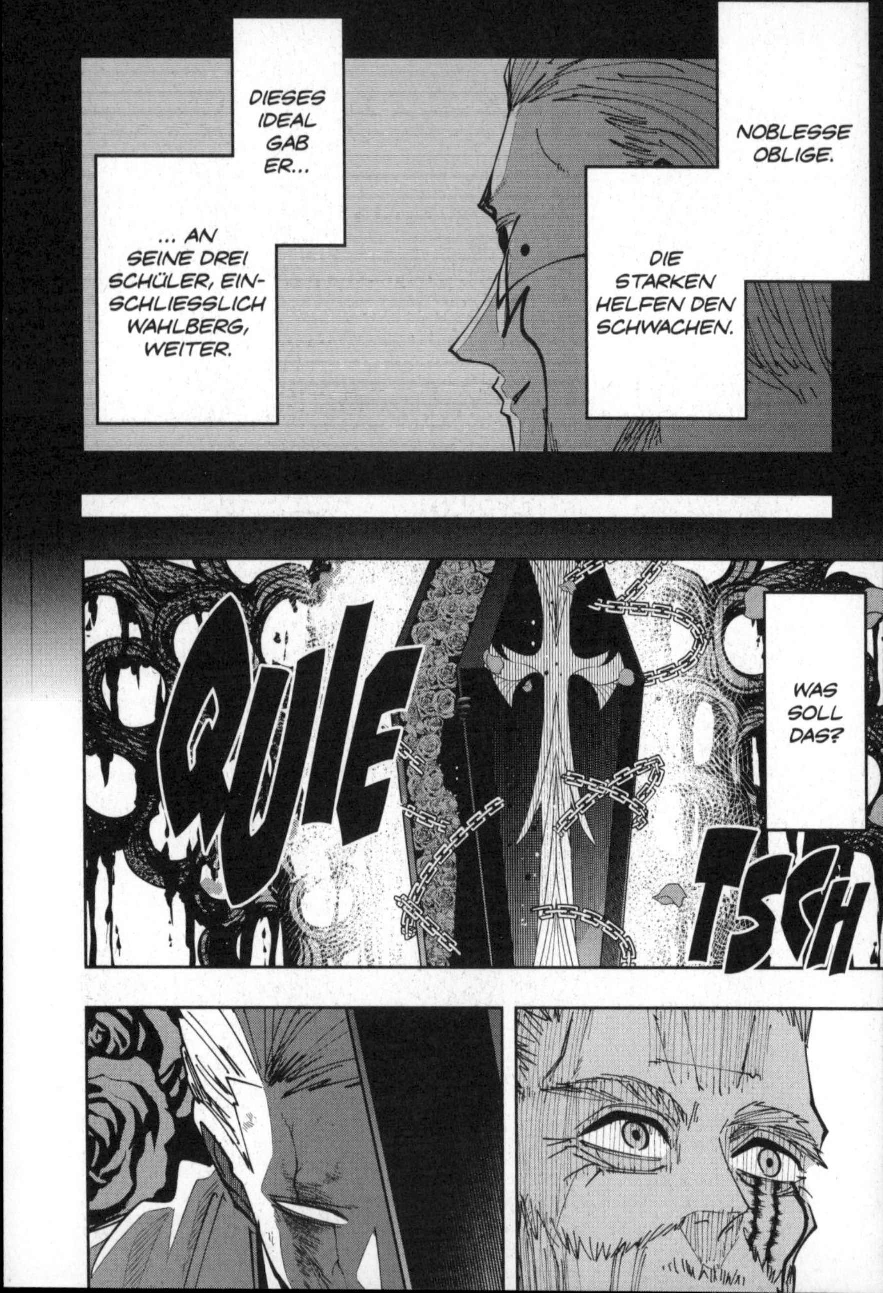

NOBLESSE OBLIGE.
DIE STARKEN HELFEN DEN SCHWACHEN.
DIESES IDEAL GAB ER...
... AN SEINE DREI SCHÜLER, EINSCHLIESSLICH WAHLBERG, WEITER.
WAS SOLL DAS?
QUIETSCH

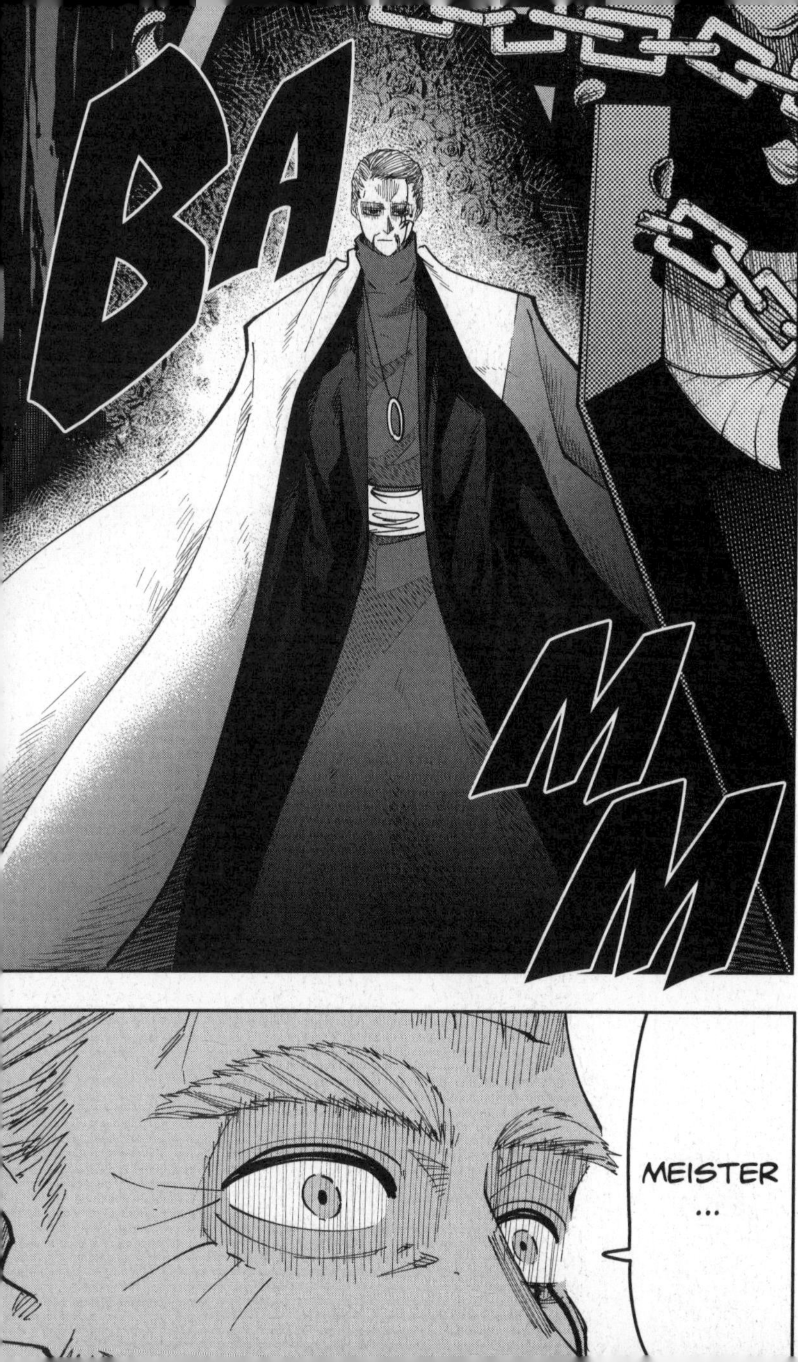
BAMM
MEISTER ...

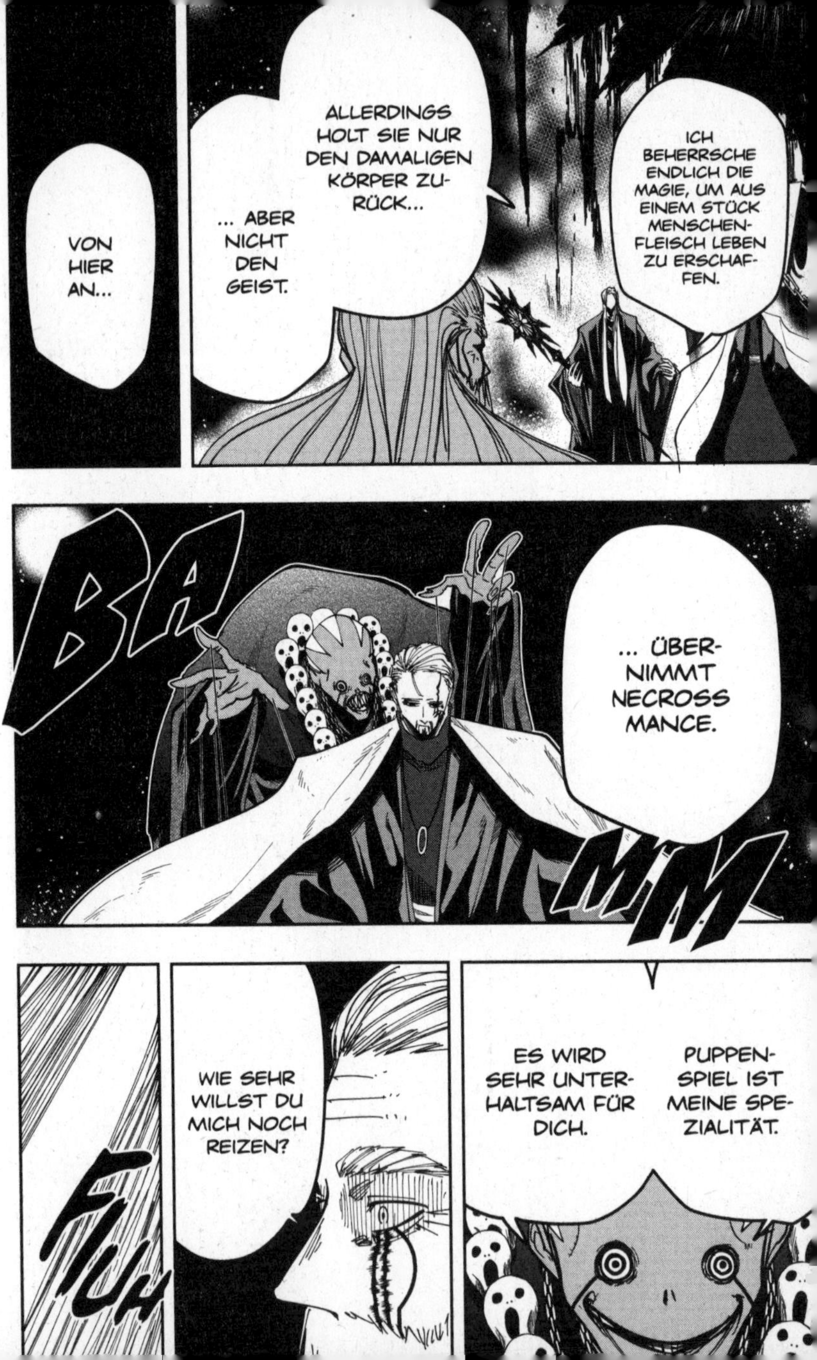
ICH BEHERRSCHE ENDLICH DIE MAGIE, UM AUS EINEM STÜCK MENSCHEN-FLEISCH LEBEN ZU ERSCHAF-FEN.
ALLERDINGS HOLT SIE NUR DEN DAMALIGEN KÖRPER ZU-RÜCK...
... ABER NICHT DEN GEIST.
VON HIER AN...
... ÜBER-NIMMT NECROSS MANCE.
BA
MMM
PUPPEN-SPIEL IST MEINE SPE-ZIALITÄT.
ES WIRD SEHR UNTER-HALTSAM FÜR DICH.
WIE SEHR WILLST DU MICH NOCH REIZEN?

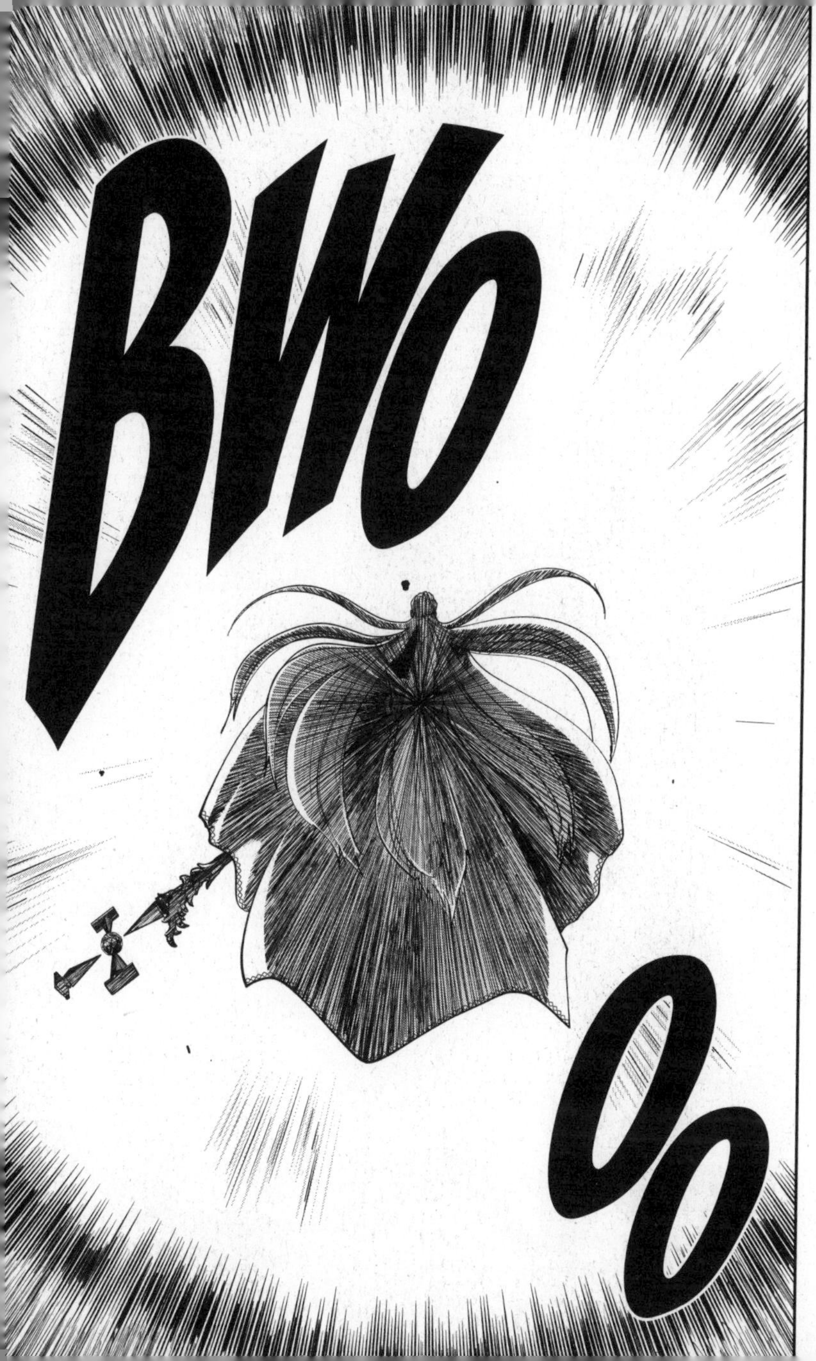
BWOOO

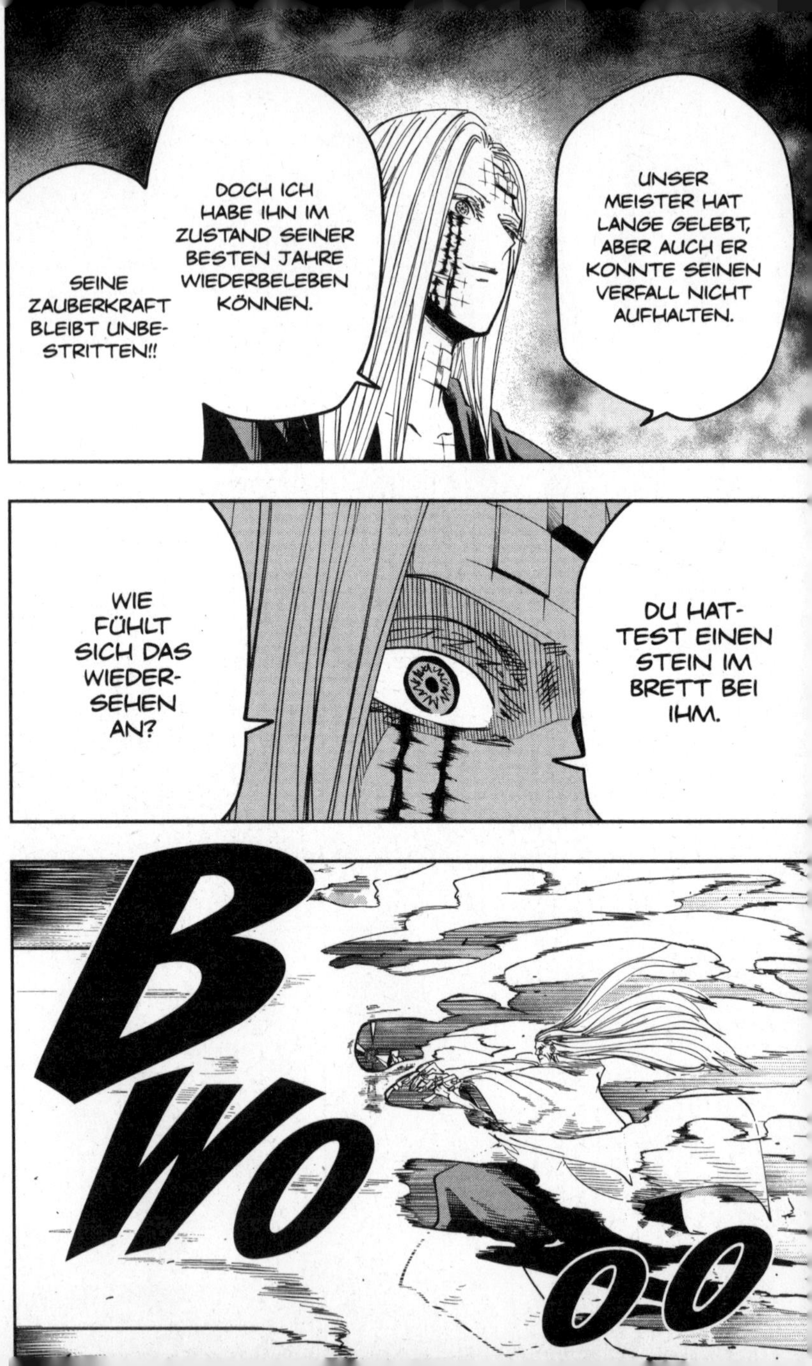
UNSER MEISTER HAT LANGE GELEBT, ABER AUCH ER KONNTE SEINEN VERFALL NICHT AUFHALTEN.
DOCH ICH HABE IHN IM ZUSTAND SEINER BESTEN JAHRE WIEDERBELEBEN KÖNNEN.
SEINE ZAUBERKRAFT BLEIBT UNBE-STRITTEN!!
DU HAT-TEST EINEN STEIN IM BRETT BEI IHM.
WIE FÜHLT SICH DAS WIEDER-SEHEN AN?
BWOOO

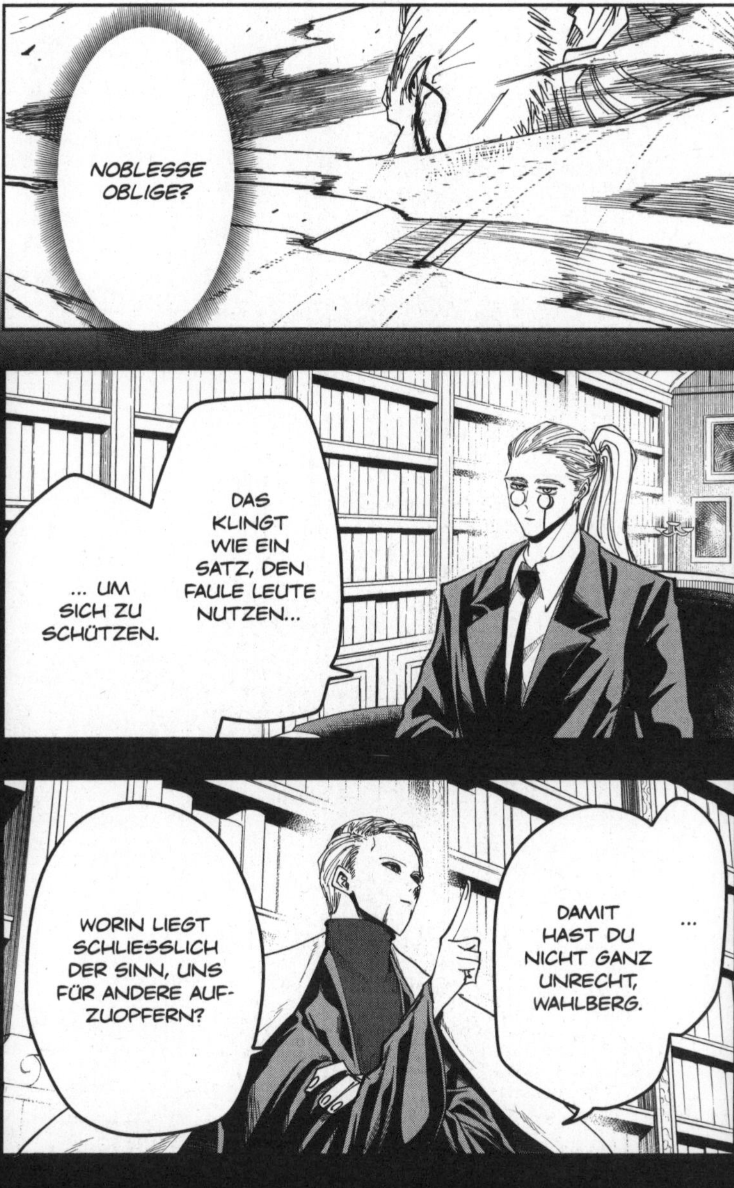
NOBLESSE OBLIGE?
DAS KLINGT WIE EIN SATZ, DEN FAULE LEUTE NUTZEN...
... UM SICH ZU SCHÜTZEN.
...
DAMIT HAST DU NICHT GANZ UNRECHT, WAHLBERG.
WORIN LIEGT SCHLIESSLICH DER SINN, UNS FÜR ANDERE AUF-ZUOPFERN?

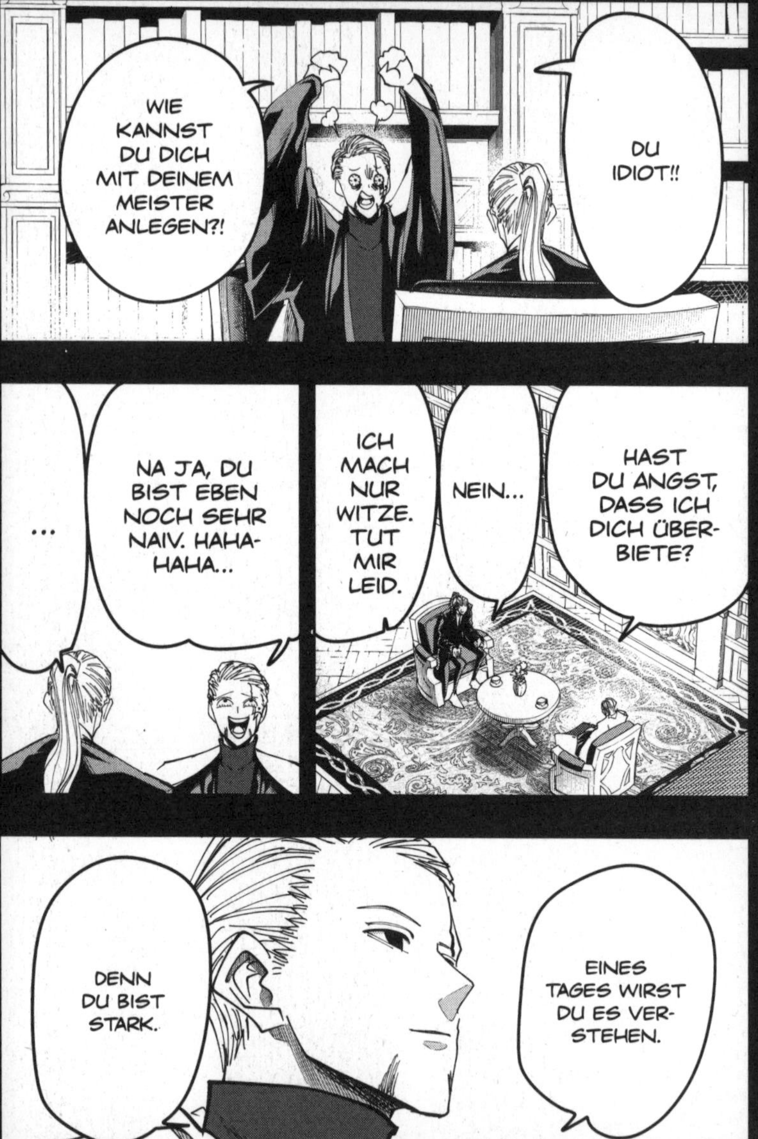
DU IDIOT!!
WIE KANNST DU DICH MIT DEINEM MEISTER ANLEGEN?!
HAST DU ANGST, DASS ICH DICH ÜBER-BIETE?
NEIN...
ICH MACH NUR WITZE. TUT MIR LEID.
NA JA, DU BIST EBEN NOCH SEHR NAIV. HAHA-HAHA...
...
EINES TAGES WIRST DU ES VER-STEHEN.
DENN DU BIST STARK.

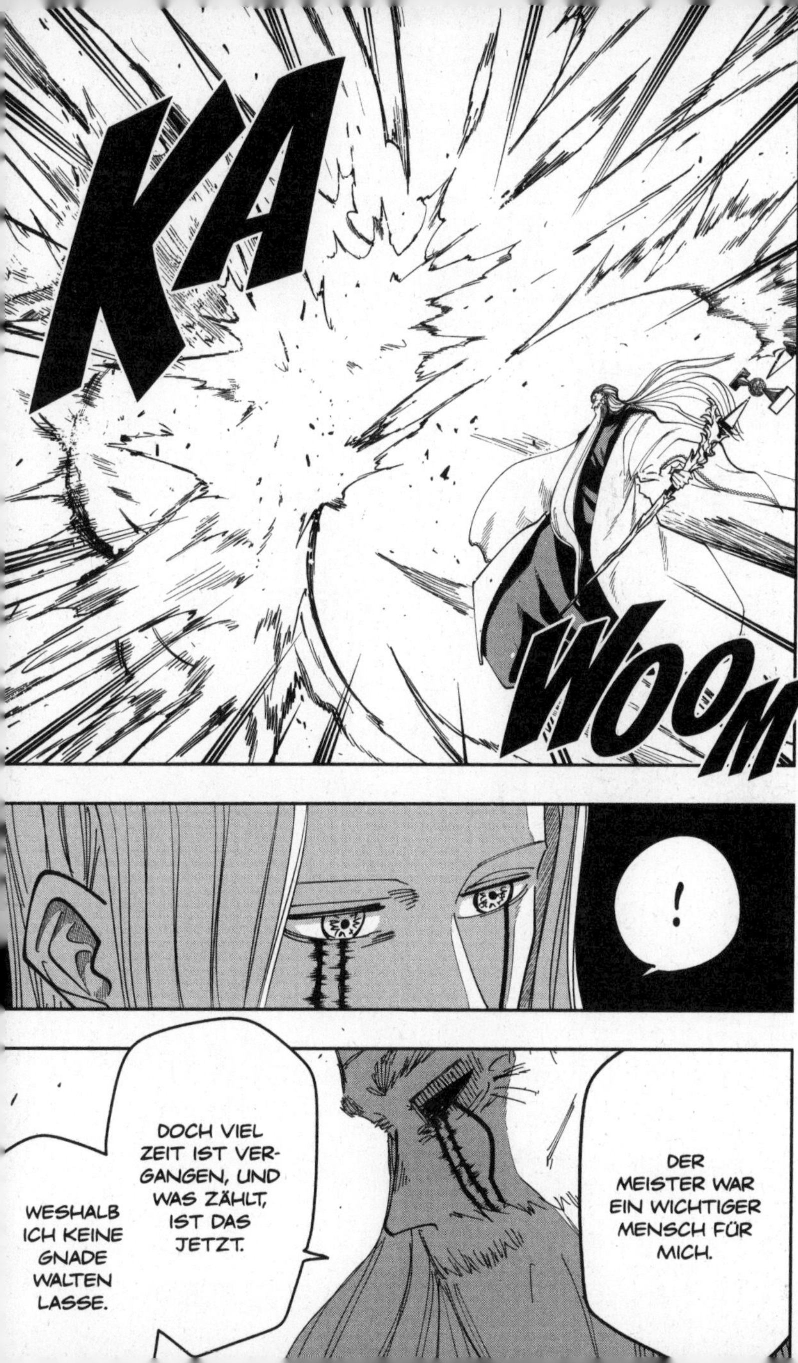
KA
WOOM
!
DER MEISTER WAR EIN WICHTIGER MENSCH FÜR MICH.
DOCH VIEL ZEIT IST VERGANGEN, UND WAS ZÄHLT, IST DAS JETZT.
WESHALB ICH KEINE GNADE WALTEN LASSE.

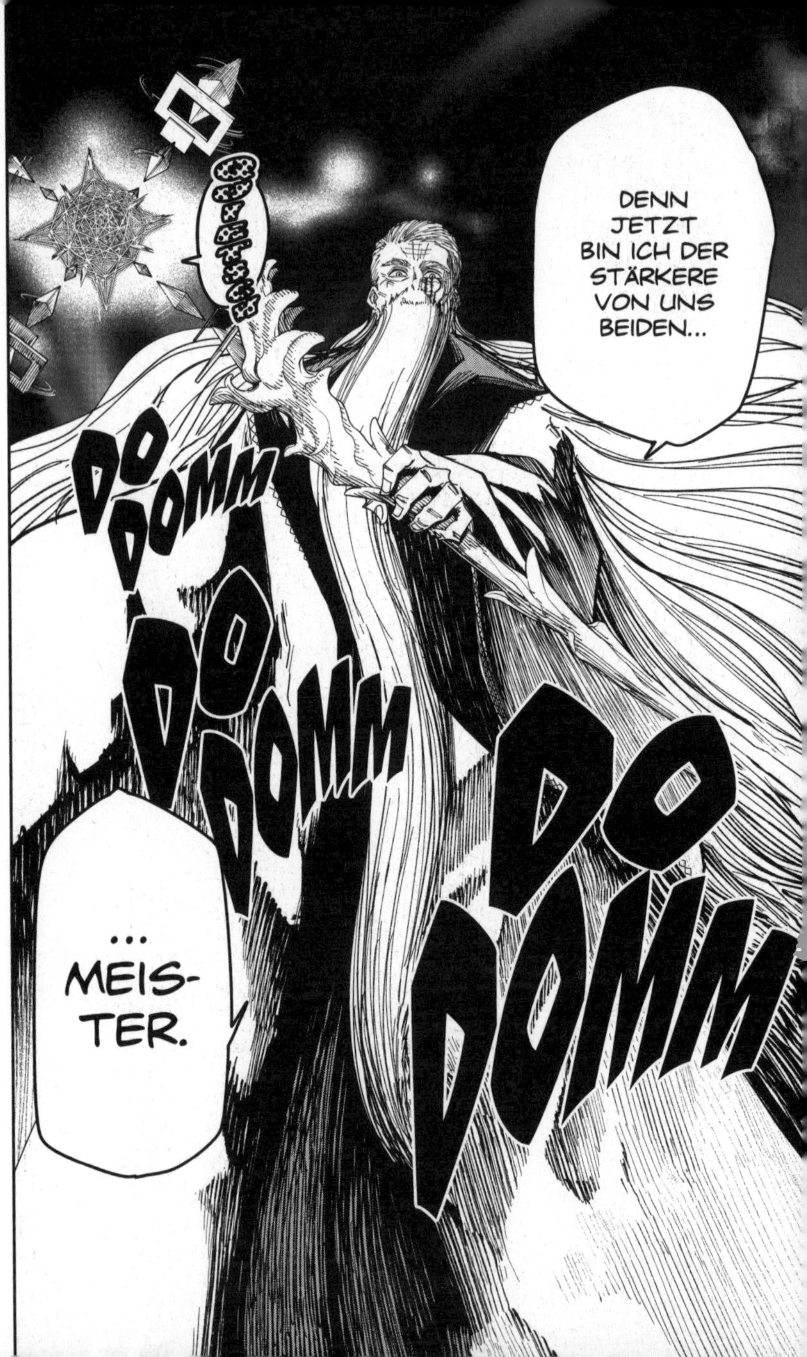
DENN JETZT BIN ICH DER STÄRKERE VON UNS BEIDEN...
DO DOMM
DO DOMM
DO DOMM
DO DOMM
... MEIS-TER.

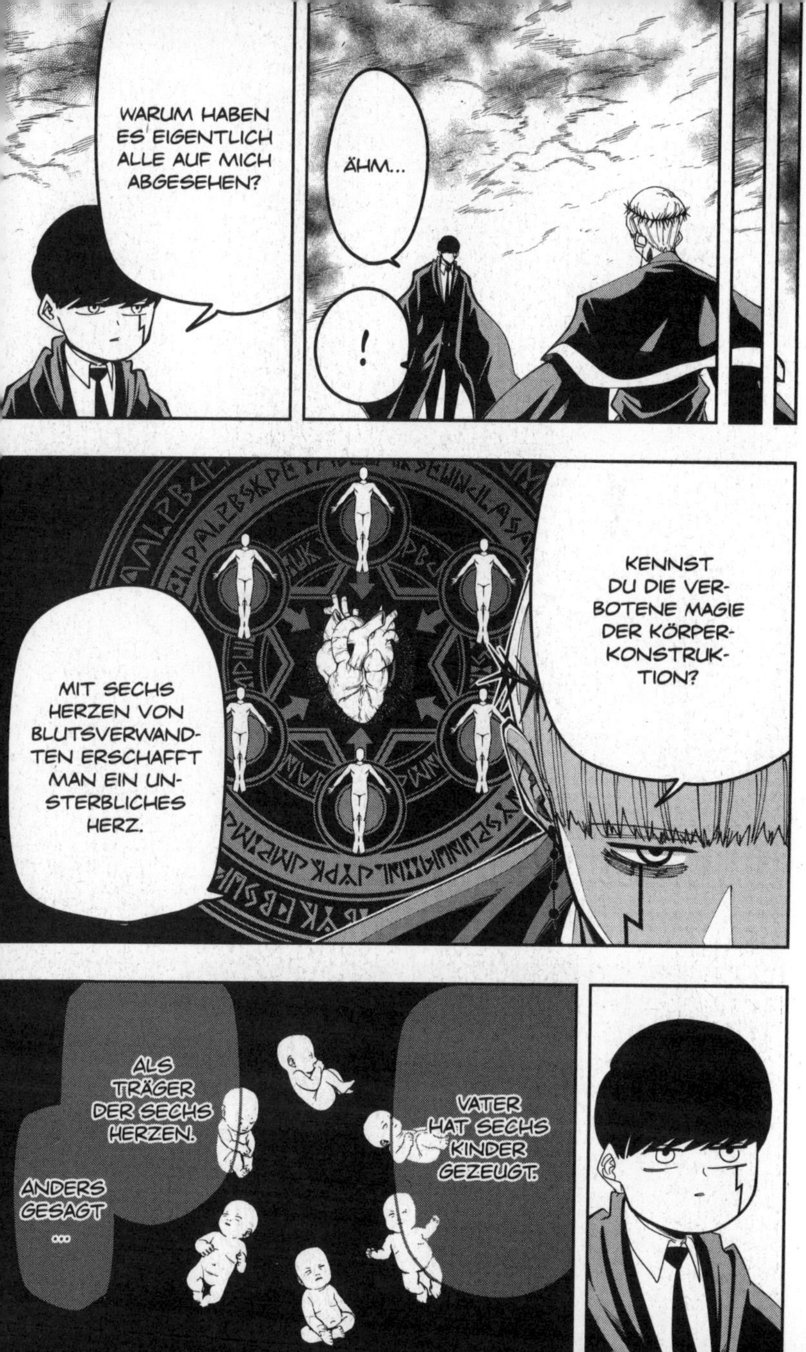
ÄHM...
!
WARUM HABEN ES EIGENTLICH ALLE AUF MICH ABGESEHEN?
KENNST DU DIE VERBOTENE MAGIE DER KÖRPERKONSTRUKTION?
MIT SECHS HERZEN VON BLUTSVERWANDTEN ERSCHAFFT MAN EIN UNSTERBLICHES HERZ.
VATER HAT SECHS KINDER GEZEUGT.
ALS TRÄGER DER SECHS HERZEN.
ANDERS GESAGT ...

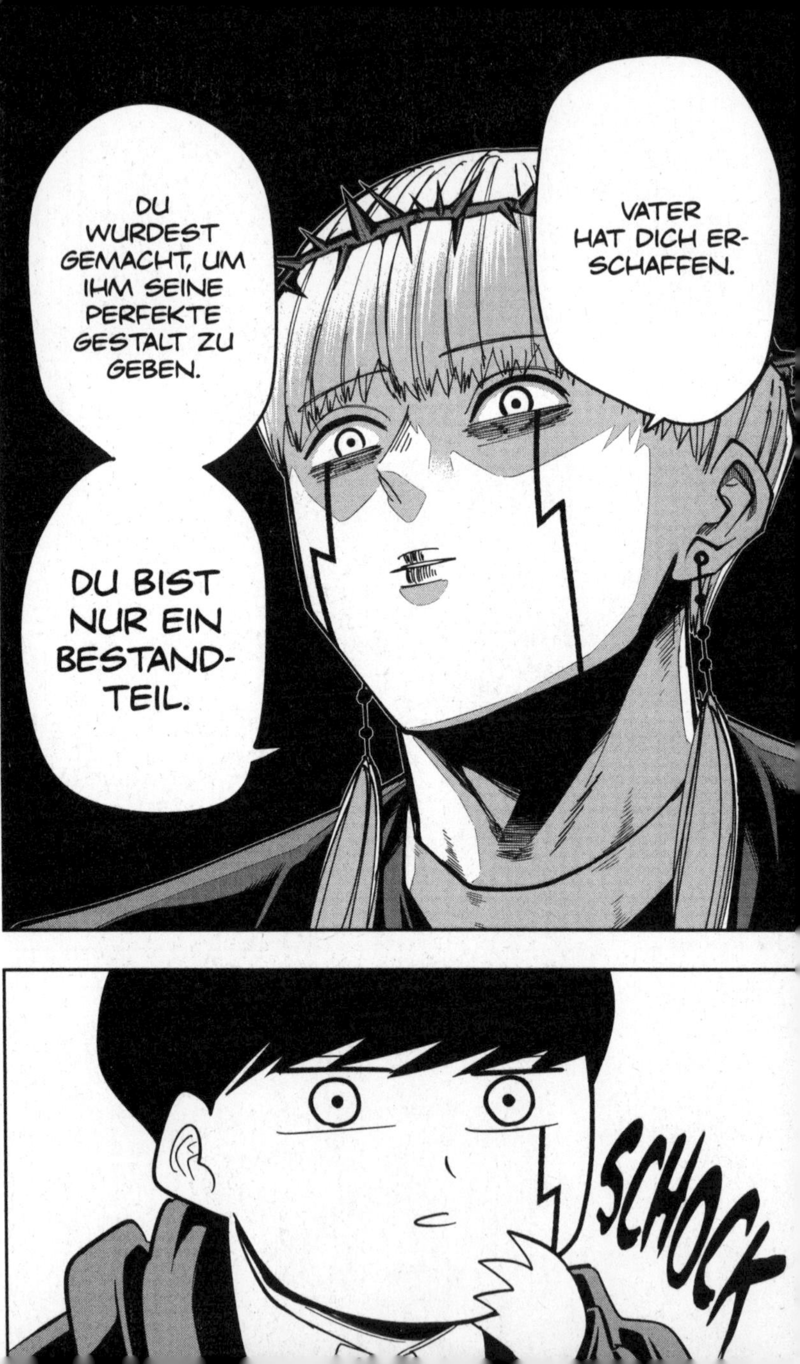
VATER HAT DICH ER-SCHAFFEN.
DU WURDEST GEMACHT, UM IHM SEINE PERFEKTE GESTALT ZU GEBEN.
DU BIST NUR EIN BESTAND-TEIL.
SCHOCK

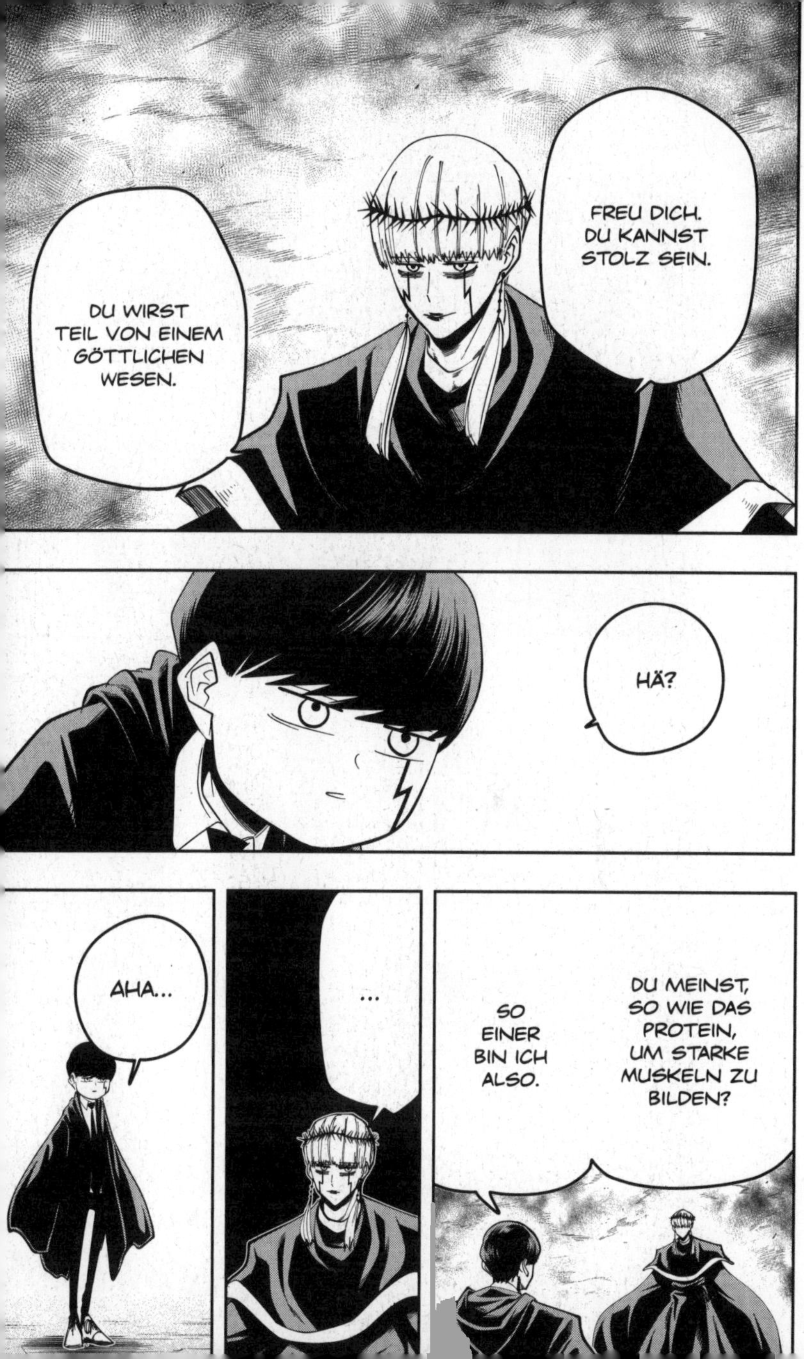
FREU DICH. DU KANNST STOLZ SEIN.
DU WIRST TEIL VON EINEM GÖTTLICHEN WESEN.
HÄ?
DU MEINST, SO WIE DAS PROTEIN, UM STARKE MUSKELN ZU BILDEN?
SO EINER BIN ICH ALSO.
...
AHA...

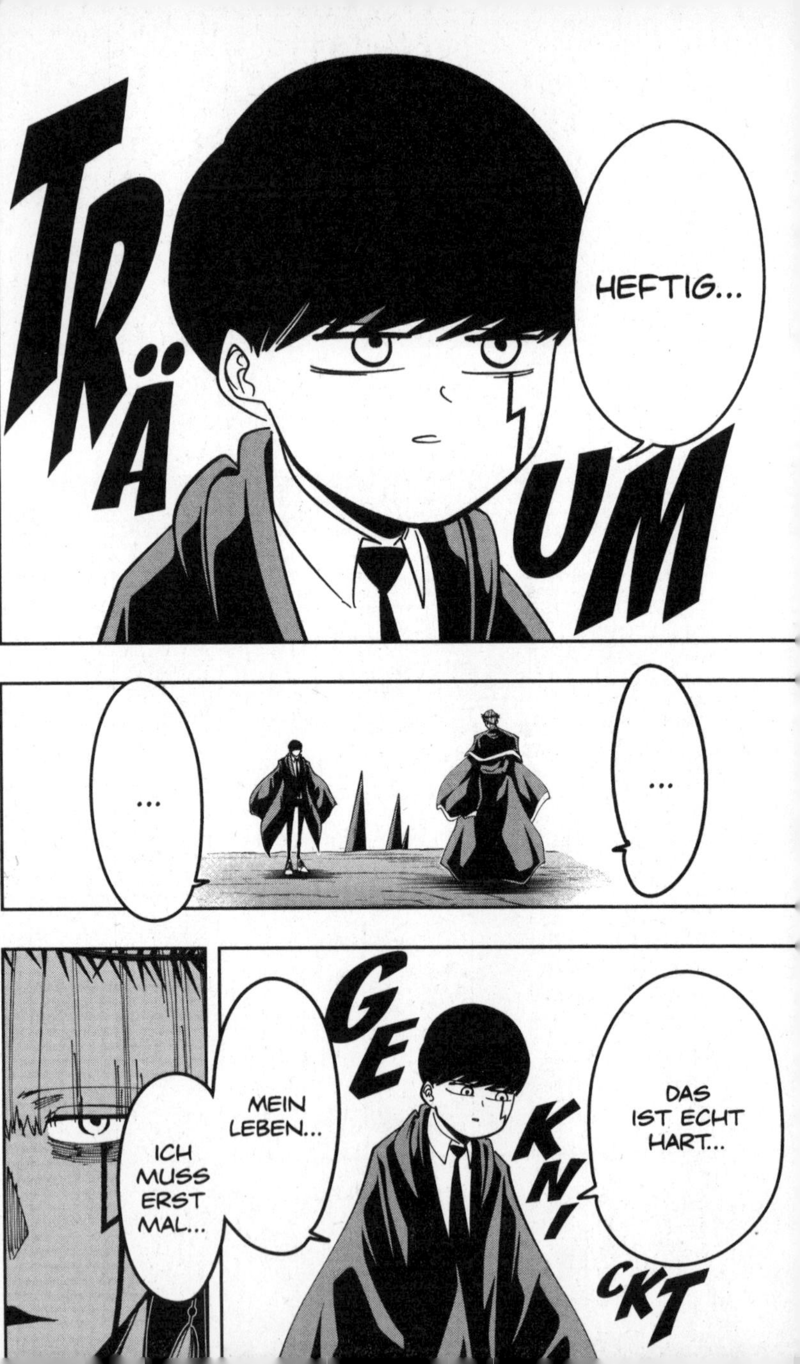
HEFTIG...
TRÄUM
...
...
DAS IST ECHT HART...
GEKNICKT
MEIN LEBEN...
ICH MUSS ERST MAL...

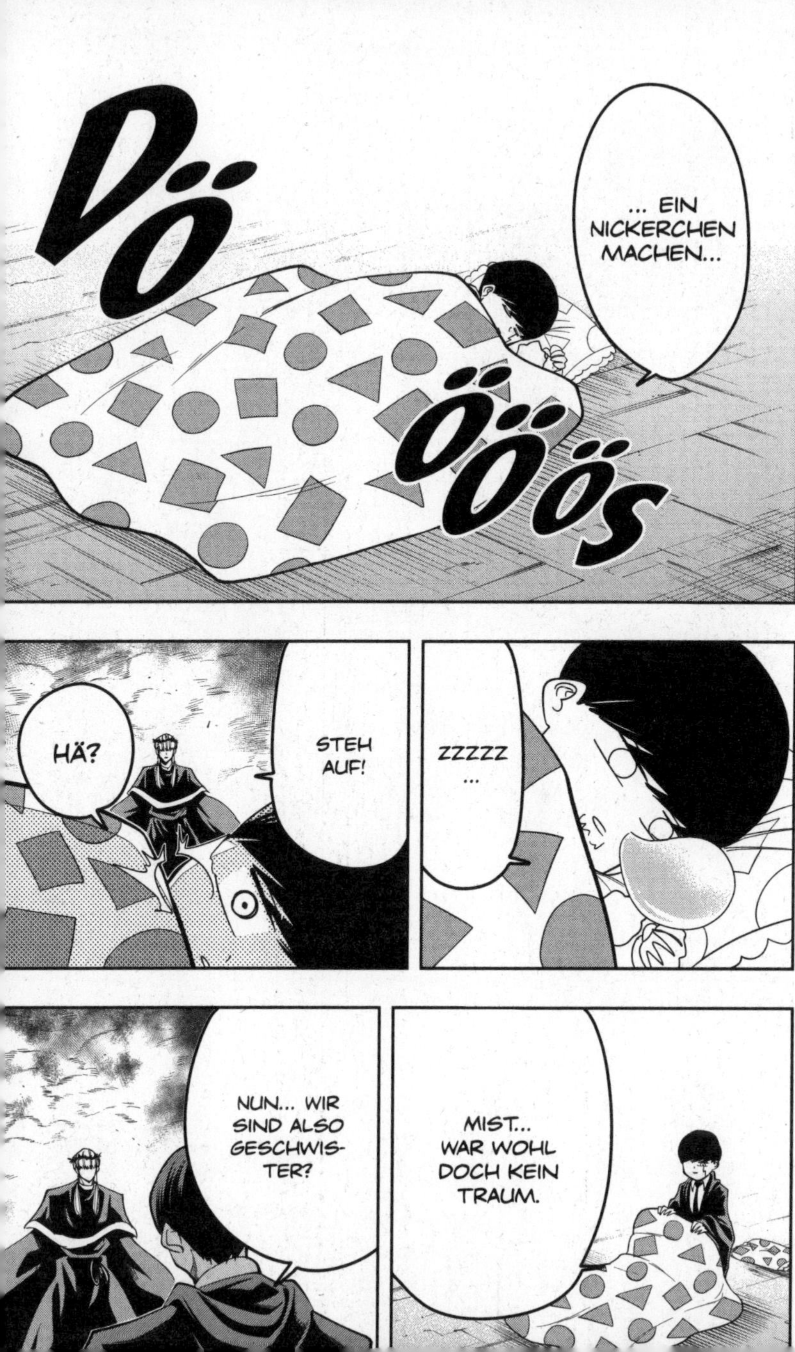
... EIN NICKERCHEN MACHEN...
DÖÖÖÖS
ZZZZZ ...
STEH AUF!
HÄ?
MIST... WAR WOHL DOCH KEIN TRAUM.
NUN... WIR SIND ALSO GESCHWIS-TER?

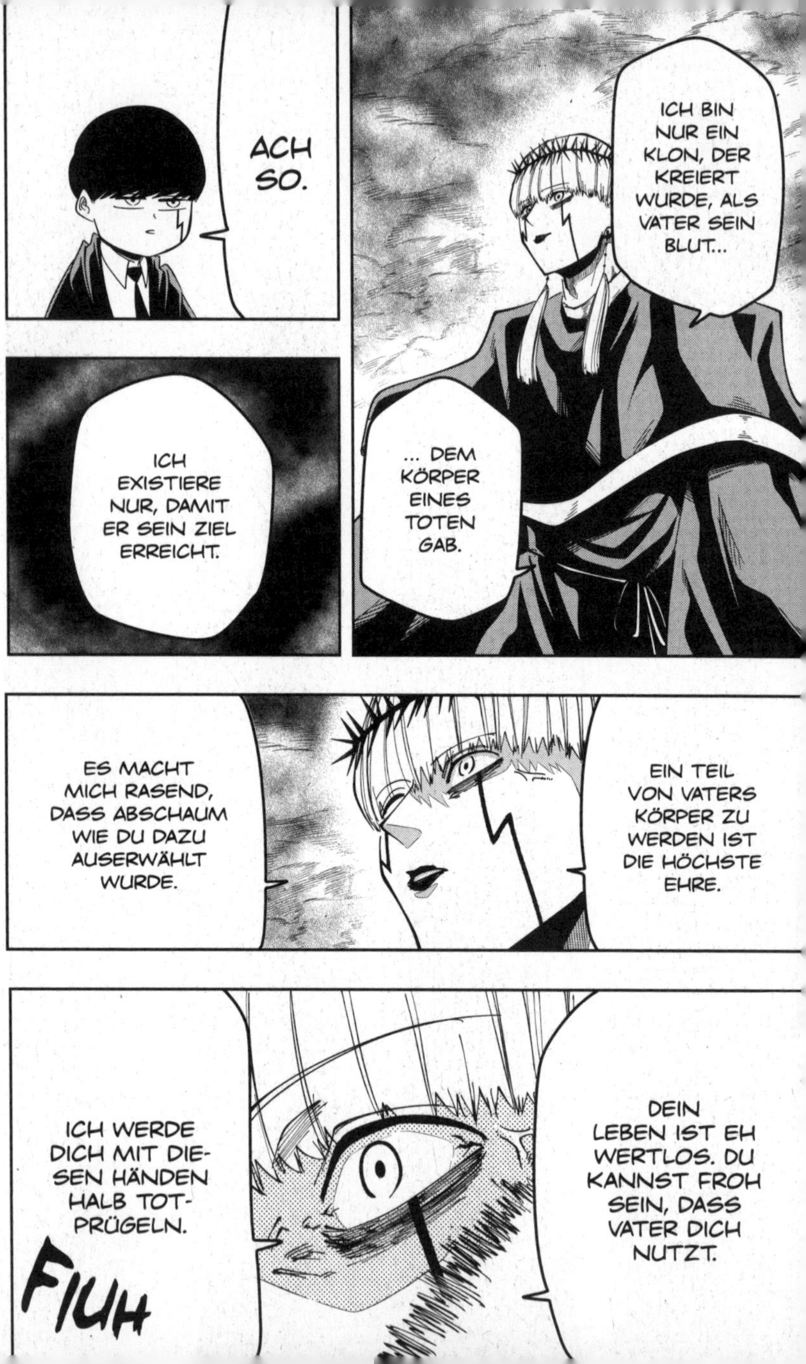
ICH BIN NUR EIN KLON, DER KREIERT WURDE, ALS VATER SEIN BLUT...
ACH SO.
... DEM KÖRPER EINES TOTEN GAB.
ICH EXISTIERE NUR, DAMIT ER SEIN ZIEL ERREICHT.
EIN TEIL VON VATERS KÖRPER ZU WERDEN IST DIE HÖCHSTE EHRE.
ES MACHT MICH RASEND, DASS ABSCHAUM WIE DU DAZU AUSERWÄHLT WURDE.
DEIN LEBEN IST EH WERTLOS. DU KANNST FROH SEIN, DASS VATER DICH NUTZT.
ICH WERDE DICH MIT DIESEN HÄNDEN HALB TOTPRÜGELN.
FIUH

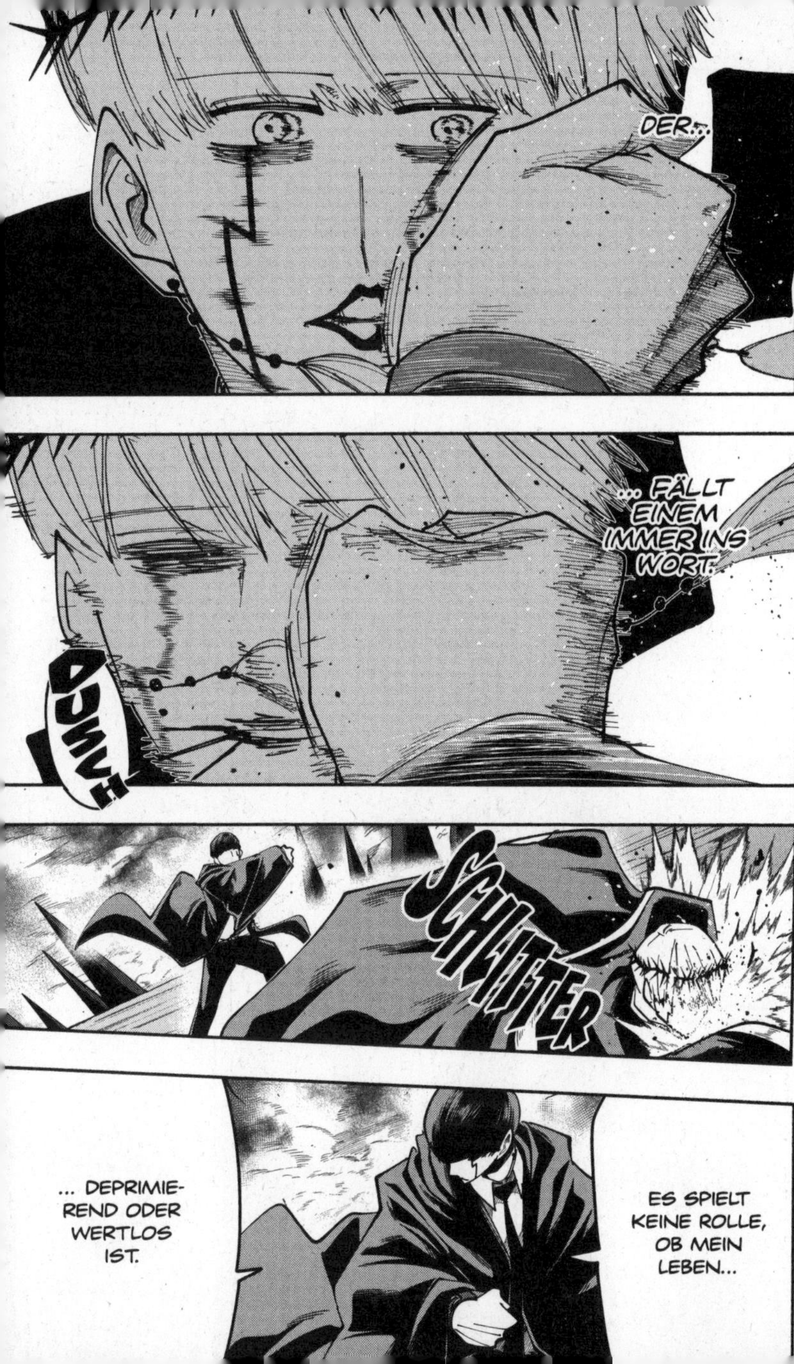
DER...
... FÄLLT EINEM IMMER INS WORT.
SCHMETTER
ES SPIELT KEINE ROLLE, OB MEIN LEBEN...
... DEPRIMIE-REND ODER WERTLOS IST.

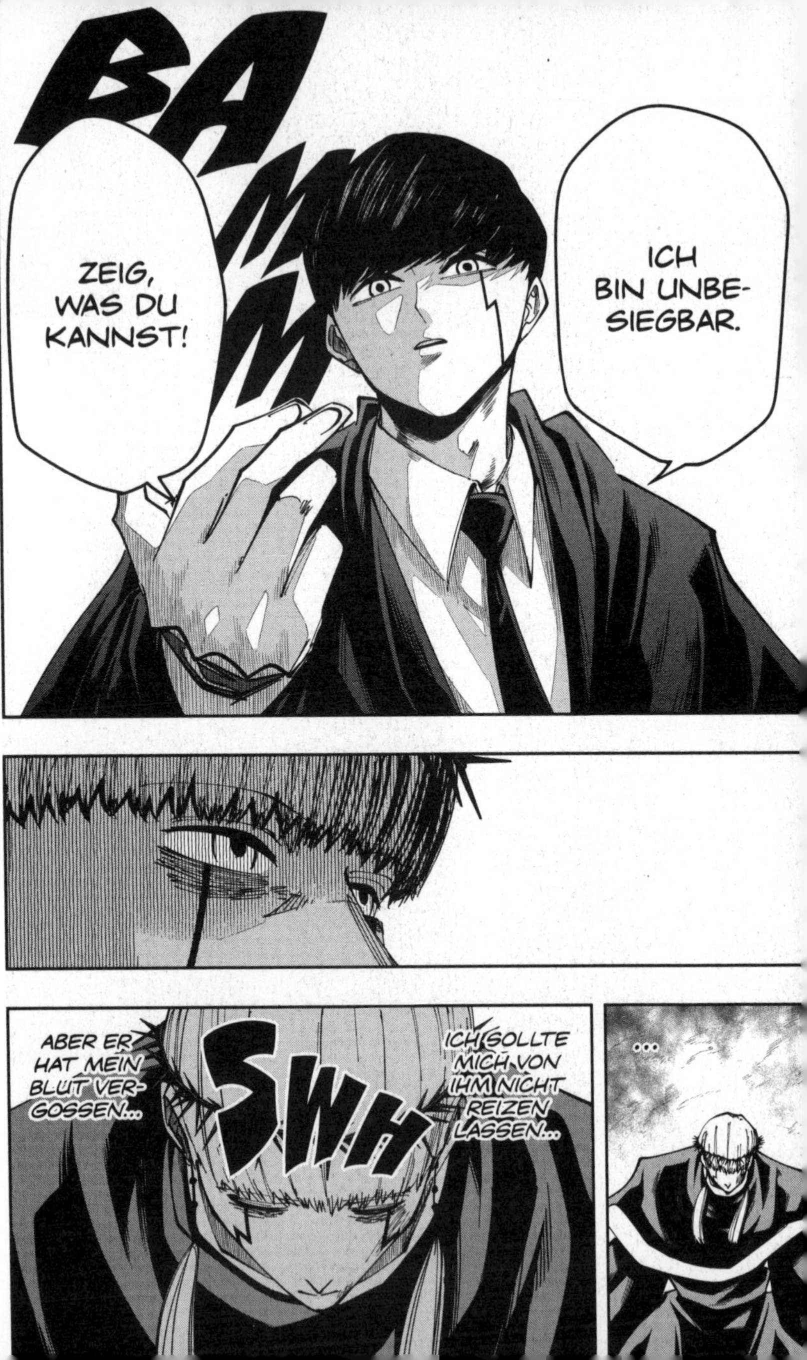
BAMMM
ICH BIN UNBE-SIEGBAR.
ZEIG, WAS DU KANNST!
...
ICH SOLLTE MICH VON IHM NICHT REIZEN LASSEN...
SWH
ABER ER HAT MEIN BLUT VER-GOSSEN...

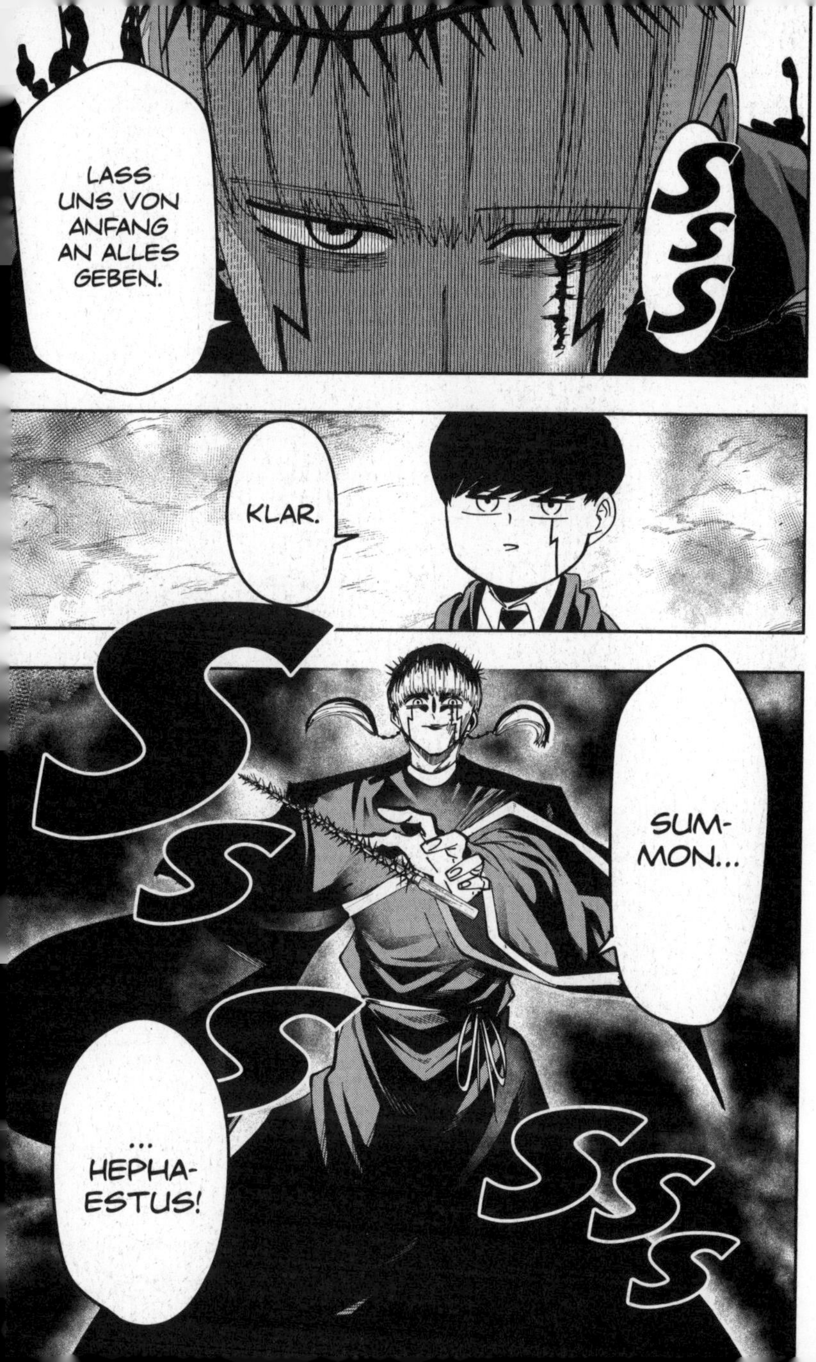
SSS
LASS UNS VON ANFANG AN ALLES GEBEN.
KLAR.
SUM-MON...
SSS
SSSS
... HEPHA-ESTUS!

Extra 1

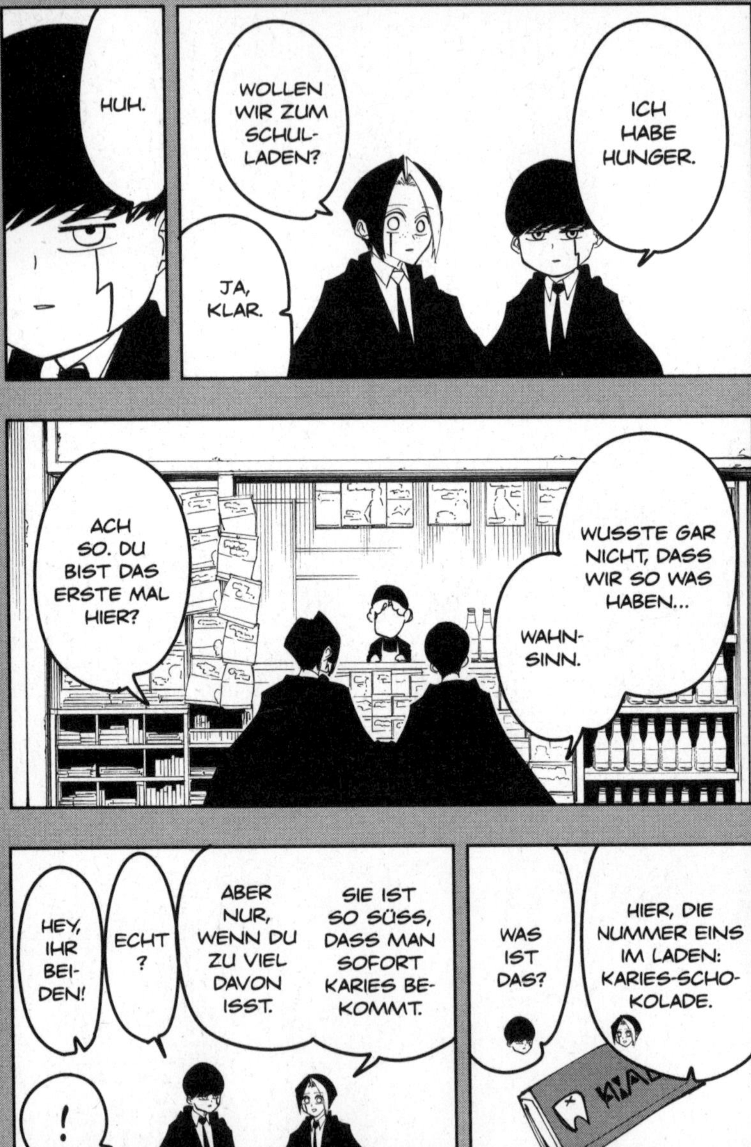

Fortsetzung auf Seite 110

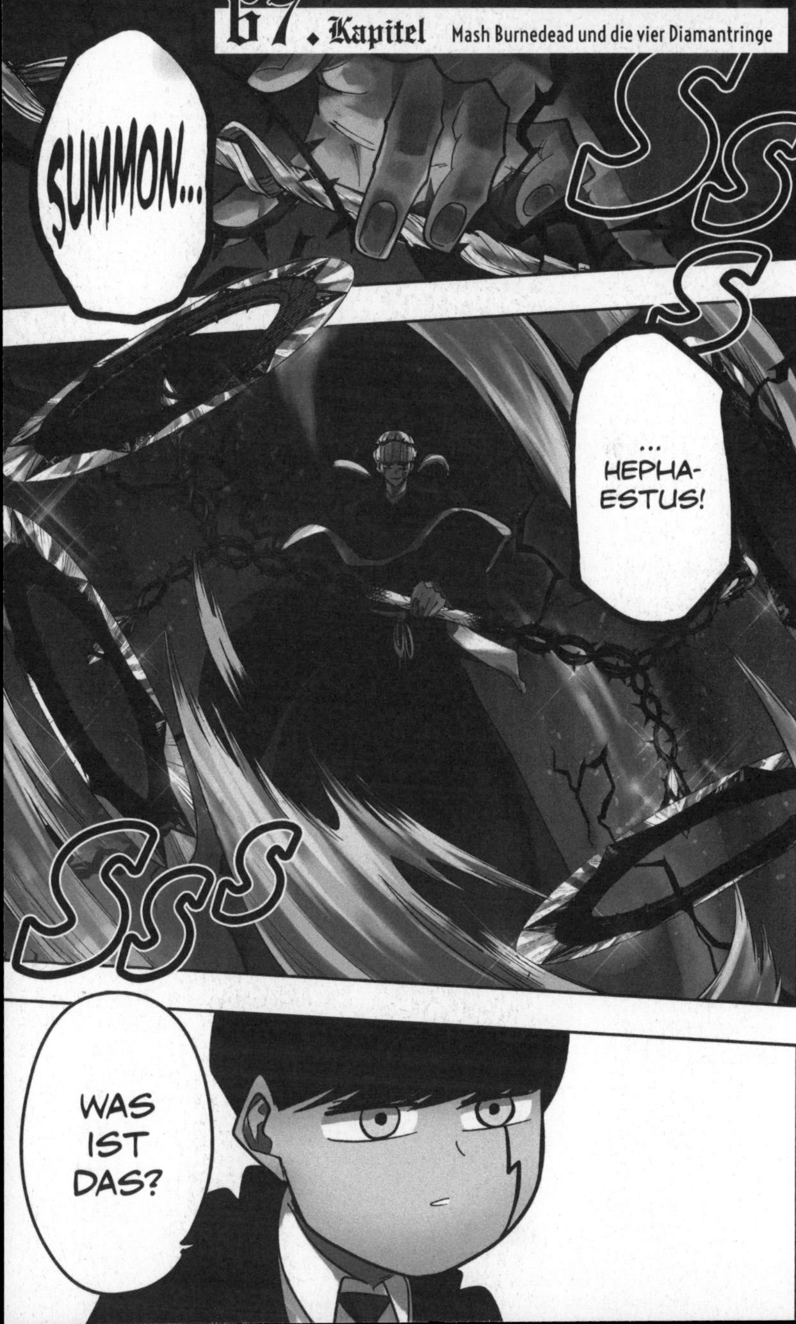
67. Kapitel Mash Burnedead und die vier Diamantringe
SUMMON...
SSS
... HEPHA-ESTUS!
SSS
WAS IST DAS?

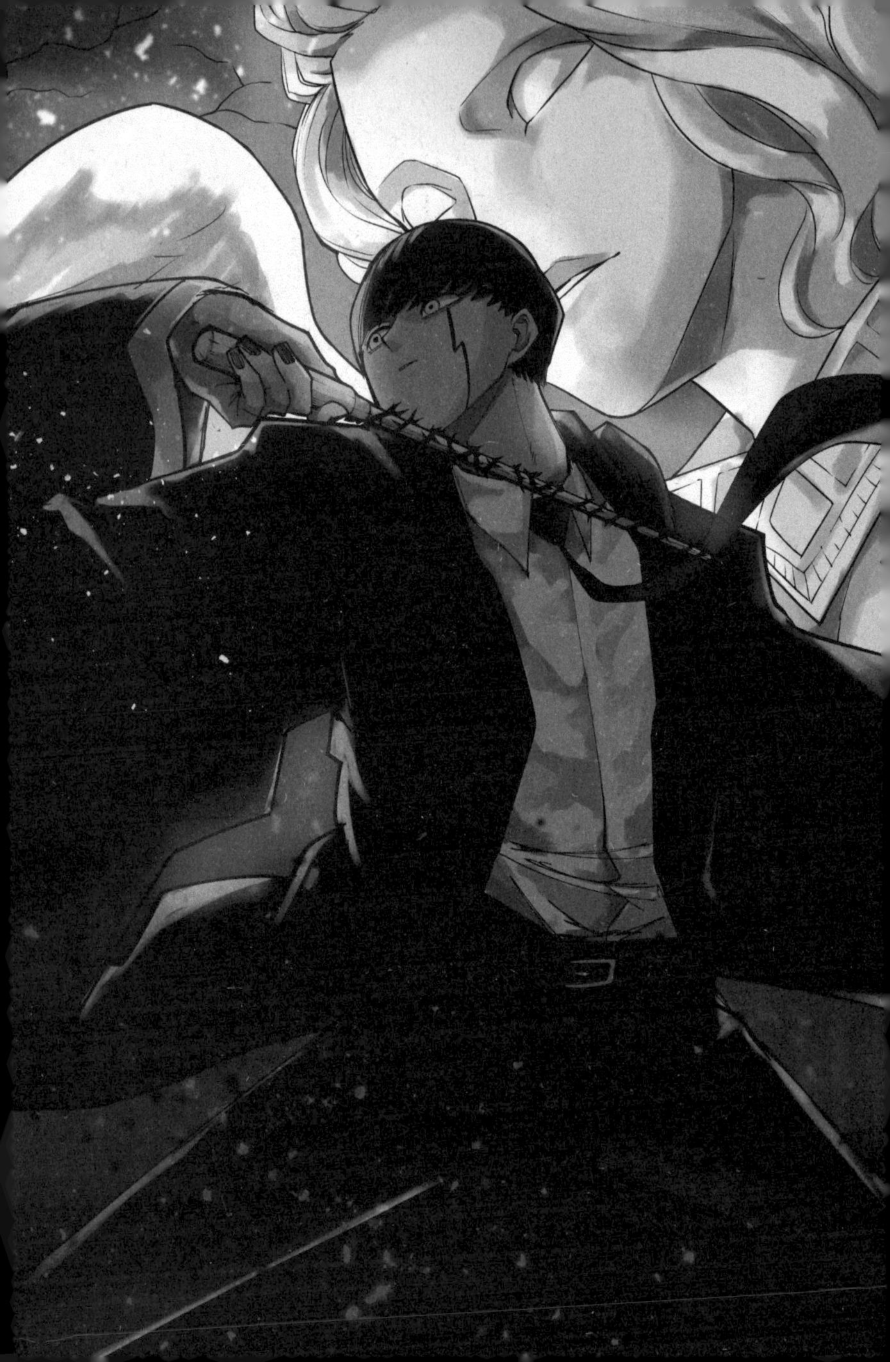

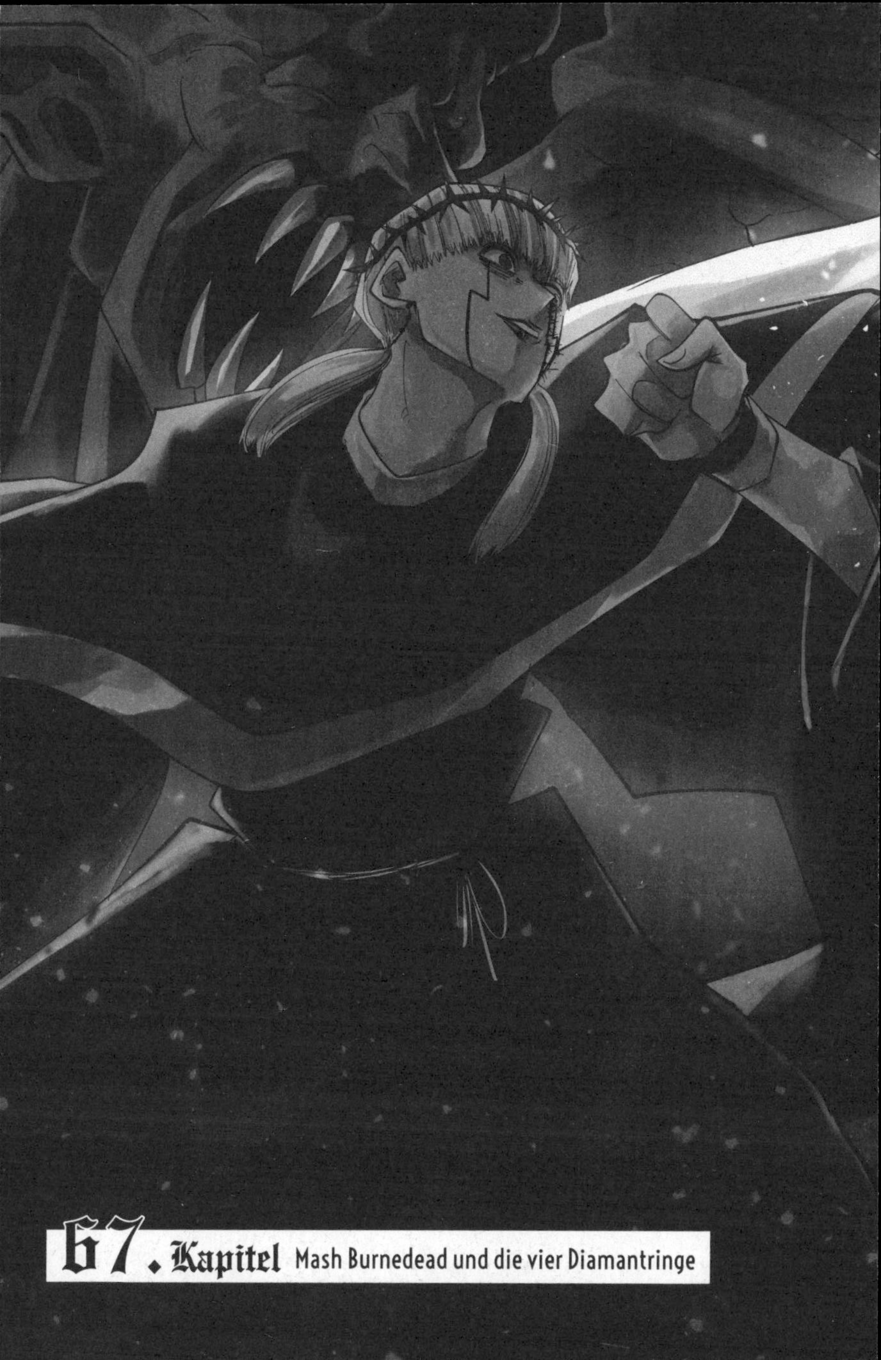

67. Kapitel Mash Burnedead und die vier Diamantringe

MASHLE

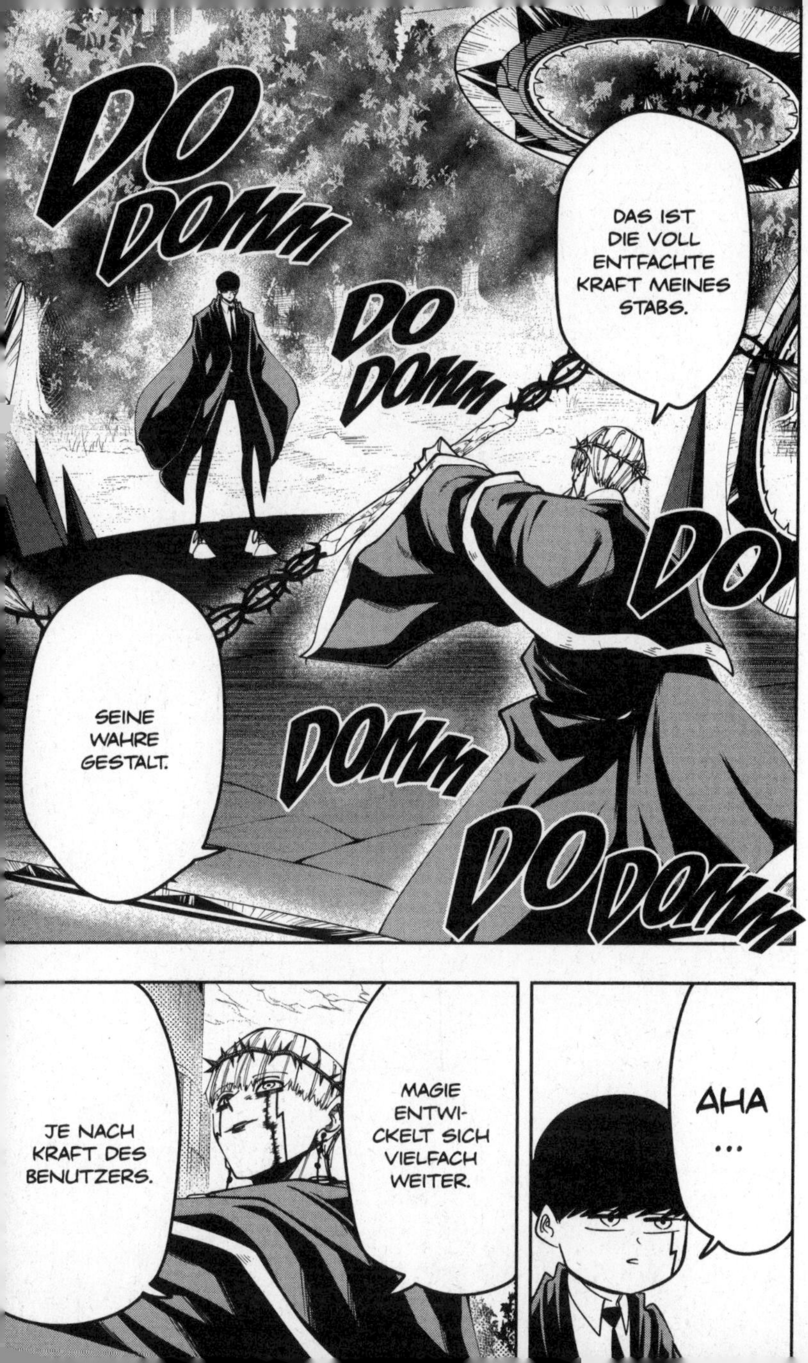
DO DOMM
DO DOMM
DAS IST DIE VOLL ENTFACHTE KRAFT MEINES STABS.
DO DOMM
SEINE WAHRE GESTALT.
DO DOMM
AHA …
MAGIE ENTWI-CKELT SICH VIELFACH WEITER.
JE NACH KRAFT DES BENUTZERS.

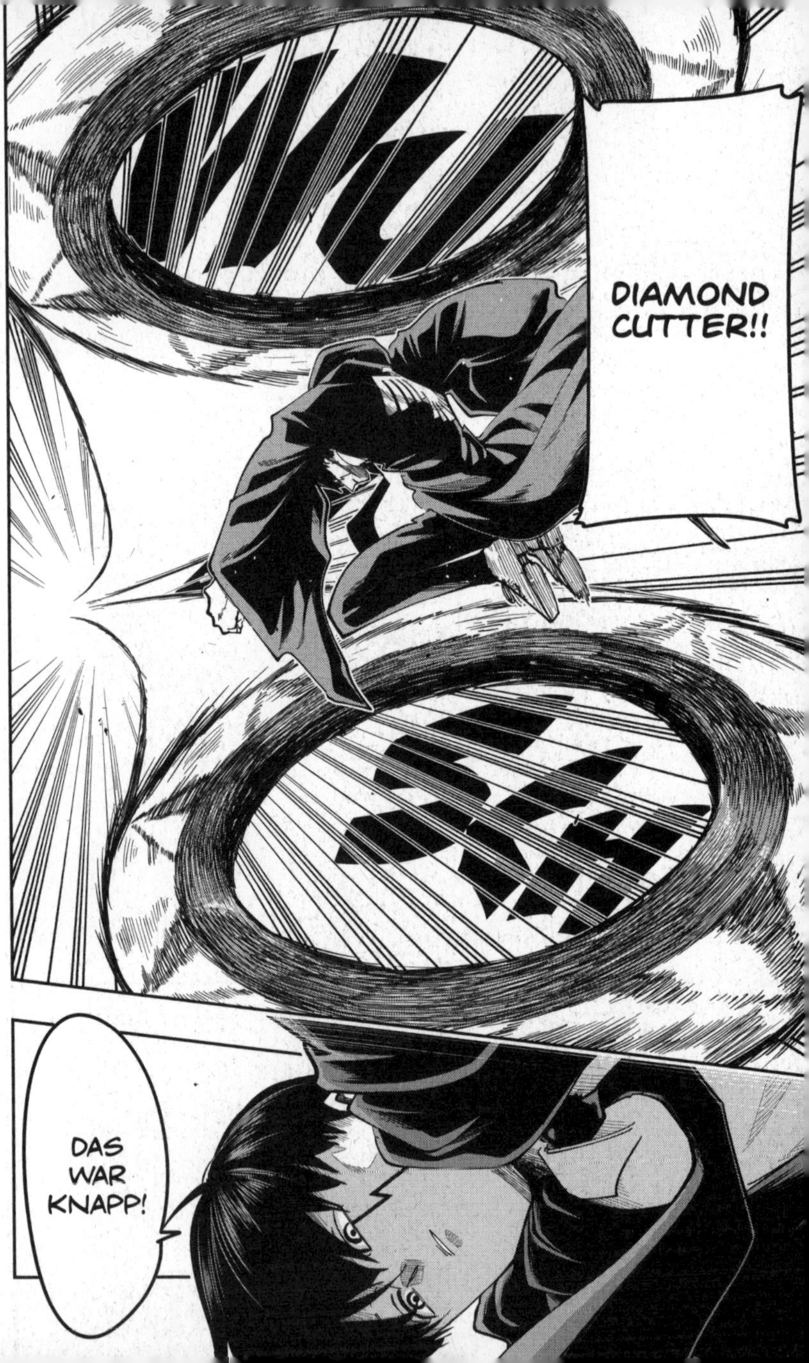
DIAMOND CUTTER!!
DAS WAR KNAPP!

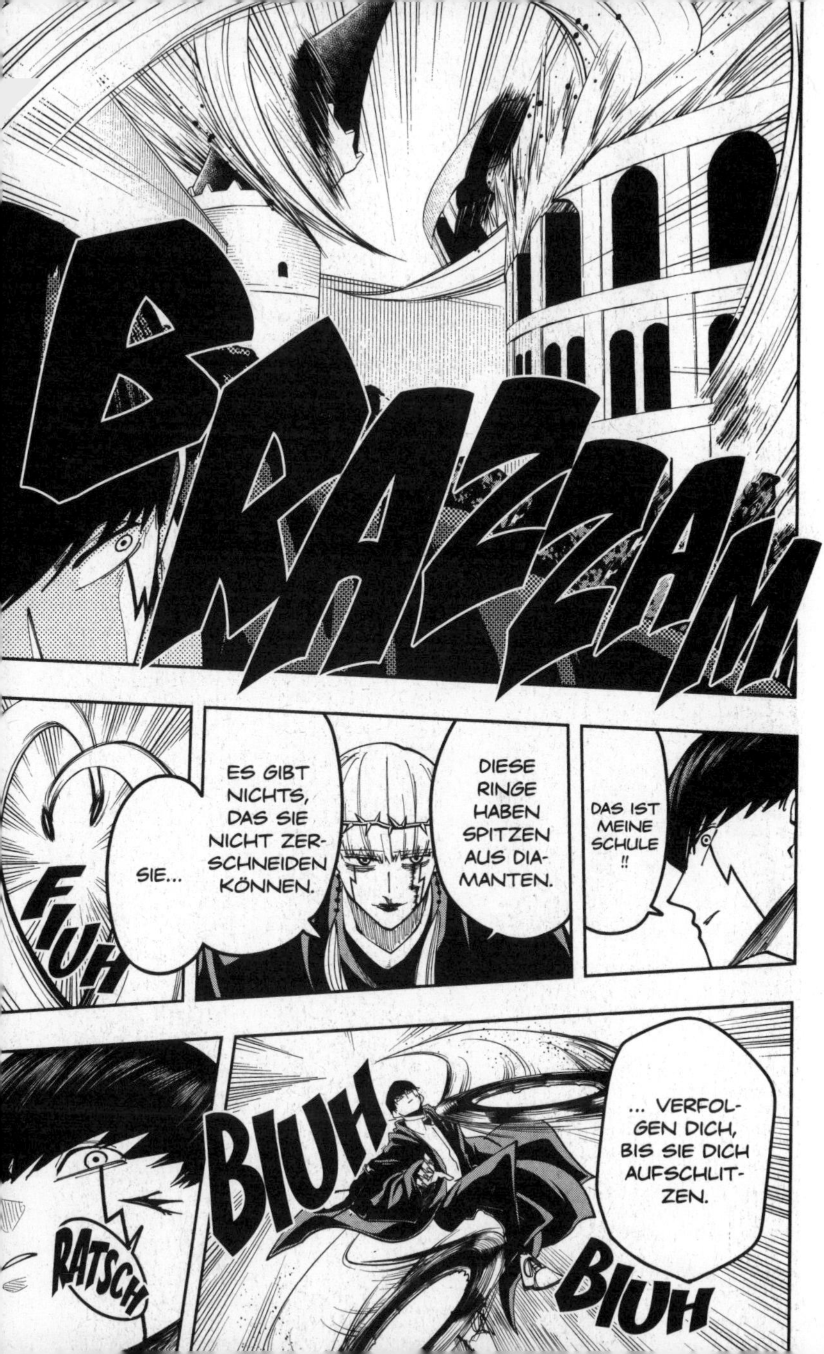
BRAZZAM
DAS IST MEINE SCHULE !!
DIESE RINGE HABEN SPITZEN AUS DIAMANTEN.
ES GIBT NICHTS, DAS SIE NICHT ZERSCHNEIDEN KÖNNEN.
SIE...
FIUH
... VERFOLGEN DICH, BIS SIE DICH AUFSCHLITZEN.
BIUH
BIUH
RATSCH

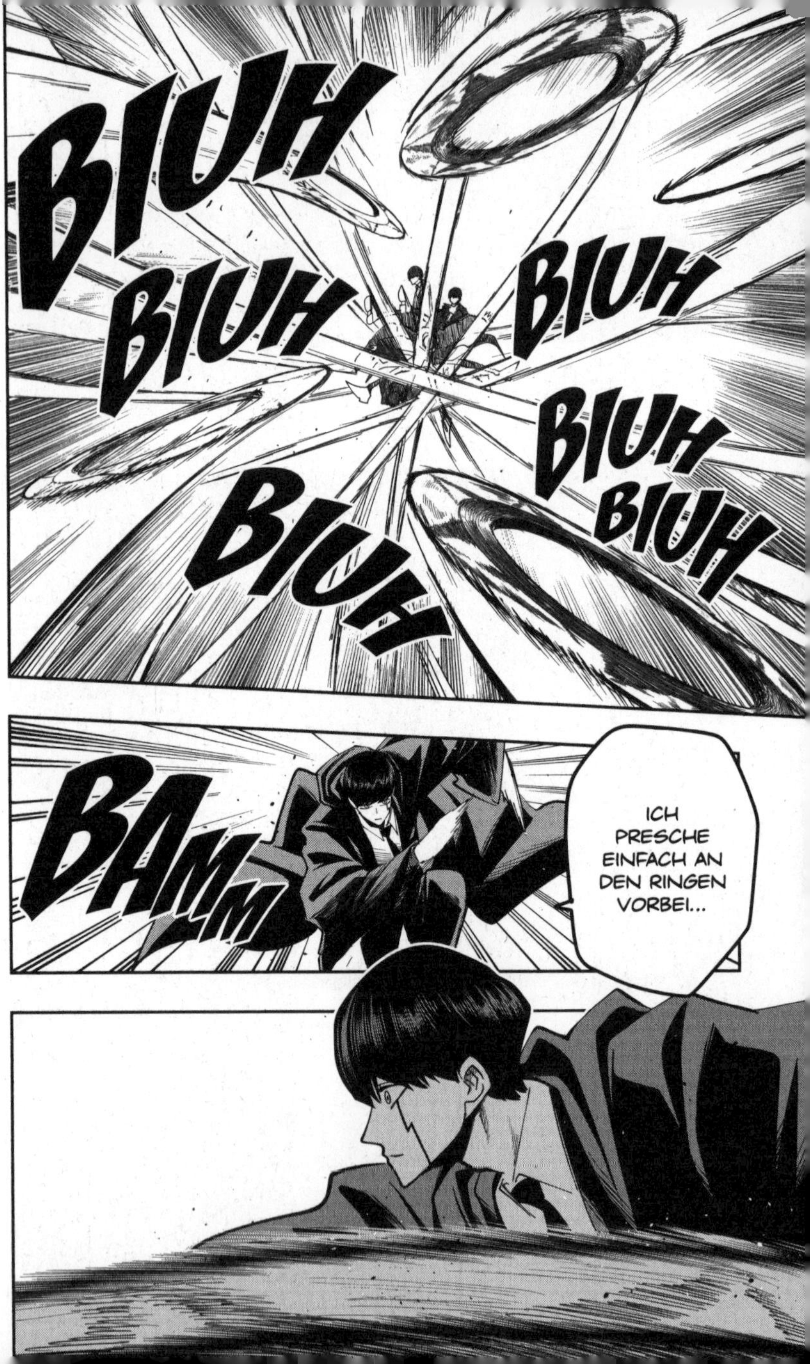
BIUH
BIUH
BIUH
BIUH
BIUH
BIUH
BAMM
ICH PRESCHE EINFACH AN DEN RINGEN VORBEI...

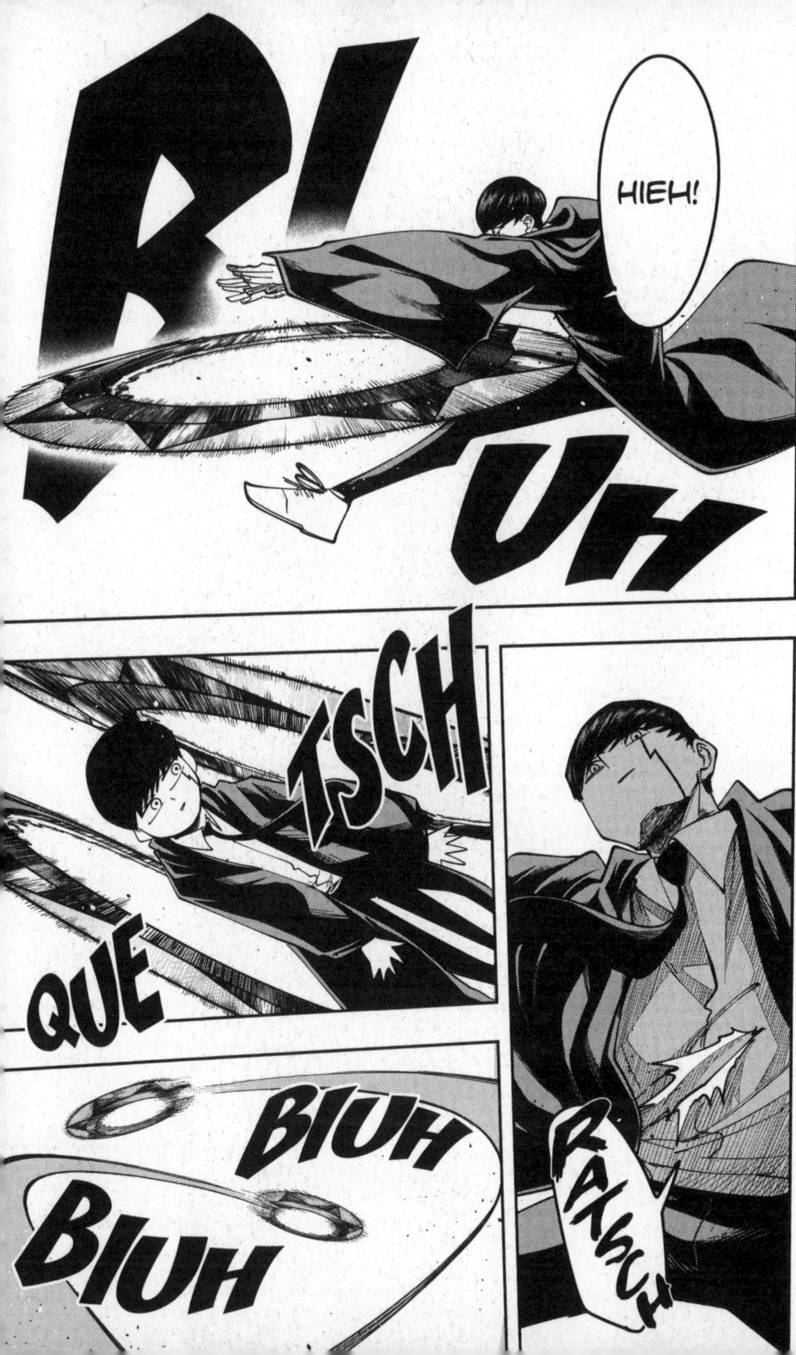
HIEH!
RI
UH
RATSCH
TSCH
QUE
BIUH
BIUH

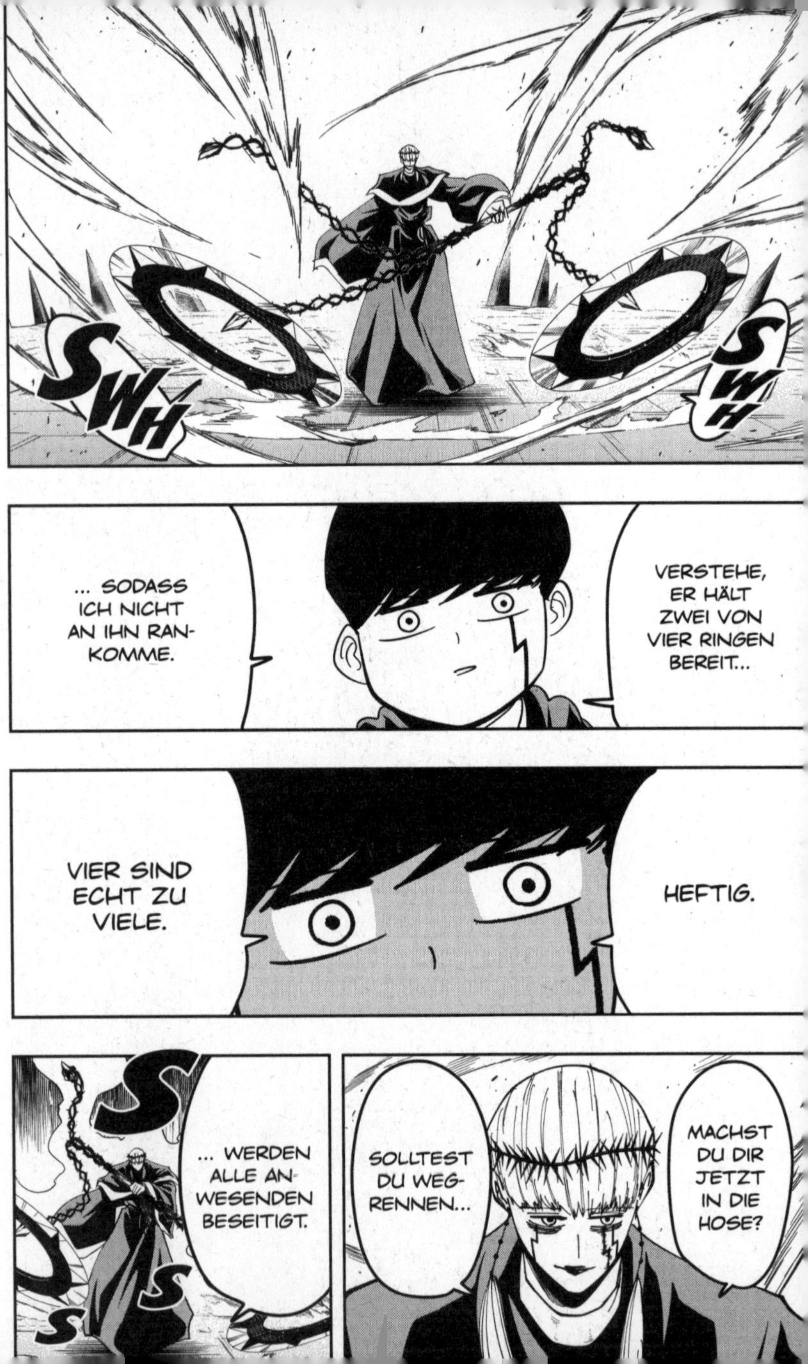
SWH
SWH
VERSTEHE, ER HÄLT ZWEI VON VIER RINGEN BEREIT...
... SODASS ICH NICHT AN IHN RAN-KOMME.
HEFTIG.
VIER SIND ECHT ZU VIELE.
MACHST DU DIR JETZT IN DIE HOSE?
SOLLTEST DU WEG-RENNEN...
... WERDEN ALLE AN-WESENDEN BESEITIGT.
S
S
S

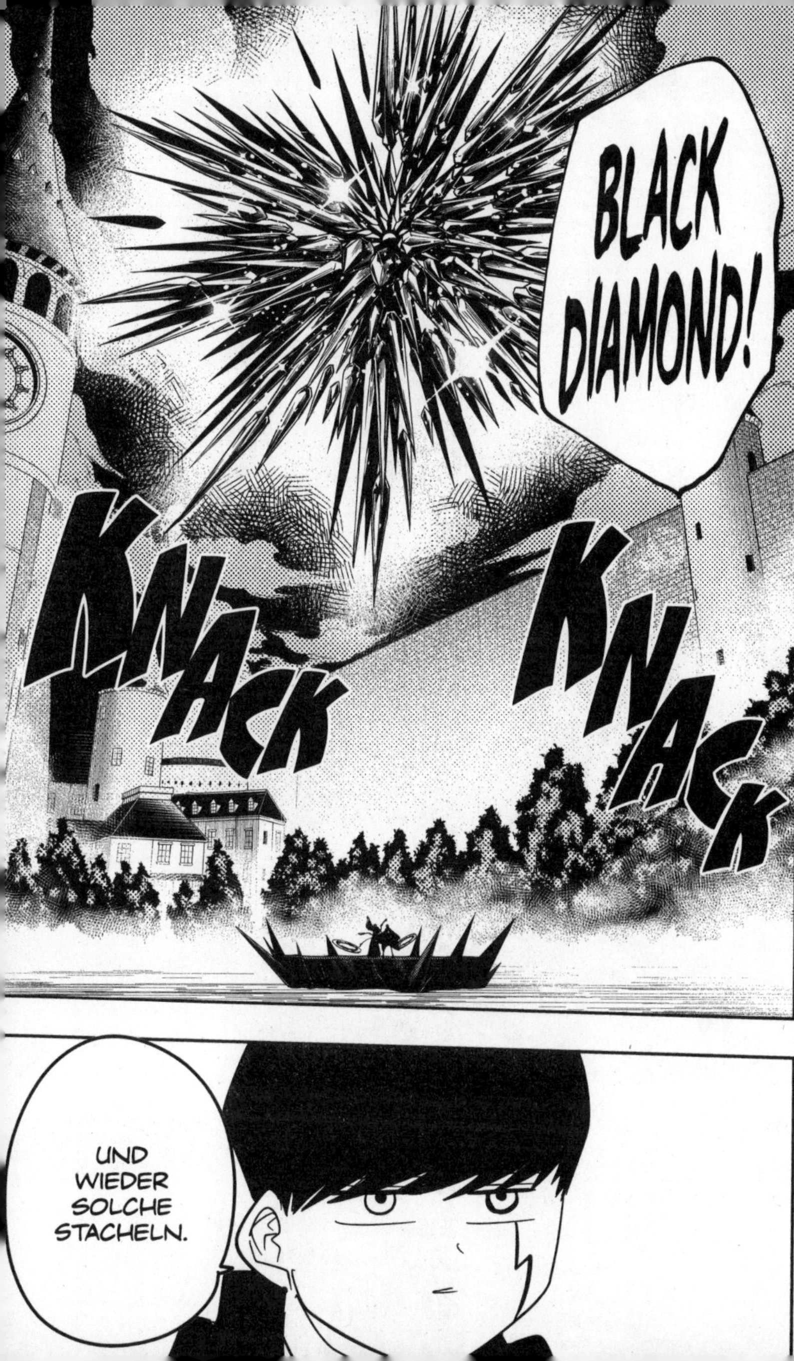
BLACK DIAMOND!
KNACK
KNACK
UND WIEDER SOLCHE STACHELN.

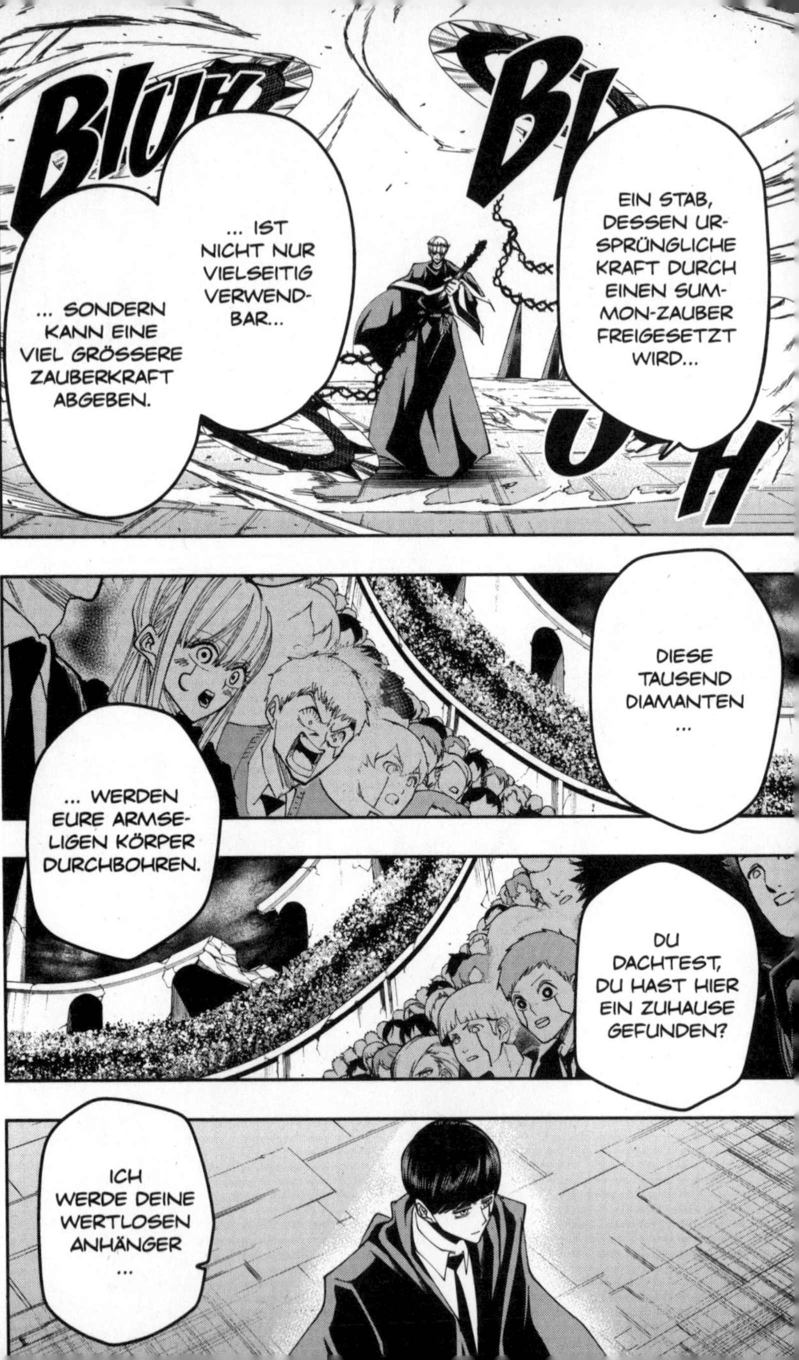
EIN STAB, DESSEN URSPRÜNGLICHE KRAFT DURCH EINEN SUMMON-ZAUBER FREIGESETZT WIRD...
... IST NICHT NUR VIELSEITIG VERWENDBAR...
... SONDERN KANN EINE VIEL GRÖSSERE ZAUBERKRAFT ABGEBEN.
DIESE TAUSEND DIAMANTEN ...
... WERDEN EURE ARMSELIGEN KÖRPER DURCHBOHREN.
DU DACHTEST, DU HAST HIER EIN ZUHAUSE GEFUNDEN?
ICH WERDE DEINE WERTLOSEN ANHÄNGER ...

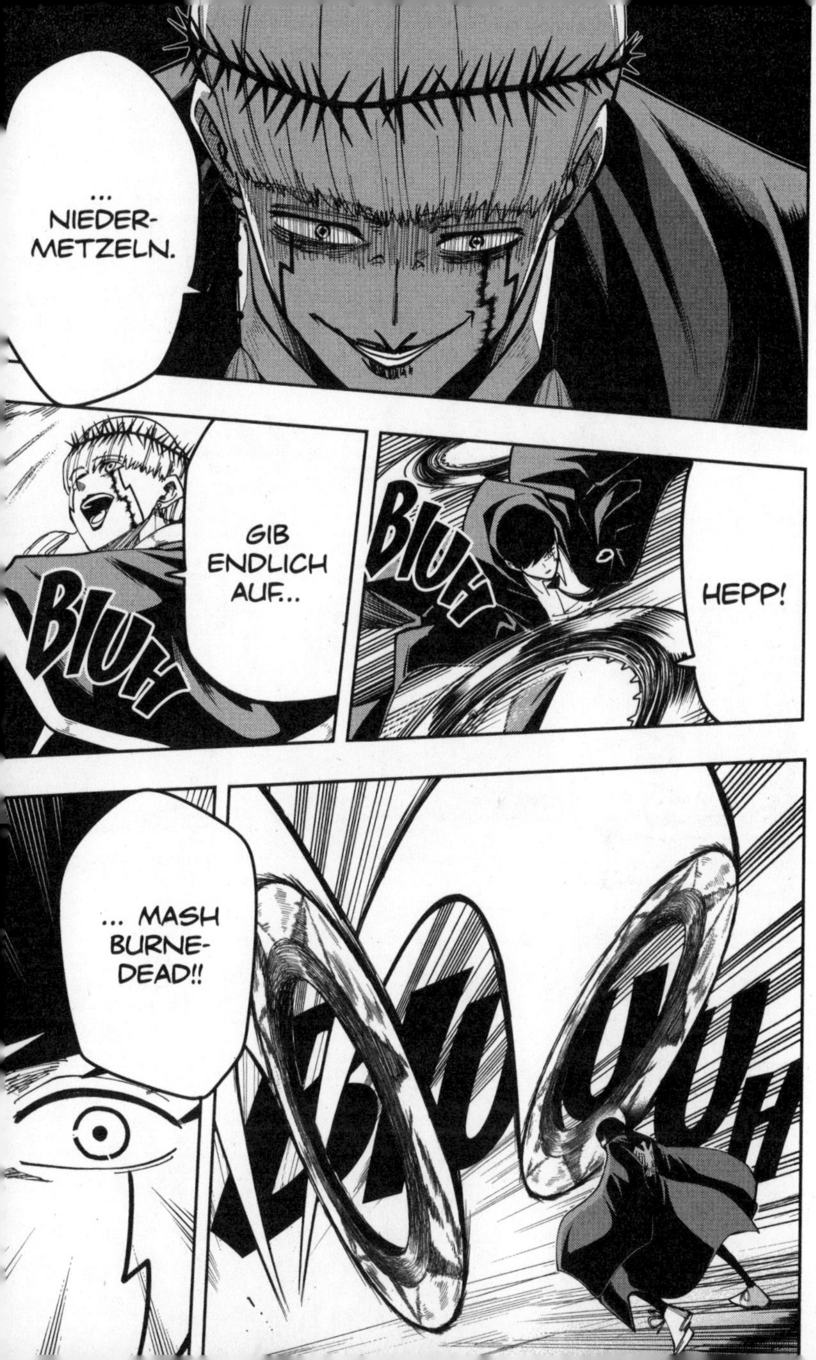
... NIEDER-METZELN.
HEPP!
BIUH
GIB ENDLICH AUF...
BIUH
... MASH BURNE-DEAD!!

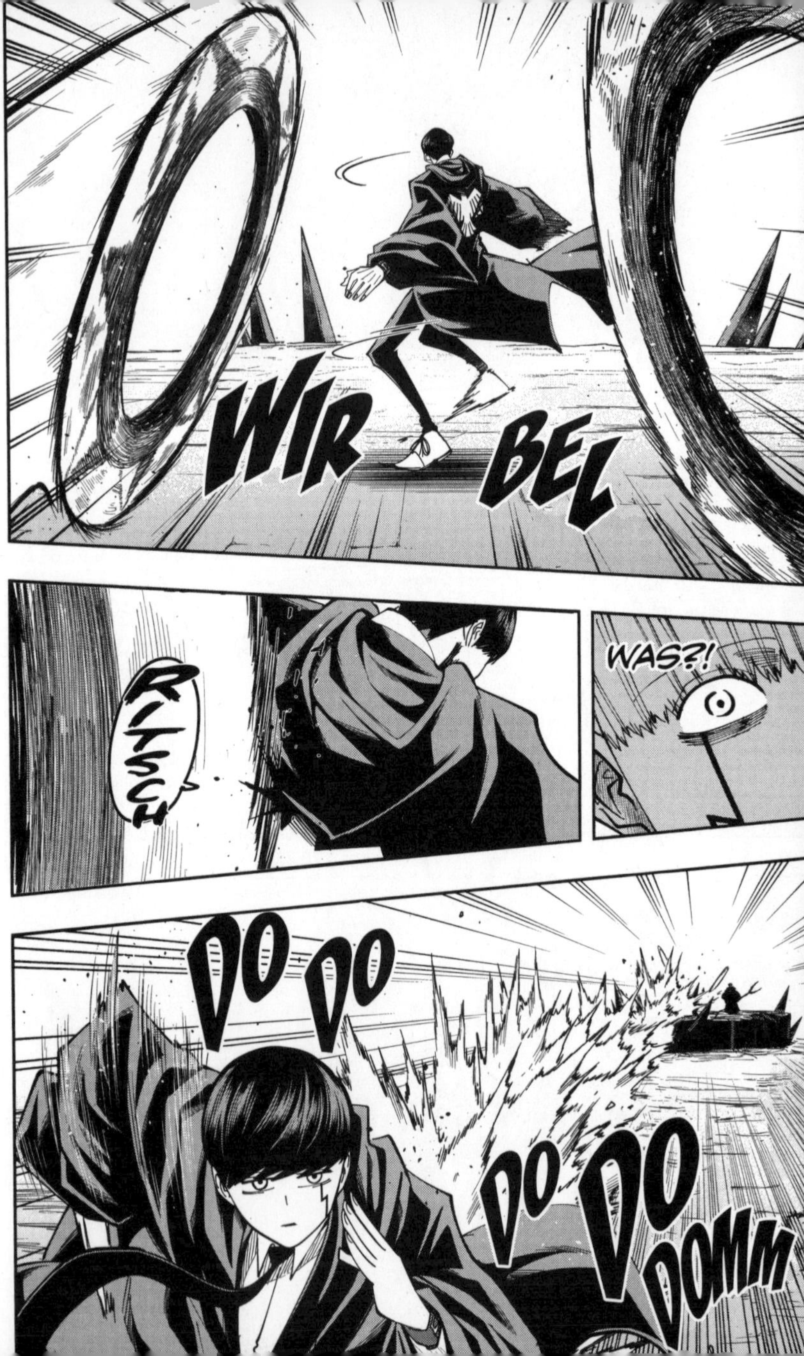
WIR
BEL
RITSCH
WAS?!
DO DO
DO DO DOMM

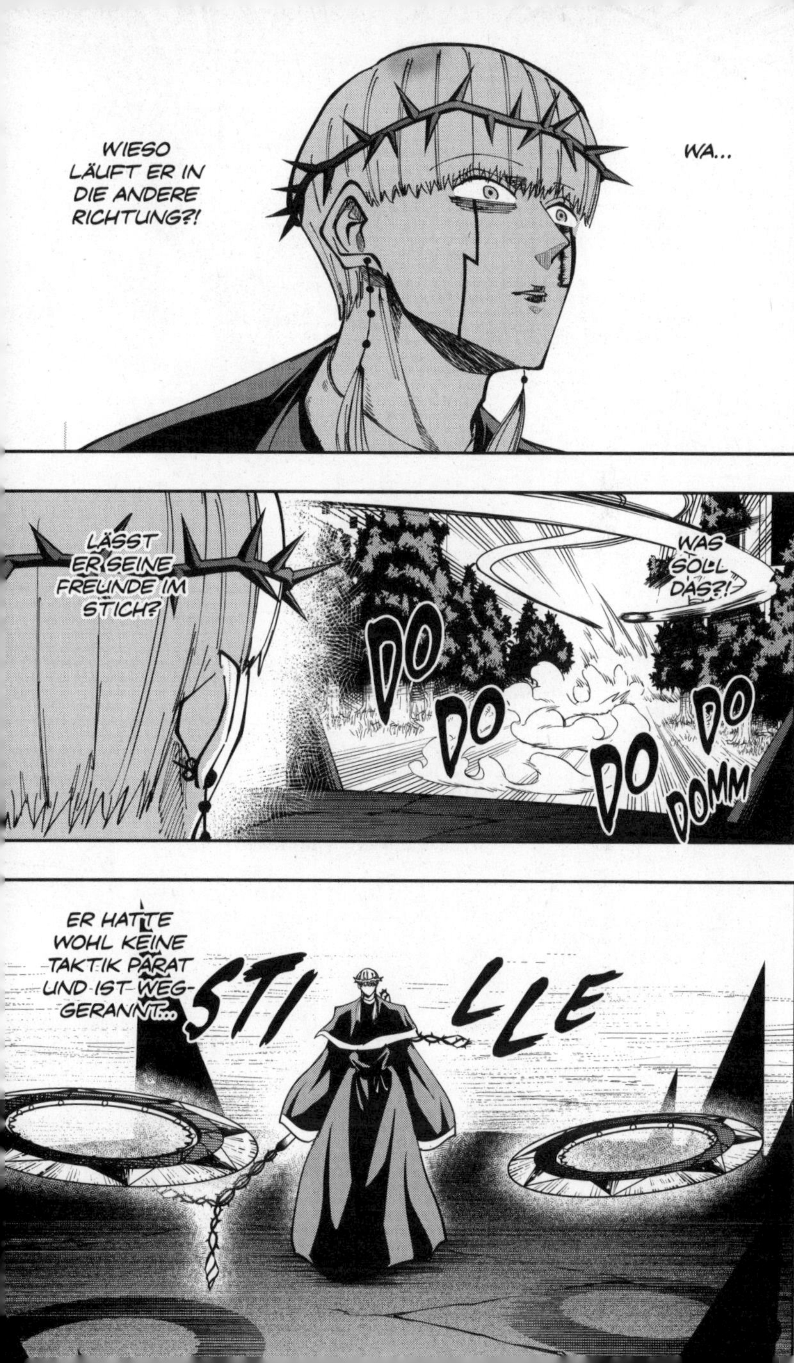
WA...
WIESO LÄUFT ER IN DIE ANDERE RICHTUNG?!
WAS SOLL DAS?!
LÄSST ER SEINE FREUNDE IM STICH?
DO DO DO DO DOMM
ER HATTE WOHL KEINE TAKTIK PARAT UND IST WEG-GERANNT...
STILLE

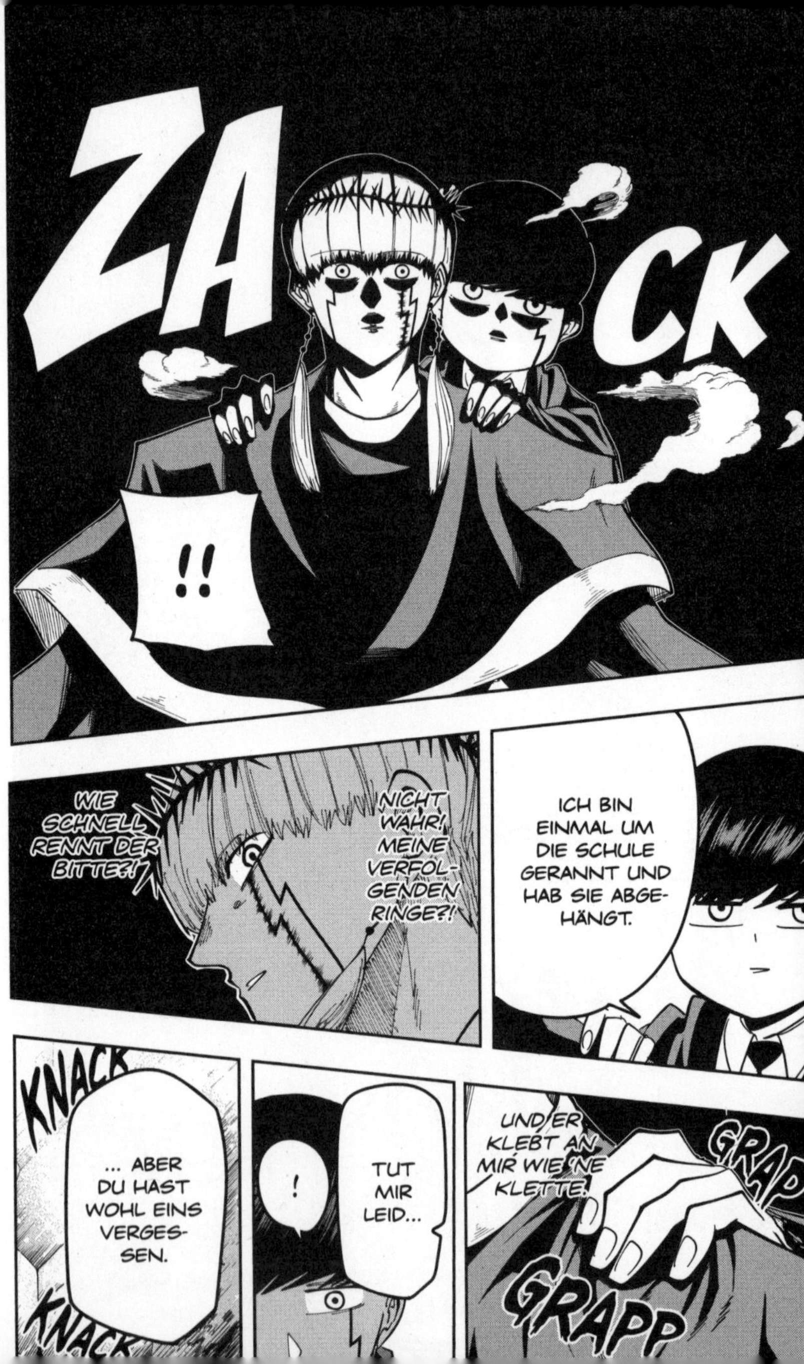
ZA
CK
!!
ICH BIN EINMAL UM DIE SCHULE GERANNT UND HAB SIE ABGEHÄNGT.
NICHT WAHR! MEINE VERFOLGENDEN RINGE?!
WIE SCHNELL RENNT DER BITTE?!
UND ER KLEBT AN MIR WIE 'NE KLETTE.
GRAPP
GRAPP
TUT MIR LEID...
!
... ABER DU HAST WOHL EINS VERGESSEN.
KNACK
KNACK

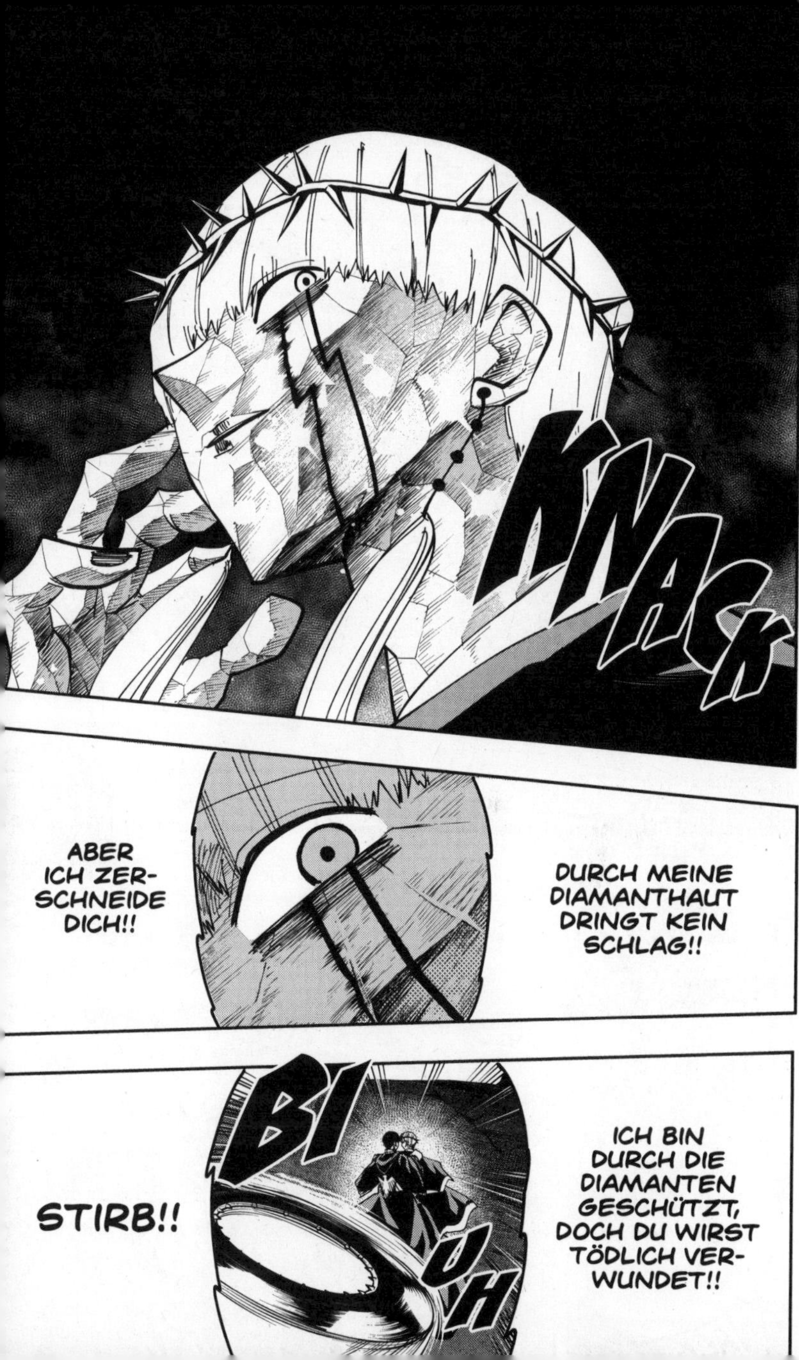
KNACK
DURCH MEINE DIAMANTHAUT DRINGT KEIN SCHLAG!!
ABER ICH ZER-SCHNEIDE DICH!!
ICH BIN DURCH DIE DIAMANTEN GESCHÜTZT, DOCH DU WIRST TÖDLICH VER-WUNDET!!
BIUH
STIRB!!

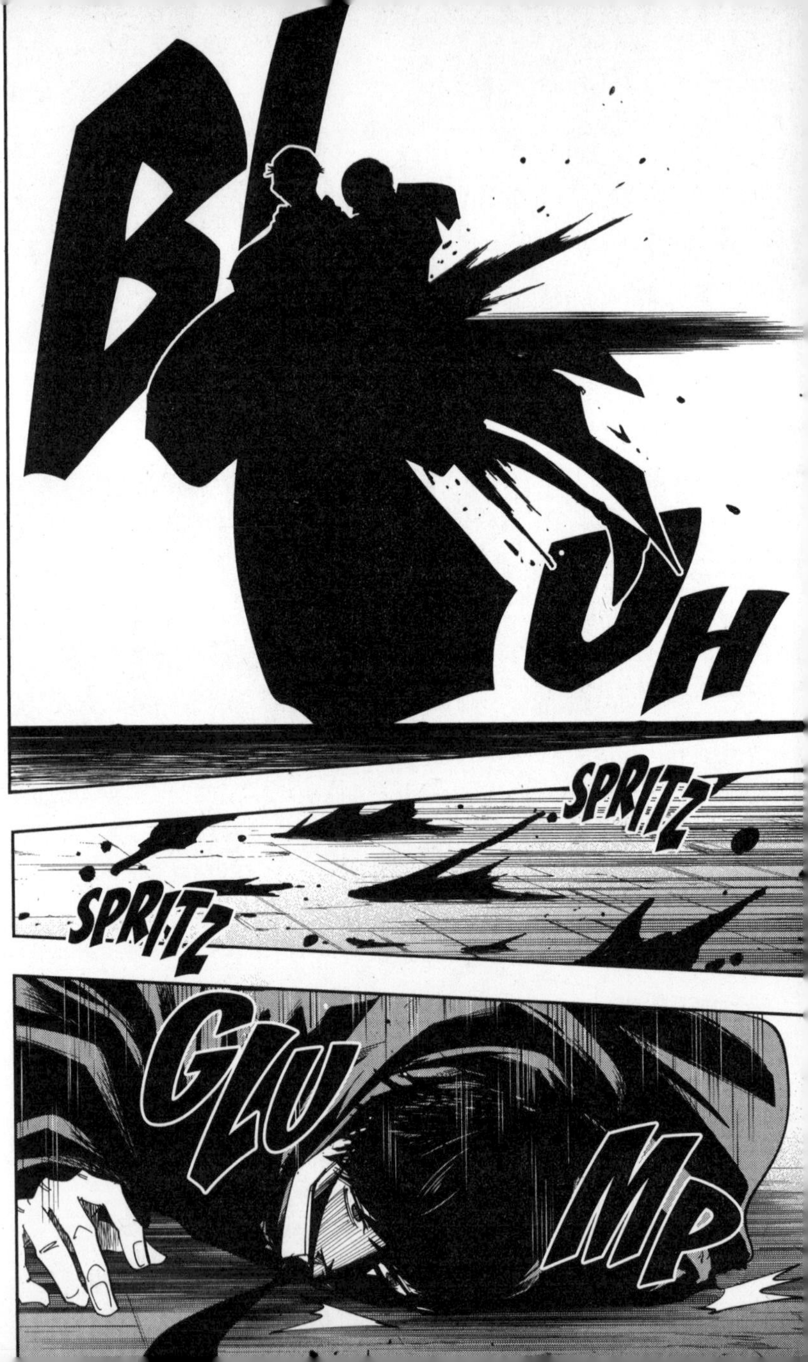
BLUH
SPRITZ
SPRITZ
GLUMP

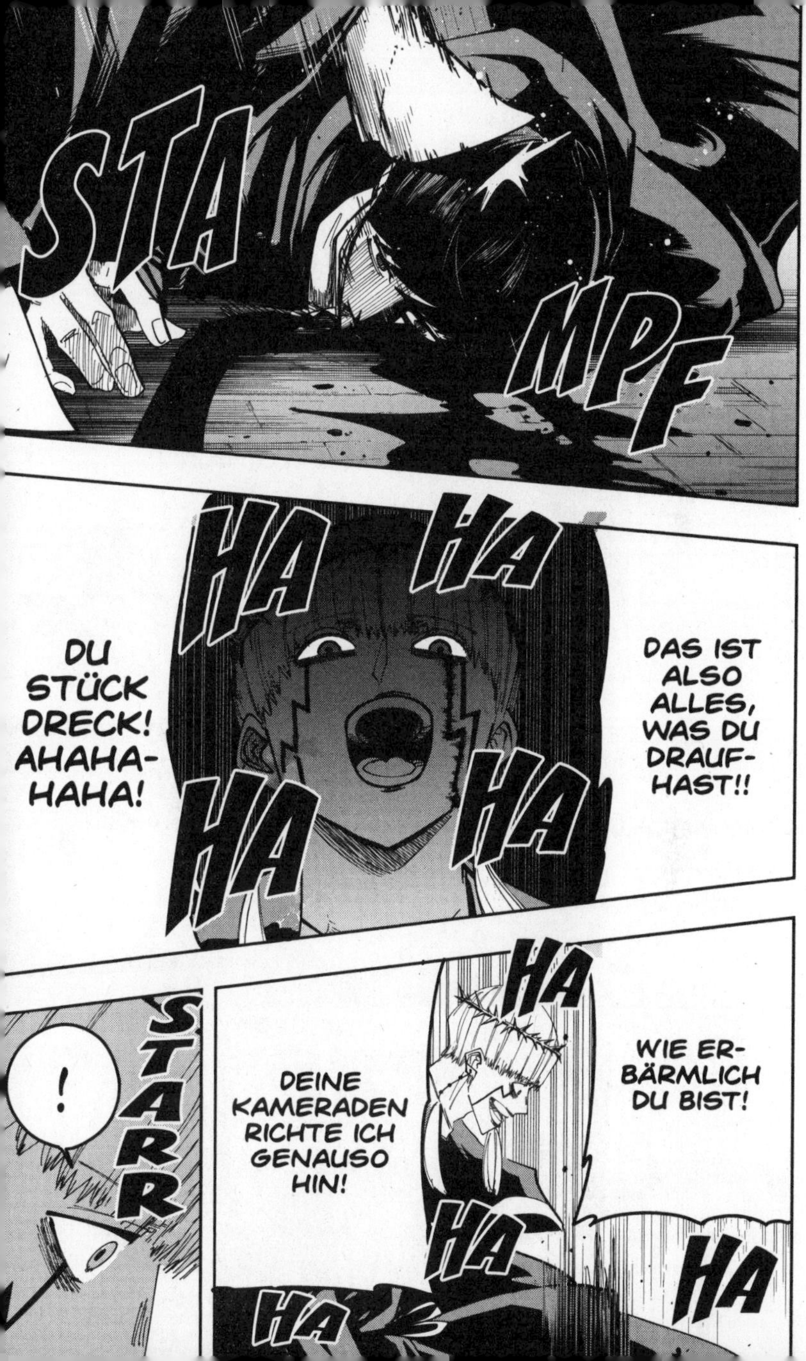
STAMPF
HA HA
DAS IST ALSO ALLES, WAS DU DRAUFHAST!!
DU STÜCK DRECK! AHAHAHAHA!
HA HA
HA
WIE ERBÄRMLICH DU BIST!
DEINE KAMERADEN RICHTE ICH GENAUSO HIN!
HA HA HA
STARR
!

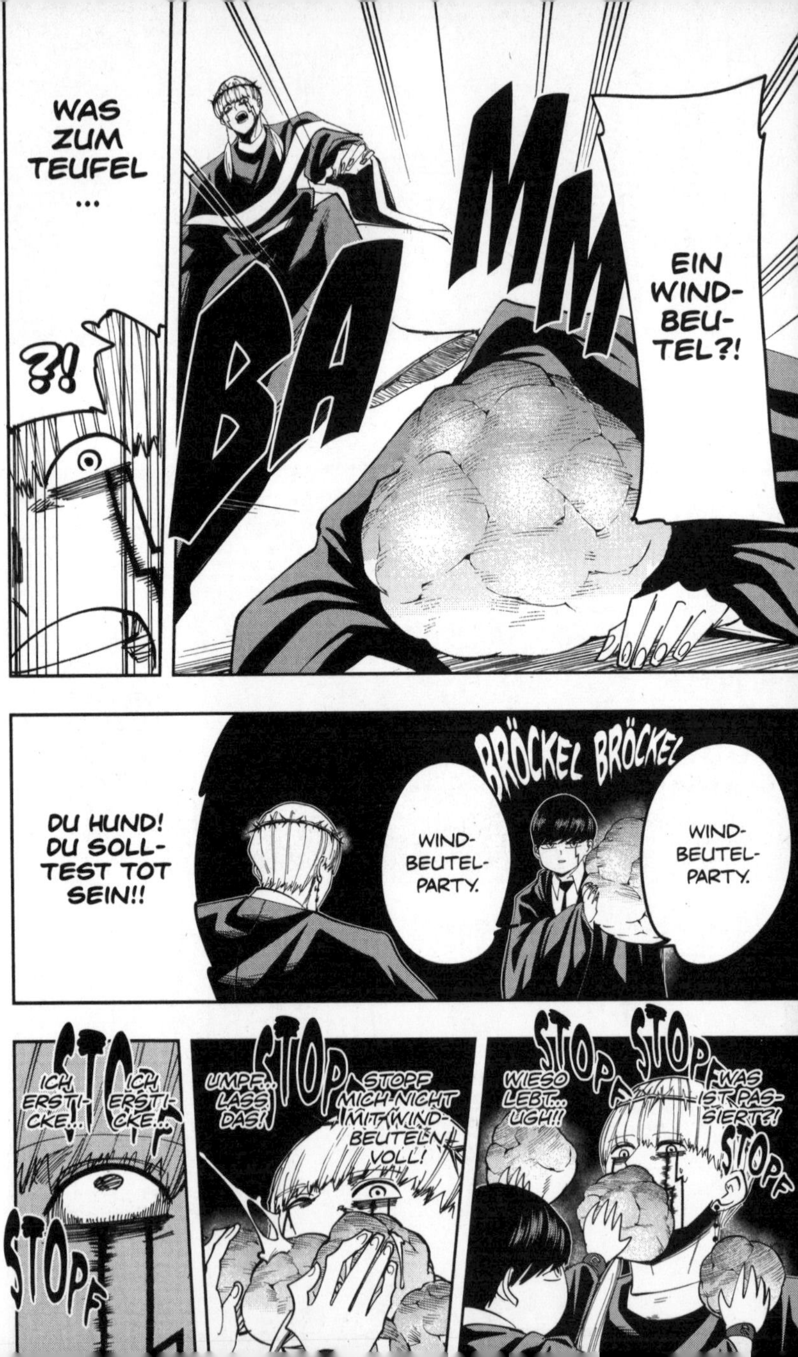

EIN WIND-BEU-TEL?!
BAMM
WAS ZUM TEUFEL ...
?!
BRÖCKEL BRÖCKEL
WIND-BEUTEL-PARTY.
WIND-BEUTEL-PARTY.
DU HUND! DU SOLL-TEST TOT SEIN!!
STOPF
WAS IST PAS-SIERT?!
STOPF
WIESO LEBT... UGH!!
STOPF
STOPF MICH NICHT MIT WIND-BEUTELN VOLL!
UMPF... LASS DAS!
STOP
ICH ERSTI-CKE...
ICH ERSTI-CKE...
STOPF

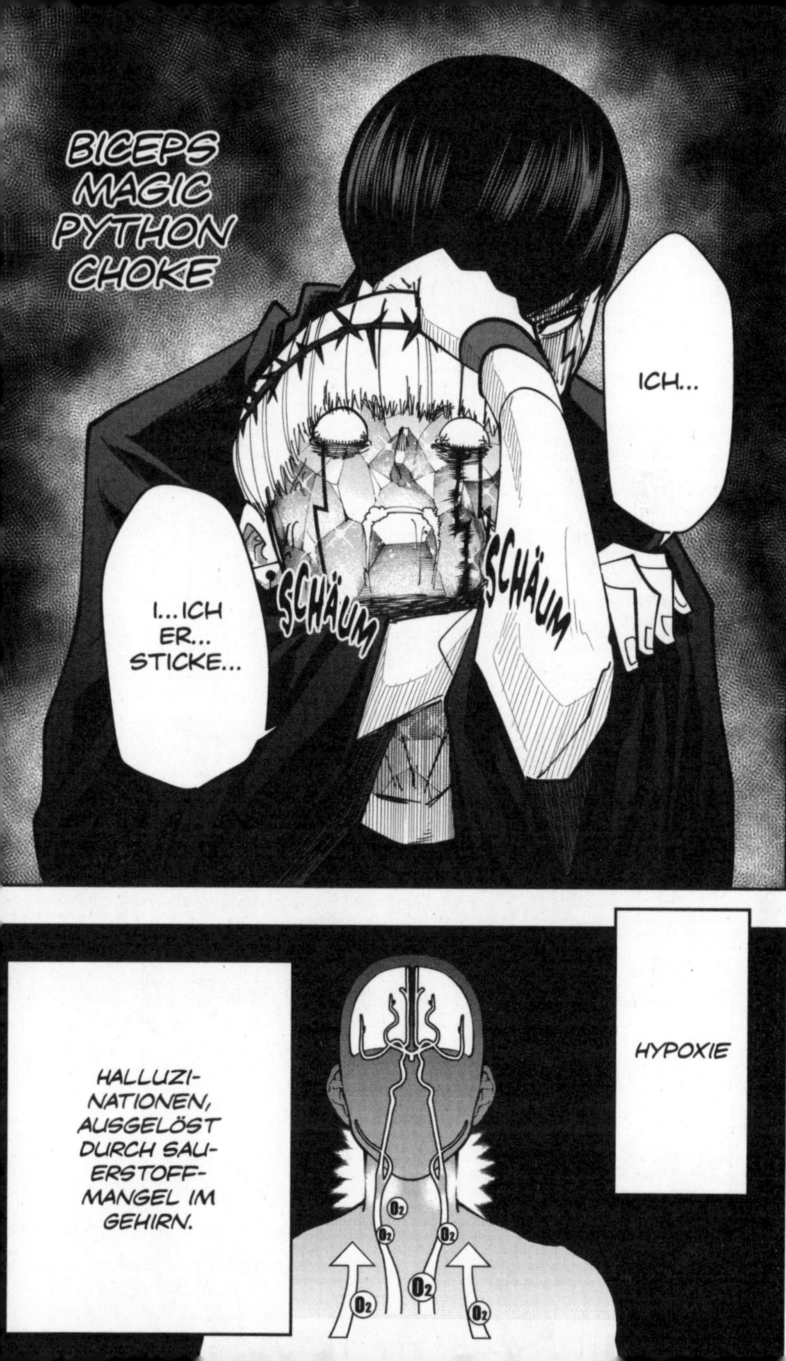
BICEPS MAGIC PYTHON CHOKE
ICH...
SCHÄUM
SCHÄUM
I...ICH ER... STICKE...
HYPOXIE
HALLUZI-NATIONEN, AUSGELÖST DURCH SAU-ERSTOFF-MANGEL IM GEHIRN.
O2

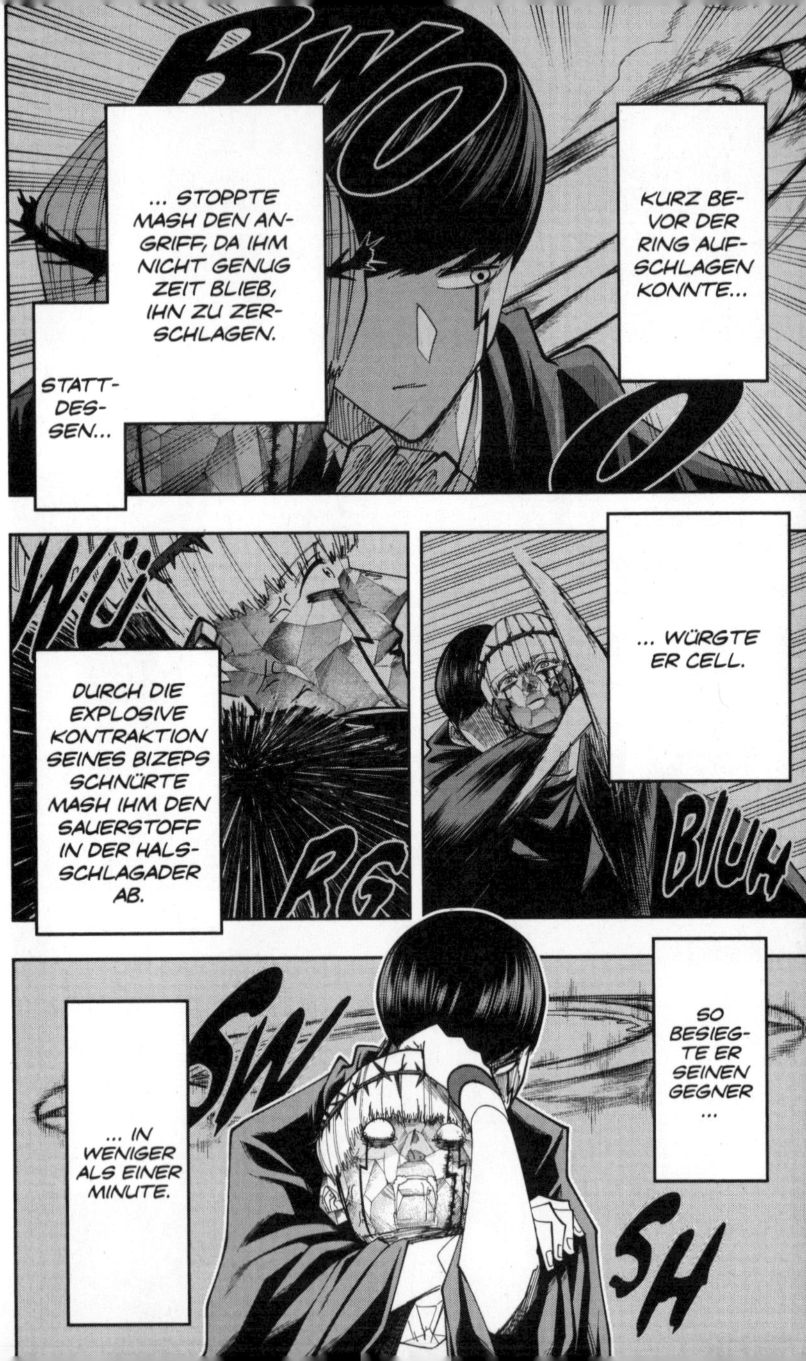
KURZ BEVOR DER RING AUFSCHLAGEN KONNTE...
... STOPPTE MASH DEN ANGRIFF, DA IHM NICHT GENUG ZEIT BLIEB, IHN ZU ZERSCHLAGEN.
STATTDESSEN...
... WÜRGTE ER CELL.
BLUH
DURCH DIE EXPLOSIVE KONTRAKTION SEINES BIZEPS SCHNÜRTE MASH IHM DEN SAUERSTOFF IN DER HALSSCHLAGADER AB.
WÜ
RG
SO BESIEGTE ER SEINEN GEGNER ...
... IN WENIGER ALS EINER MINUTE.
SW
SH

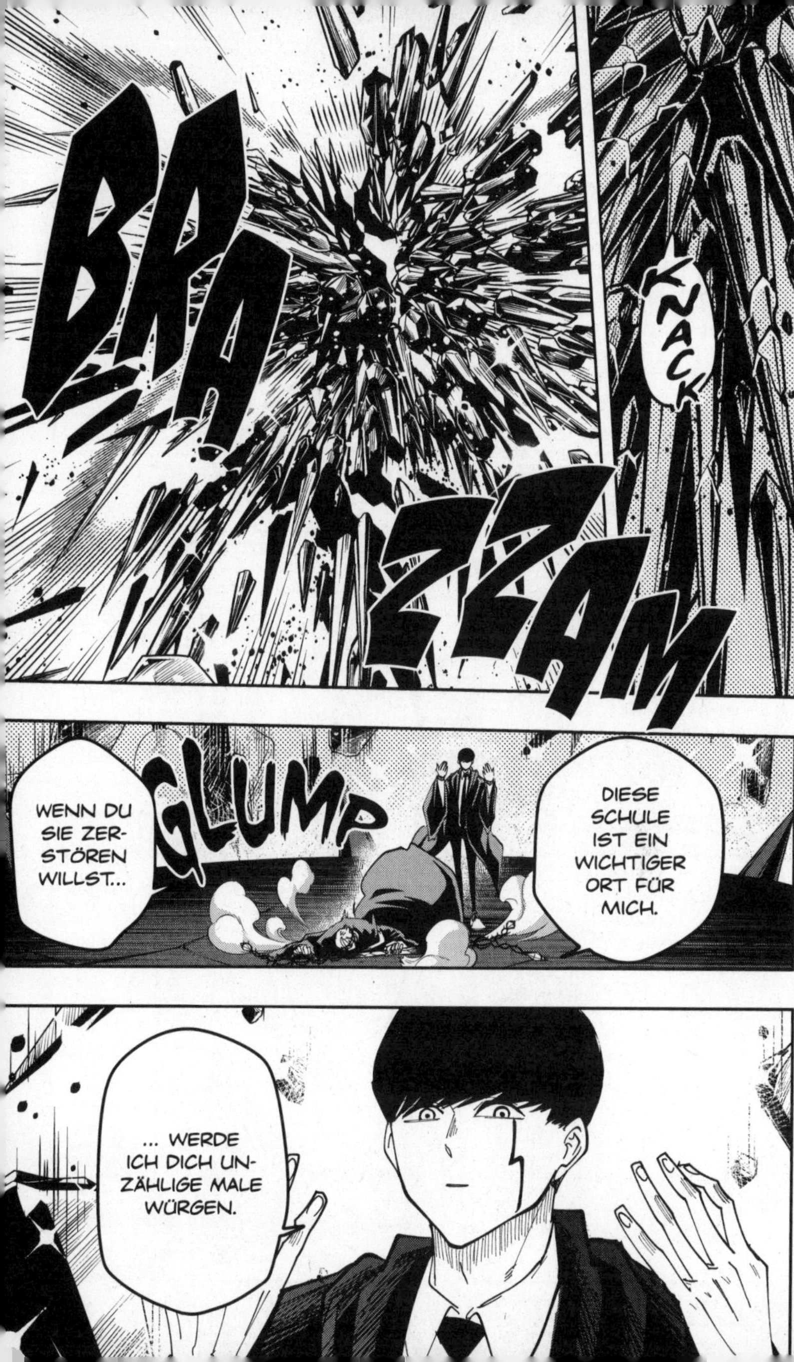
KNACK
BRA
ZZAM
DIESE SCHULE IST EIN WICHTIGER ORT FÜR MICH.
GLUMP
WENN DU SIE ZERSTÖREN WILLST...
... WERDE ICH DICH UNZÄHLIGE MALE WÜRGEN.

Extra ②

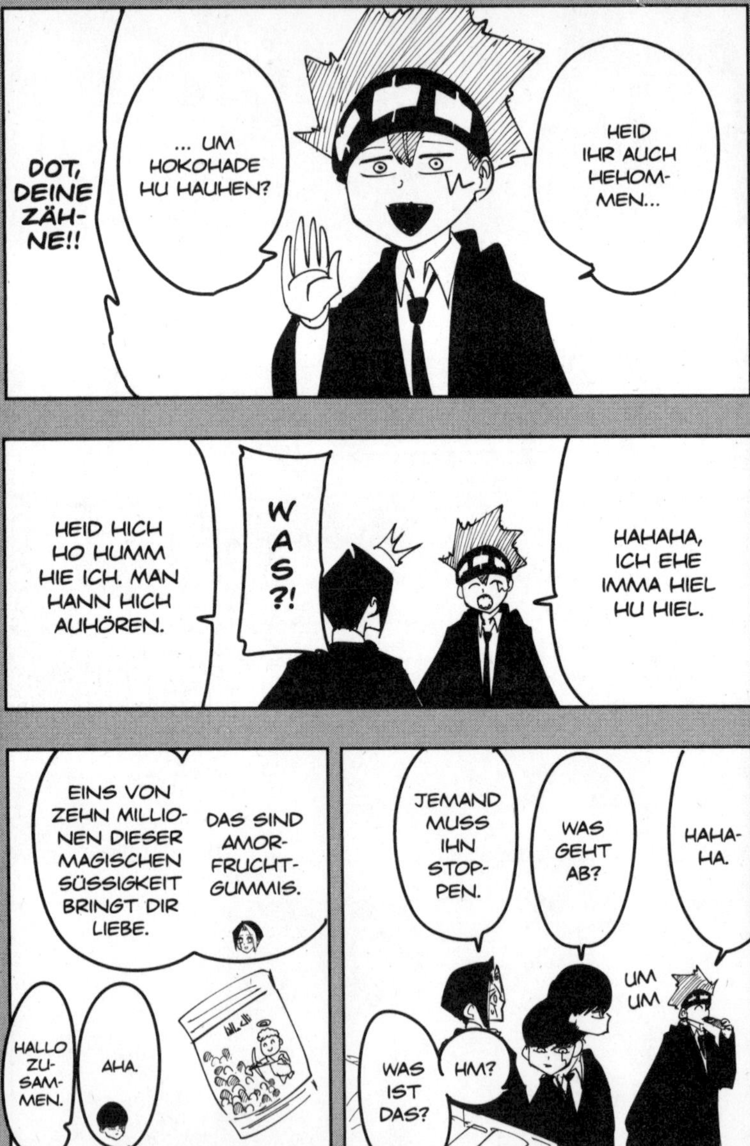

Fortsetzung auf Seite 130

68. Kapitel Wahlberg Baigan und die Magie der Dunkelheit

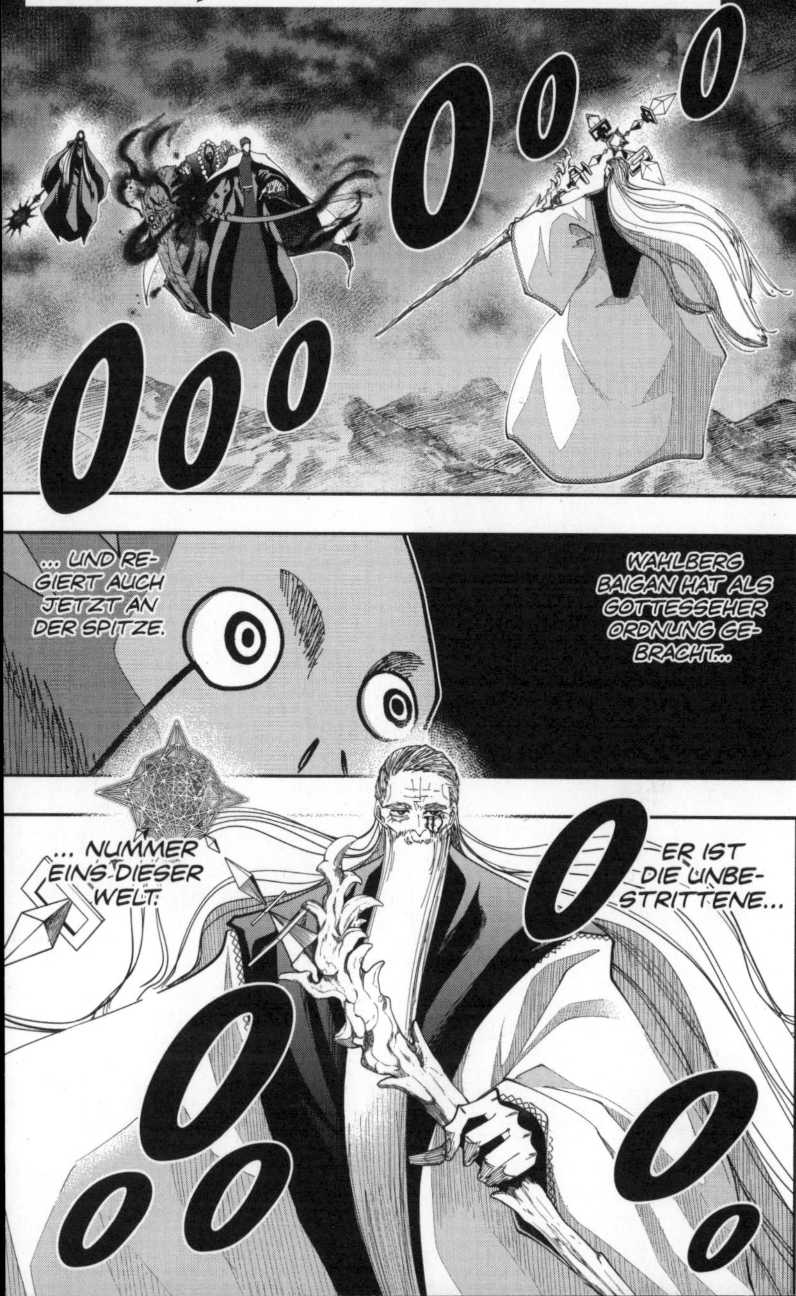

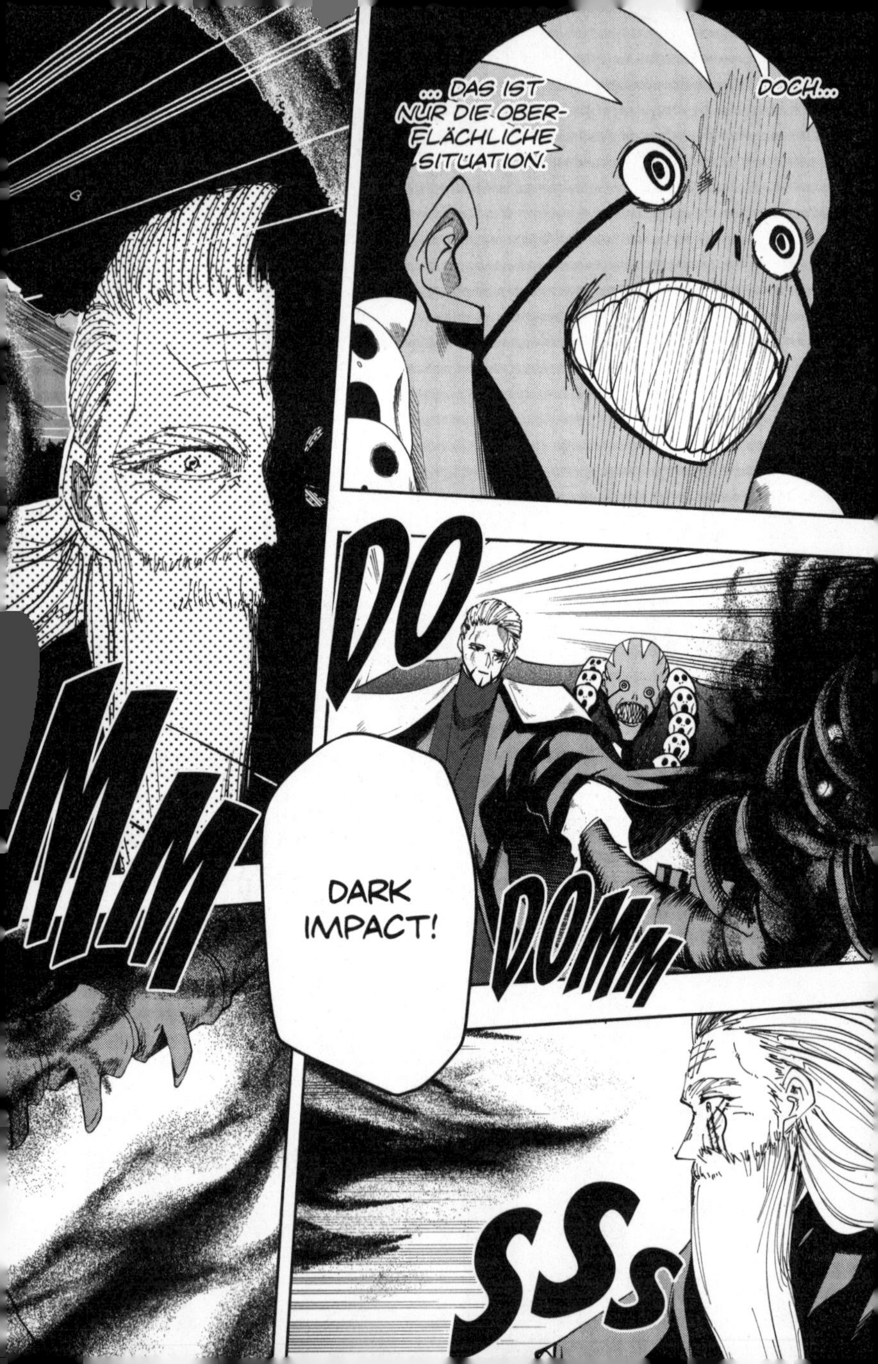

DOCH...
... DAS IST NUR DIE OBERFLÄCHLICHE SITUATION.
DO
DOMM
DARK IMPACT!
MM
SSS

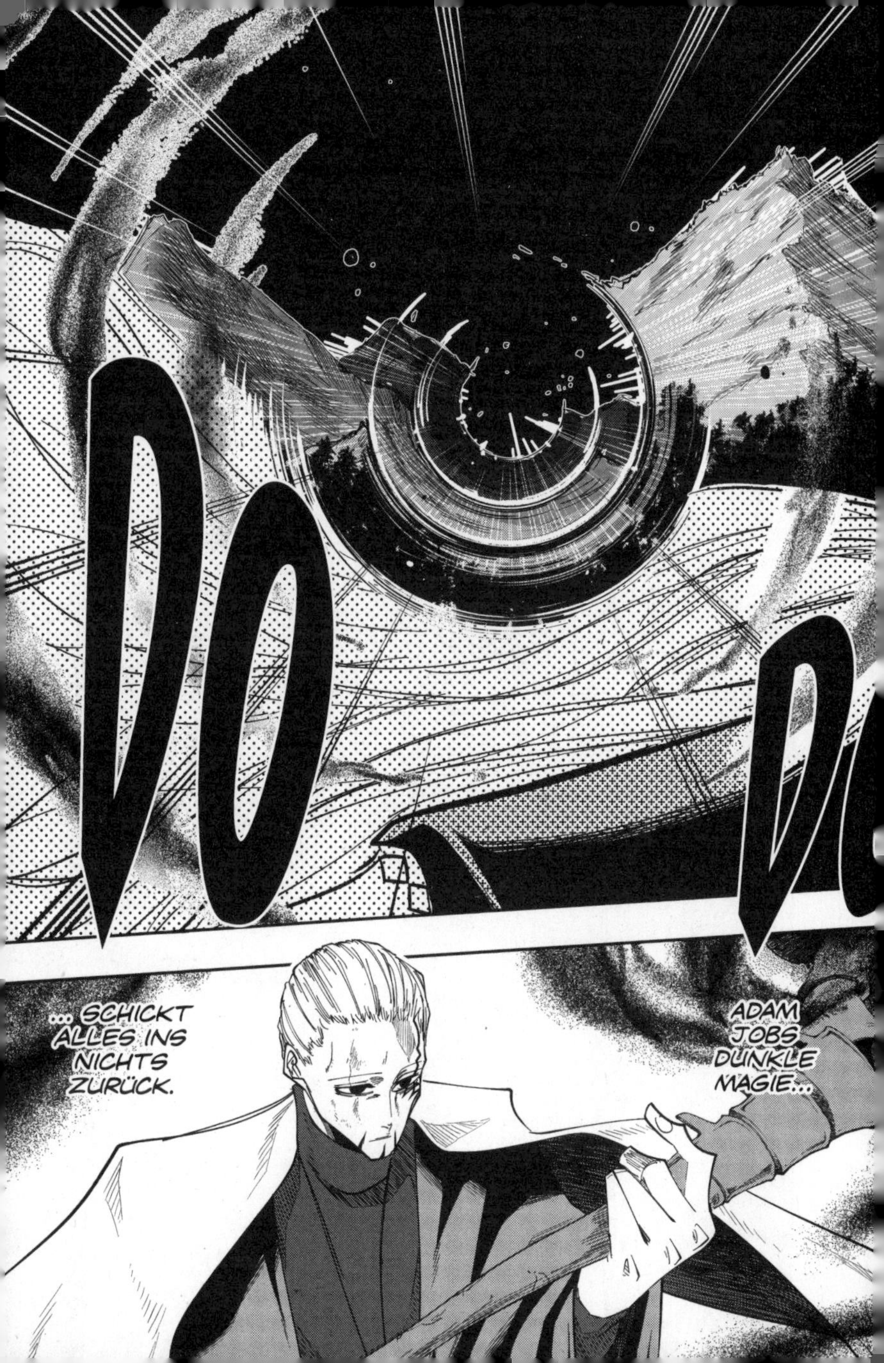
DO
ADAM JOBS DUNKLE MAGIE ...
... SCHICKT ALLES INS NICHTS ZURÜCK.

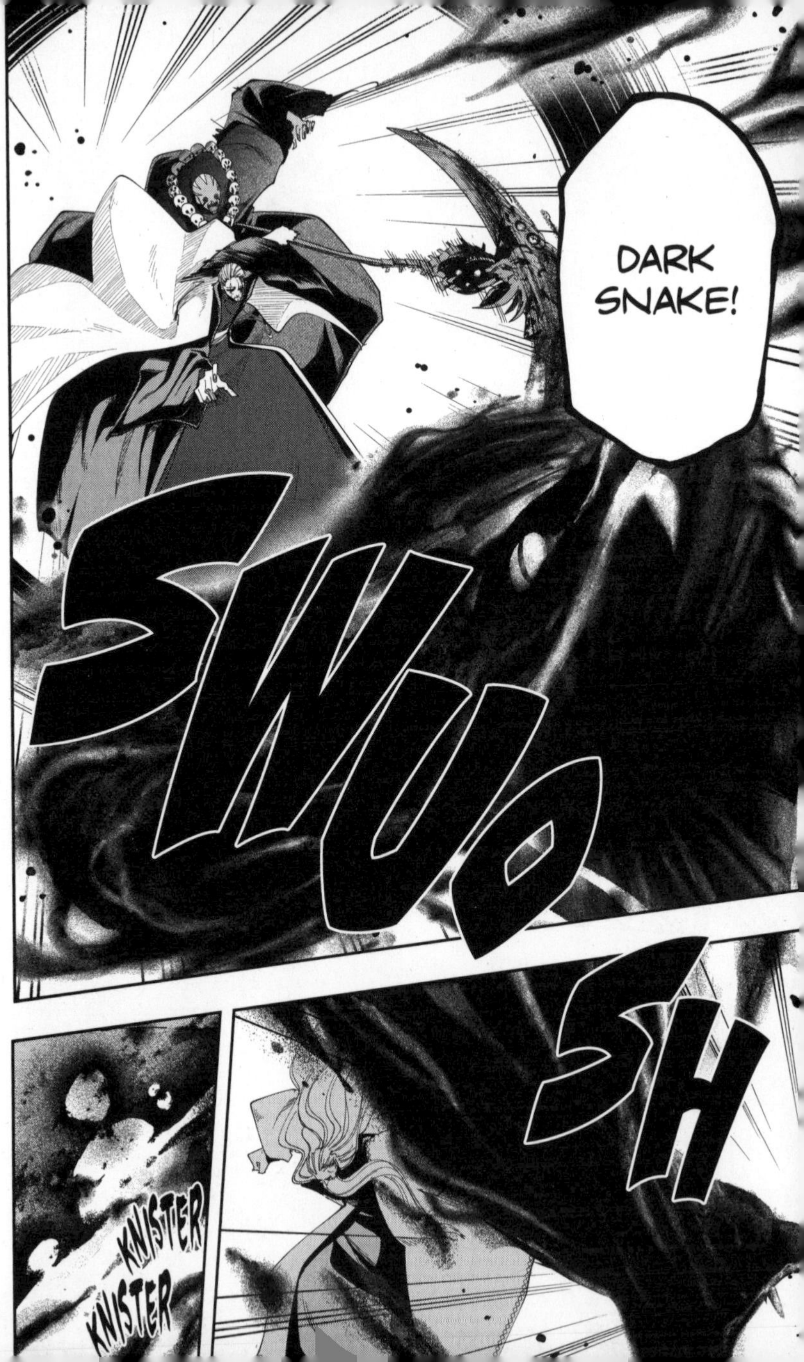
DARK
SNAKE!
SWUOOSH
KNISTER
KNISTER

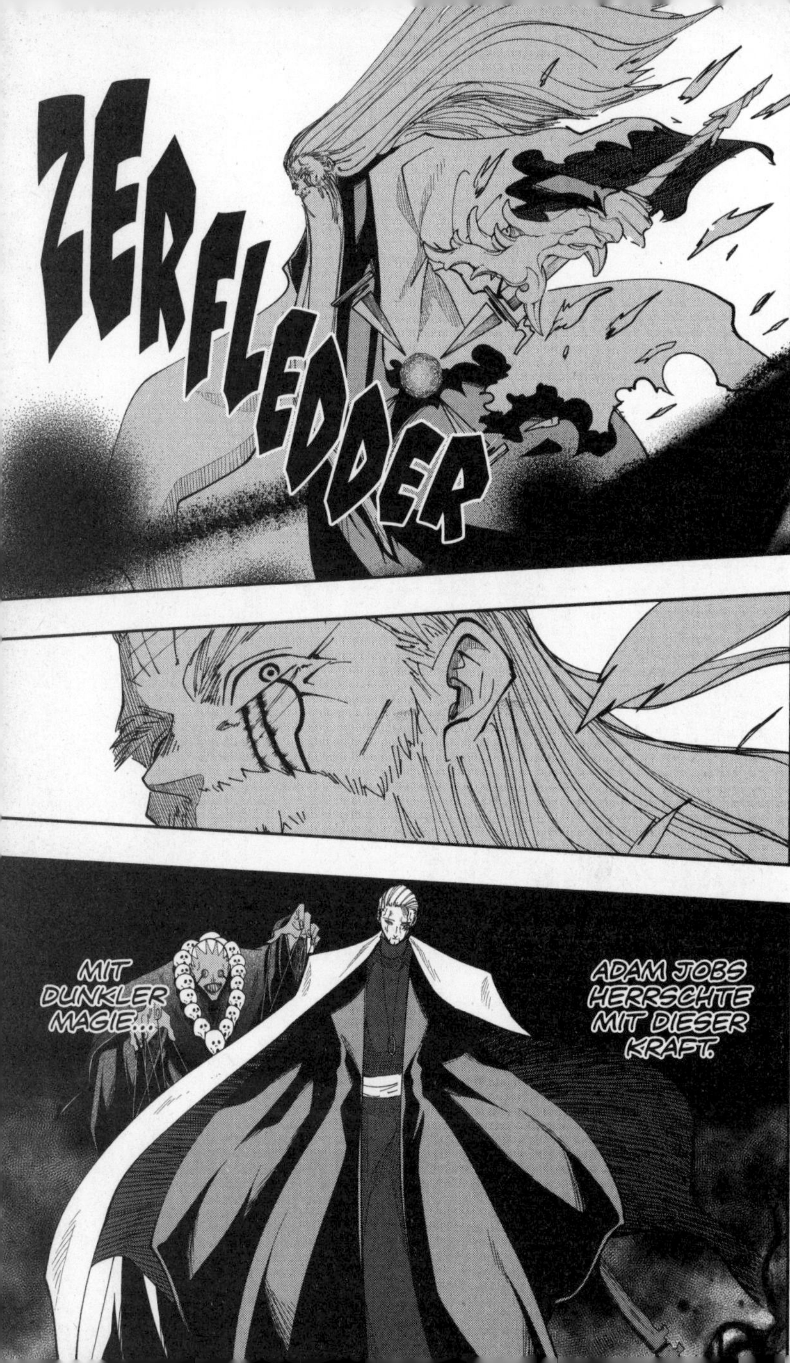
ZERFLEDDER
ADAM JOBS HERRSCHTE MIT DIESER KRAFT.
MIT DUNKLER MAGIE...

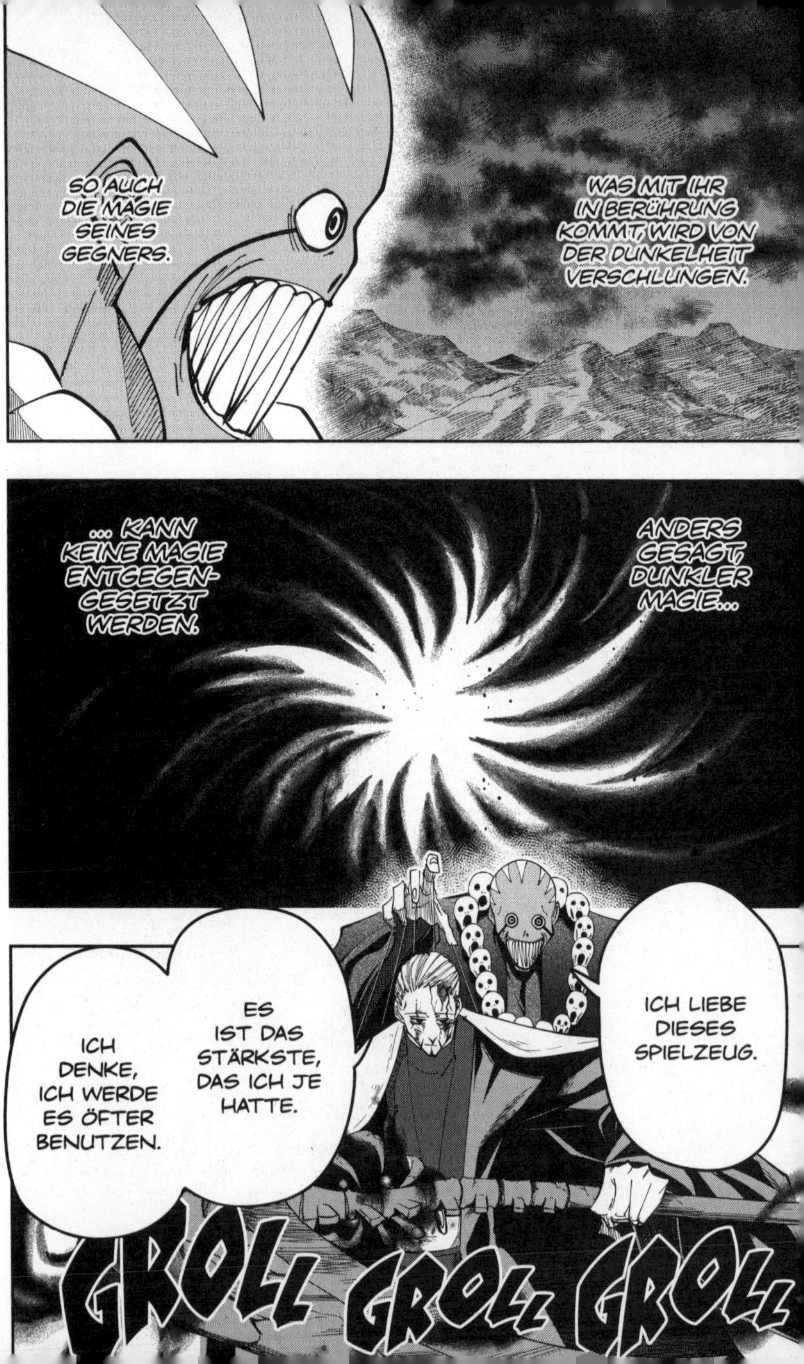
WAS MIT IHR IN BERÜHRUNG KOMMT, WIRD VON DER DUNKELHEIT VERSCHLUNGEN.
SO AUCH DIE MAGIE SEINES GEGNERS.
ANDERS GESAGT, DUNKLER MAGIE...
... KANN KEINE MAGIE ENTGEGEN-GESETZT WERDEN.
ICH LIEBE DIESES SPIELZEUG.
ES IST DAS STÄRKSTE, DAS ICH JE HATTE.
ICH DENKE, ICH WERDE ES ÖFTER BENUTZEN.
GROLL GROLL GROLL

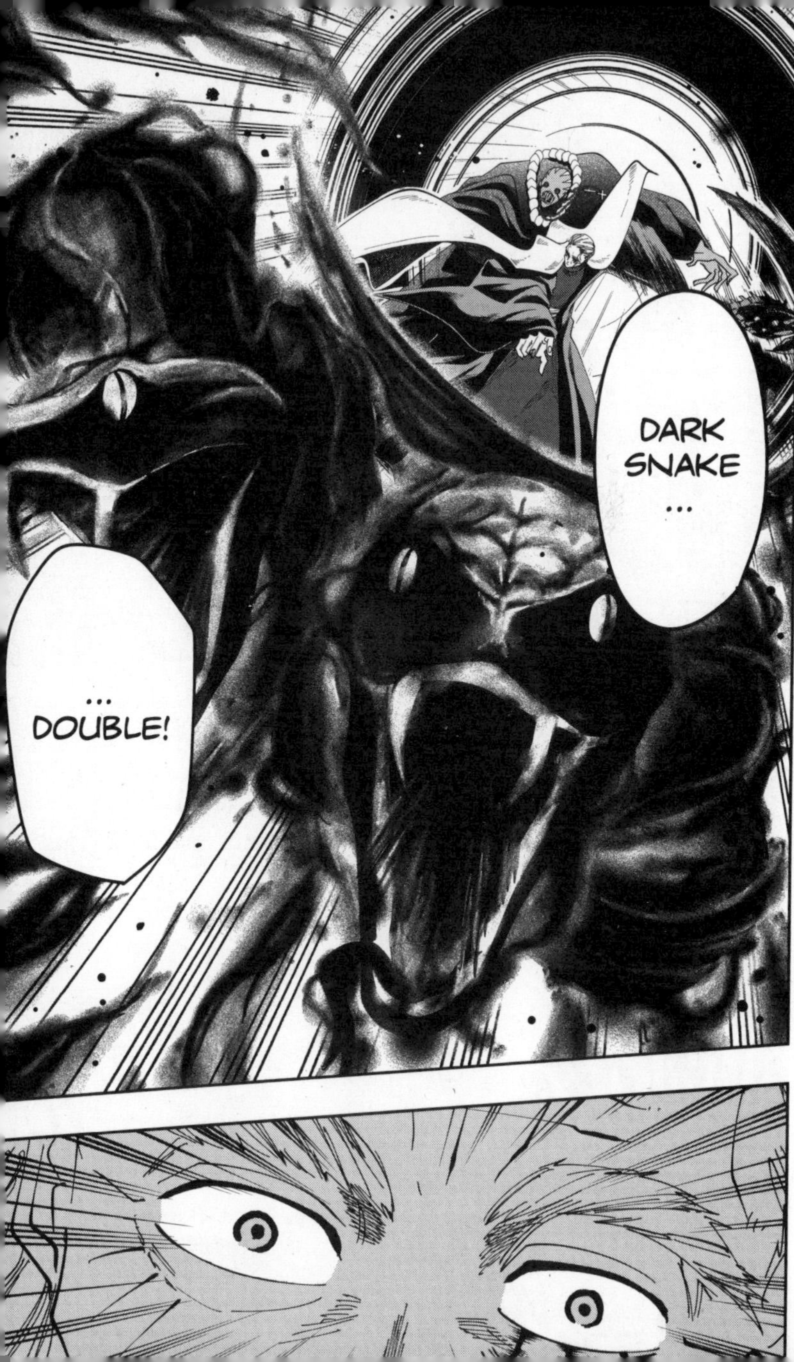
DARK SNAKE ...
... DOUBLE!

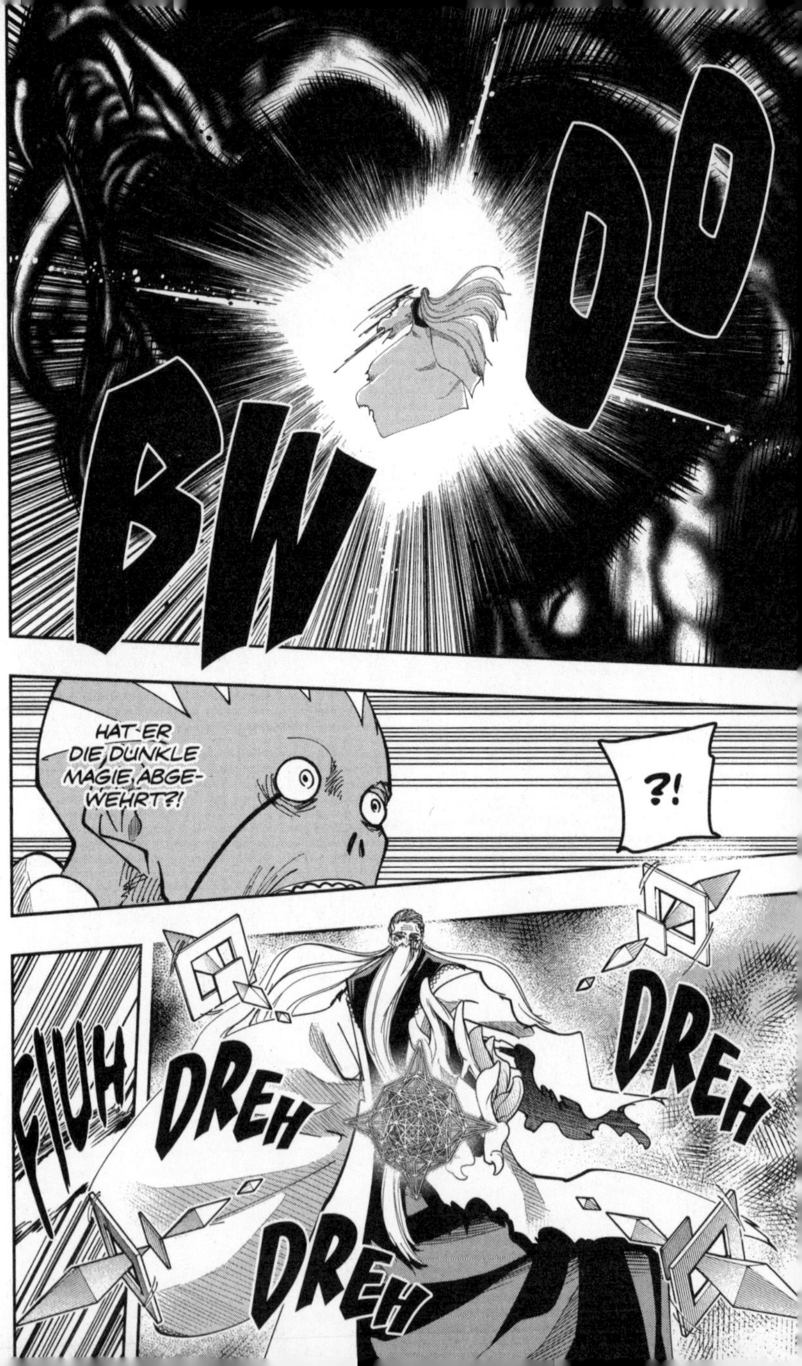
BWOO
HAT ER DIE DUNKLE MAGIE ABGEWEHRT?!
?!
DREH
DREH
FIUH
DREH

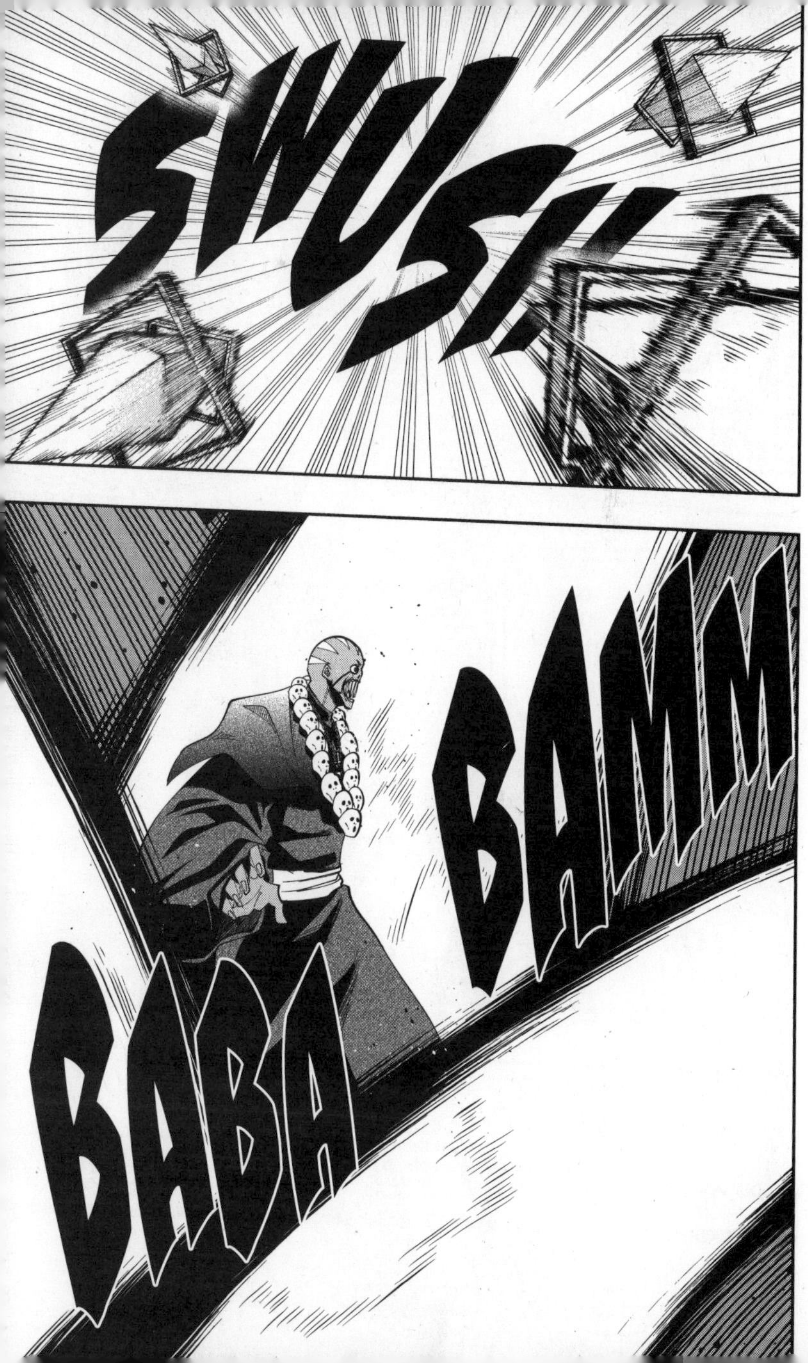
SWUSH!
BAMM
BABA

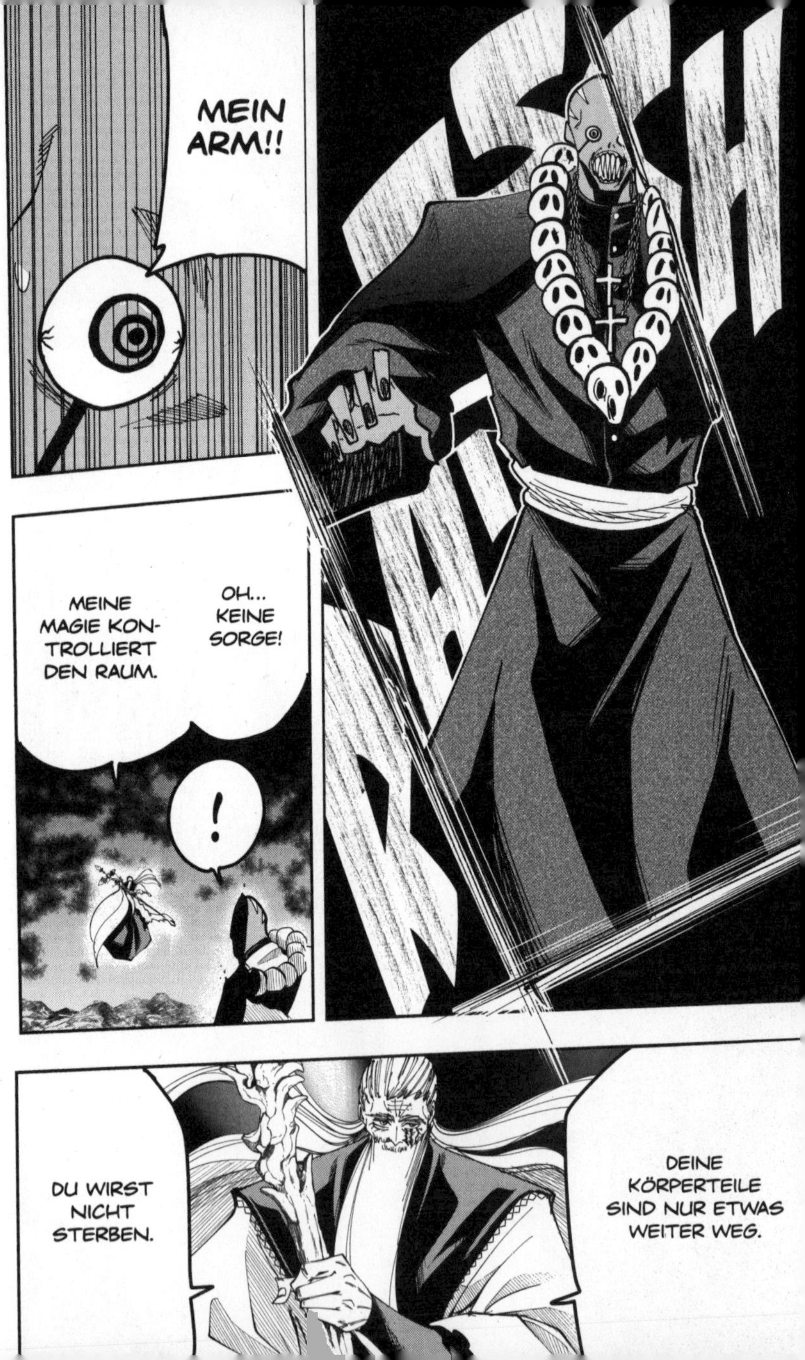
MEIN ARM!!
OH... KEINE SORGE!
MEINE MAGIE KONTROLLIERT DEN RAUM.
!
DEINE KÖRPERTEILE SIND NUR ETWAS WEITER WEG.
DU WIRST NICHT STERBEN.

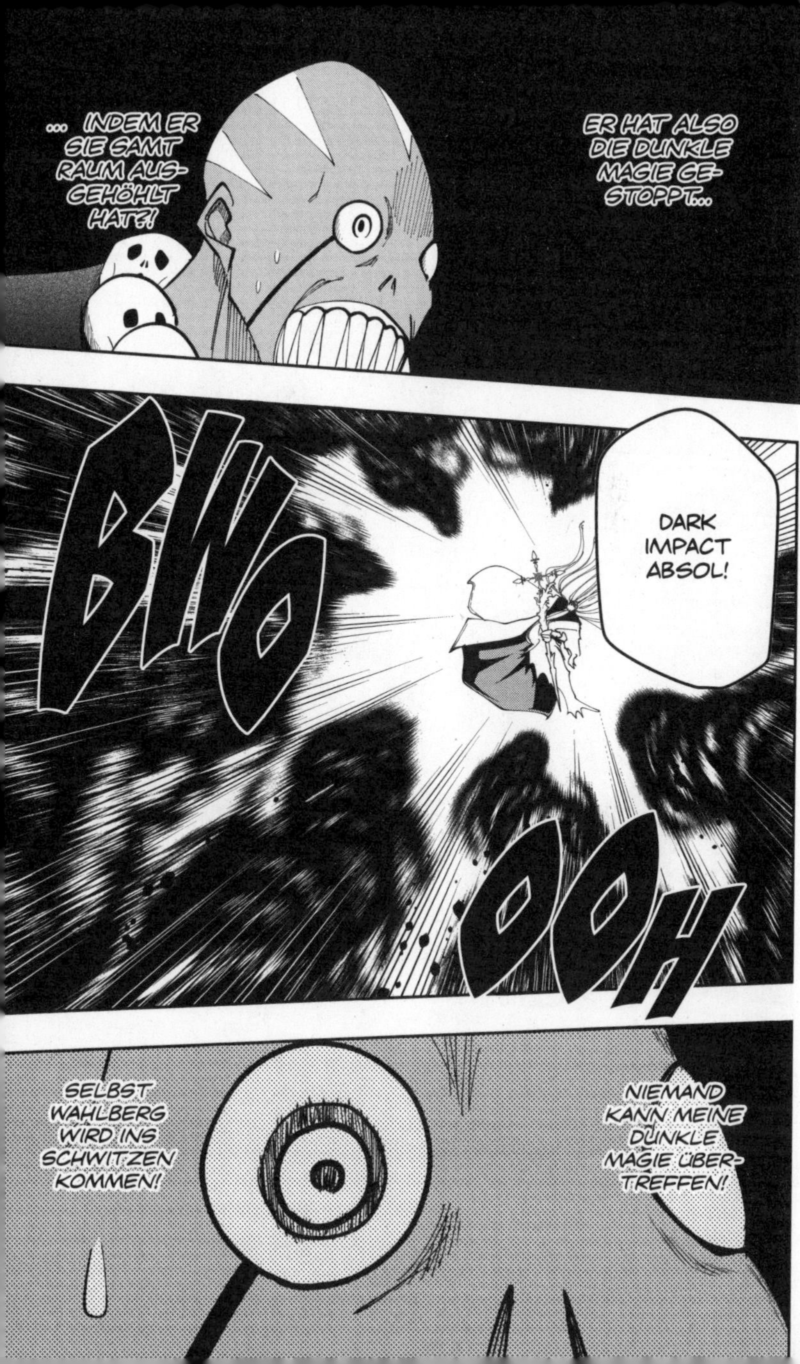
ER HAT ALSO DIE DUNKLE MAGIE GESTOPPT...
... INDEM ER SIE SAMT RAUM AUSGEHÖHLT HAT?!
DARK IMPACT ABSOL!
BWO
OOH
NIEMAND KANN MEINE DUNKLE MAGIE ÜBERTREFFEN!
SELBST WAHLBERG WIRD INS SCHWITZEN KOMMEN!

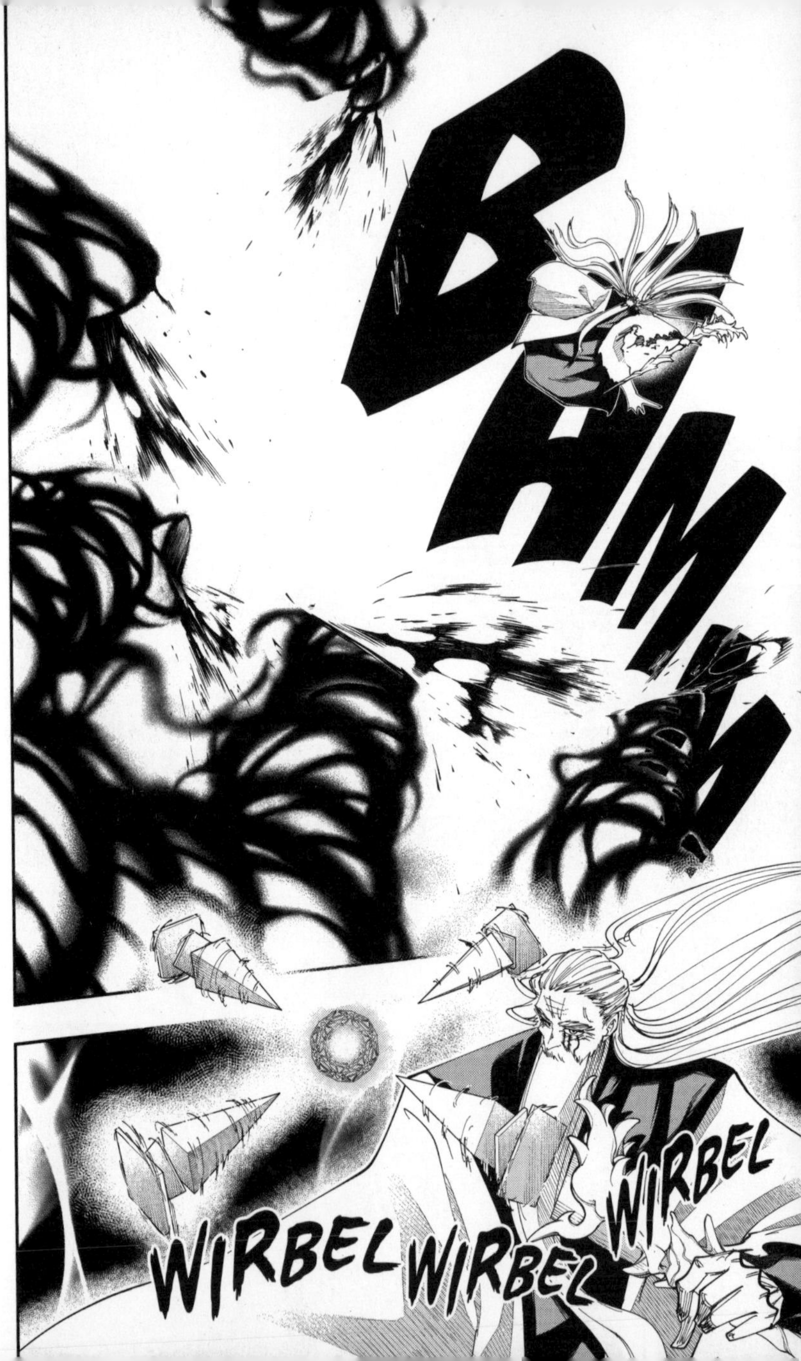
BAMM
WIRBEL
WIRBEL
WIRBEL

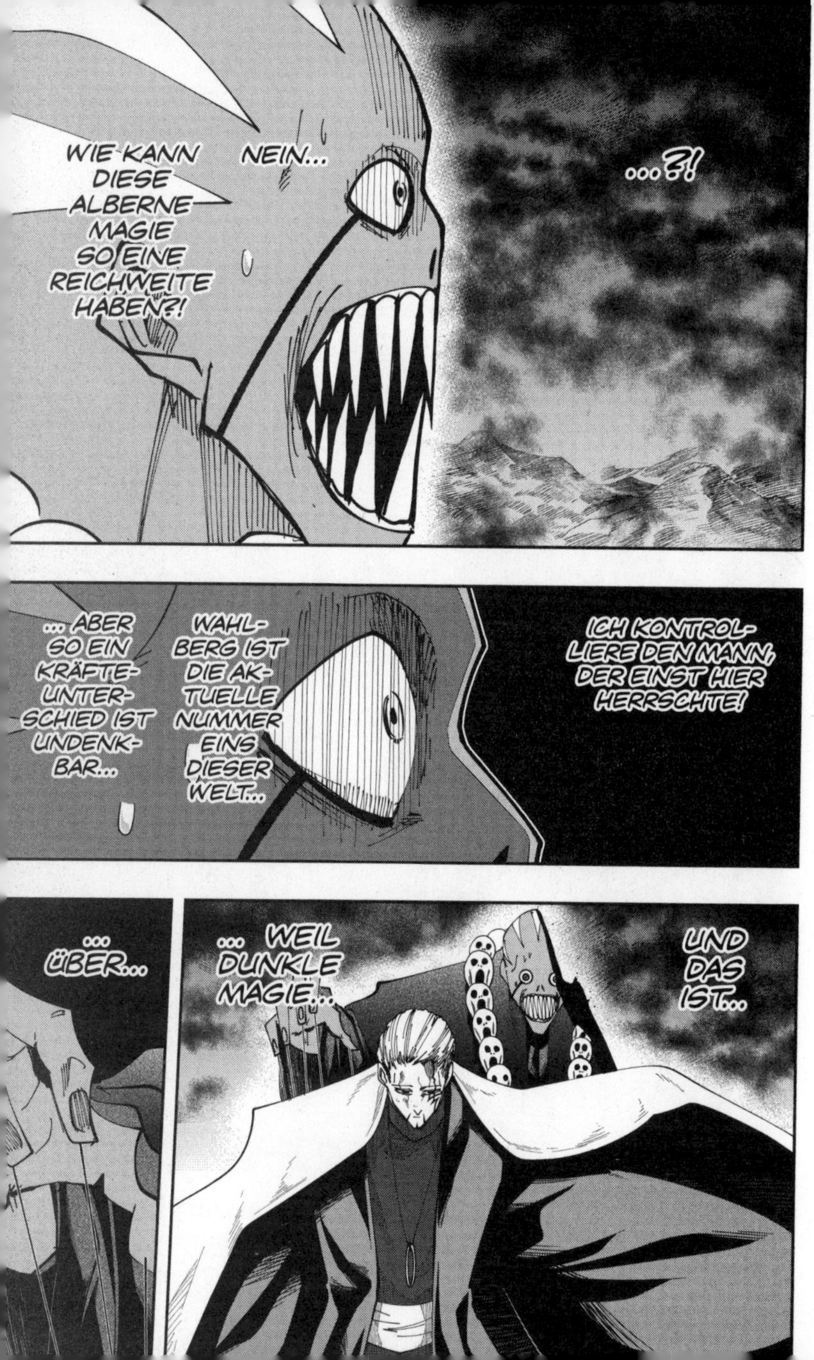

...?!
NEIN...
WIE KANN DIESE ALBERNE MAGIE SO EINE REICHWEITE HABEN?!
ICH KONTROLLIERE DEN MANN, DER EINST HIER HERRSCHTE!
WAHLBERG IST DIE AKTUELLE NUMMER EINS DIESER WELT...
... ABER SO EIN KRÄFTEUNTERSCHIED IST UNDENKBAR...
UND DAS IST...
... WEIL DUNKLE MAGIE...
... ÜBER...

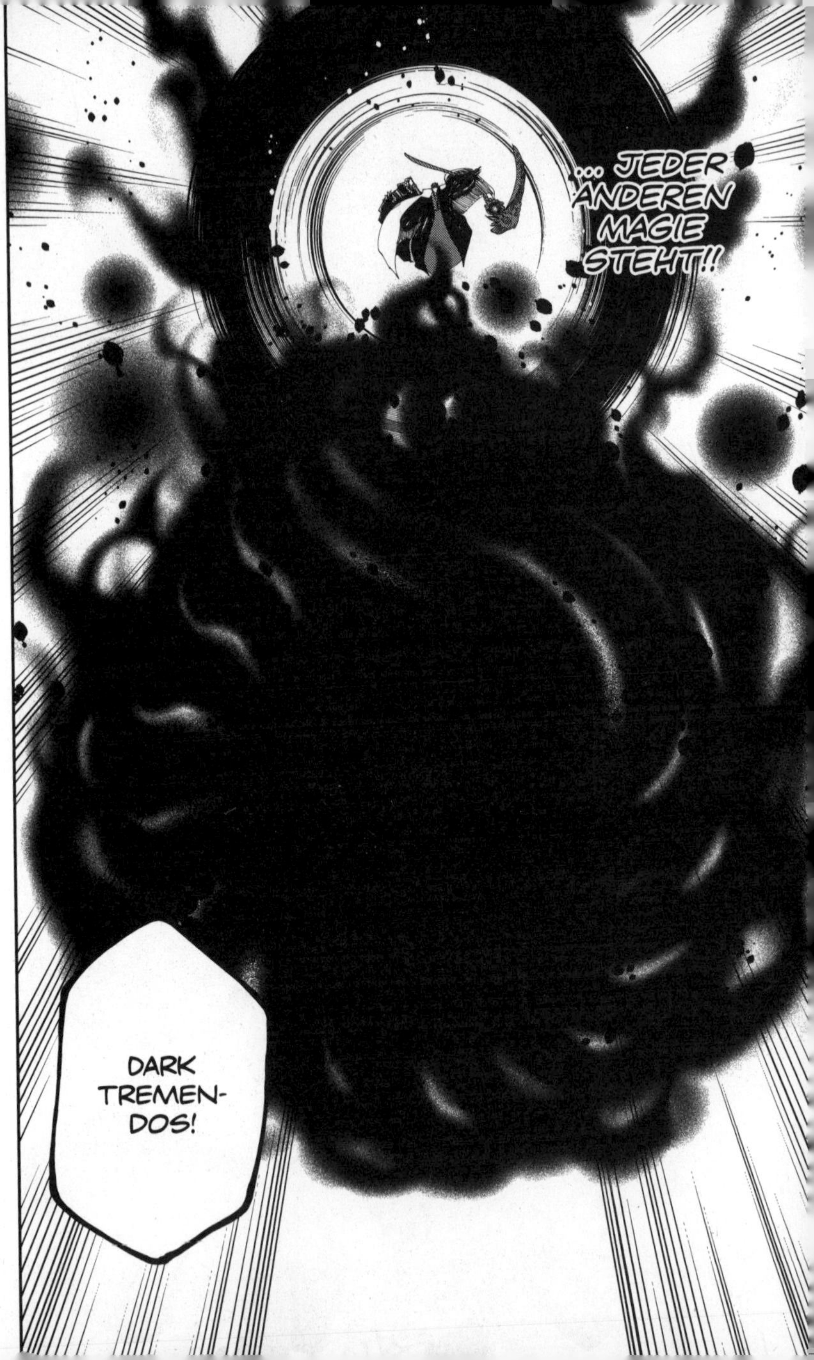
... JEDER ANDEREN MAGIE STEHT!!
DARK TREMEN- DOS!

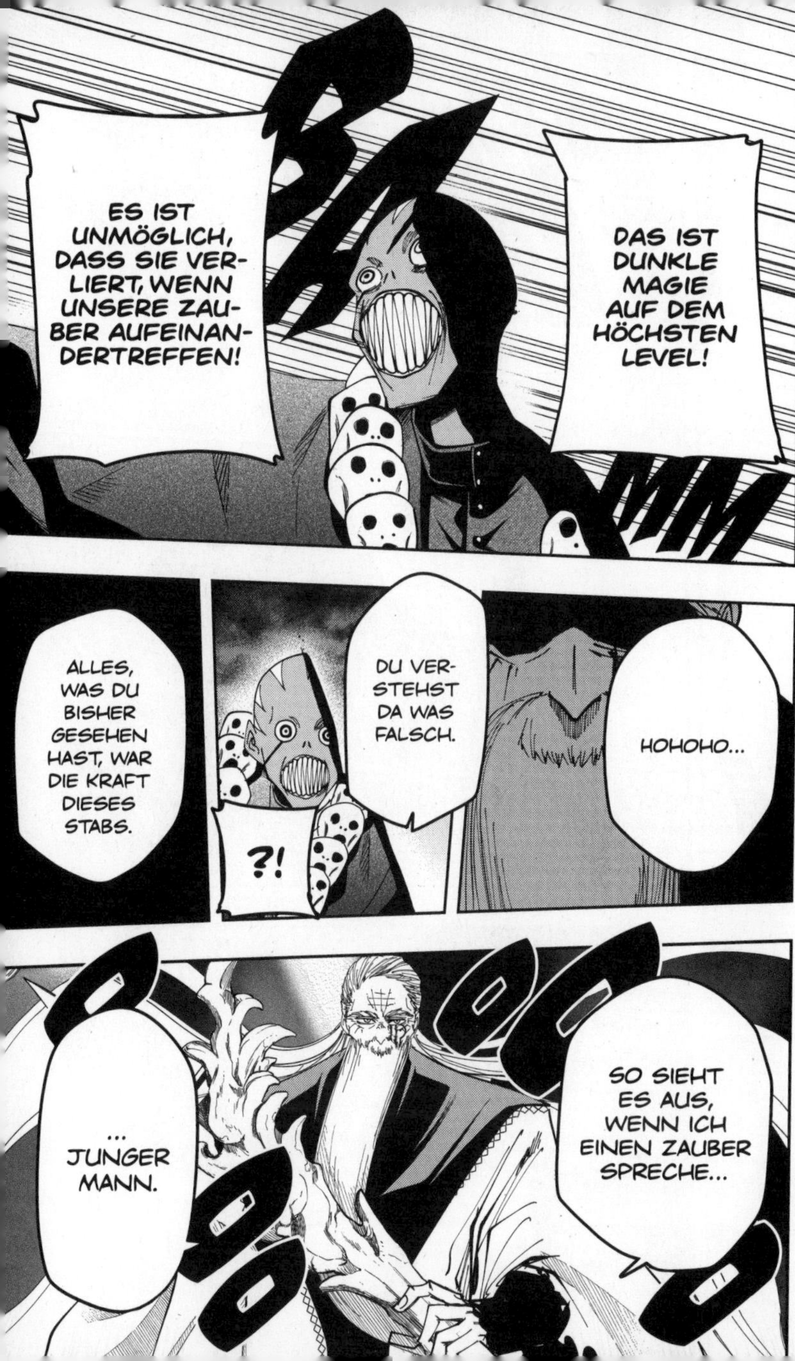
DAS IST DUNKLE MAGIE AUF DEM HÖCHSTEN LEVEL!
ES IST UNMÖGLICH, DASS SIE VERLIERT, WENN UNSERE ZAUBER AUFEINANDERTREFFEN!
HOHOHO...
DU VERSTEHST DA WAS FALSCH.
?!
ALLES, WAS DU BISHER GESEHEN HAST, WAR DIE KRAFT DIESES STABS.
SO SIEHT ES AUS, WENN ICH EINEN ZAUBER SPRECHE...
... JUNGER MANN.

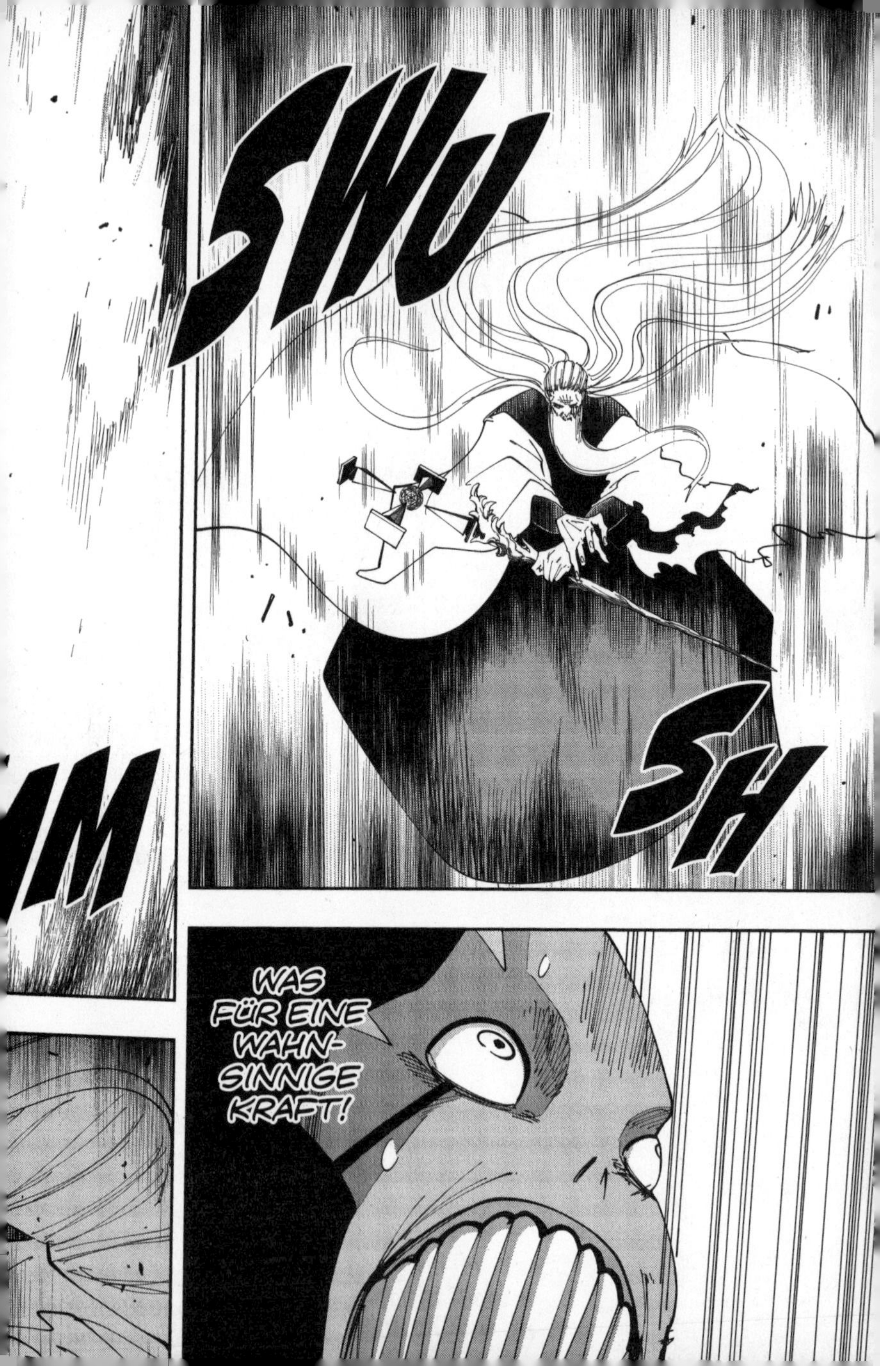
SWU
SH
IM
WAS FÜR EINE WAHN-SINNIGE KRAFT!

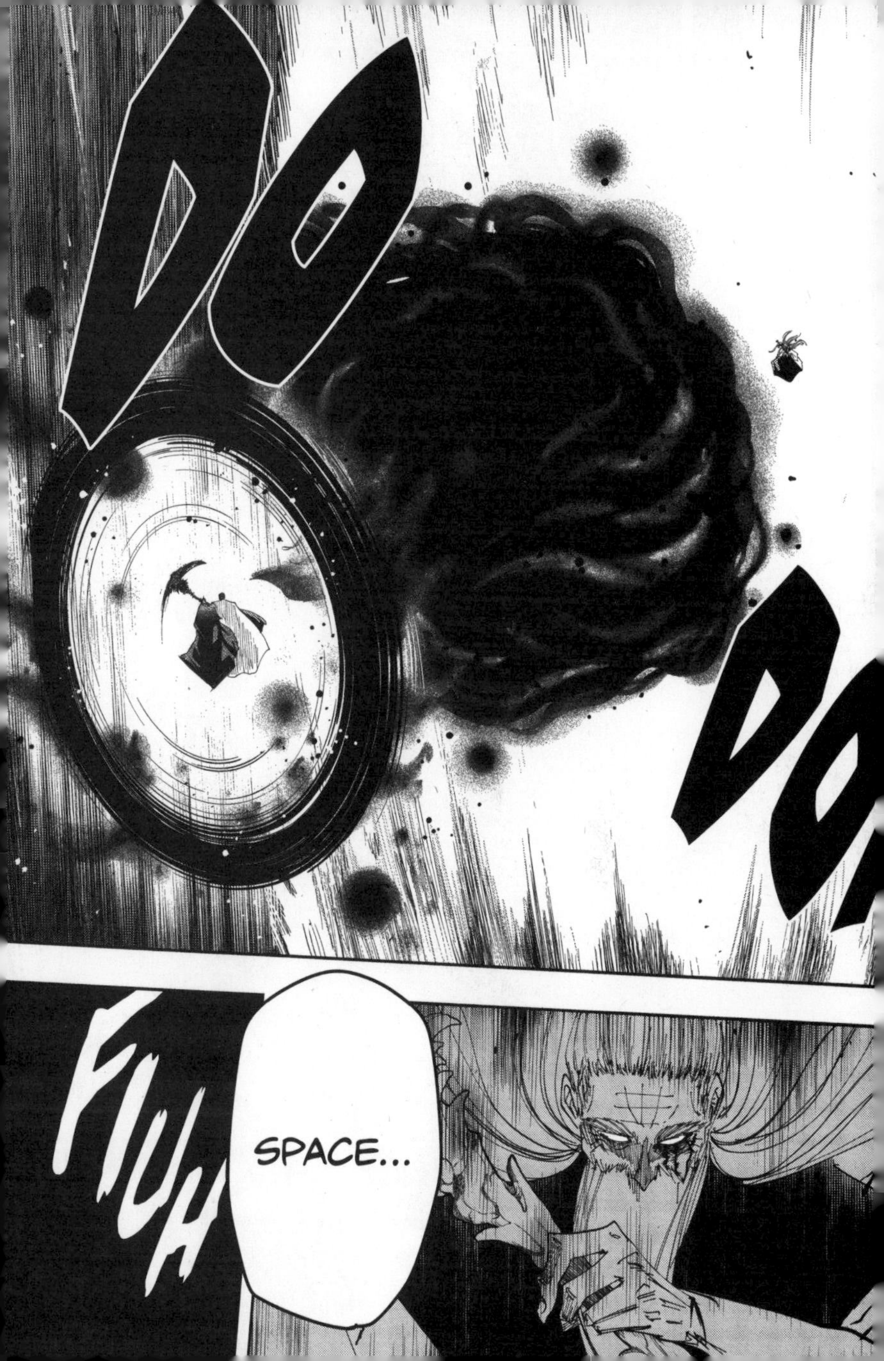
DO
DO
SPACE...
FUH

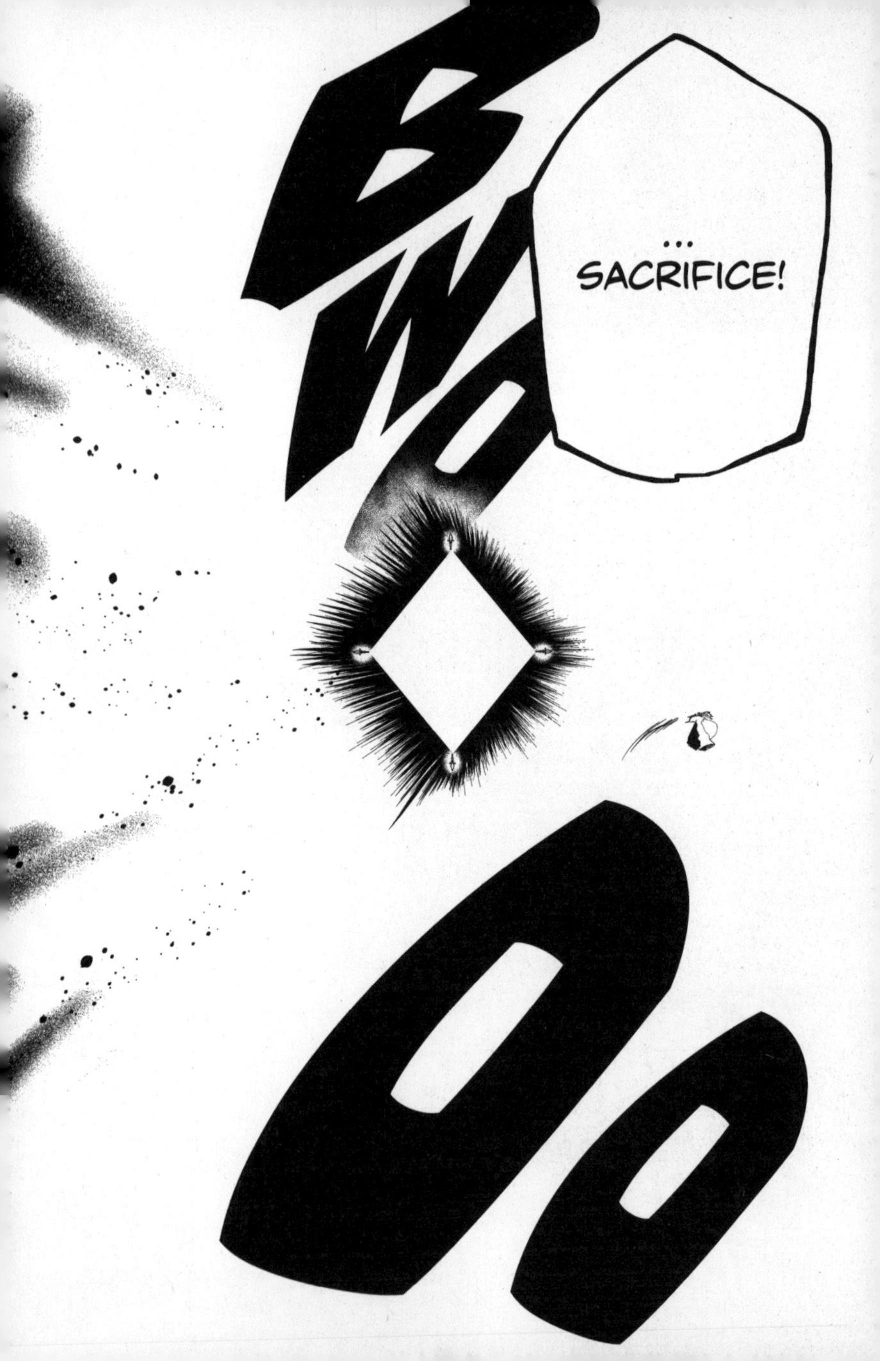
... SACRIFICE!

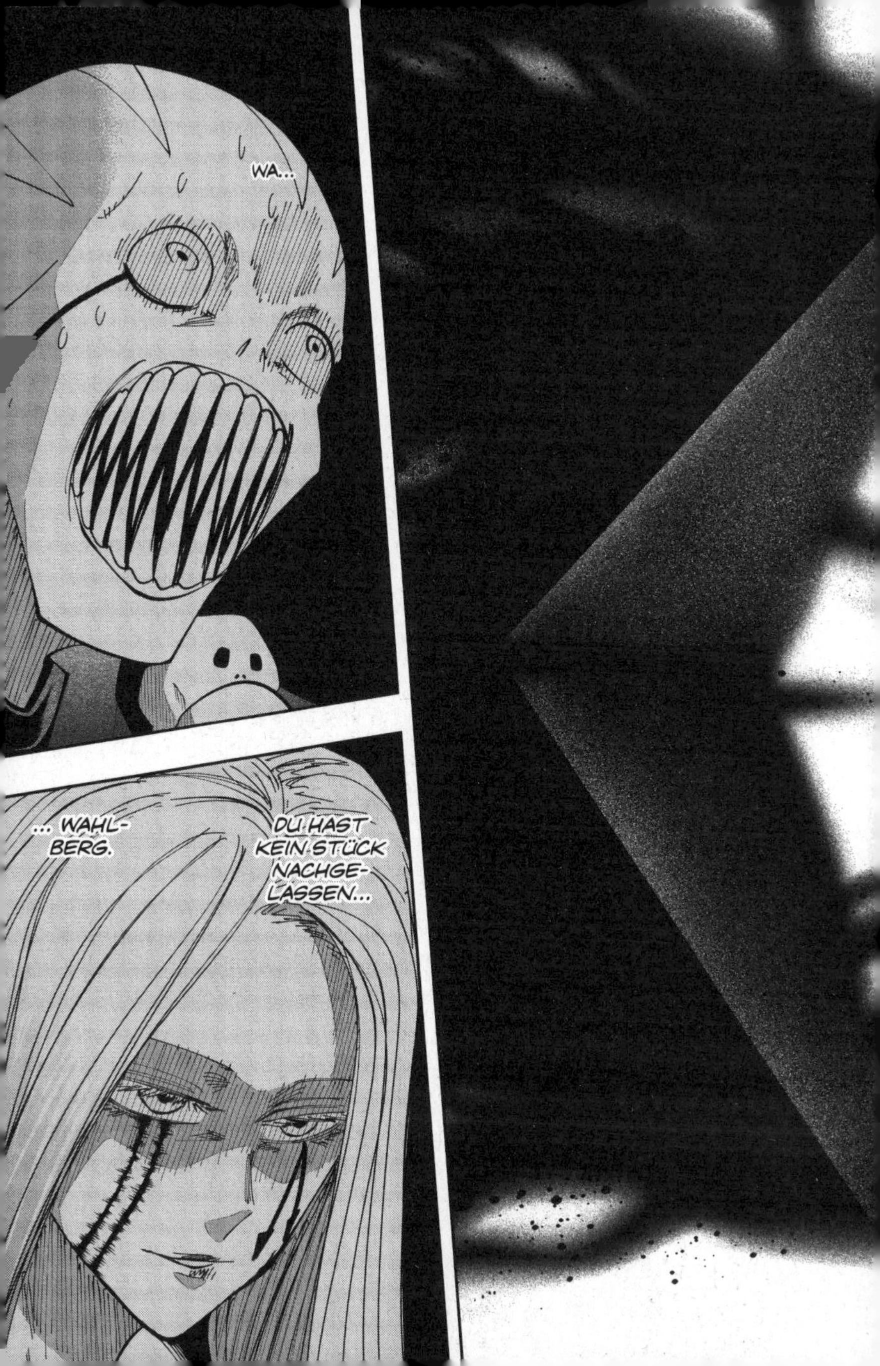
WA...
DU HAST KEIN STÜCK NACHGE-LASSEN...
... WAHL-BERG.

Extra ③

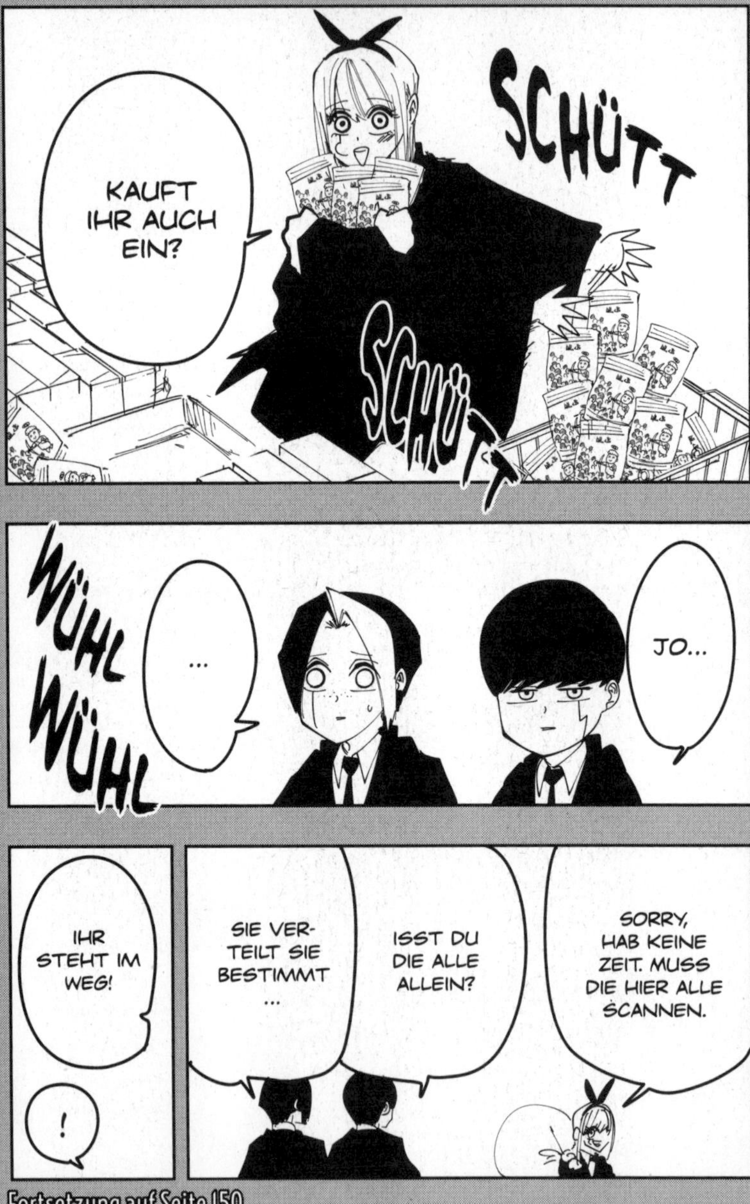

Fortsetzung auf Seite 150

69. Kapitel Wahlberg Baigan und die Magie der Zeit

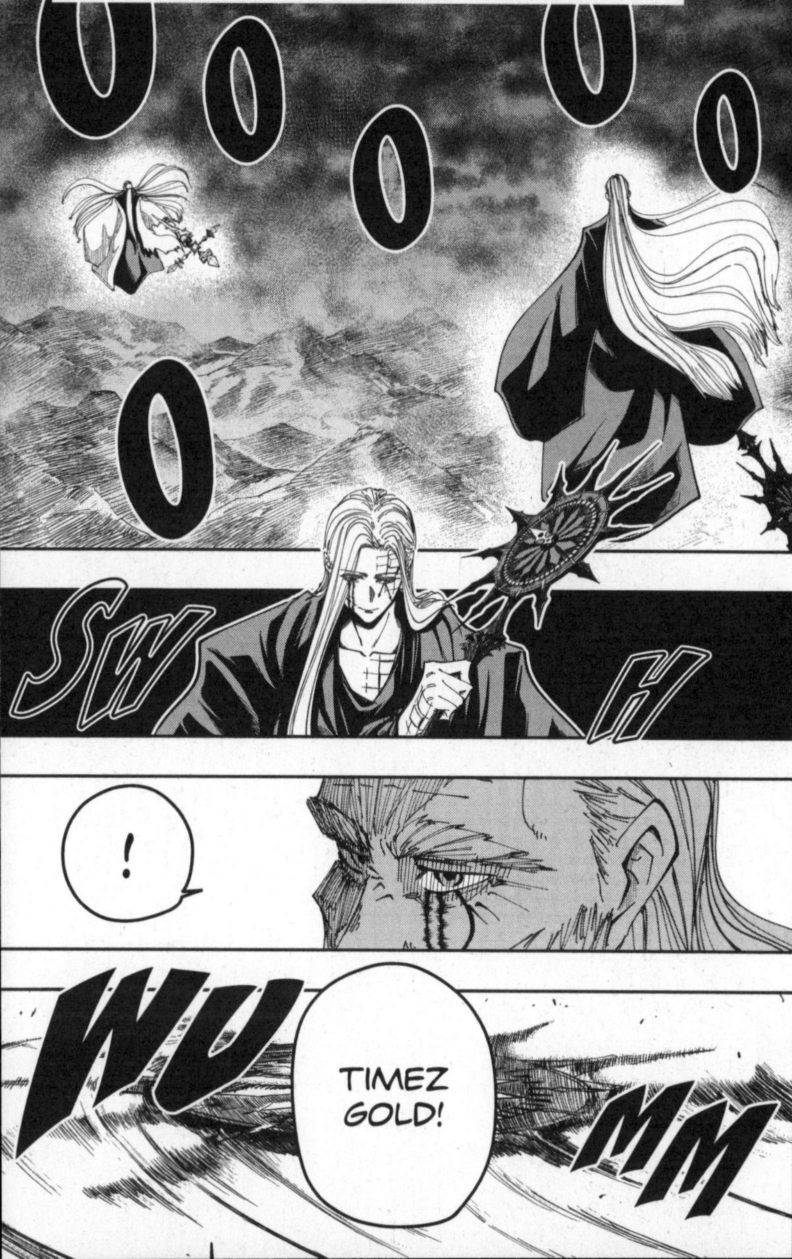

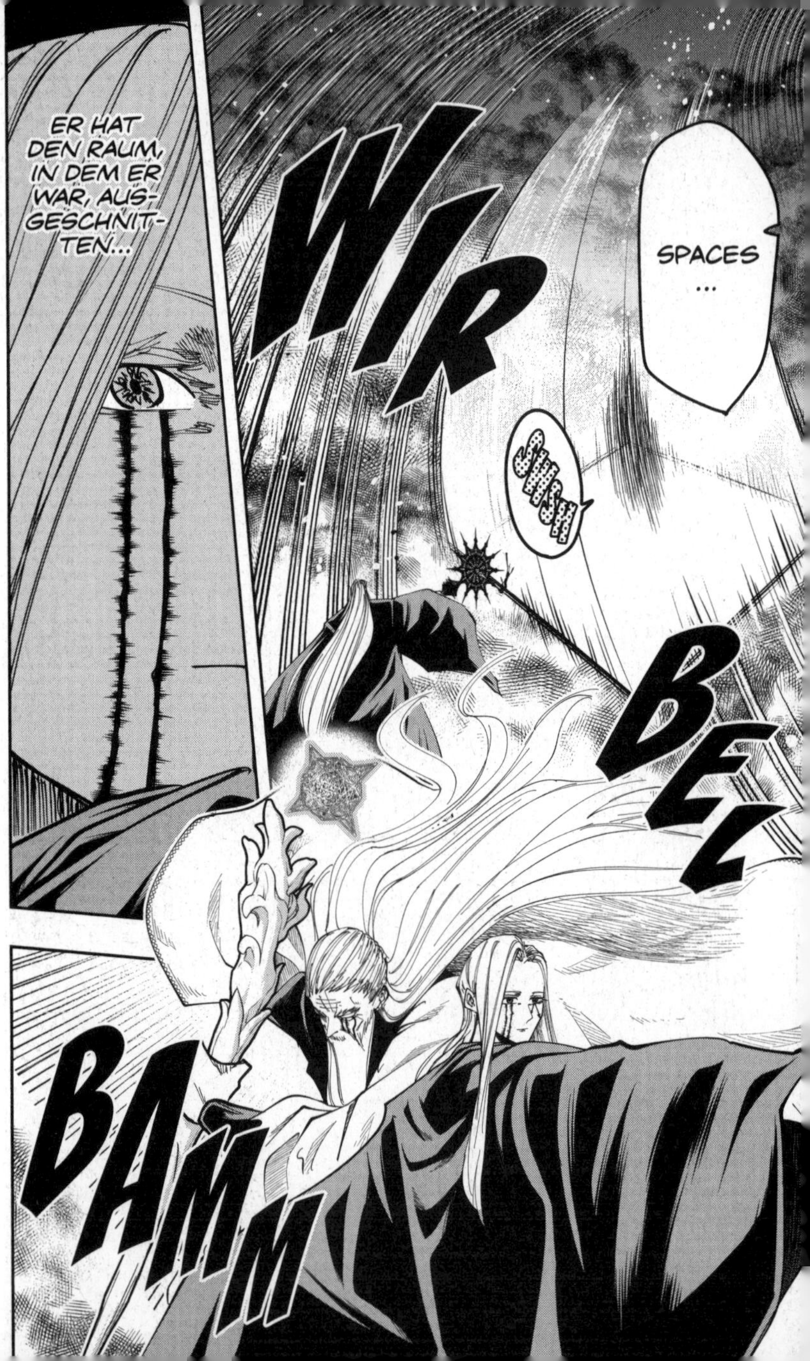

SPACES ...
WIRBEL
SWISH
ER HAT DEN RAUM, IN DEM ER WAR, AUS-GESCHNIT-TEN...
BAMM

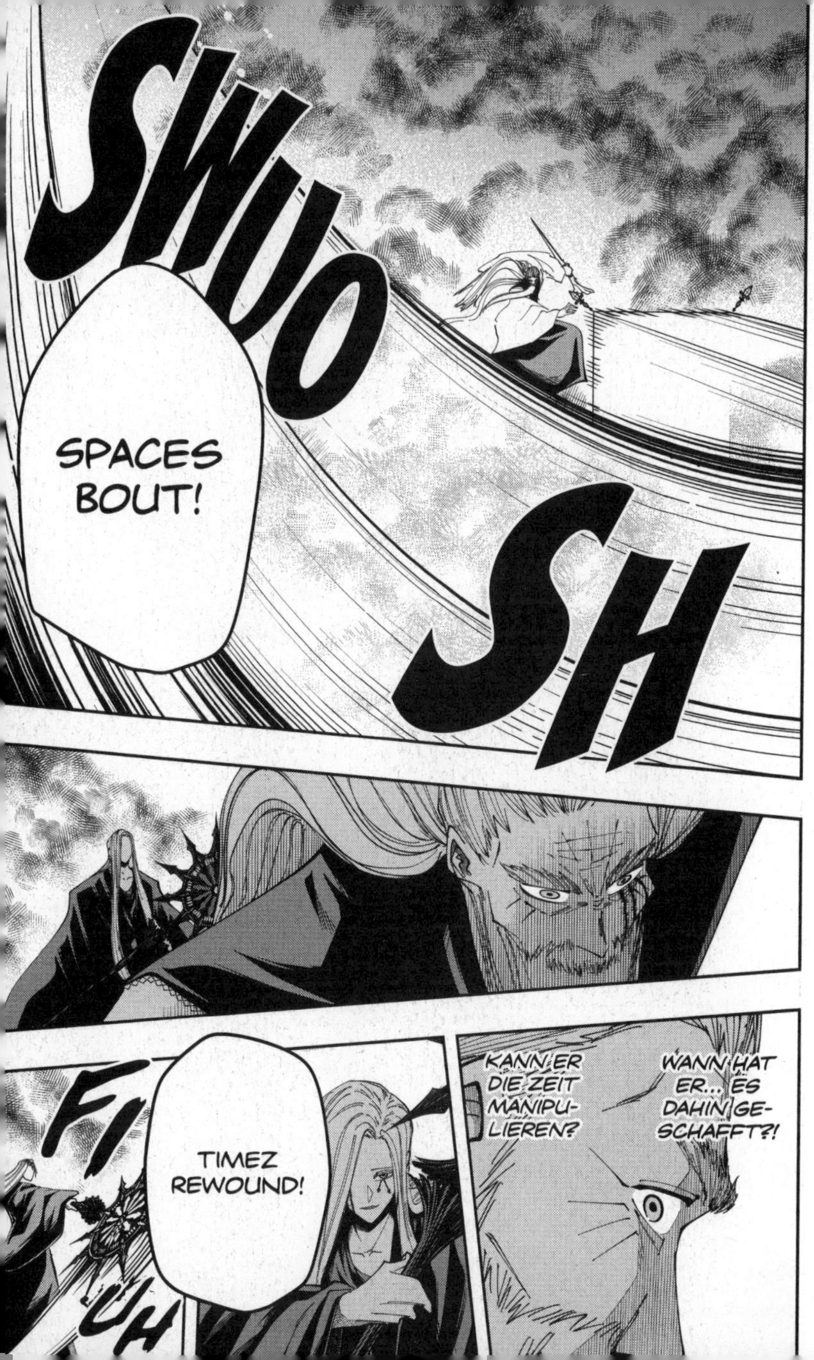
SWUO
SH
SPACES BOUT!
WANN HAT ER... ES DAHIN GESCHAFFT?!
KANN ER DIE ZEIT MANIPULIEREN?
TIMEZ REWOUND!
FI
UH

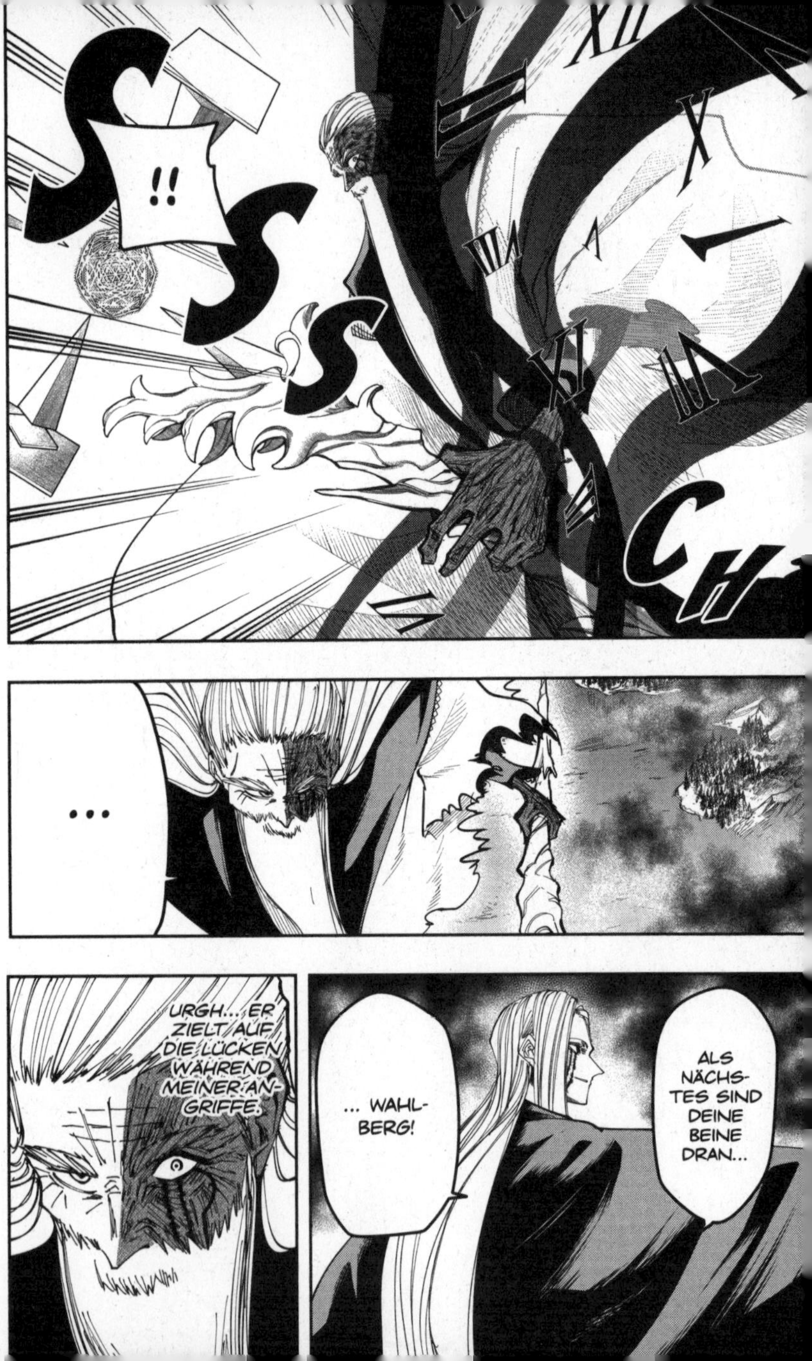
CH
SSS
!!
...
ALS NÄCHS-TES SIND DEINE BEINE DRAN...
... WAHL-BERG!
URGH... ER ZIELT AUF DIE LÜCKEN WÄHREND MEINER AN-GRIFFE.

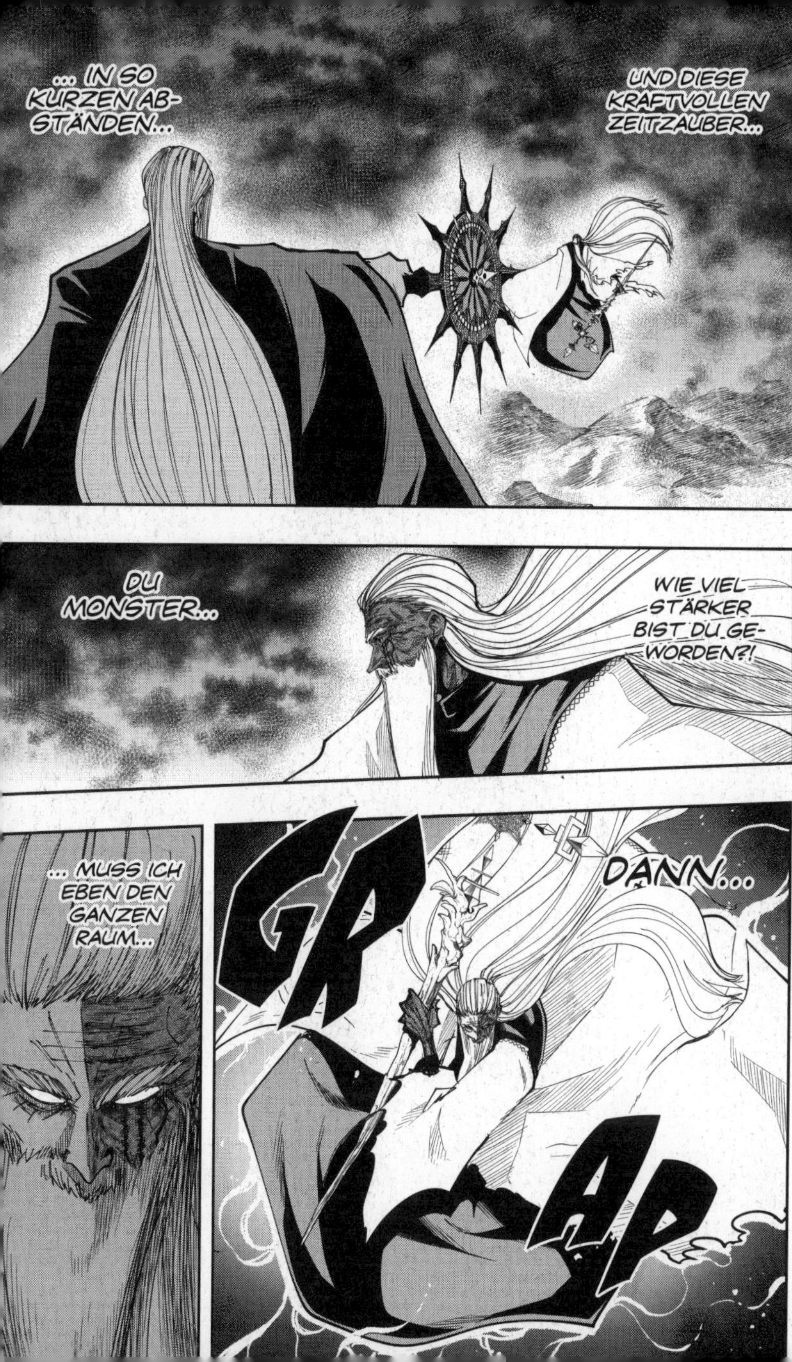
UND DIESE KRAFTVOLLEN ZEITZAUBER...
... IN SO KURZEN AB-STÄNDEN...
WIE VIEL STÄRKER BIST DU GE-WORDEN?!
DU MONSTER...
DANN...
... MUSS ICH EBEN DEN GANZEN RAUM...
GR
AP

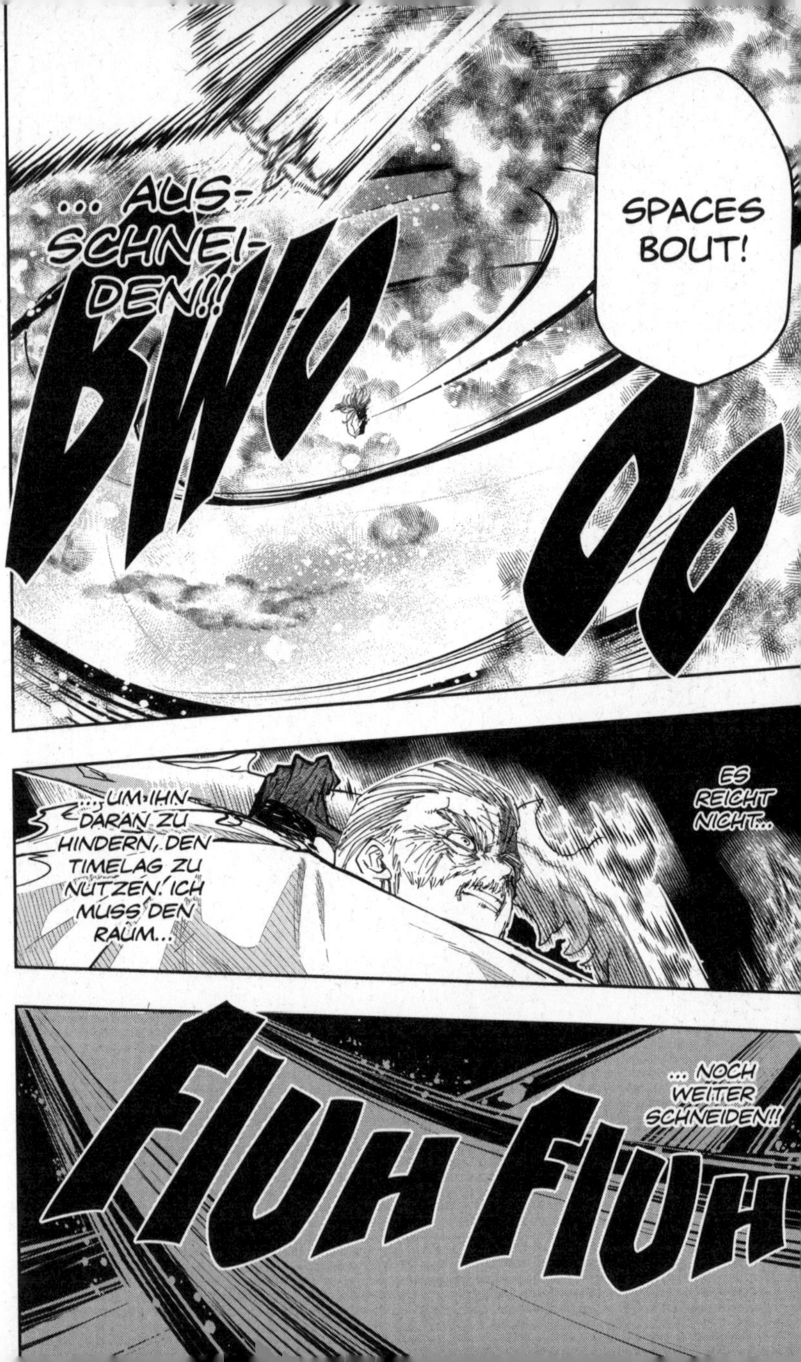
SPACES BOUT!
... AUS-SCHNEI-DEN!!
BWO
OO
ES REICHT NICHT...
... UM IHN DARAN ZU HINDERN, DEN TIMELAG ZU NUTZEN, ICH MUSS DEN RAUM...
... NOCH WEITER SCHNEIDEN!!
FLUH FLUH

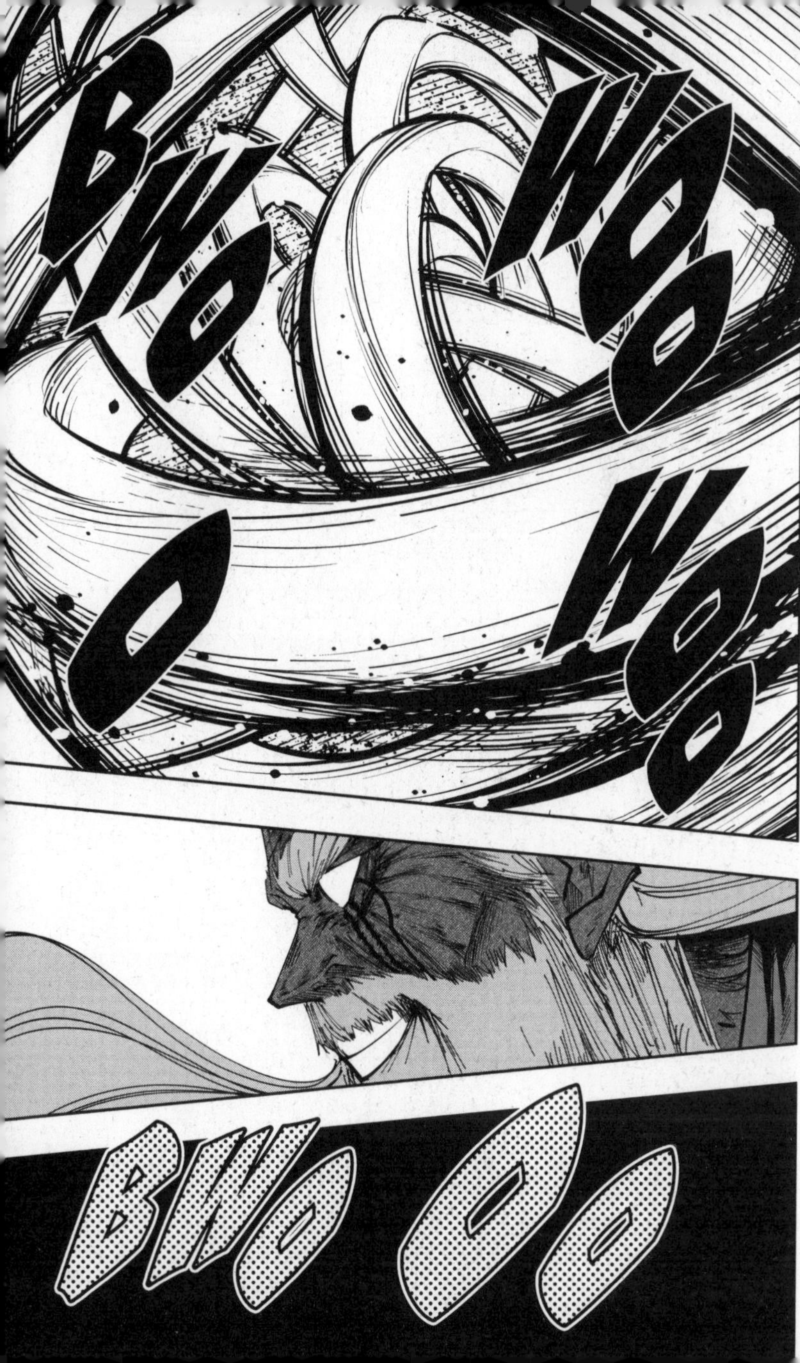
BWOO
WOO
WOO
BWOOO

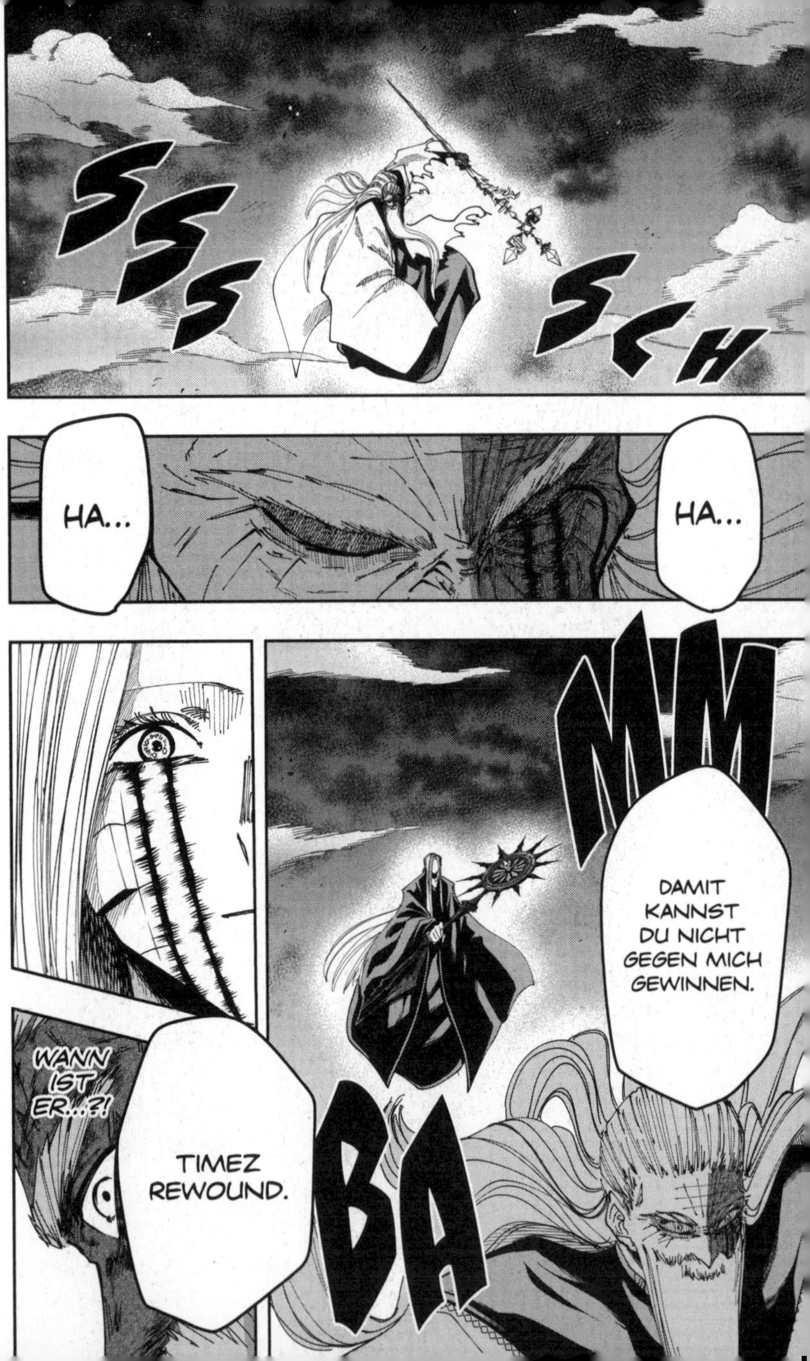
SSS
SCH
HA...
HA...
MM
DAMIT KANNST DU NICHT GEGEN MICH GEWINNEN.
TIMEZ REWOUND.
BA
WANN IST ER...?!

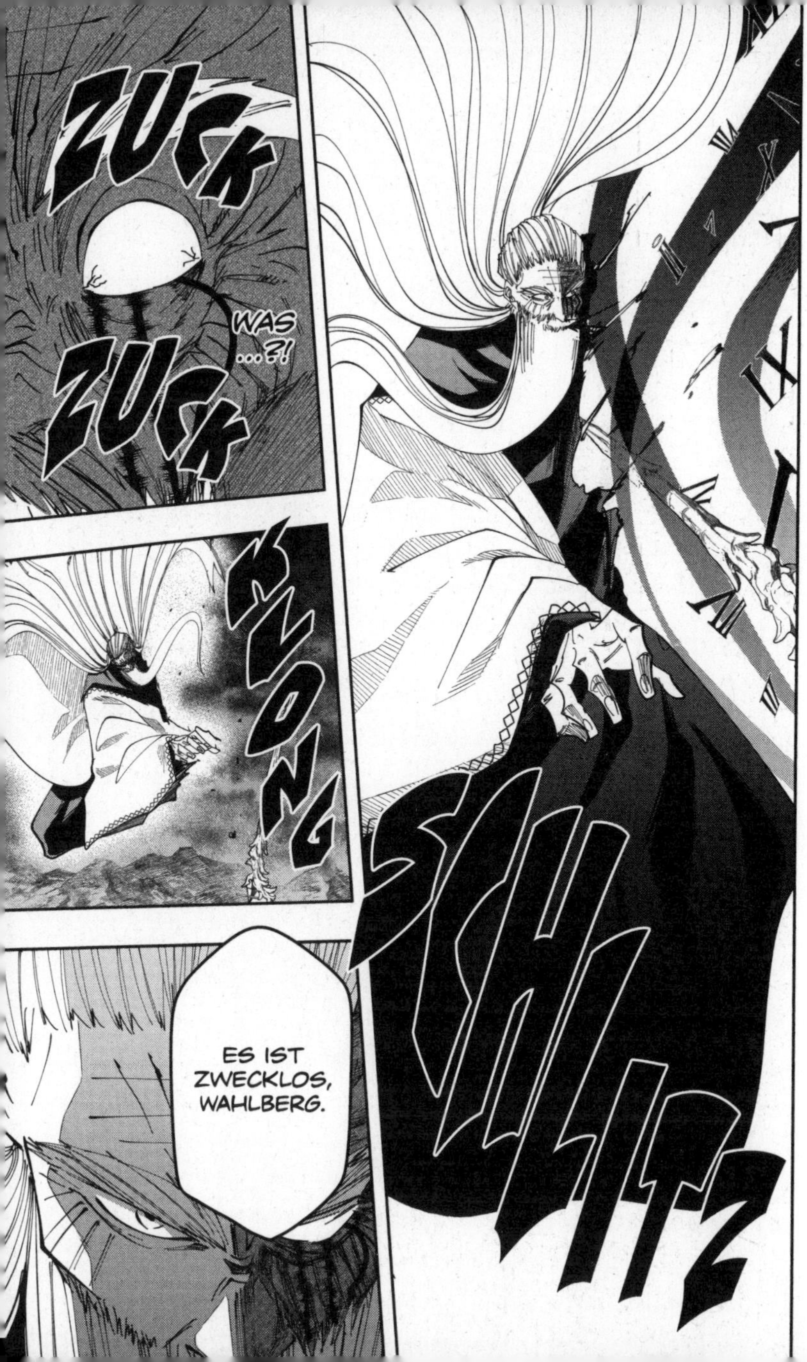
ZUCK
WAS ...?!
ZUCK
ZUCK
KWONG
SCHLITZ
ES IST ZWECKLOS, WAHLBERG.

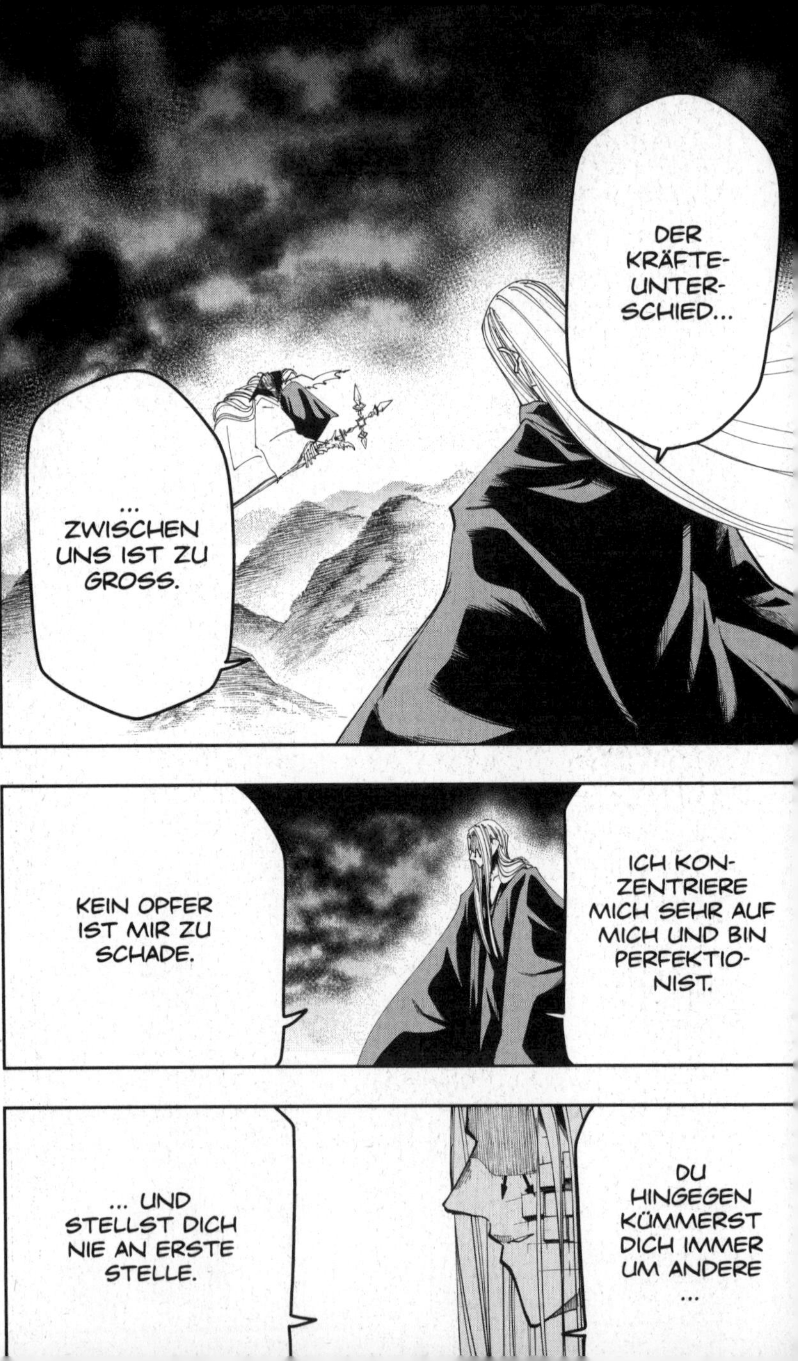
DER KRÄFTE-UNTER-SCHIED...
... ZWISCHEN UNS IST ZU GROSS.
ICH KON-ZENTRIERE MICH SEHR AUF MICH UND BIN PERFEKTIO-NIST.
KEIN OPFER IST MIR ZU SCHADE.
DU HINGEGEN KÜMMERST DICH IMMER UM ANDERE ...
... UND STELLST DICH NIE AN ERSTE STELLE.

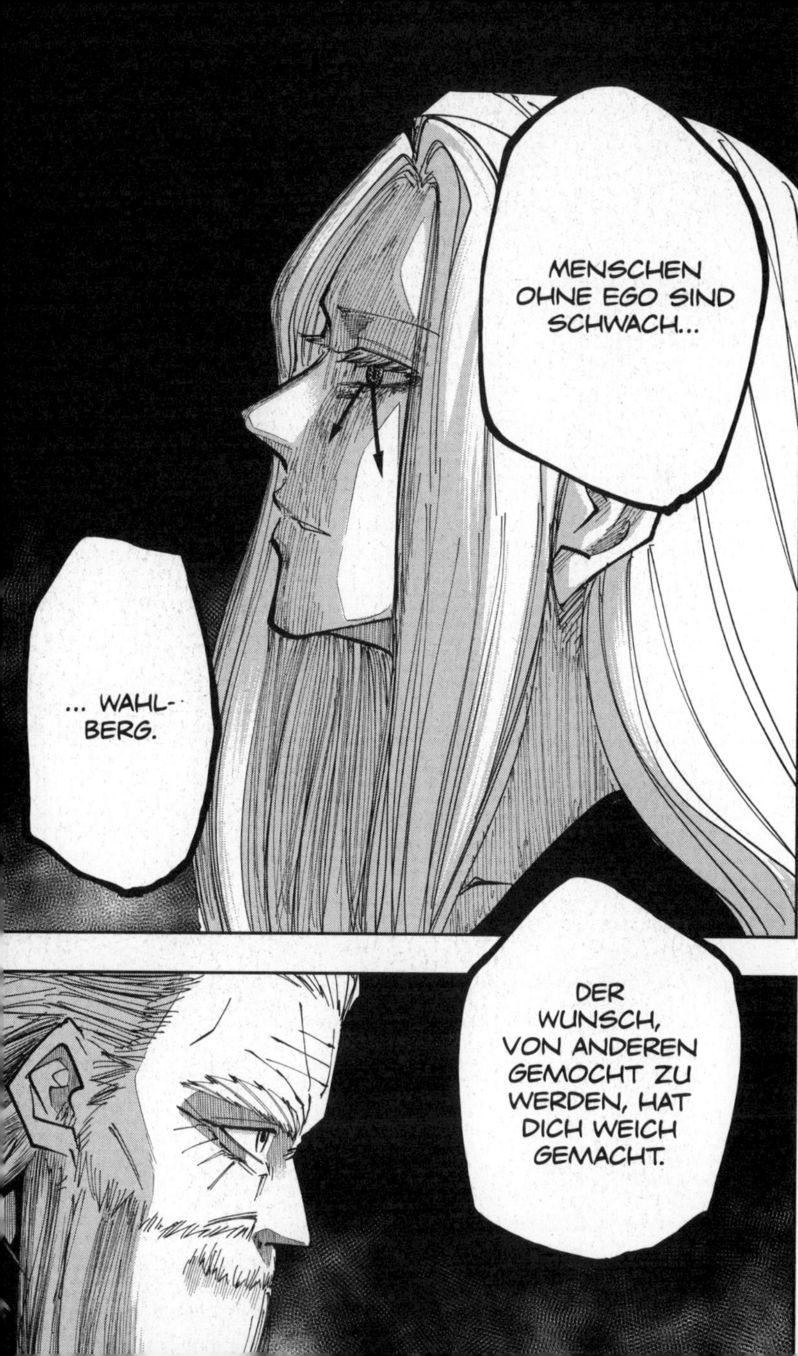
MENSCHEN OHNE EGO SIND SCHWACH...
... WAHL-BERG.
DER WUNSCH, VON ANDEREN GEMOCHT ZU WERDEN, HAT DICH WEICH GEMACHT.

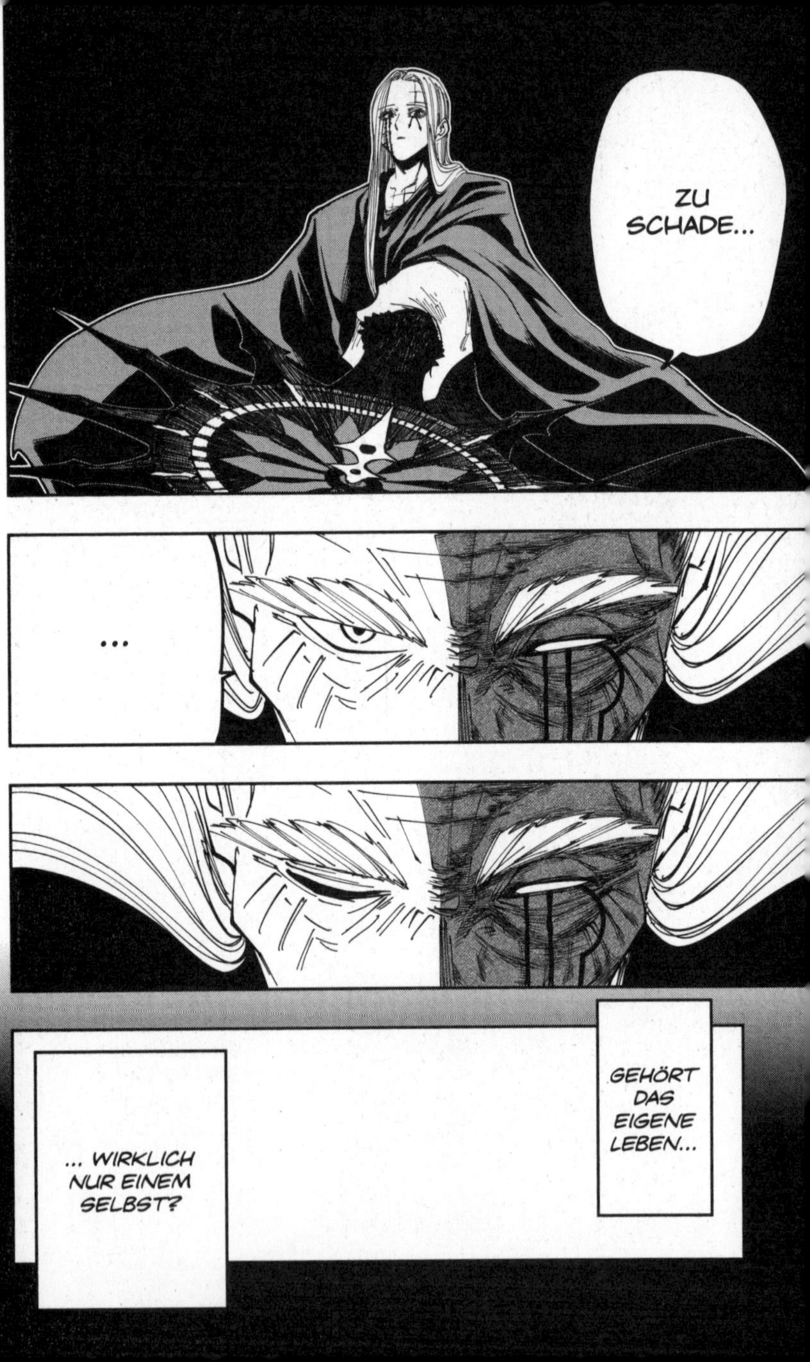
ZU SCHADE...
...
GEHÖRT DAS EIGENE LEBEN...
... WIRKLICH NUR EINEM SELBST?

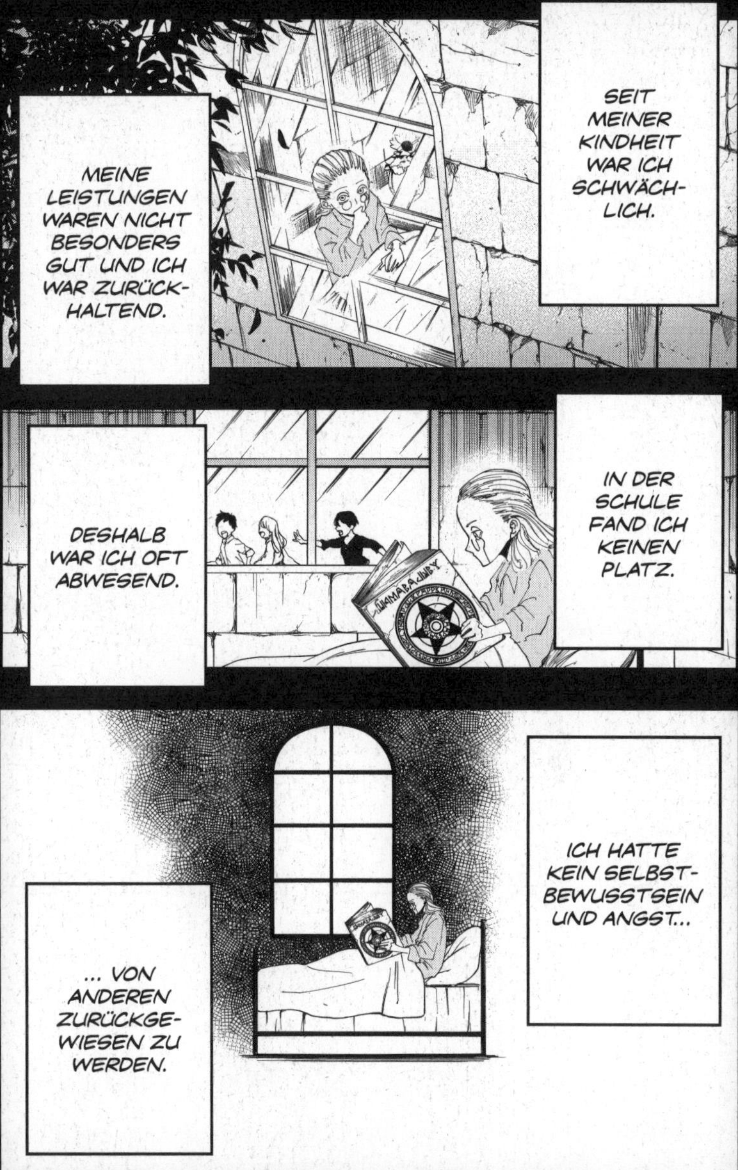
SEIT MEINER KINDHEIT WAR ICH SCHWÄCH-LICH.
MEINE LEISTUNGEN WAREN NICHT BESONDERS GUT UND ICH WAR ZURÜCK-HALTEND.
IN DER SCHULE FAND ICH KEINEN PLATZ.
DESHALB WAR ICH OFT ABWESEND.
ICH HATTE KEIN SELBST-BEWUSSTSEIN UND ANGST...
... VON ANDEREN ZURÜCKGE-WIESEN ZU WERDEN.

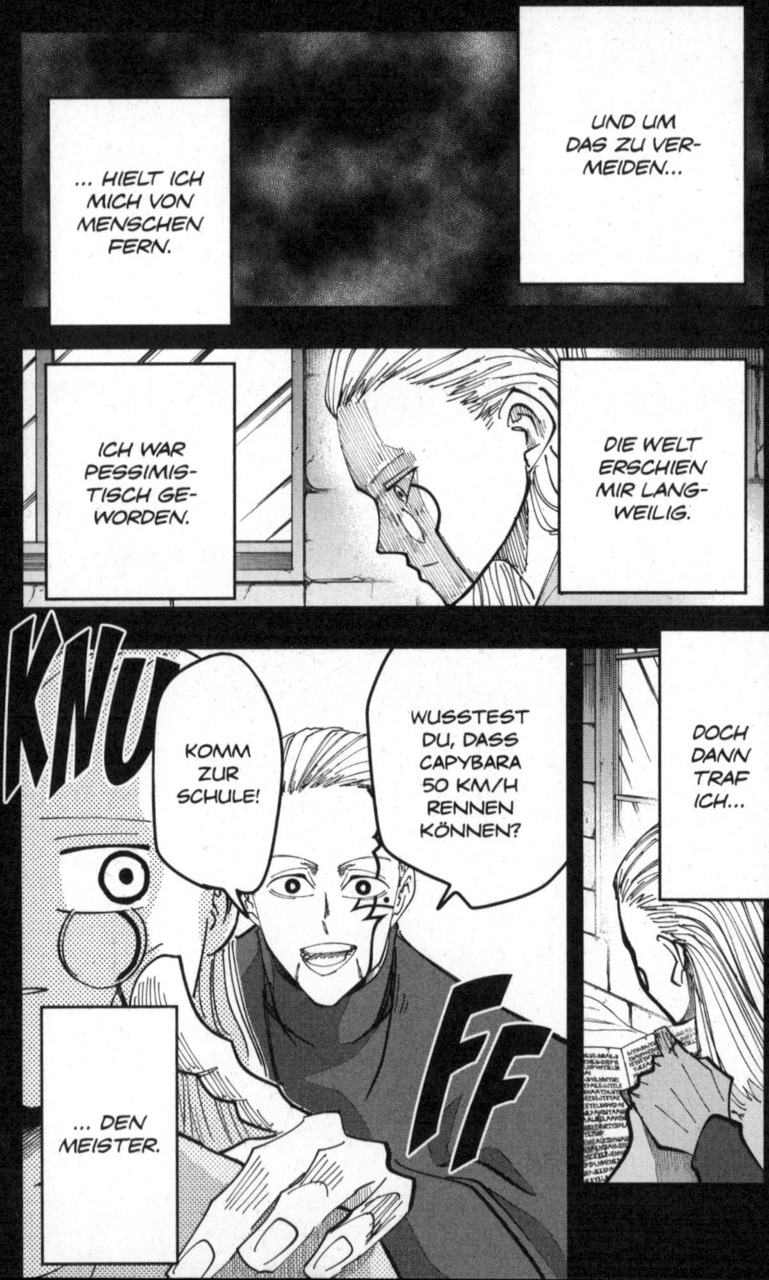

UND UM DAS ZU VER-MEIDEN...
... HIELT ICH MICH VON MENSCHEN FERN.
DIE WELT ERSCHIEN MIR LANG-WEILIG.
ICH WAR PESSIMIS-TISCH GE-WORDEN.
DOCH DANN TRAF ICH...
WUSSTEST DU, DASS CAPYBARA 50 KM/H RENNEN KÖNNEN?
KOMM ZUR SCHULE!
KNUFF
... DEN MEISTER.

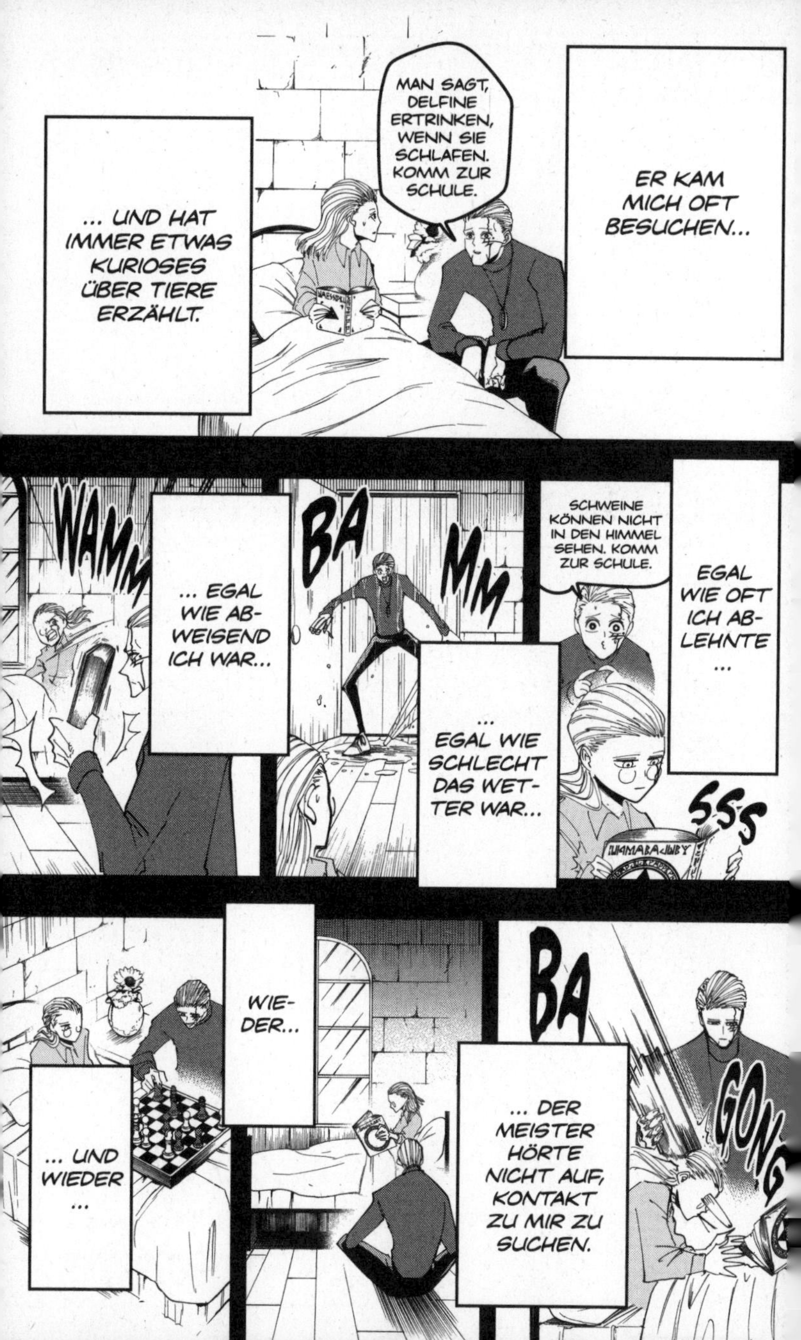
ER KAM MICH OFT BESUCHEN...
MAN SAGT, DELFINE ERTRINKEN, WENN SIE SCHLAFEN. KOMM ZUR SCHULE.
... UND HAT IMMER ETWAS KURIOSES ÜBER TIERE ERZÄHLT.
EGAL WIE OFT ICH AB-LEHNTE ...
SCHWEINE KÖNNEN NICHT IN DEN HIMMEL SEHEN. KOMM ZUR SCHULE.
SSS
... EGAL WIE SCHLECHT DAS WET-TER WAR...
BAMM
... EGAL WIE AB-WEISEND ICH WAR...
WAMM
BA
GONG
... DER MEISTER HÖRTE NICHT AUF, KONTAKT ZU MIR ZU SUCHEN.
WIE-DER...
... UND WIEDER ...

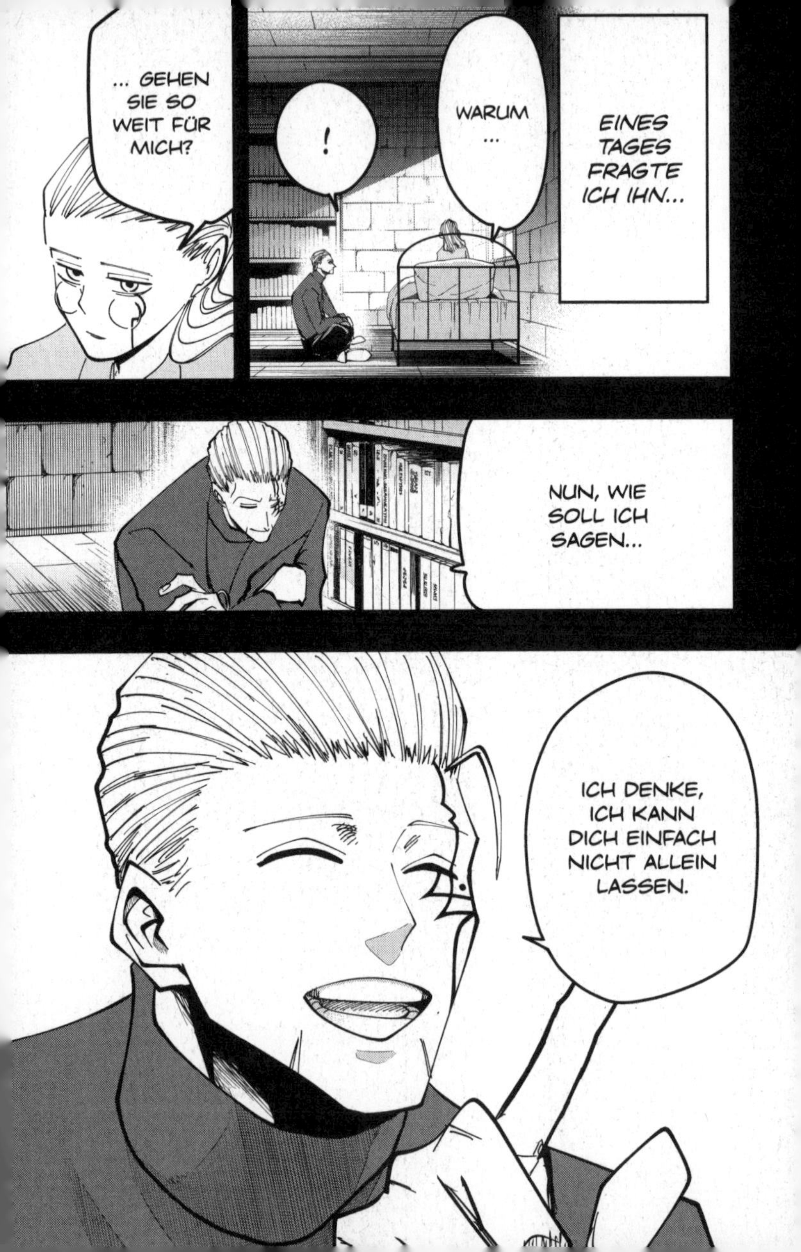
EINES TAGES FRAGTE ICH IHN...
WARUM ...
!
... GEHEN SIE SO WEIT FÜR MICH?
NUN, WIE SOLL ICH SAGEN...
ICH DENKE, ICH KANN DICH EINFACH NICHT ALLEIN LASSEN.

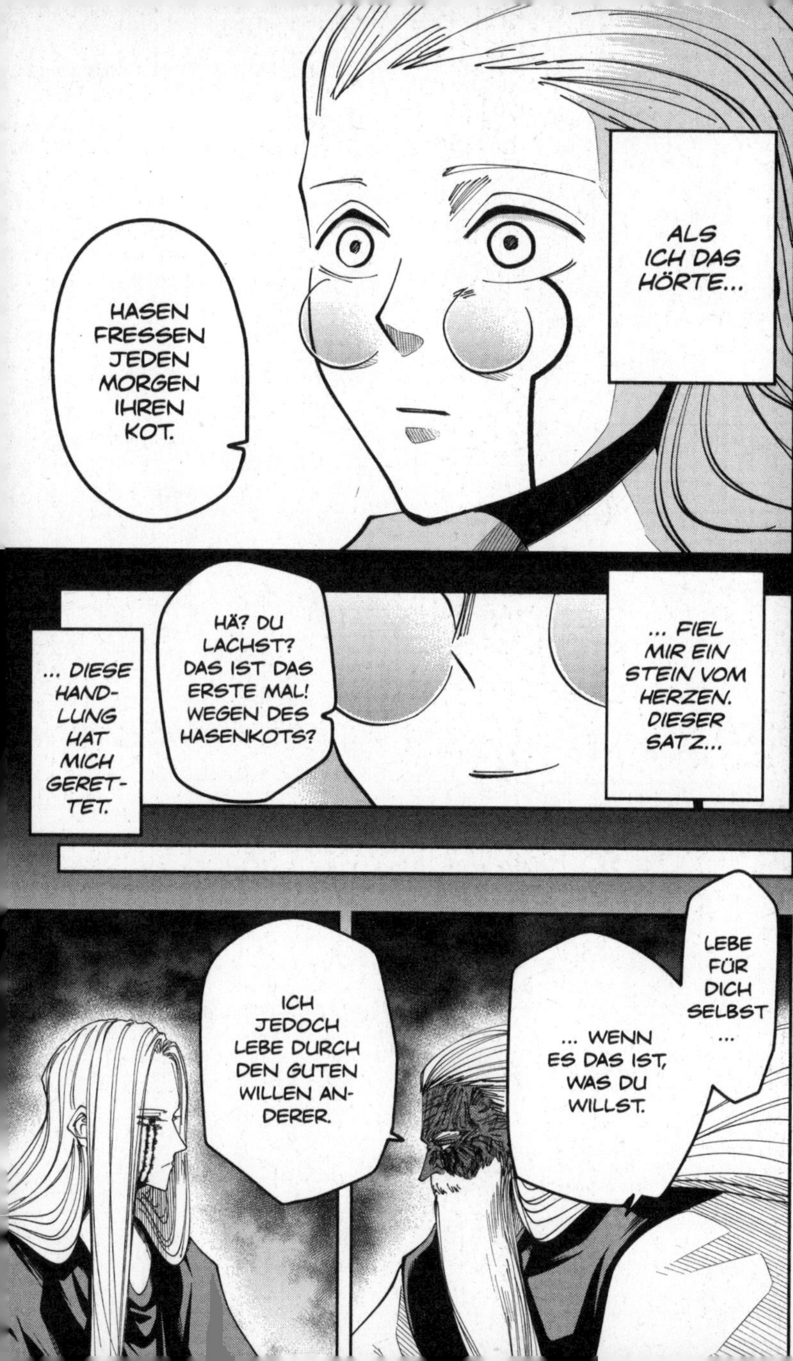
ALS ICH DAS HÖRTE...
HASEN FRESSEN JEDEN MORGEN IHREN KOT.
... FIEL MIR EIN STEIN VOM HERZEN. DIESER SATZ...
HÄ? DU LACHST? DAS IST DAS ERSTE MAL! WEGEN DES HASENKOTS?
... DIESE HAND-LUNG HAT MICH GERET-TET.
LEBE FÜR DICH SELBST ...
... WENN ES DAS IST, WAS DU WILLST.
ICH JEDOCH LEBE DURCH DEN GUTEN WILLEN AN-DERER.

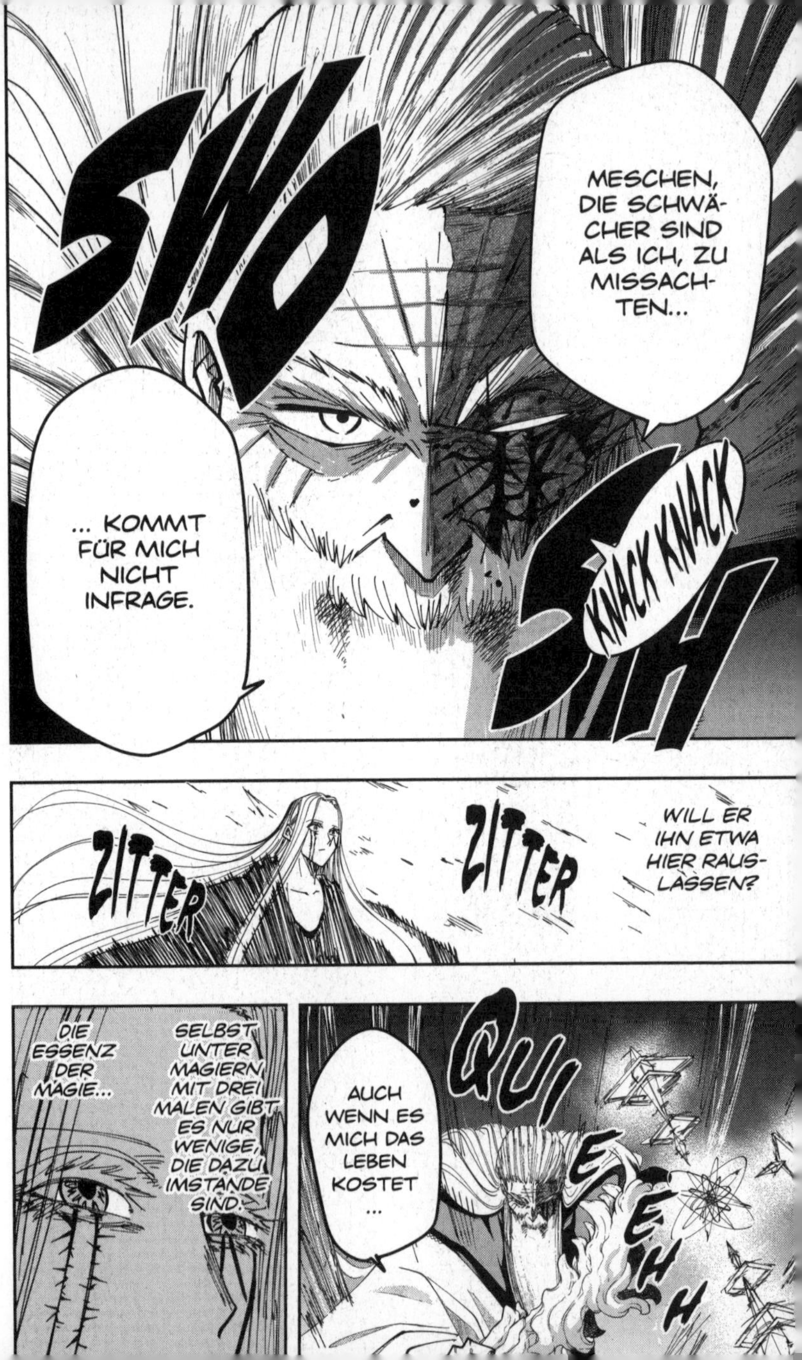
SWO
MESCHEN, DIE SCHWÄ-CHER SIND ALS ICH, ZU MISSACH-TEN...
... KOMMT FÜR MICH NICHT INFRAGE.
KNACK KNACK
SCH
WILL ER IHN ETWA HIER RAUS-LASSEN?
ZITTER
ZITTER
QUIEEEHH
AUCH WENN ES MICH DAS LEBEN KOSTET ...
SELBST UNTER MAGIERN MIT DREI MALEN GIBT ES NUR WENIGE, DIE DAZU IMSTANDE SIND.
DIE ESSENZ DER MAGIE...

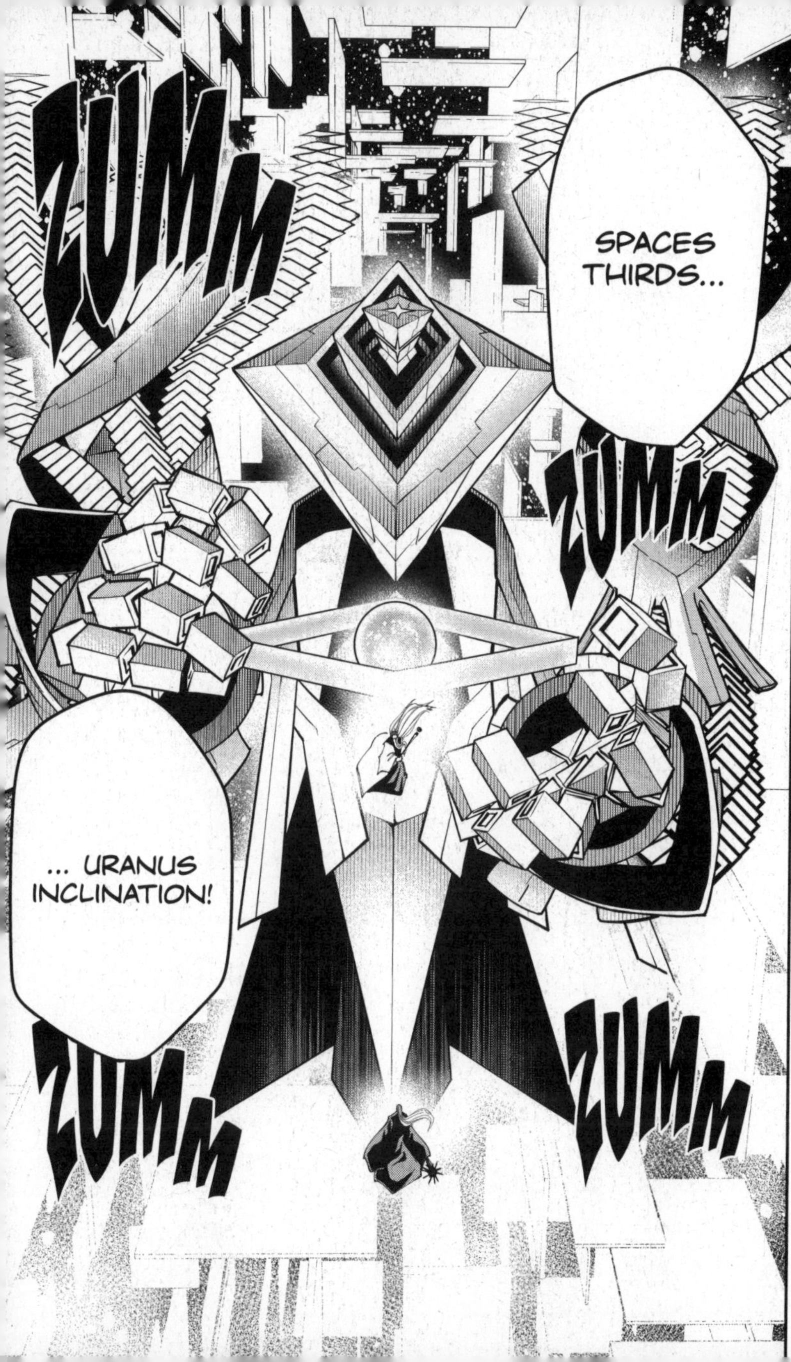
ZUMM
SPACES THIRDS...
ZUMM
... URANUS INCLINATION!
ZUMM
ZUMM

Extra 4

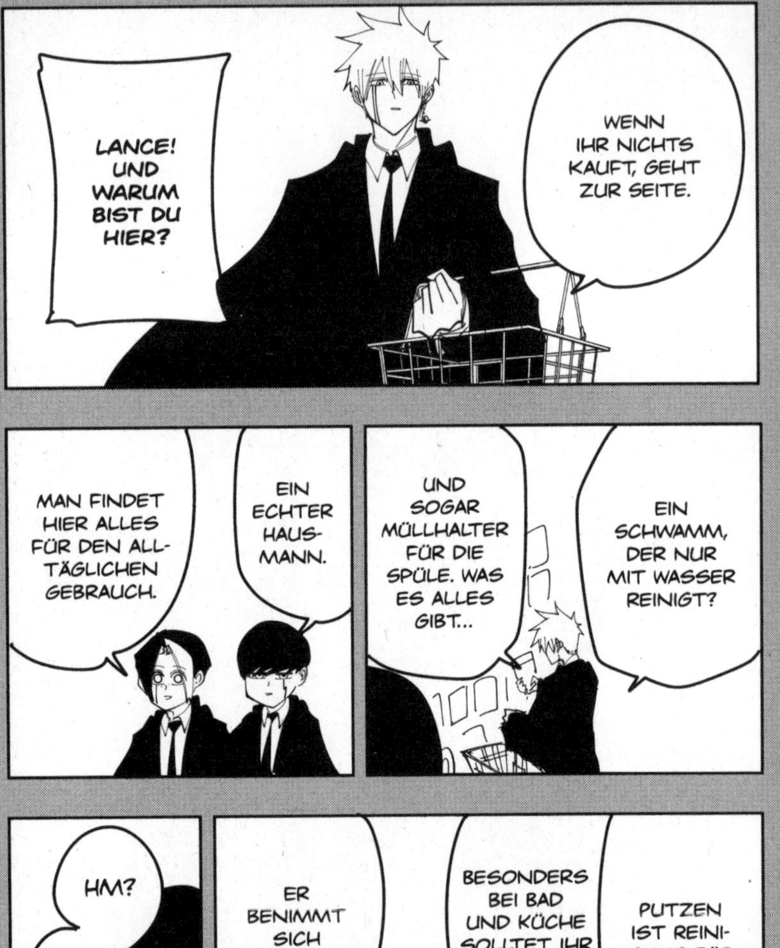

Fortsetzung auf Seite 172

70. Kapitel Wahlberg Baigan und die große Gefahr

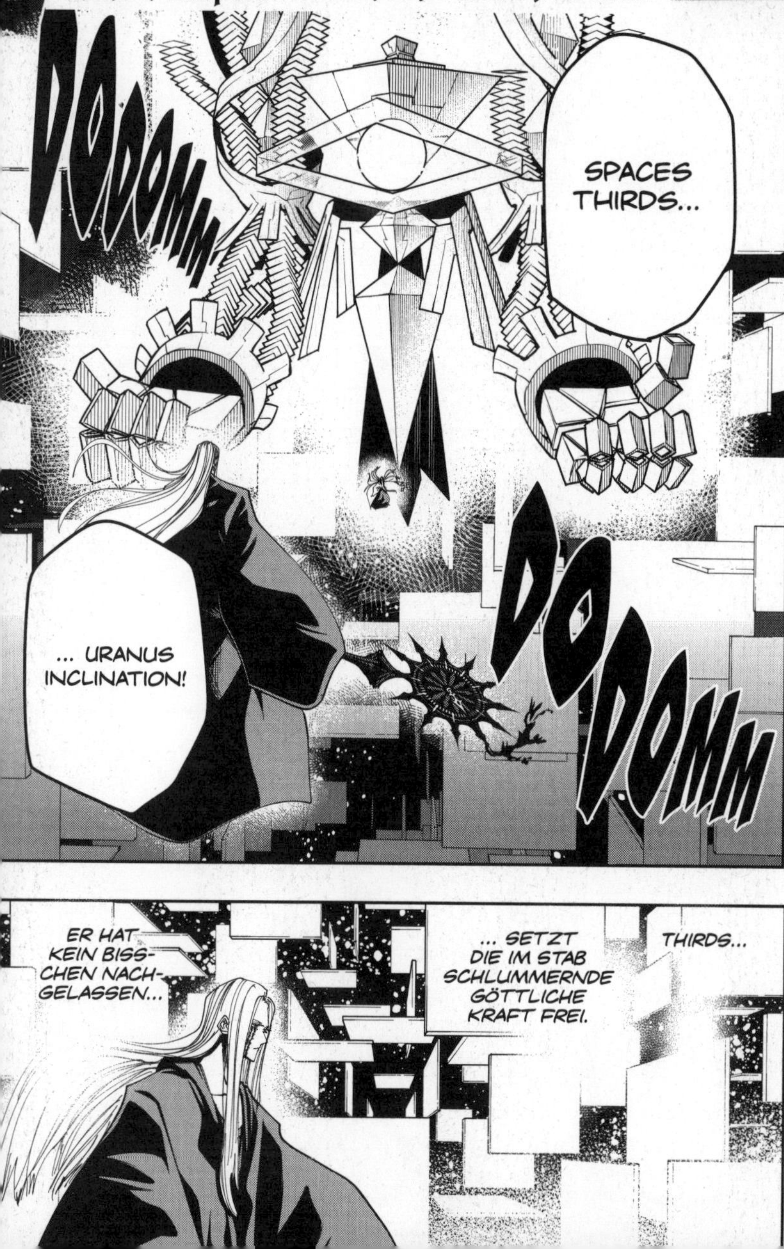

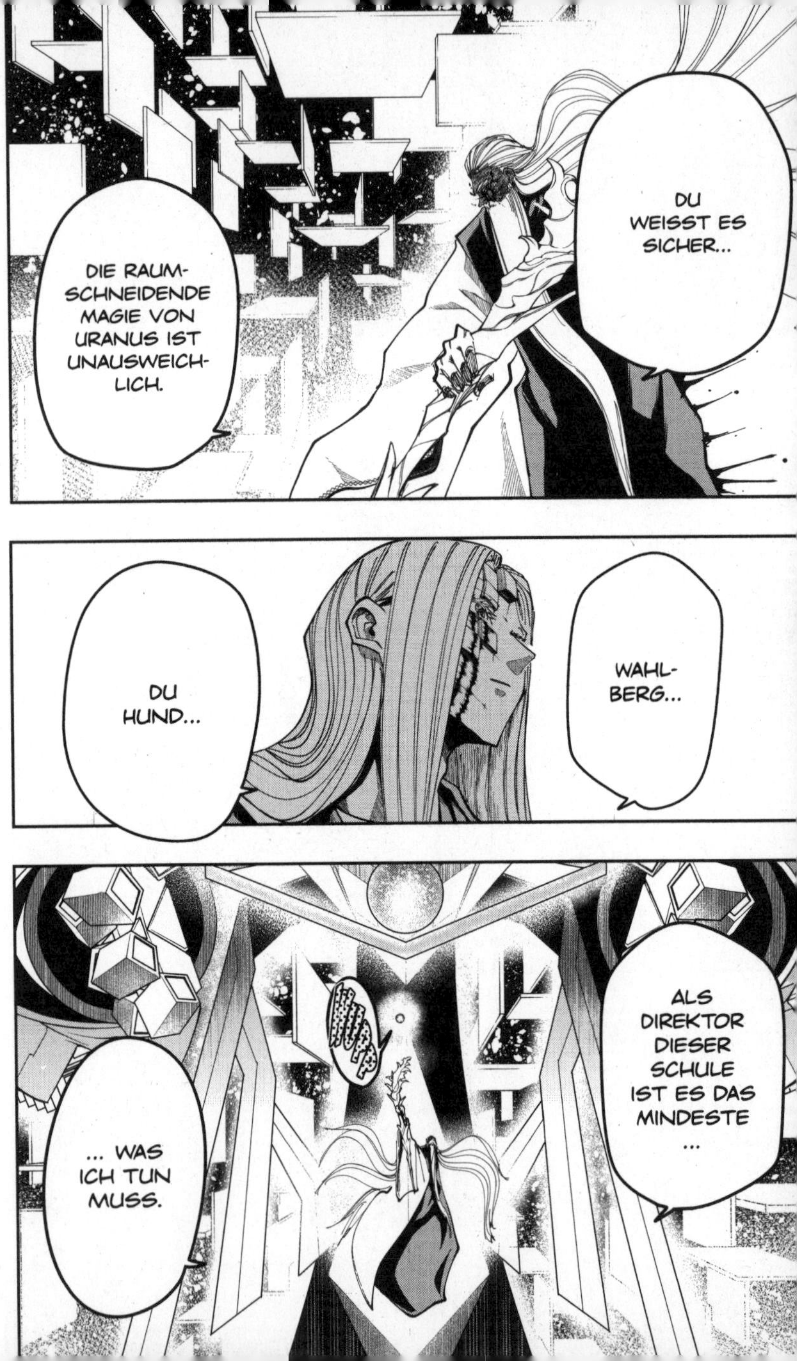
DU WEISST ES SICHER...
DIE RAUM-SCHNEIDENDE MAGIE VON URANUS IST UNAUSWEICH-LICH.
WAHL-BERG...
DU HUND...
ALS DIREKTOR DIESER SCHULE IST ES DAS MINDESTE ...
... WAS ICH TUN MUSS.

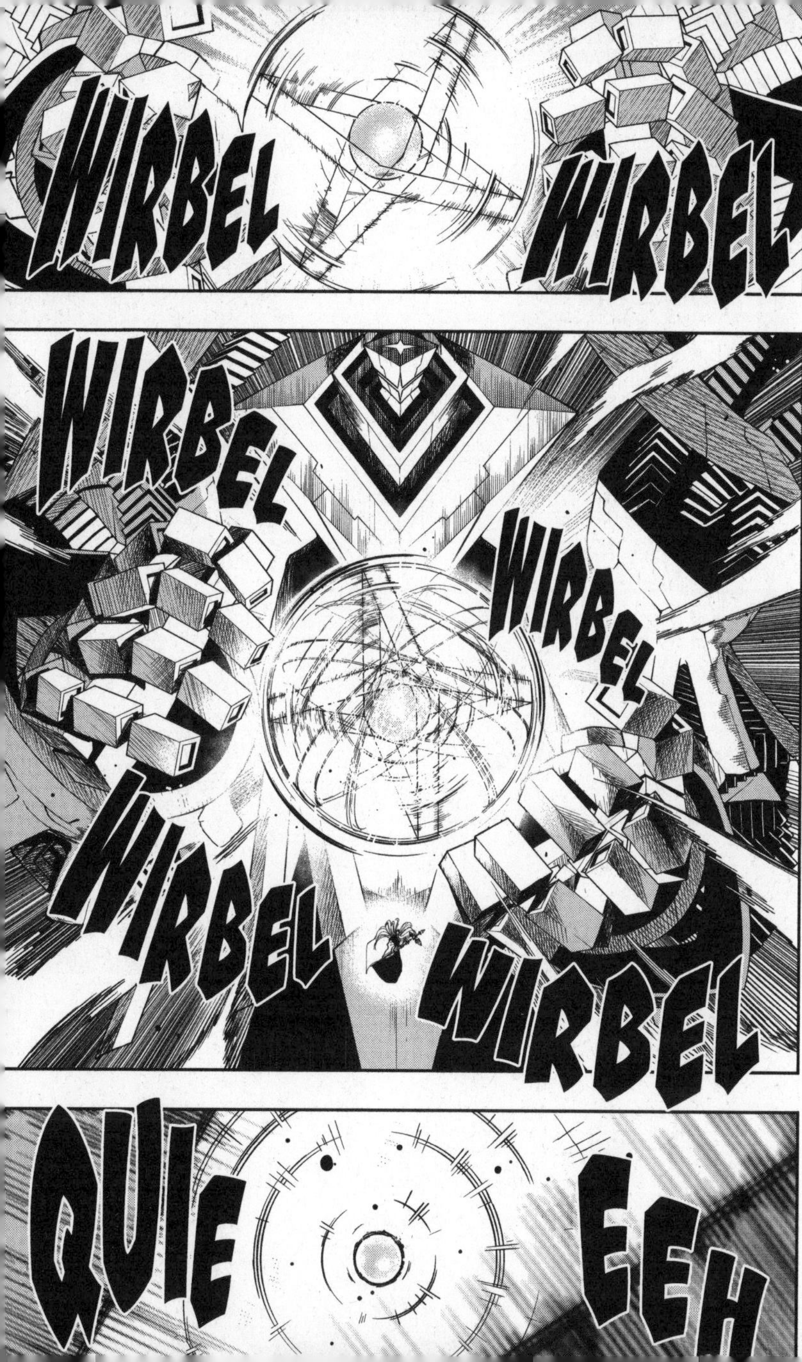
WIRBEL
WIRBEL
WIRBEL
WIRBEL
WIRBEL
WIRBEL
QUIE
EEH

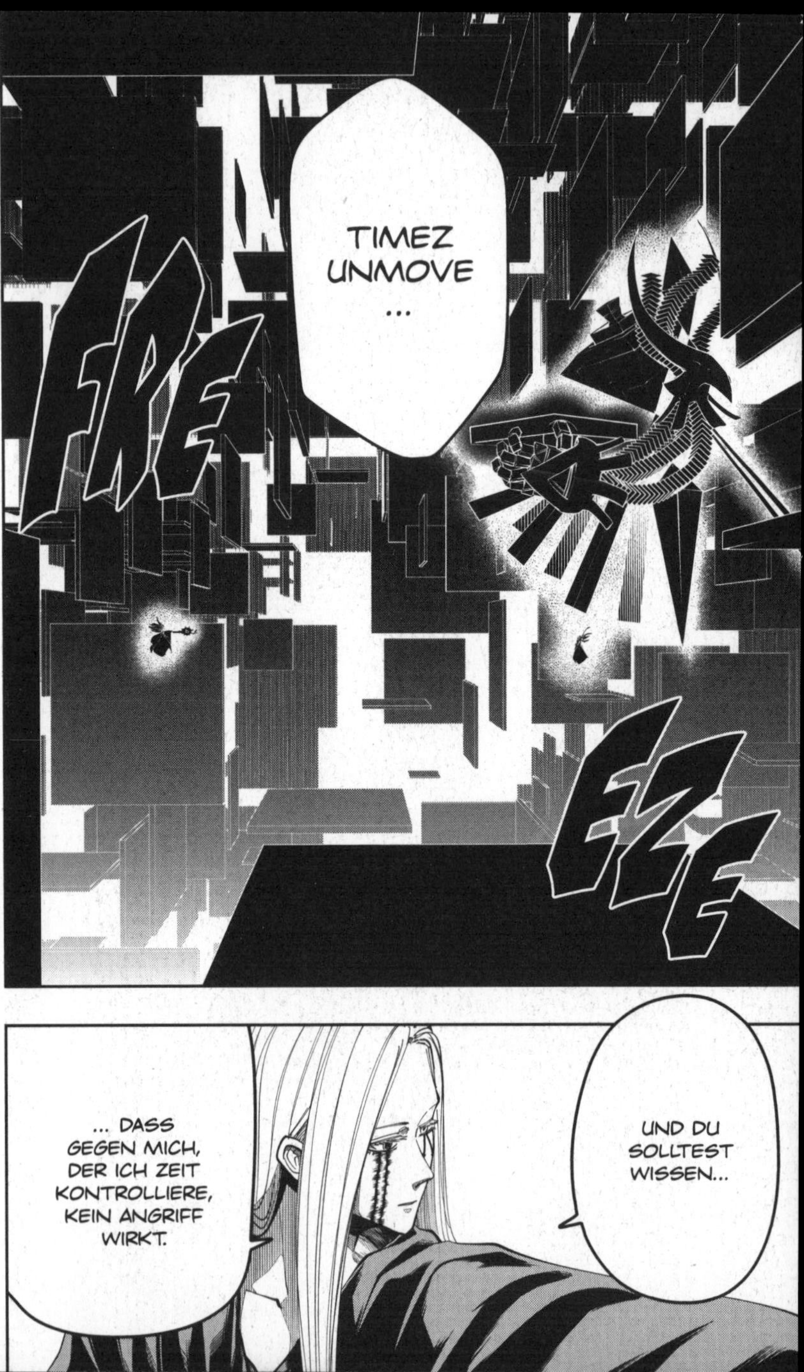
TIMEZ UNMOVE ...
FRE EZE
UND DU SOLLTEST WISSEN...
... DASS GEGEN MICH, DER ICH ZEIT KONTROLLIERE, KEIN ANGRIFF WIRKT.

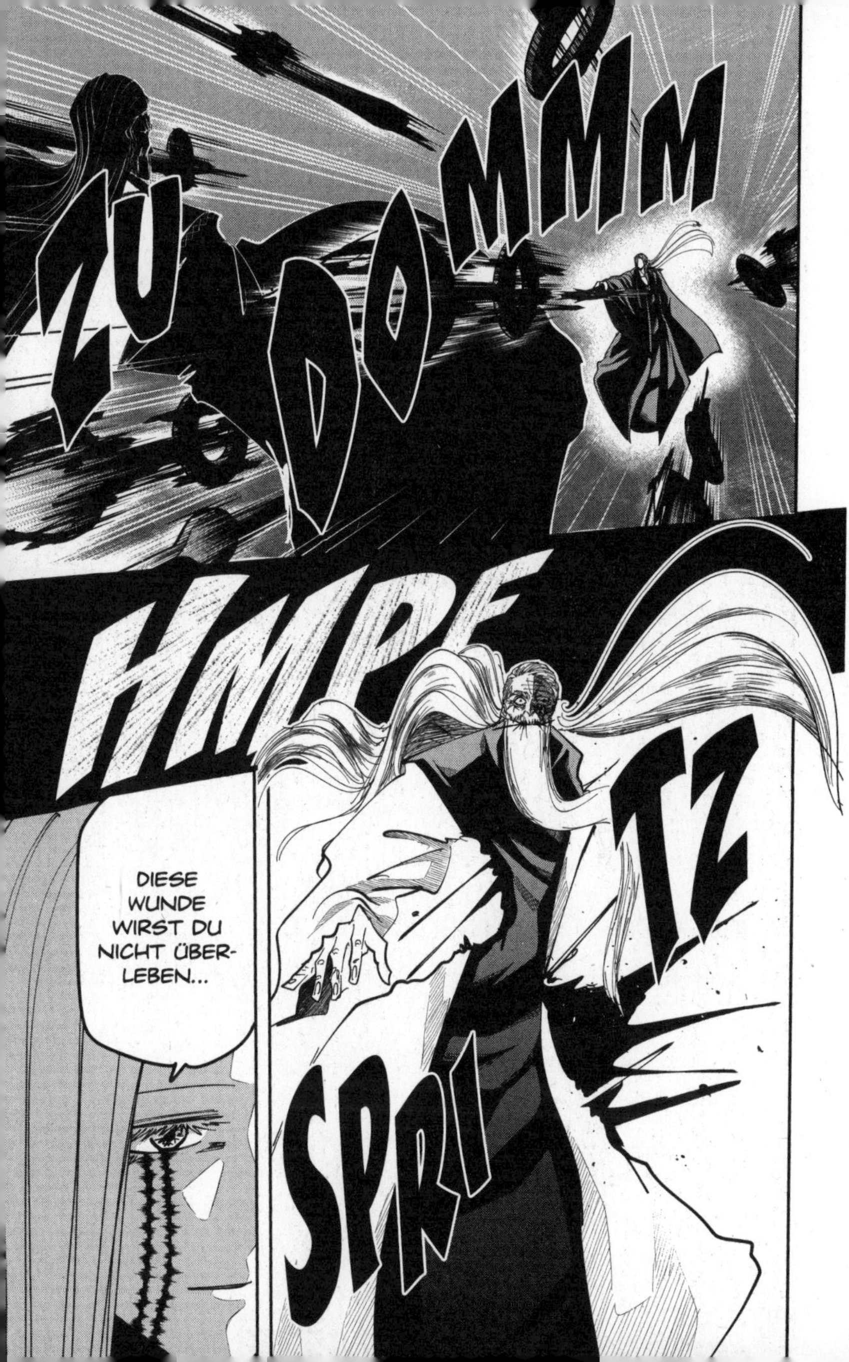
ZUDOMMMM
HMPF
SPRITZ
DIESE WUNDE WIRST DU NICHT ÜBER-LEBEN...

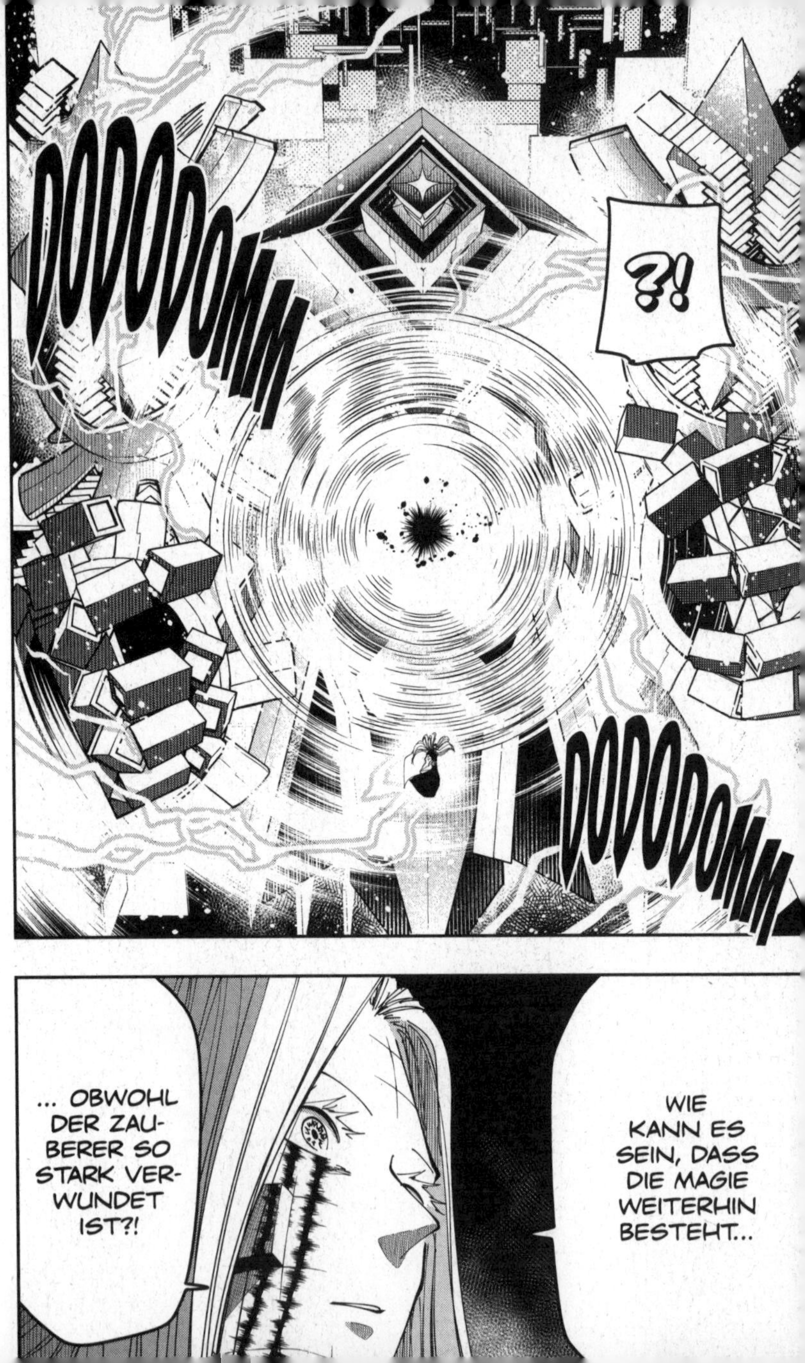
DODODOMM
?!
DODODOMM
WIE KANN ES SEIN, DASS DIE MAGIE WEITERHIN BESTEHT...
... OBWOHL DER ZAUBERER SO STARK VERWUNDET IST?!

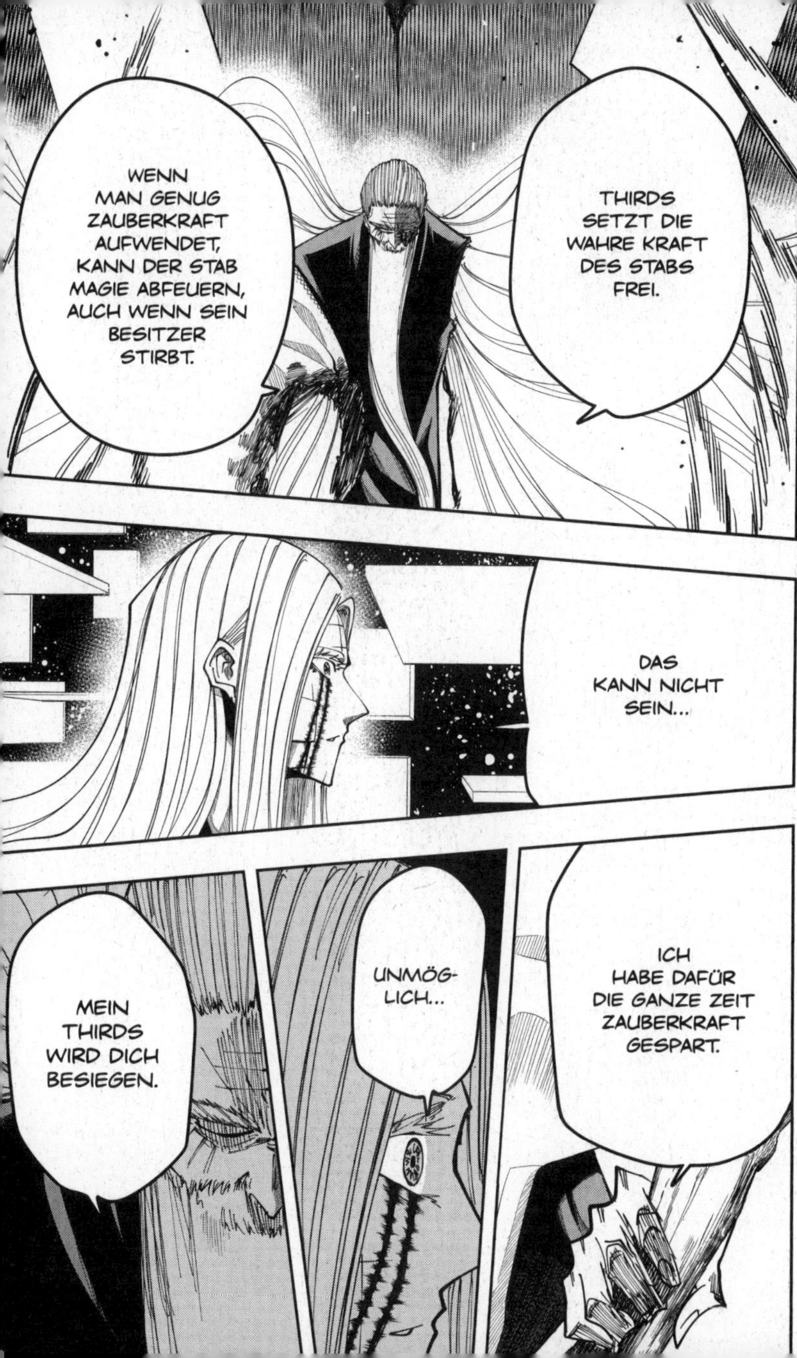
THIRDS SETZT DIE WAHRE KRAFT DES STABS FREI.
WENN MAN GENUG ZAUBERKRAFT AUFWENDET, KANN DER STAB MAGIE ABFEUERN, AUCH WENN SEIN BESITZER STIRBT.
DAS KANN NICHT SEIN...
ICH HABE DAFÜR DIE GANZE ZEIT ZAUBERKRAFT GESPART.
UNMÖG-LICH...
MEIN THIRDS WIRD DICH BESIEGEN.

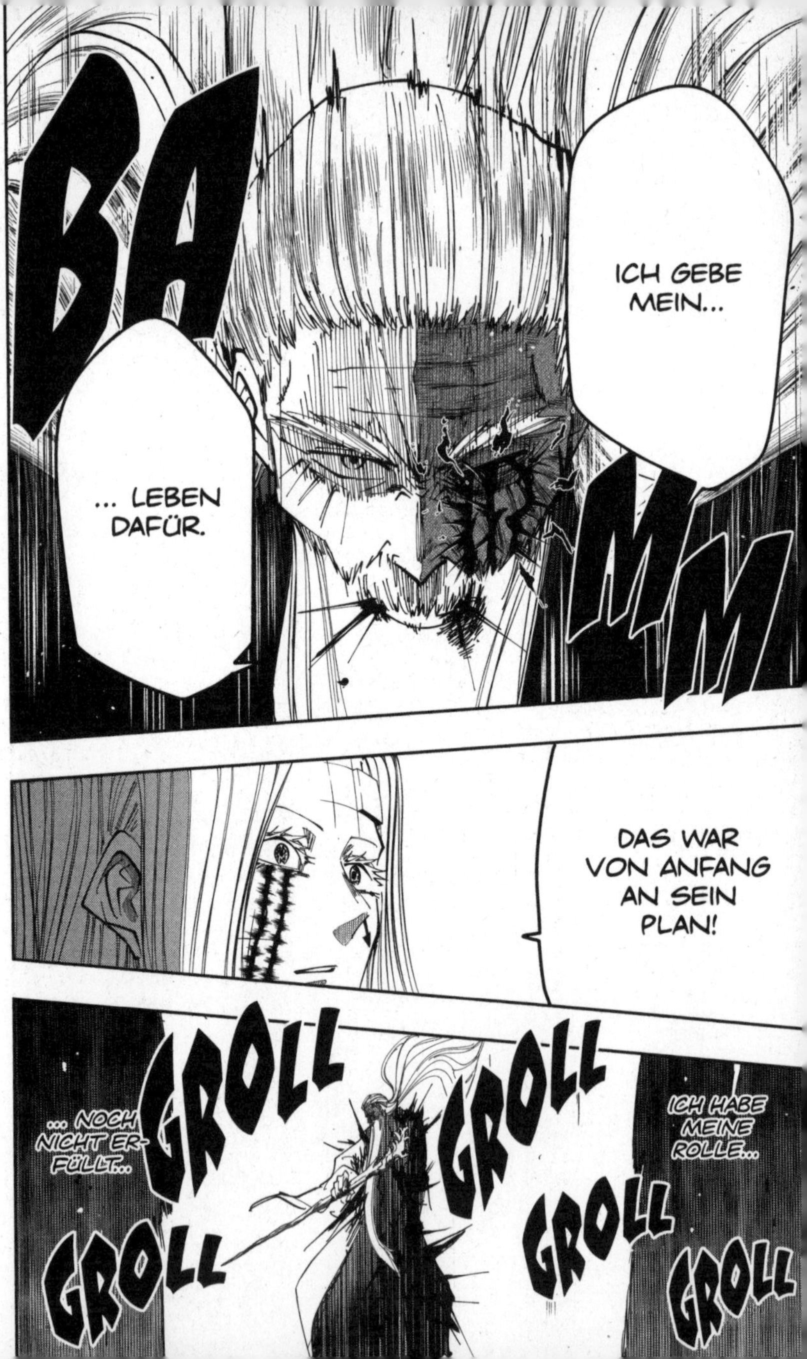
ICH GEBE MEIN...
... LEBEN DAFÜR.
BAMM
DAS WAR VON ANFANG AN SEIN PLAN!
ICH HABE MEINE ROLLE...
... NOCH NICHT ERFÜLLT...
GROLL GROLL GROLL GROLL GROLL

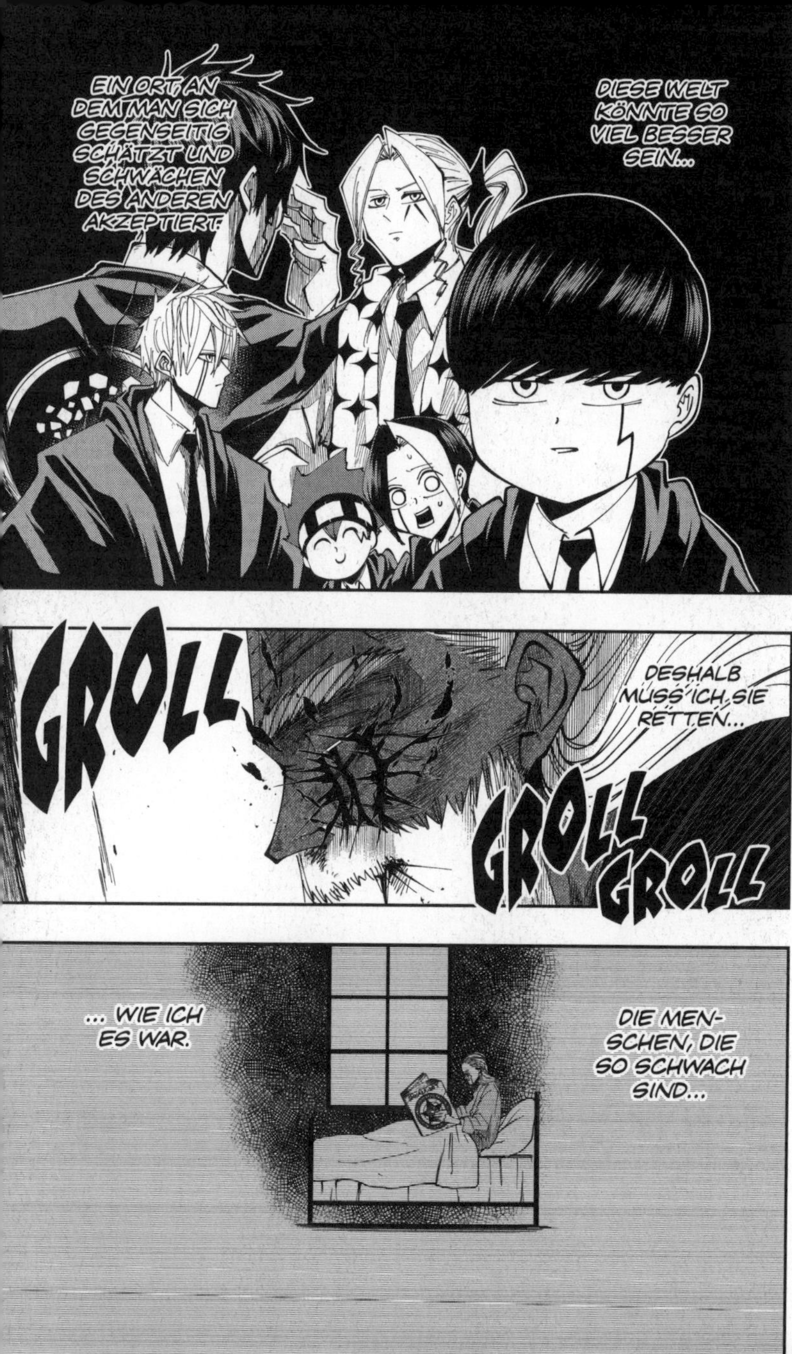
DIESE WELT KÖNNTE SO VIEL BESSER SEIN...
EIN ORT, AN DEM MAN SICH GEGENSEITIG SCHÄTZT UND SCHWÄCHEN DES ANDEREN AKZEPTIERT.
DESHALB MUSS ICH SIE RETTEN...
GROLL
GROLL
GROLL
DIE MEN-SCHEN, DIE SO SCHWACH SIND...
... WIE ICH ES WAR.

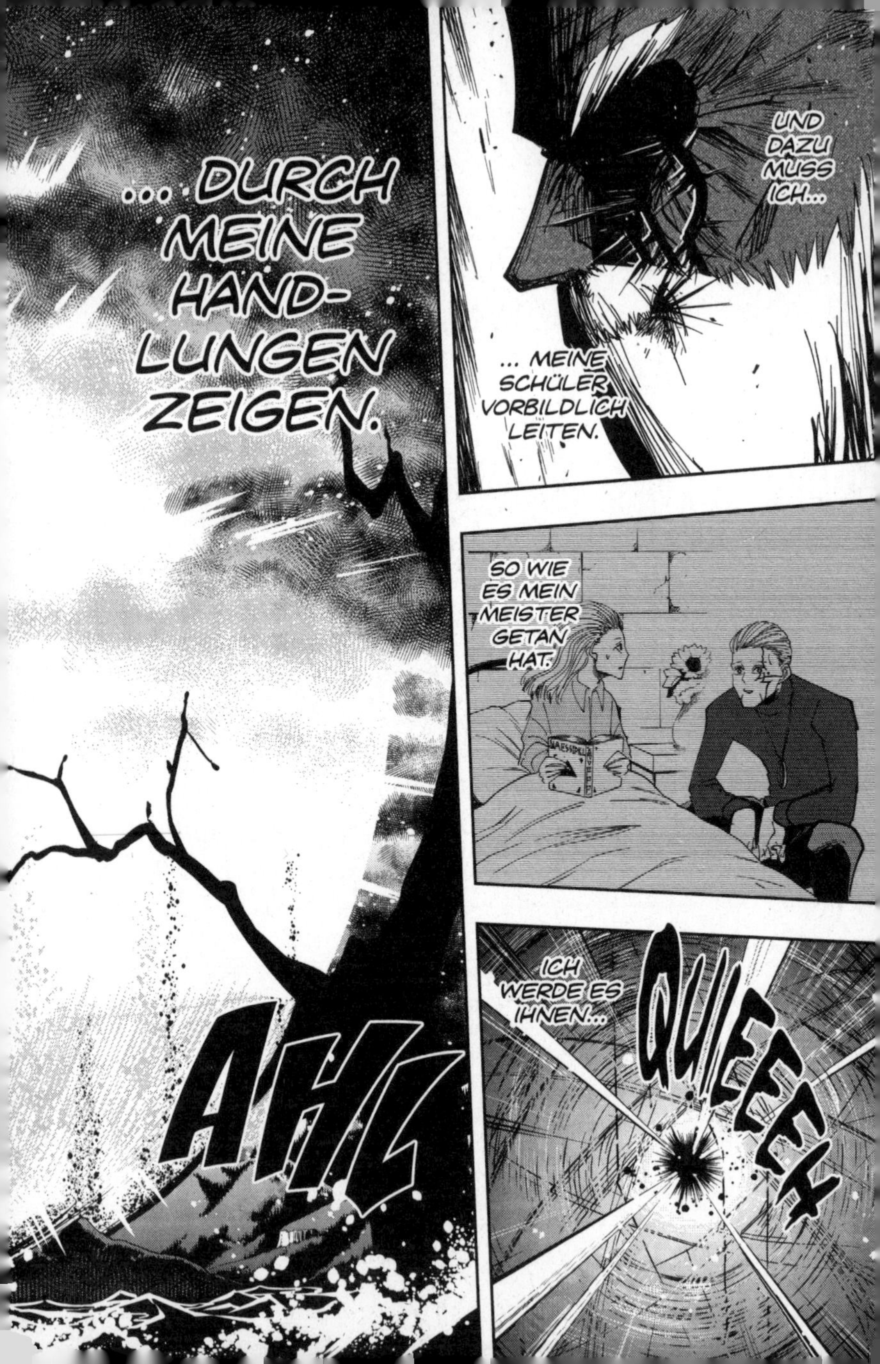
UND DAZU MUSS ICH...
... MEINE SCHÜLER VORBILDLICH LEITEN.
SO WIE ES MEIN MEISTER GETAN HAT.
ICH WERDE ES IHNEN...
QUIEEECK
... DURCH MEINE HAND-LUNGEN ZEIGEN.
AHL

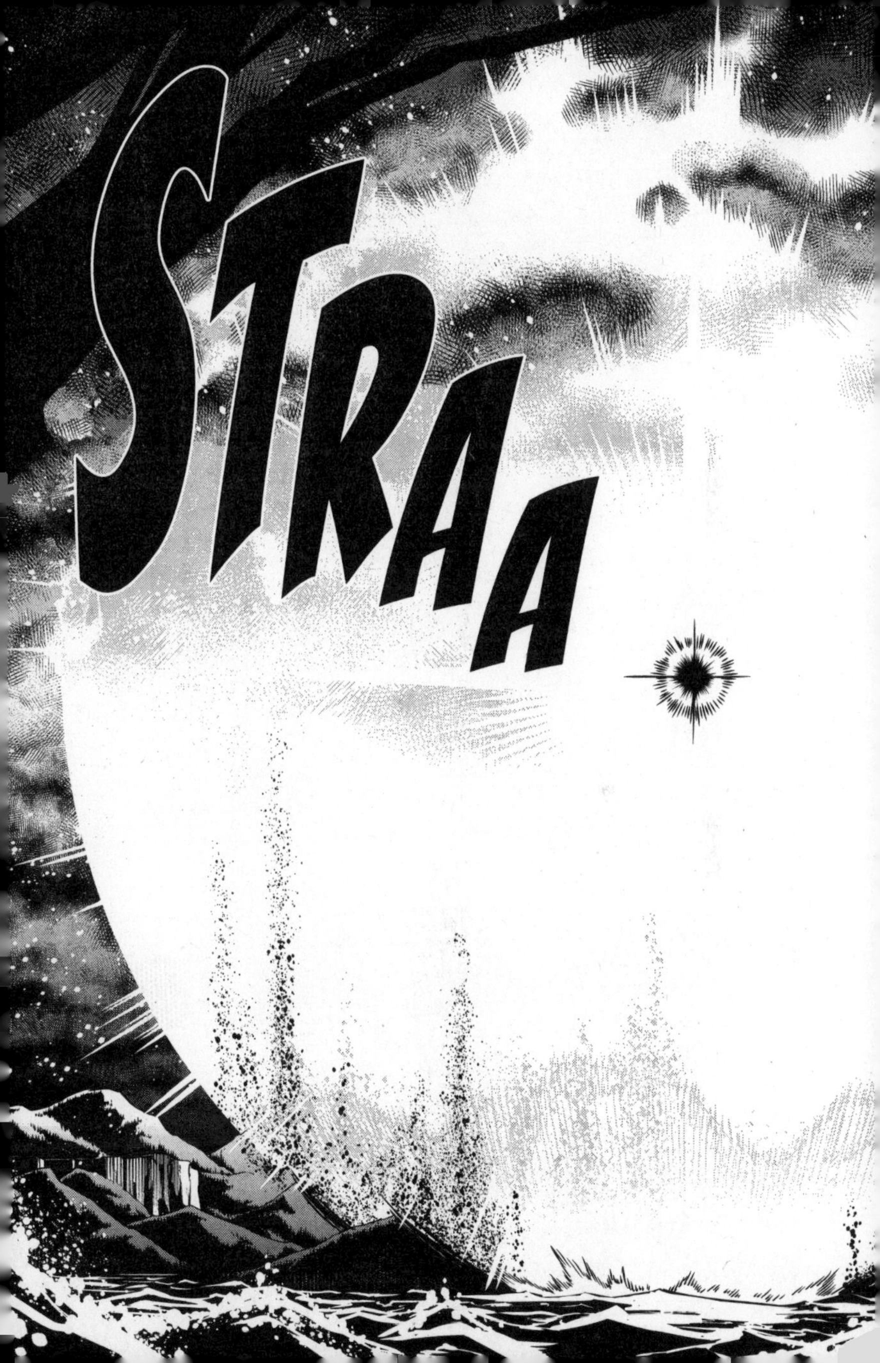
STRAA

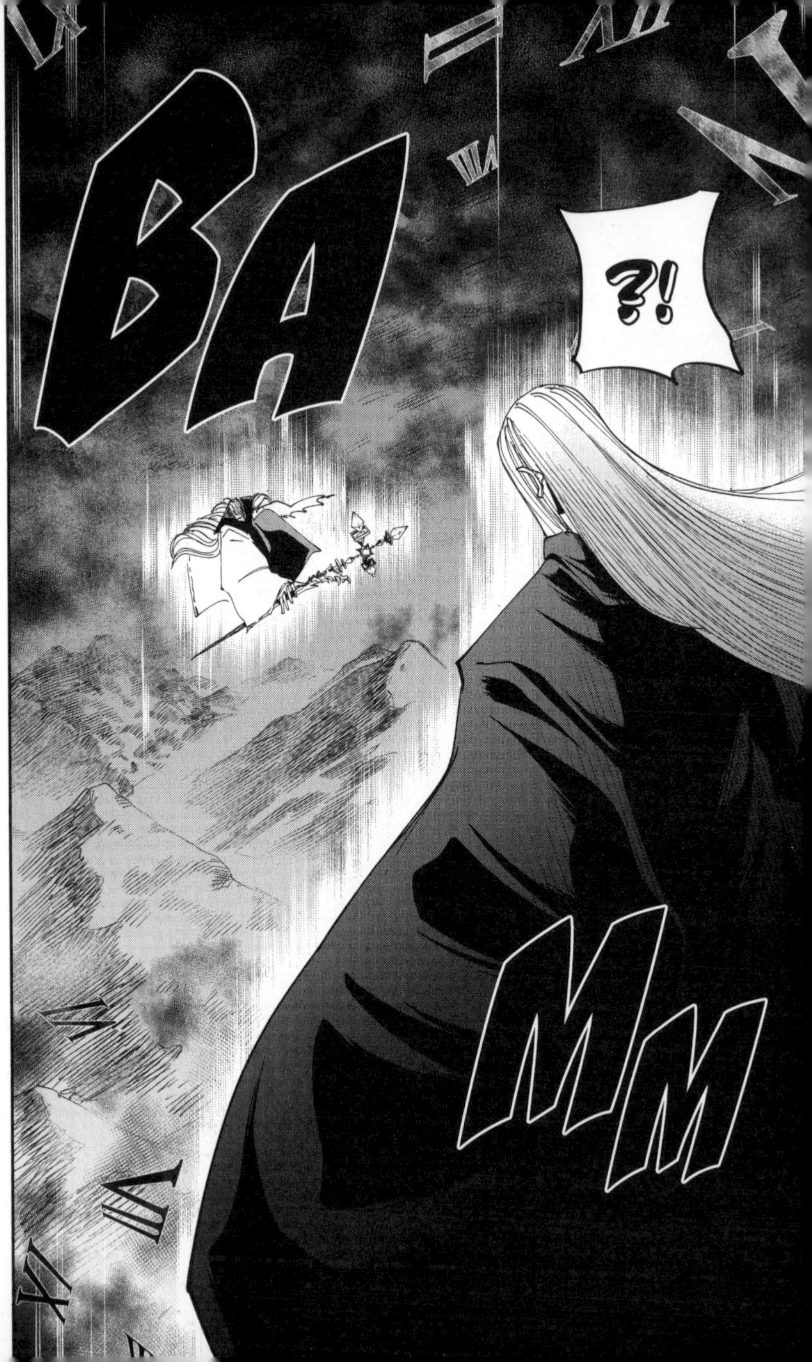
BA
?!
MM

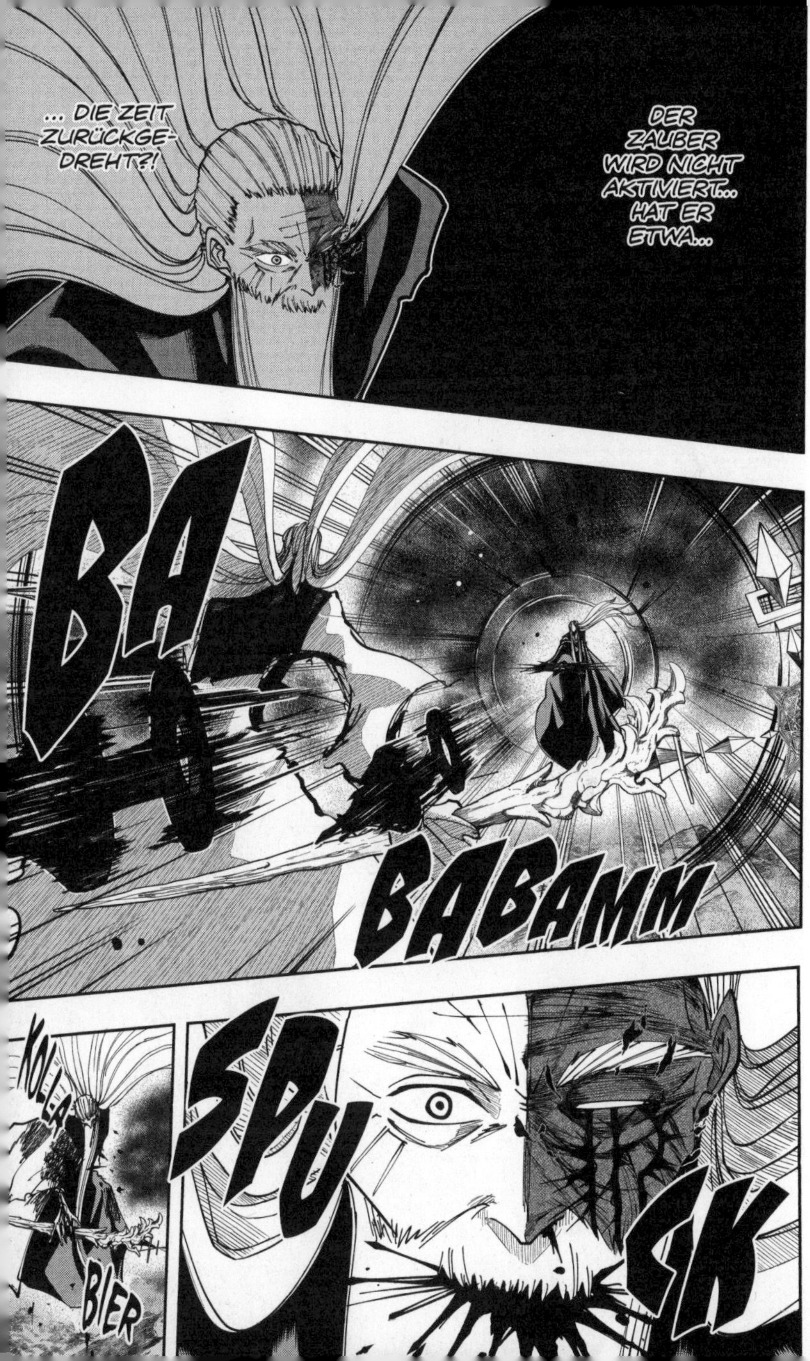
DER ZAUBER WIRD NICHT AKTIVIERT... HAT ER ETWA...
... DIE ZEIT ZURÜCKGE-DREHT?!
BA
BABAMM
SPLU
GK
KOLLA
BIER

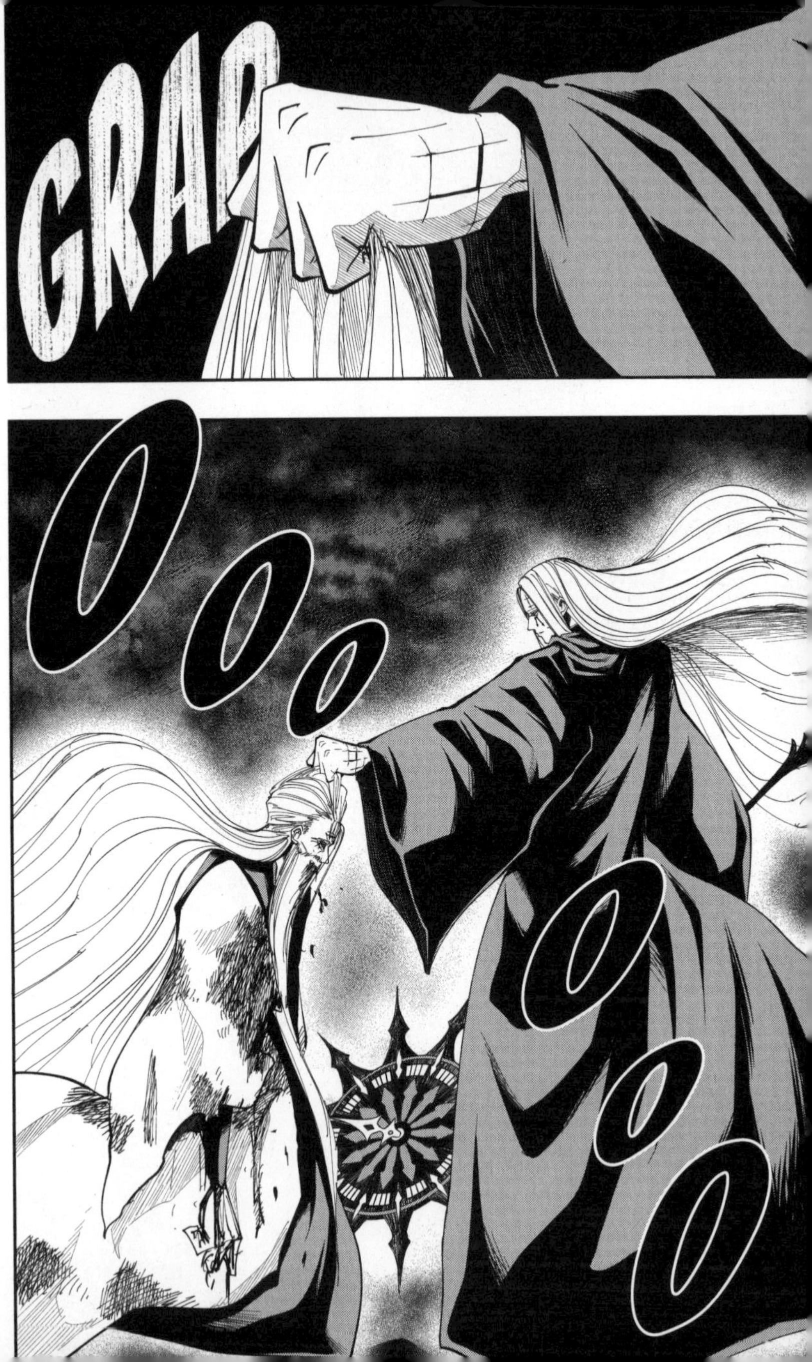
GRAB
OOOO
OOOO

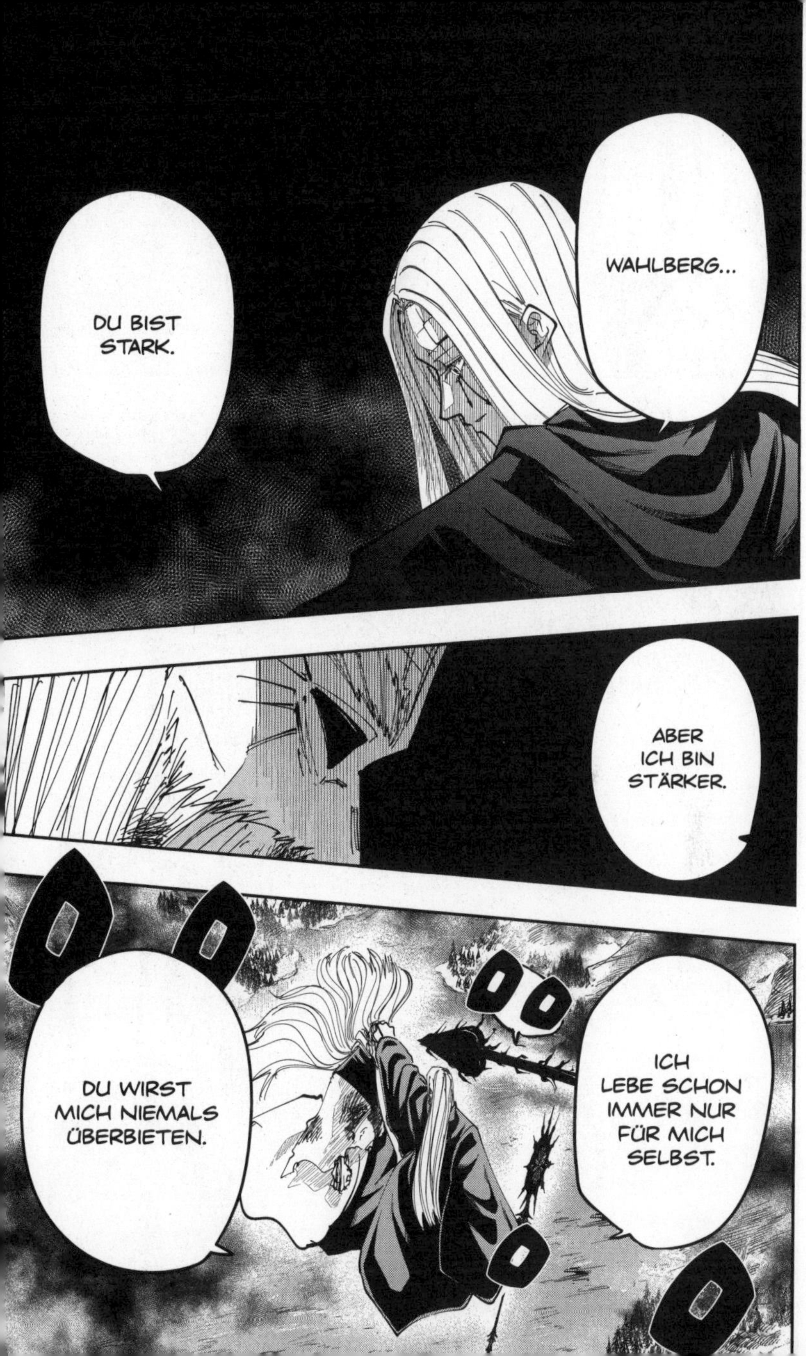
WAHLBERG...
DU BIST STARK.
ABER ICH BIN STÄRKER.
ICH LEBE SCHON IMMER NUR FÜR MICH SELBST.
DU WIRST MICH NIEMALS ÜBERBIETEN.

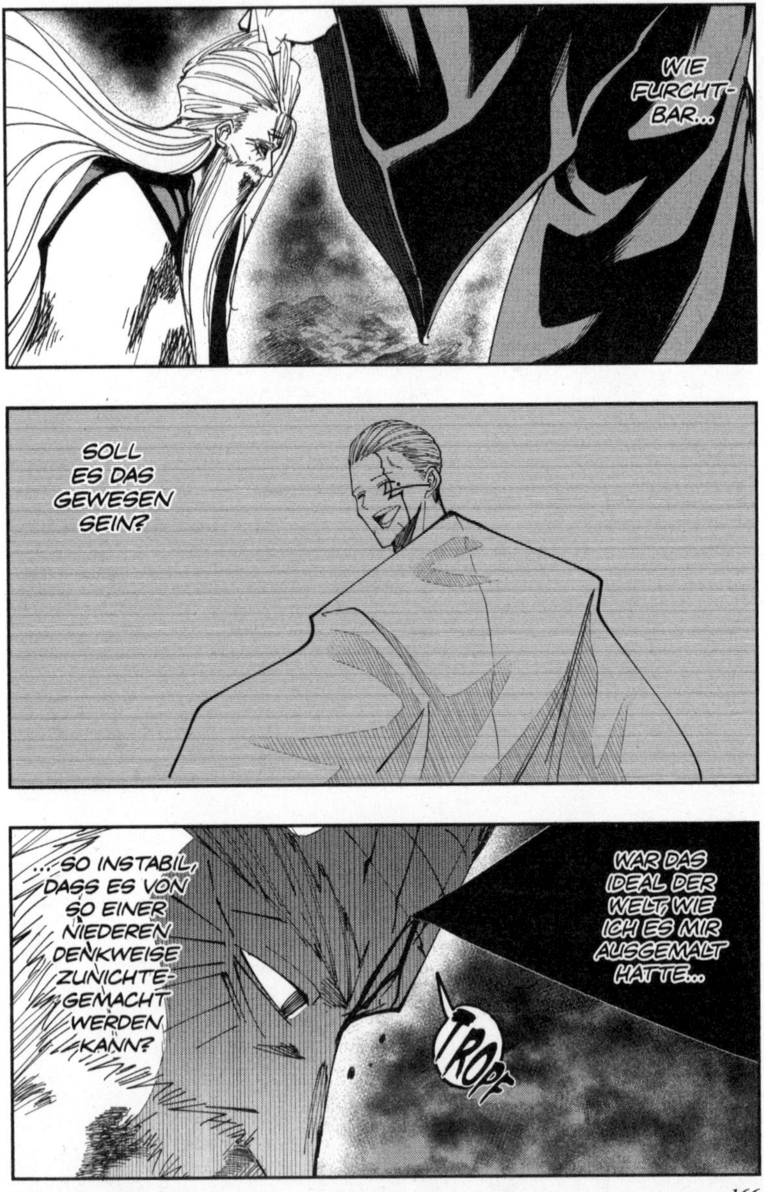
WIE FURCHT-BAR...
SOLL ES DAS GEWESEN SEIN?
WAR DAS IDEAL DER WELT, WIE ICH ES MIR AUSGEMALT HATTE...
...SO INSTABIL, DASS ES VON SO EINER NIEDEREN DENKWEISE ZUNICHTE-GEMACHT WERDEN KANN?
TROPF

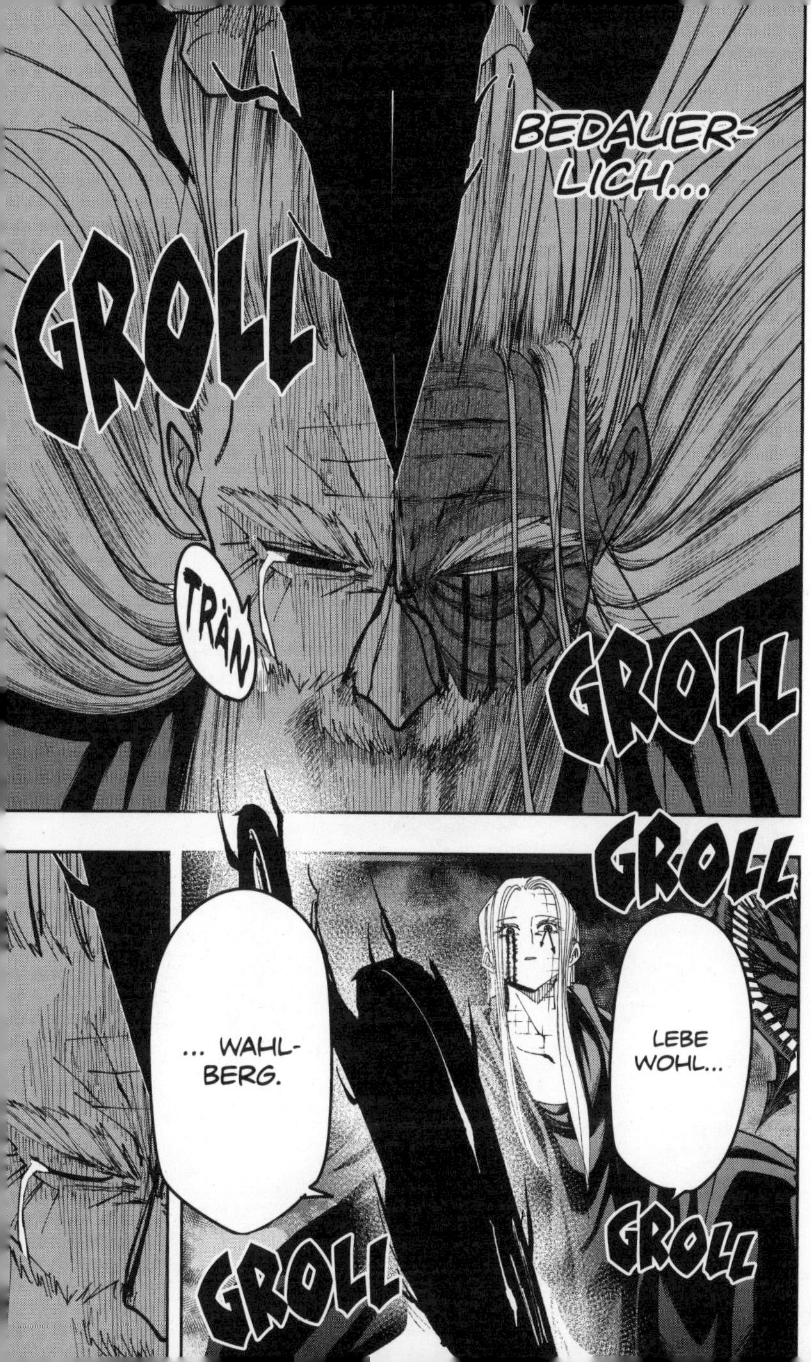
BEDAUER-
LICH...
GROLL
TRÄN
GROLL
GROLL
LEBE WOHL...
... WAHL-
BERG.
GROLL
GROLL

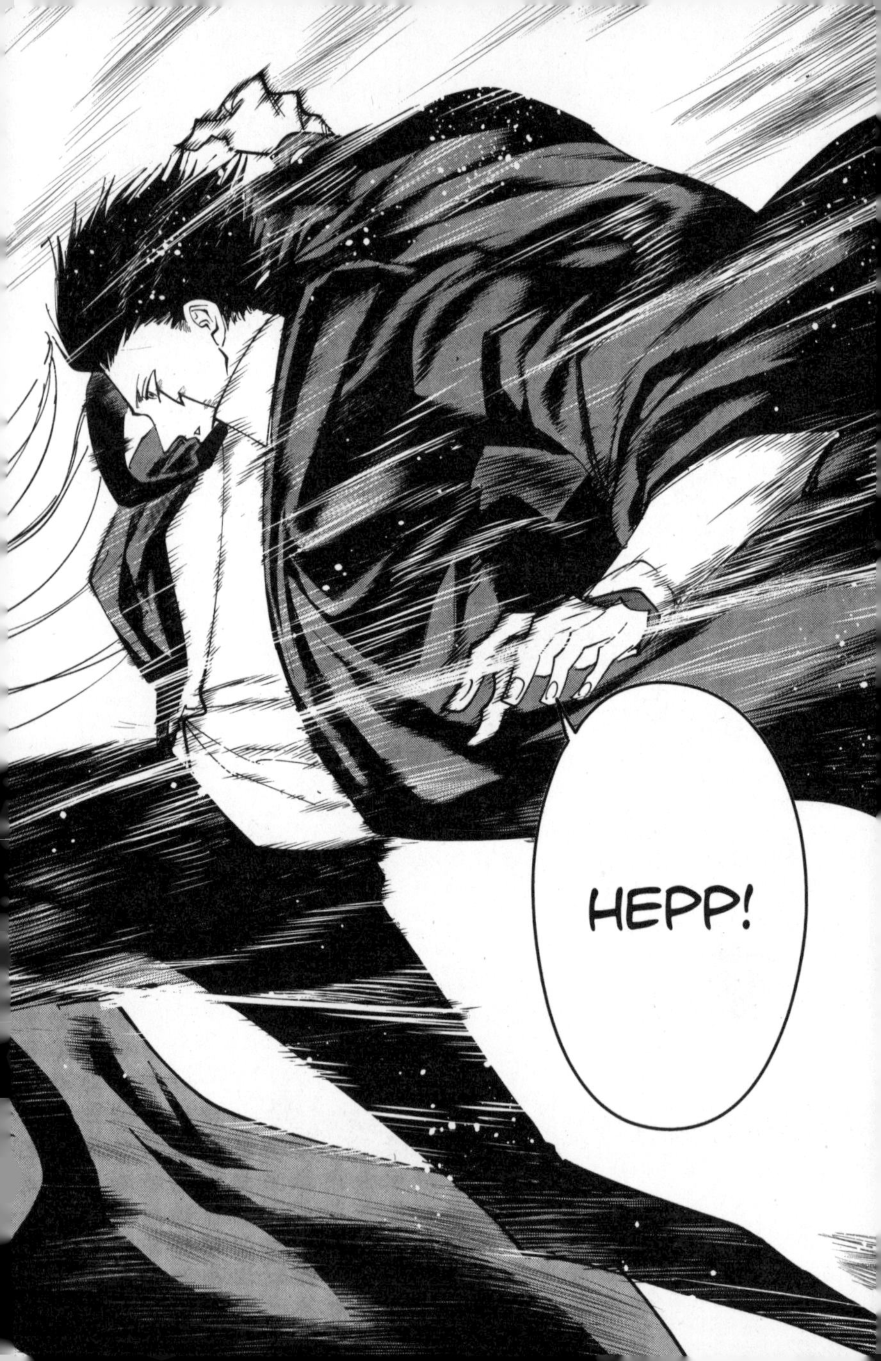
HEPP!

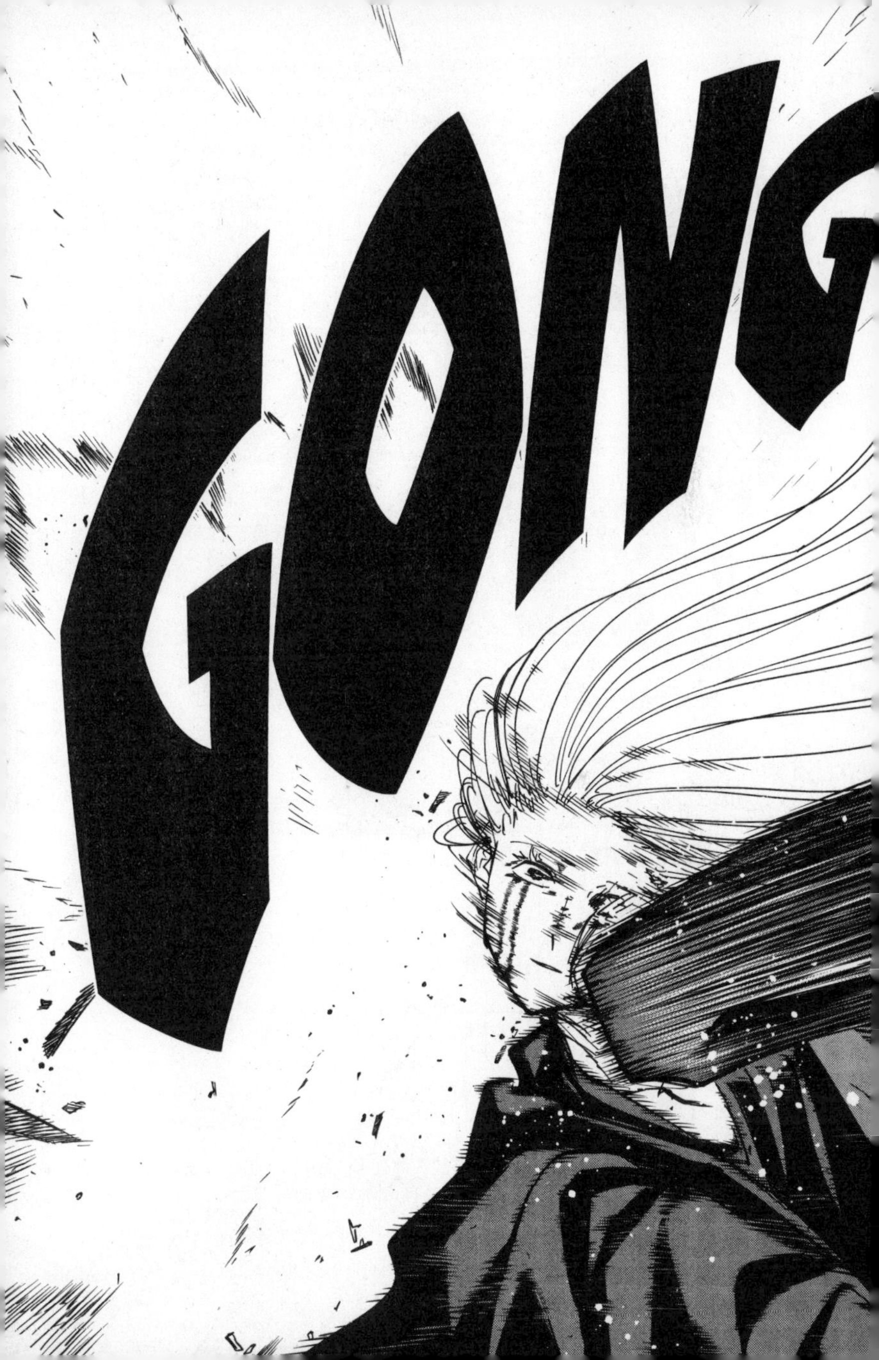
GONG

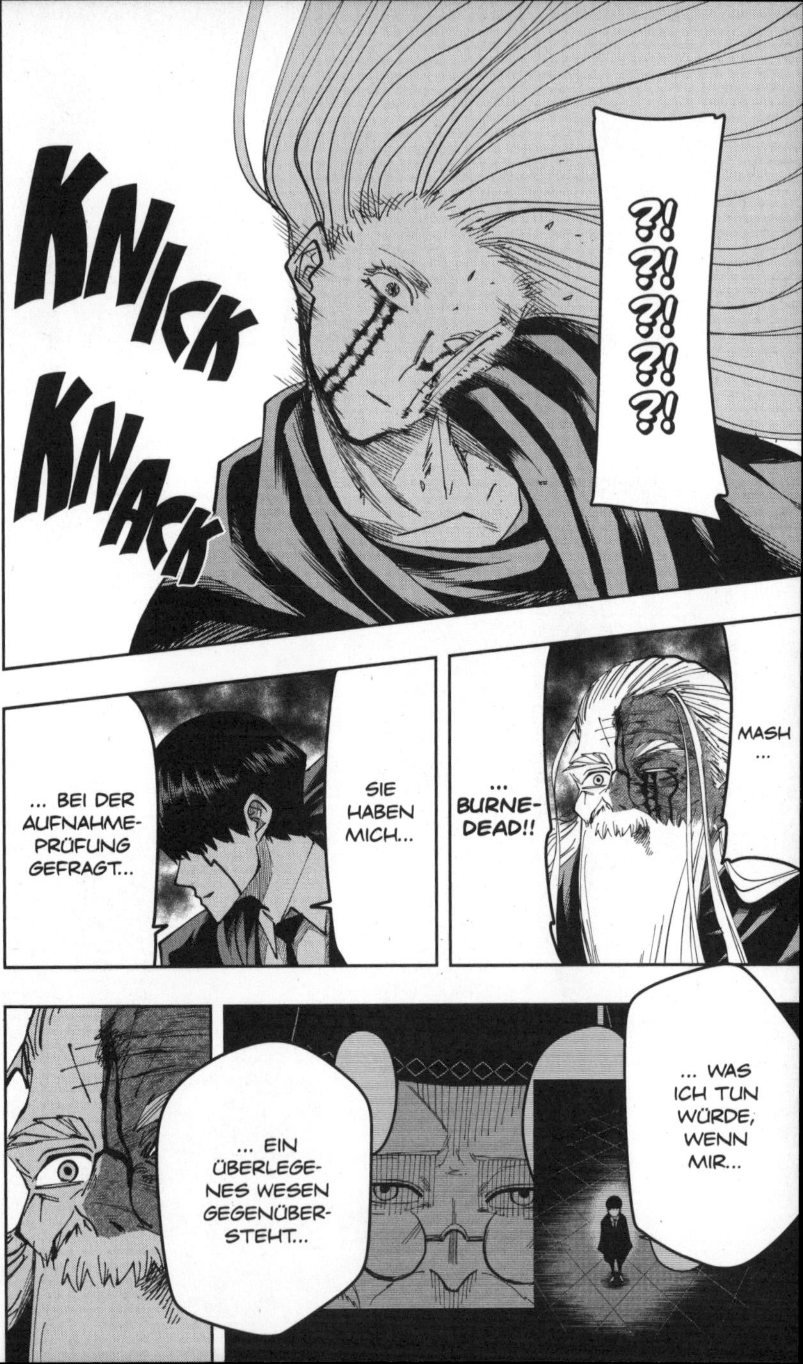
?!
?!
?!
?!
?!
KNICK
KNACK
MASH ...
... BURNE-DEAD!!
SIE HABEN MICH...
... BEI DER AUFNAHME-PRÜFUNG GEFRAGT...
... WAS ICH TUN WÜRDE, WENN MIR...
... EIN ÜBERLEGE-NES WESEN GEGENÜBER-STEHT...

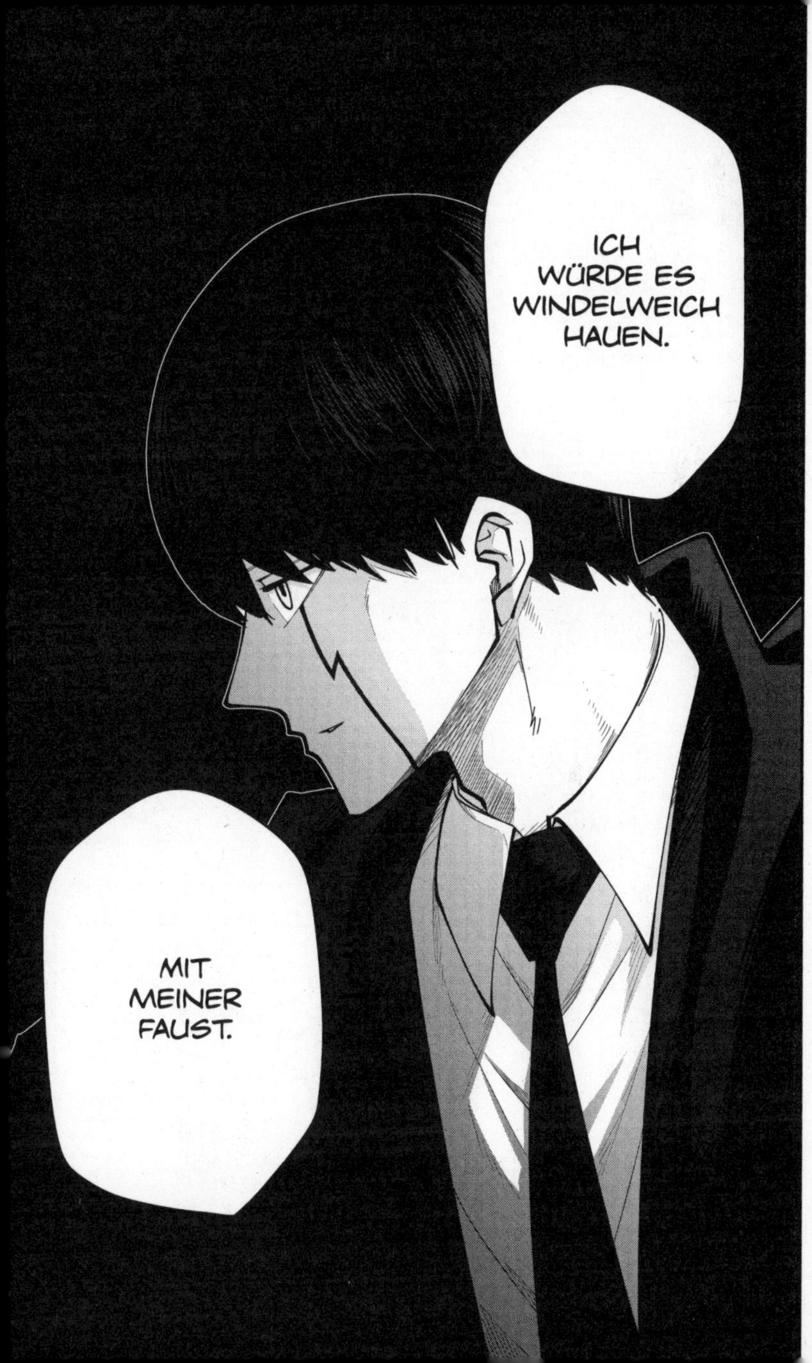
ICH WÜRDE ES WINDELWEICH HAUEN.
MIT MEINER FAUST.

Extra 5

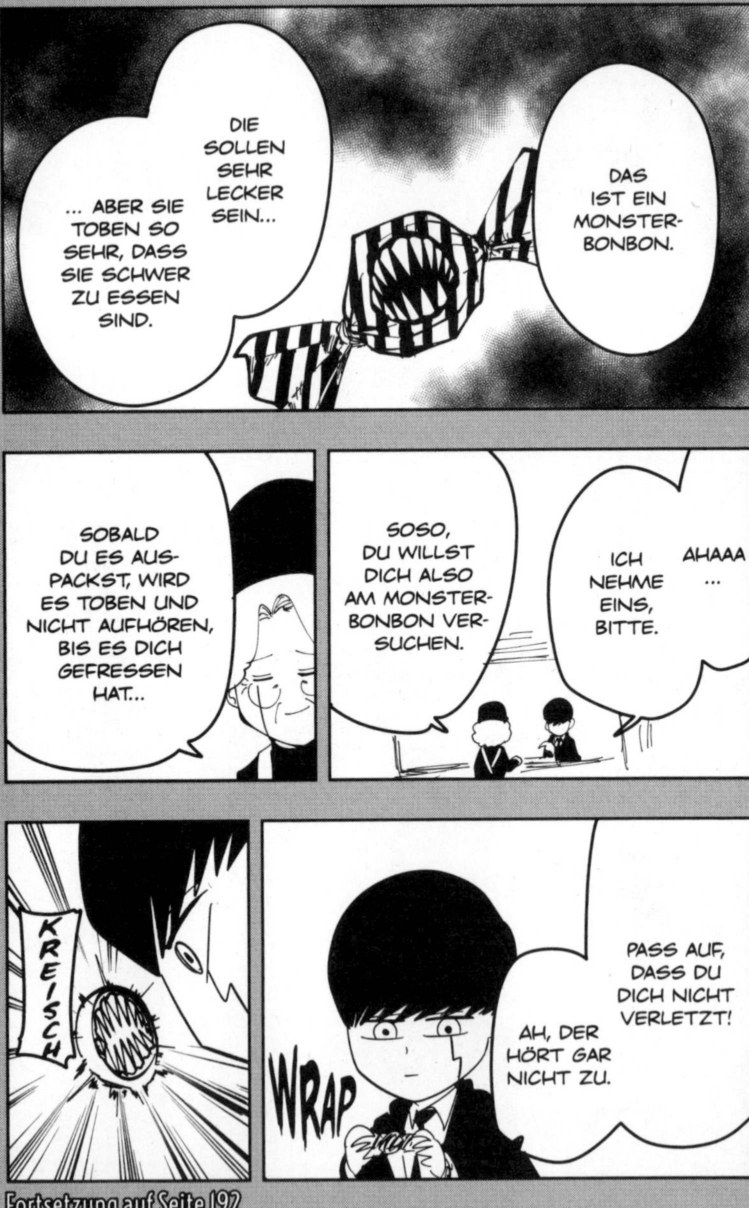

Fortsetzung auf Seite 192

71. Kapitel Mash Burnedead und der Ursprung des größten Magiers

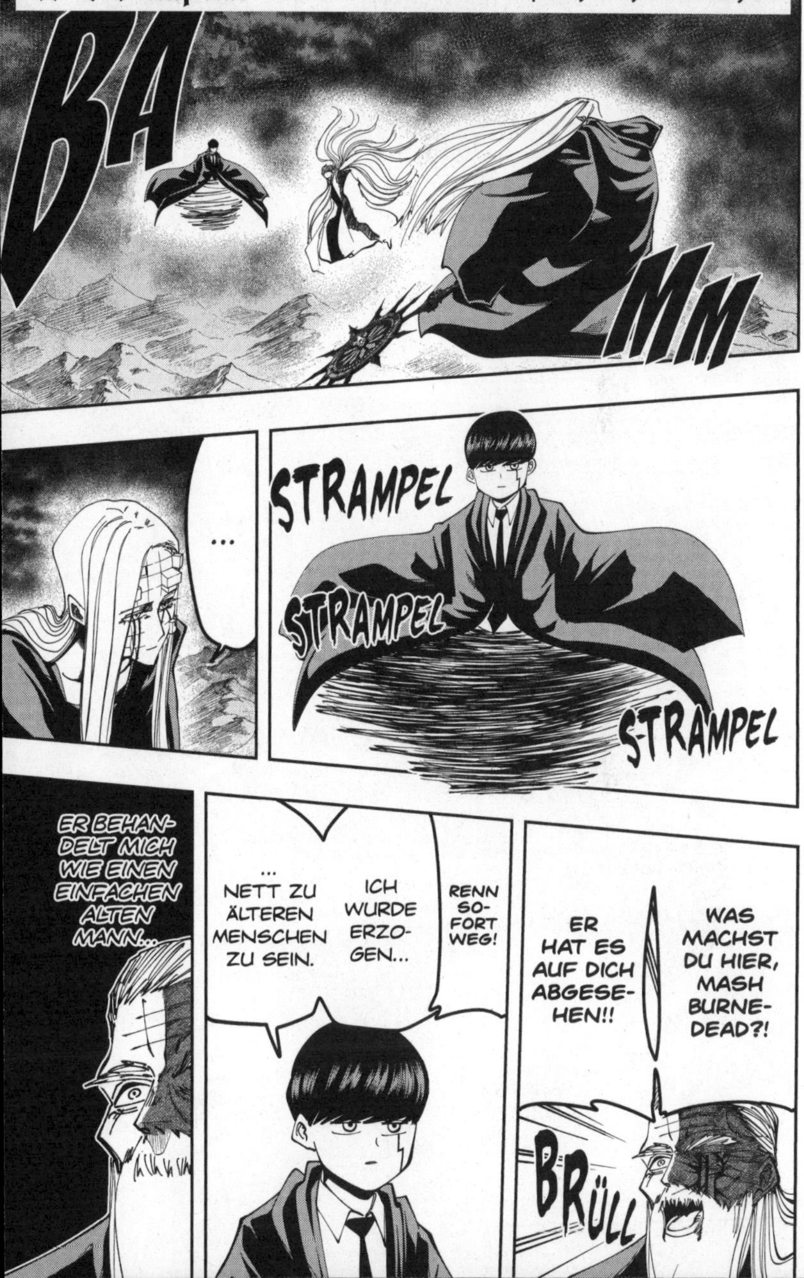

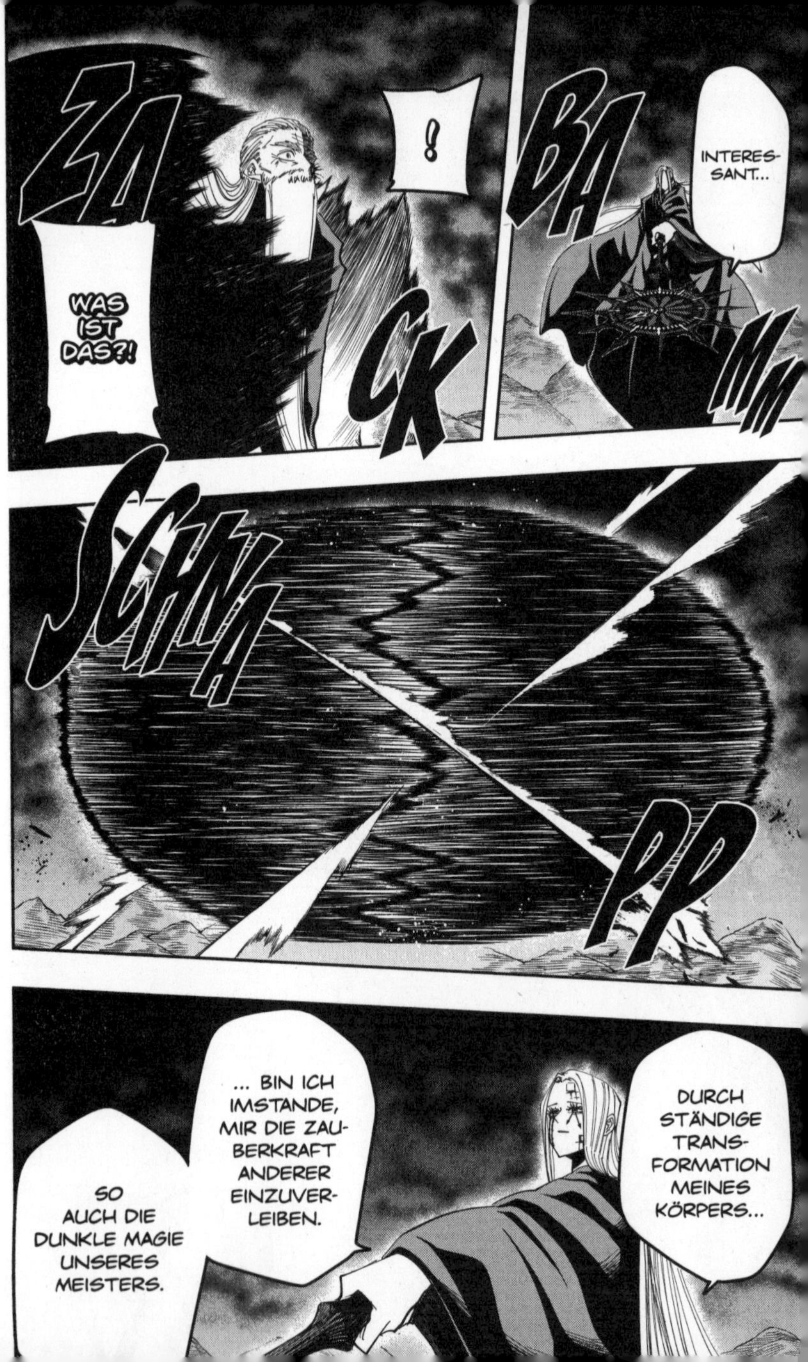
INTERES-
SANT...
BA
MMM
!
ZA
WAS
IST
DAS?!
CK
SCHNA
PP
DURCH
STÄNDIGE
TRANS-
FORMATION
MEINES
KÖRPERS...
... BIN ICH
IMSTANDE,
MIR DIE ZAU-
BERKRAFT
ANDERER
EINZUVER-
LEIBEN.
SO
AUCH DIE
DUNKLE MAGIE
UNSERES
MEISTERS.

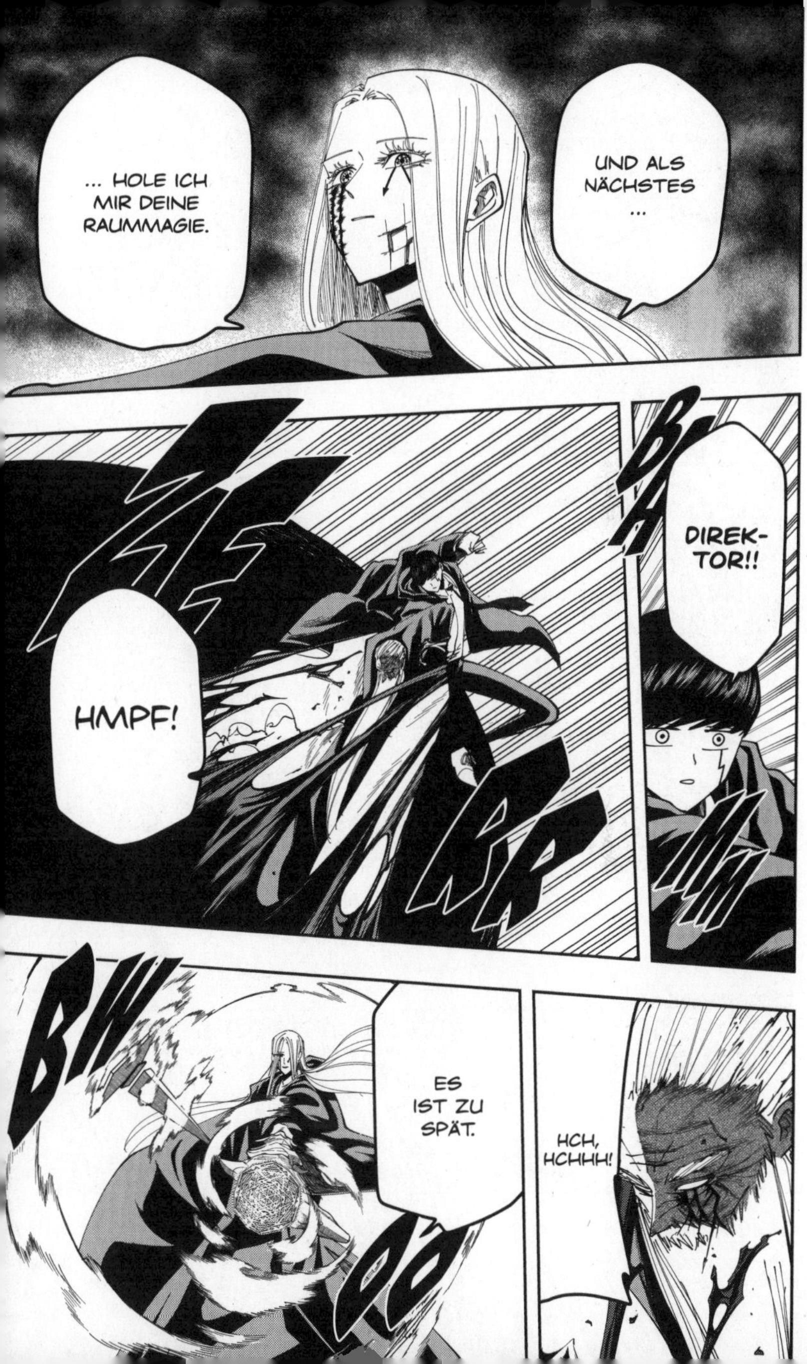
UND ALS NÄCHSTES ...
... HOLE ICH MIR DEINE RAUMMAGIE.
DIREKTOR!!
HMPF!
HCH, HCHHH!
ES IST ZU SPÄT.

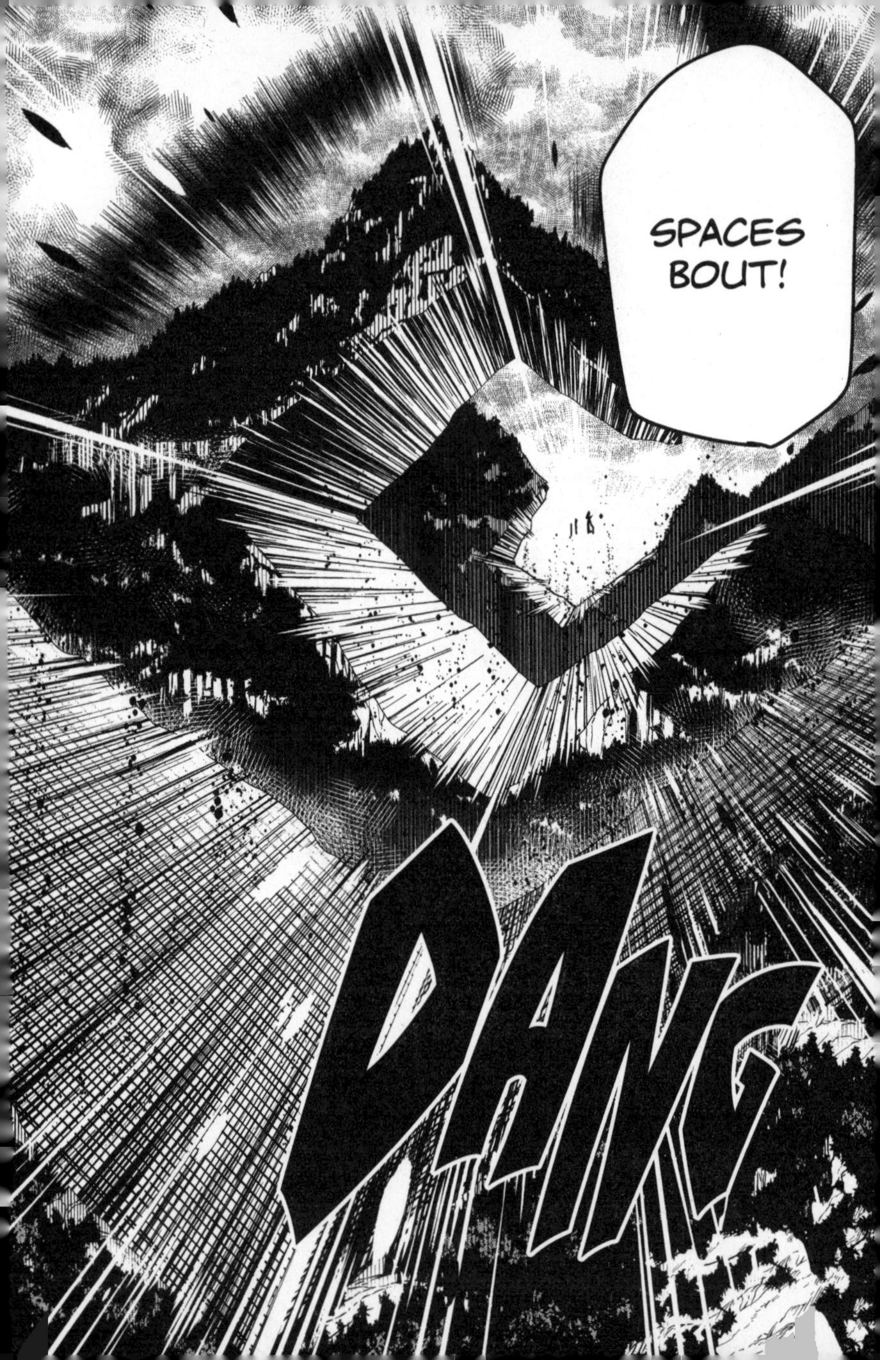
SPACES BOUT!
DANG

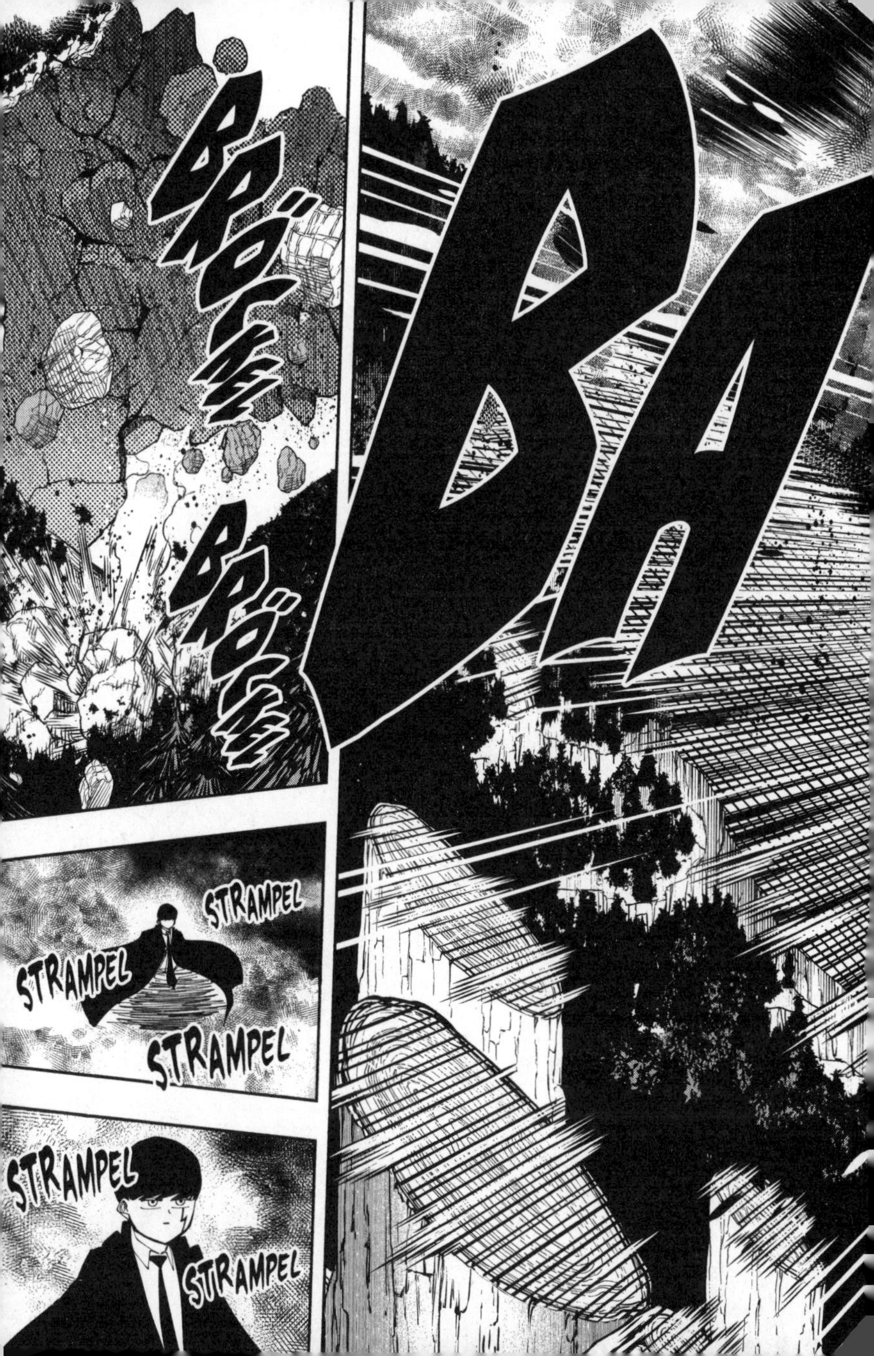
BA
BRÖCKEL
BRÖCKEL
STRAMPEL
STRAMPEL
STRAMPEL
STRAMPEL

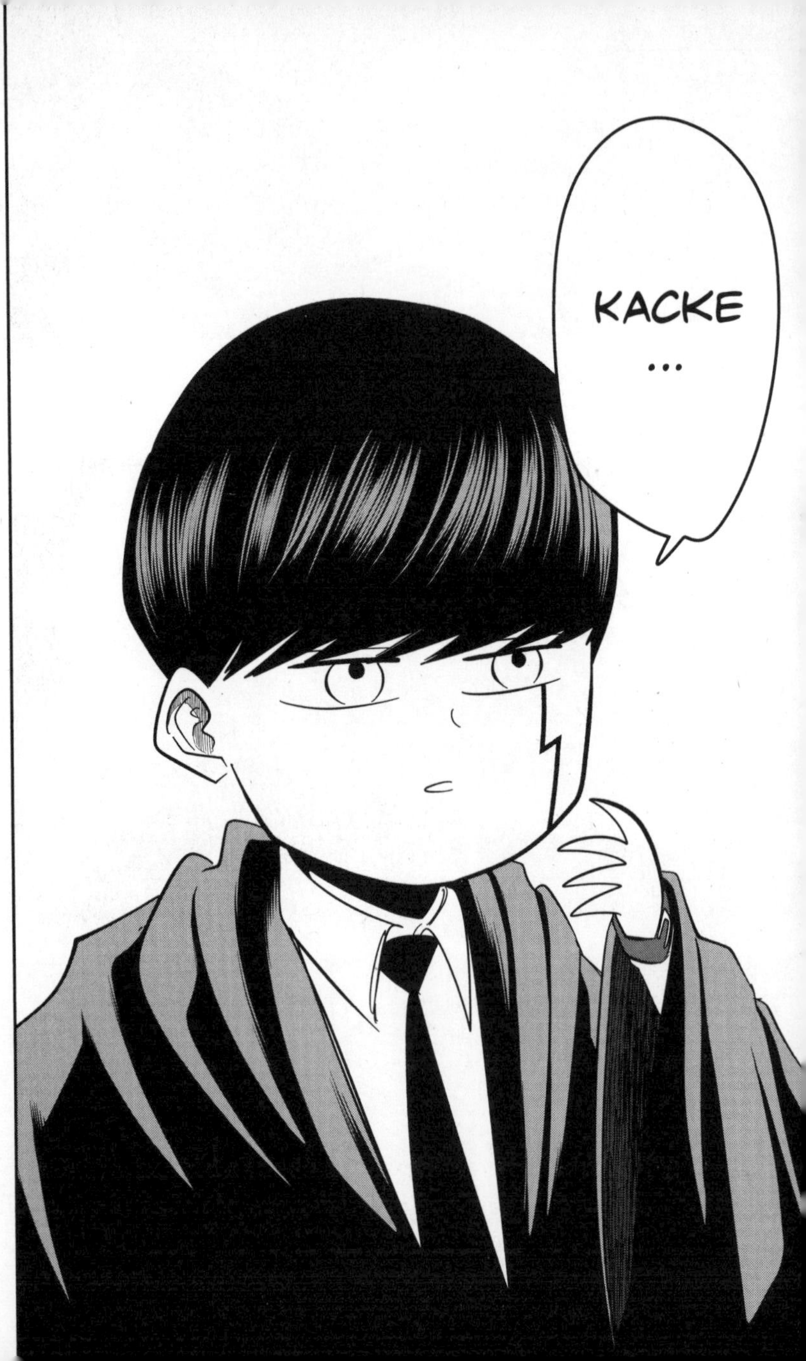
KACKE
...

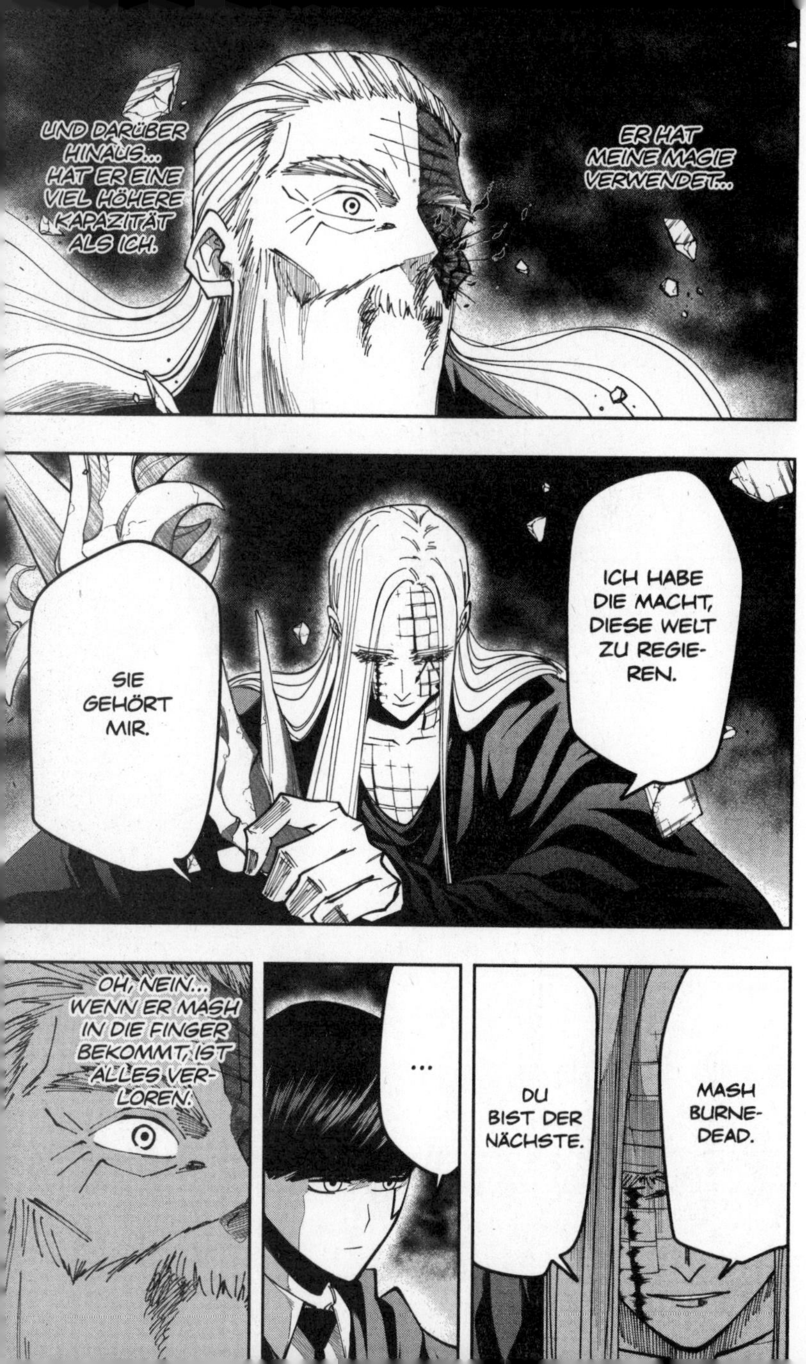
ER HAT MEINE MAGIE VERWENDET...
UND DARÜBER HINAUS... HAT ER EINE VIEL HÖHERE KAPAZITÄT ALS ICH.
ICH HABE DIE MACHT, DIESE WELT ZU REGIEREN.
SIE GEHÖRT MIR.
MASH BURNEDEAD.
DU BIST DER NÄCHSTE.
...
OH, NEIN... WENN ER MASH IN DIE FINGER BEKOMMT, IST ALLES VERLOREN.

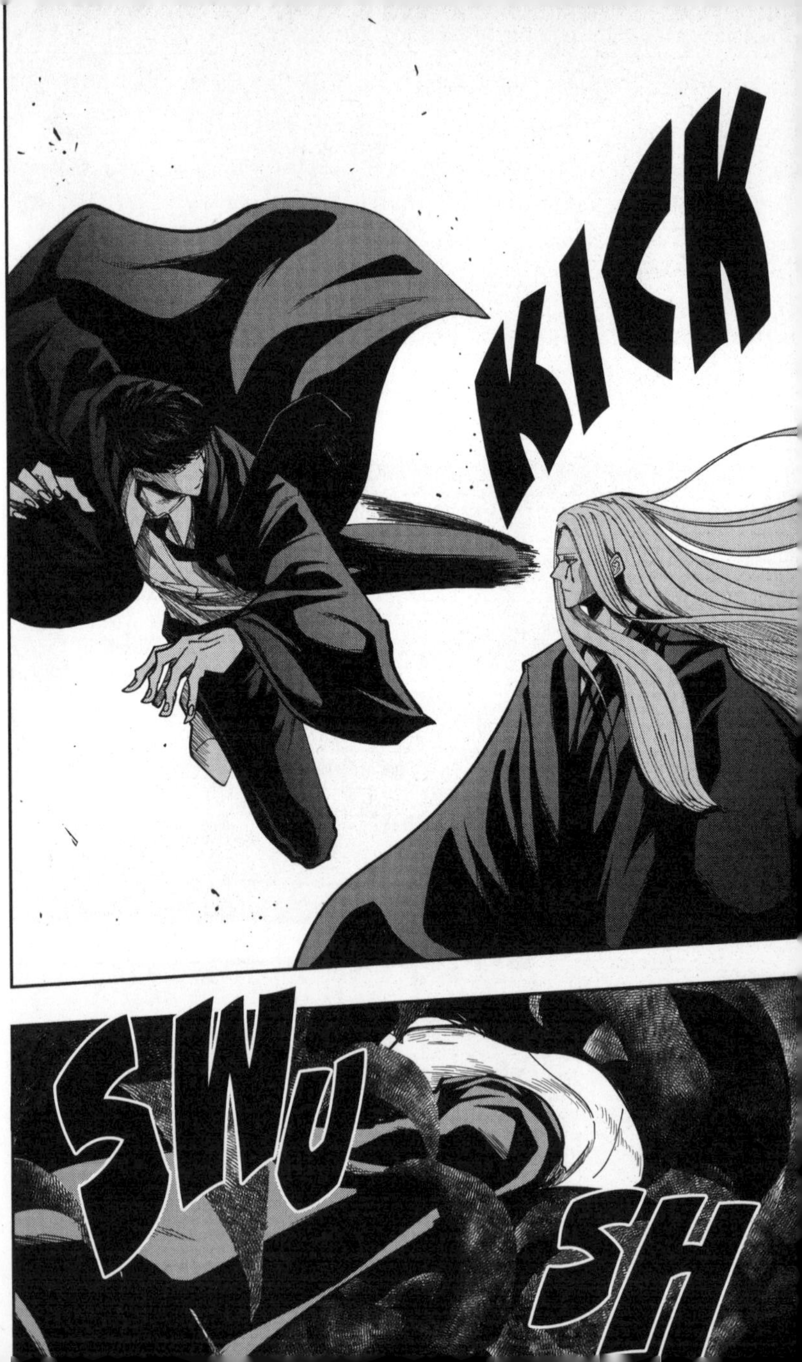
KICK
SWUSH

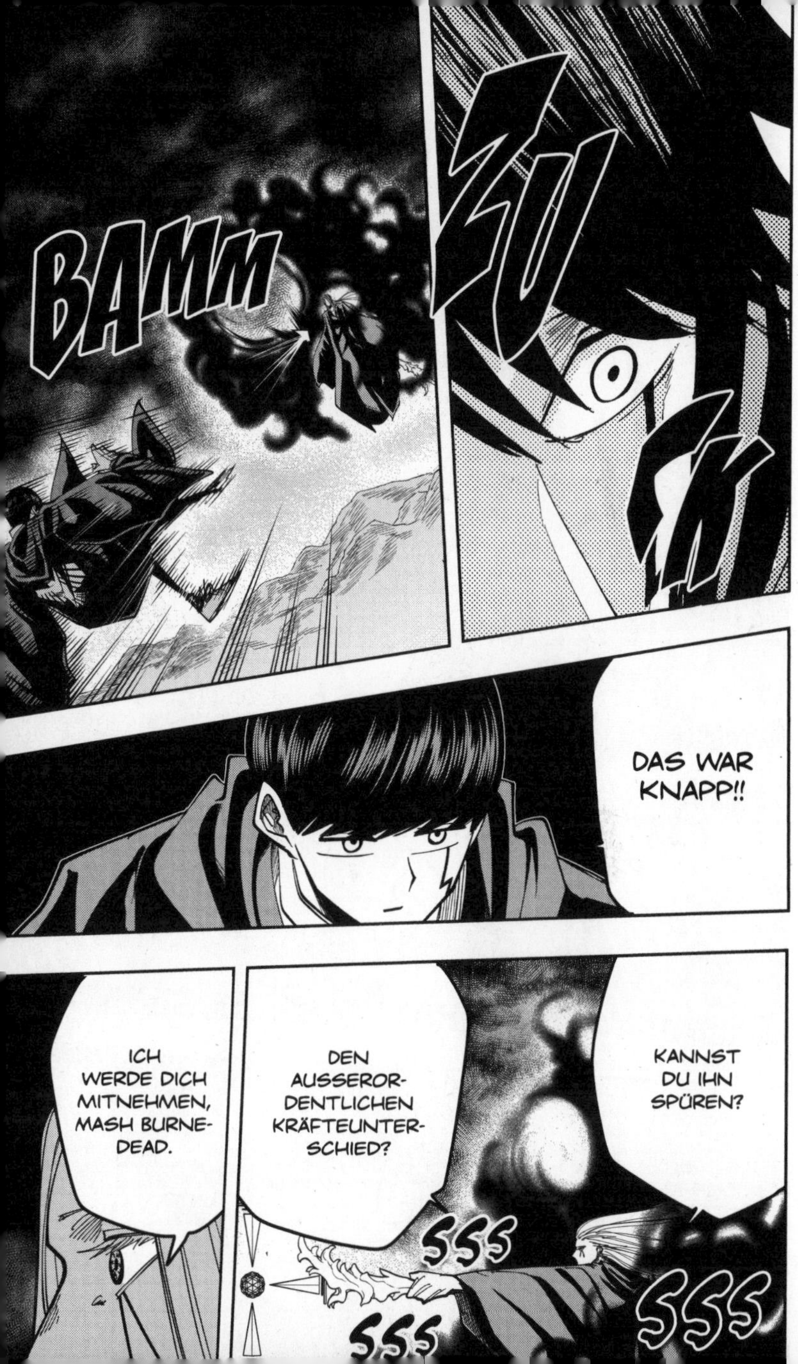
ZU
CK
BAMM
DAS WAR KNAPP!!
KANNST DU IHN SPÜREN?
DEN AUSSEROR-DENTLICHEN KRÄFTEUNTER-SCHIED?
ICH WERDE DICH MITNEHMEN, MASH BURNE-DEAD.
SSS
SSS
SSS

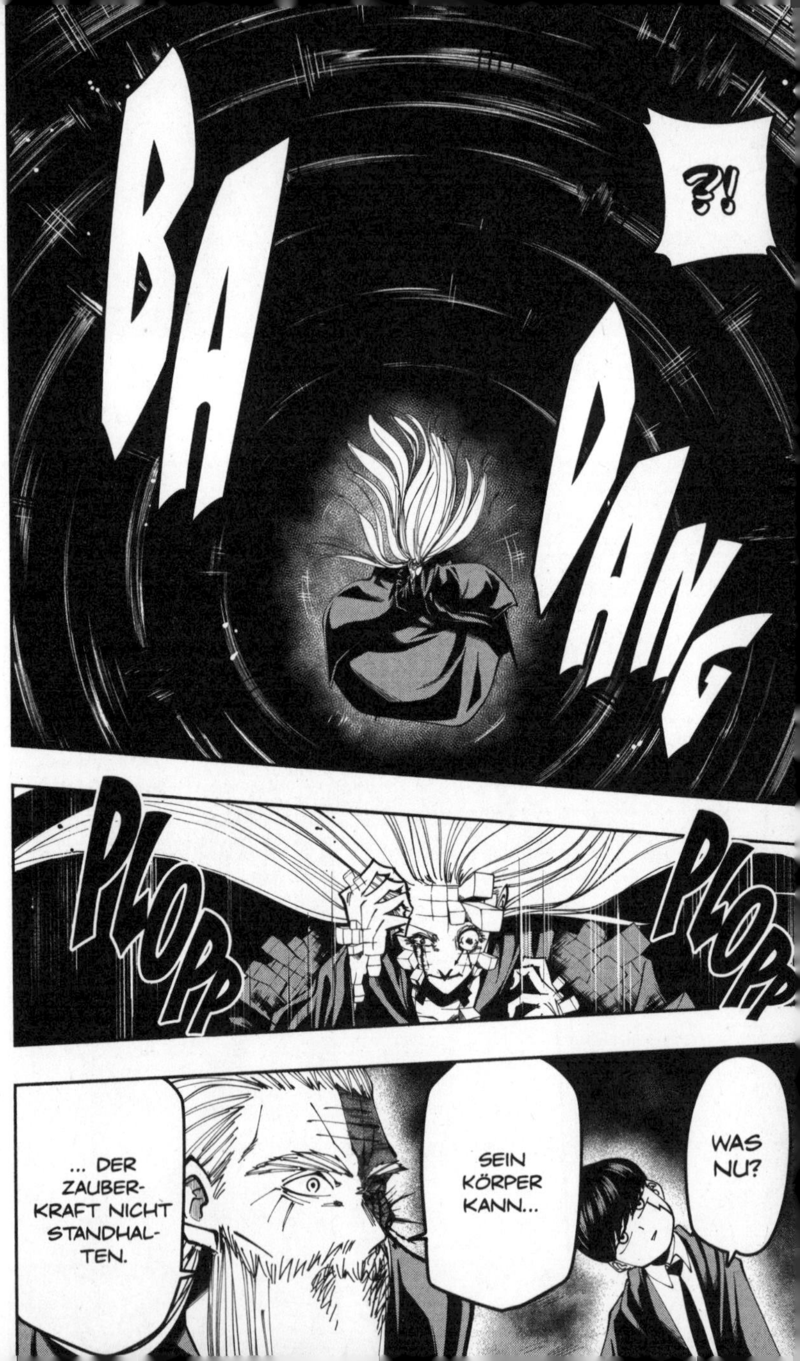
?!
BADANG
PLOPP PLOPP
WAS NU?
SEIN KÖRPER KANN...
... DER ZAUBER-KRAFT NICHT STANDHAL-TEN.

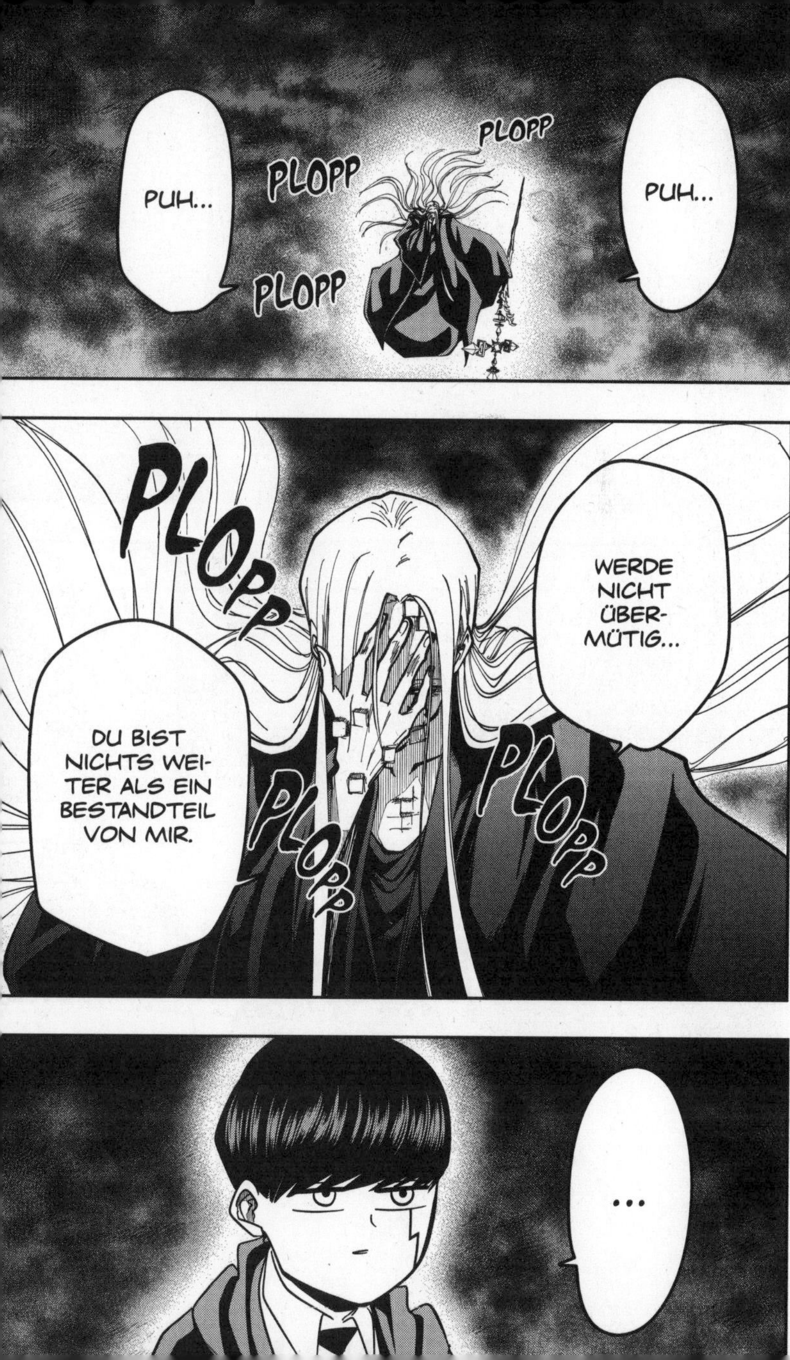
PUH...
PLOPP
PLOPP
PLOPP
PUH...
WERDE NICHT ÜBER-MÜTIG...
PLOPP
PLOPP
PLOPP
DU BIST NICHTS WEI-TER ALS EIN BESTANDTEIL VON MIR.
...

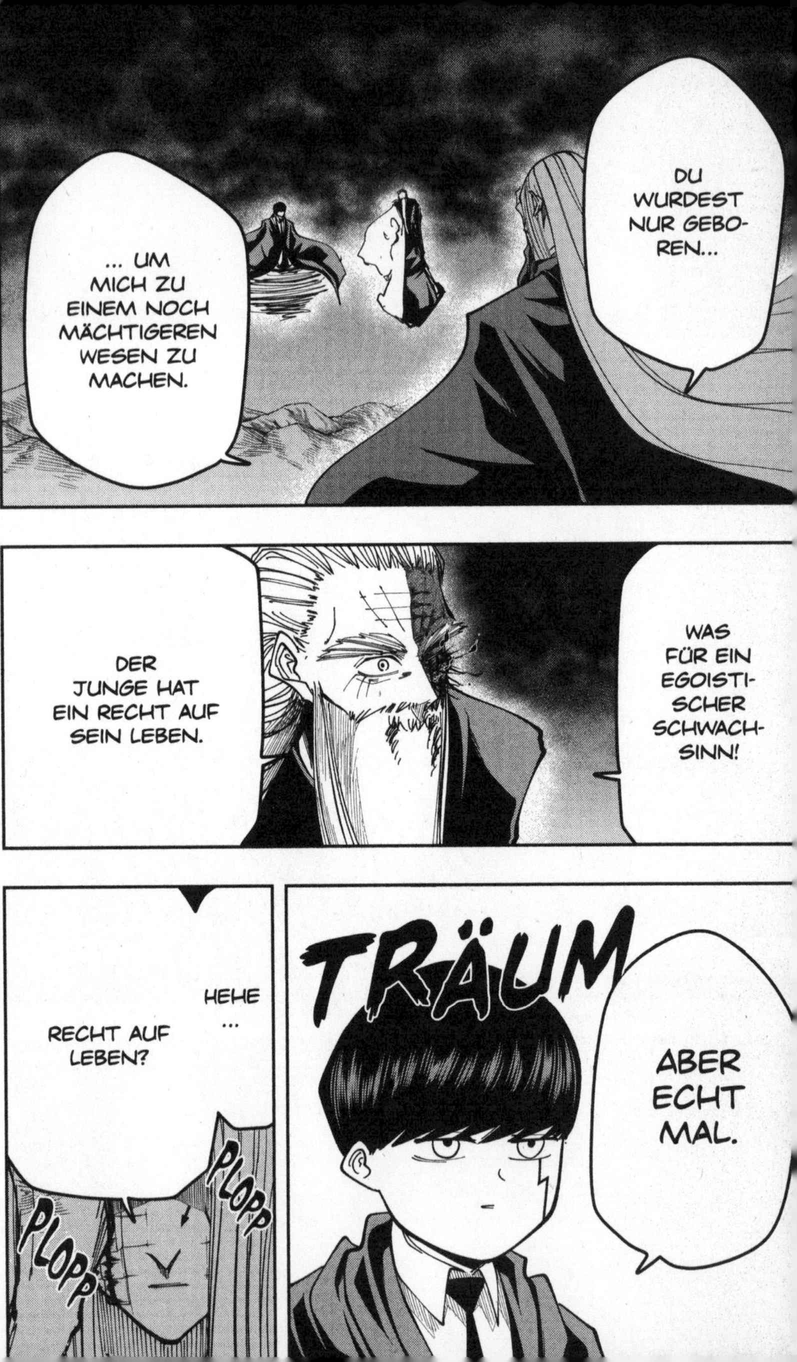
DU WURDEST NUR GEBOREN...
... UM MICH ZU EINEM NOCH MÄCHTIGEREN WESEN ZU MACHEN.
WAS FÜR EIN EGOISTISCHER SCHWACHSINN!
DER JUNGE HAT EIN RECHT AUF SEIN LEBEN.
ABER ECHT MAL.
TRÄUM
HEHE ...
RECHT AUF LEBEN?
PLOPP
PLOPP

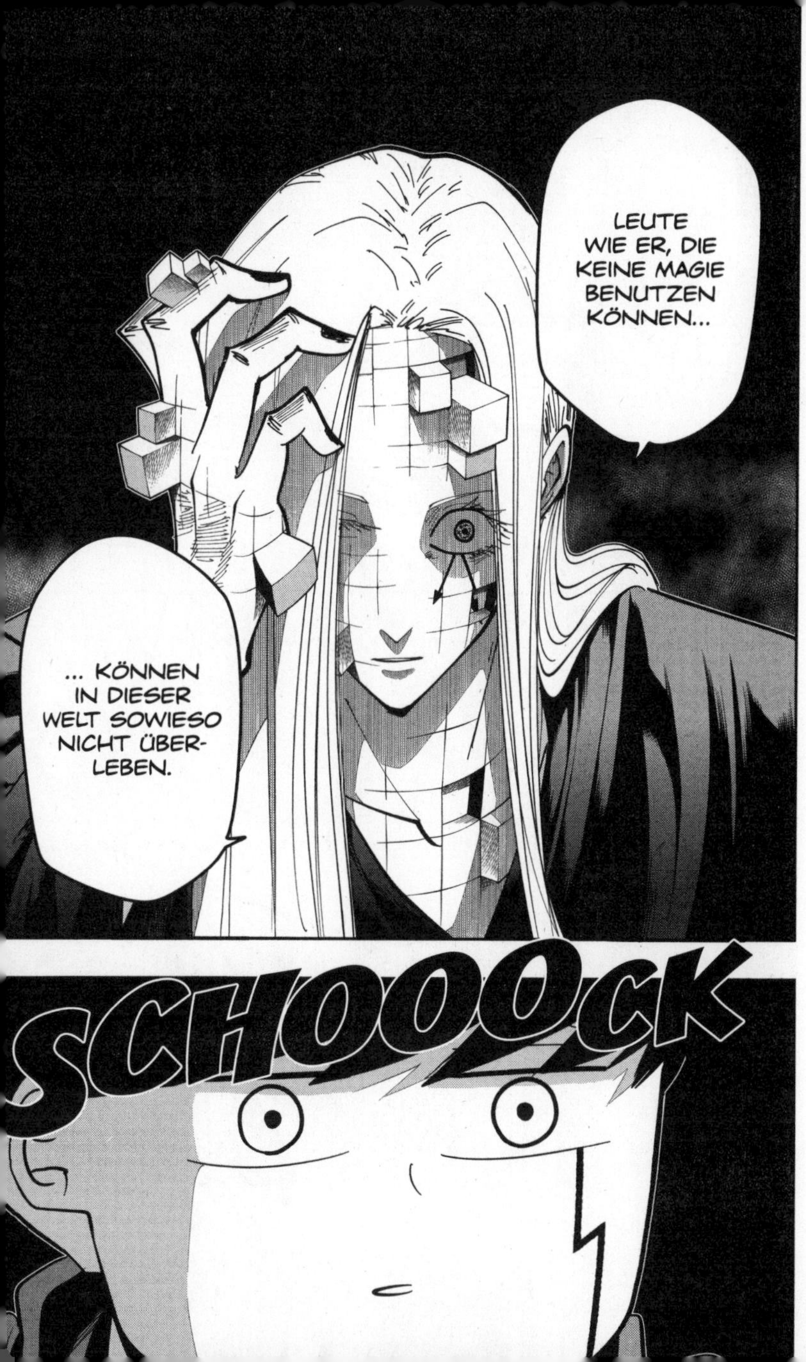
LEUTE WIE ER, DIE KEINE MAGIE BENUTZEN KÖNNEN...
... KÖNNEN IN DIESER WELT SOWIESO NICHT ÜBER-LEBEN.
SCHOOOCK

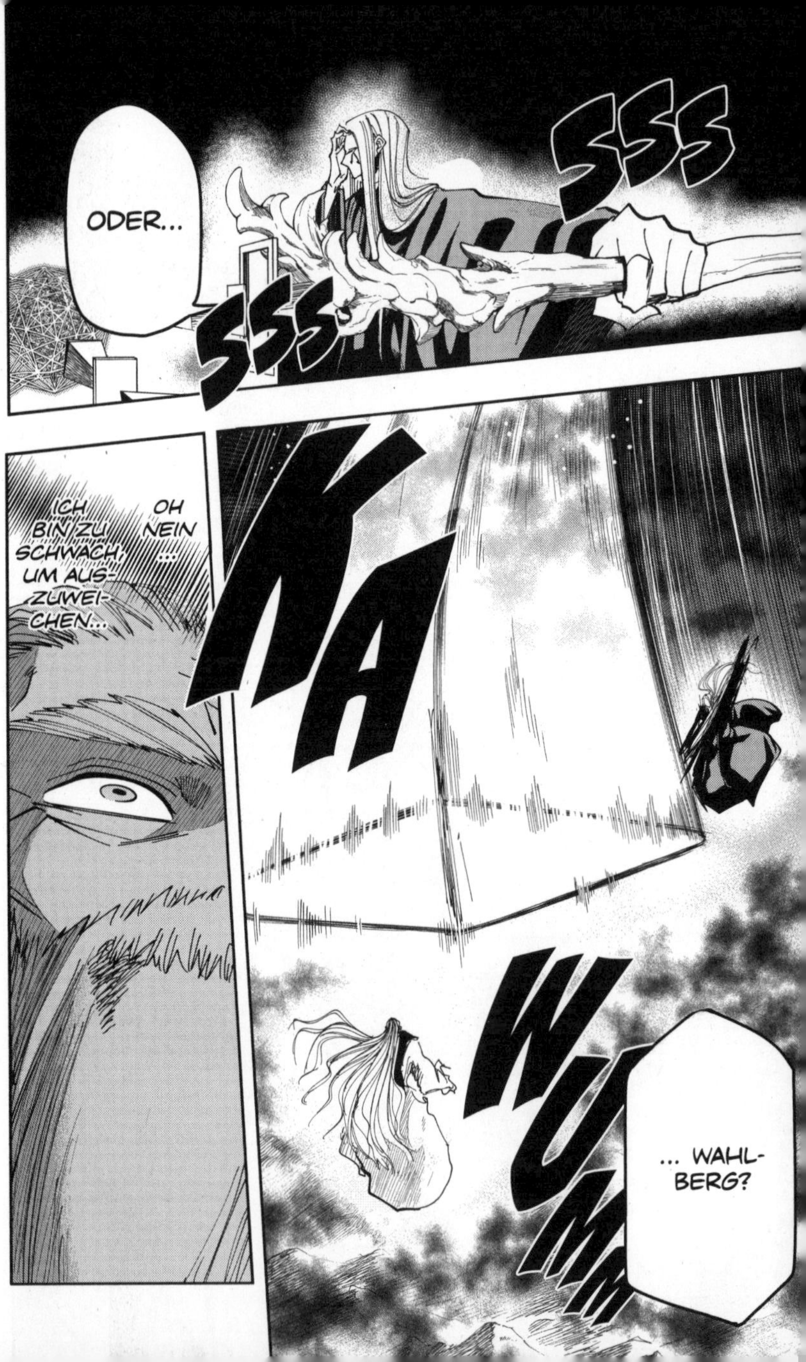
SSS
SSS
ODER...
KA
OH NEIN ...
ICH BIN ZU SCHWACH, UM AUS-ZUWEI-CHEN...
WUM
... WAHL-BERG?

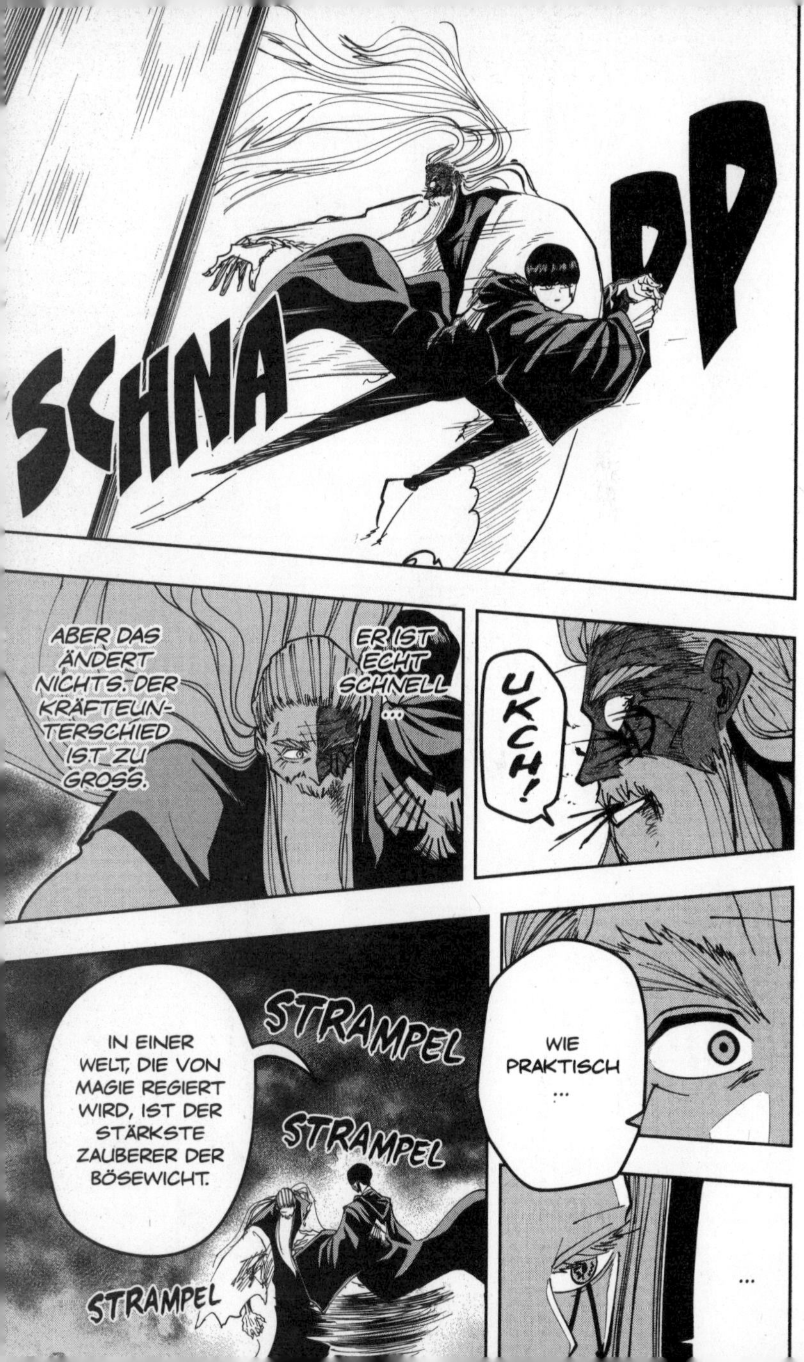
SCHNAPP
UKCH!
ER IST ECHT SCHNELL …
ABER DAS ÄNDERT NICHTS. DER KRÄFTEUNTERSCHIED IST ZU GROSS.
WIE PRAKTISCH …
…
STRAMPEL
STRAMPEL
IN EINER WELT, DIE VON MAGIE REGIERT WIRD, IST DER STÄRKSTE ZAUBERER DER BÖSEWICHT.
STRAMPEL

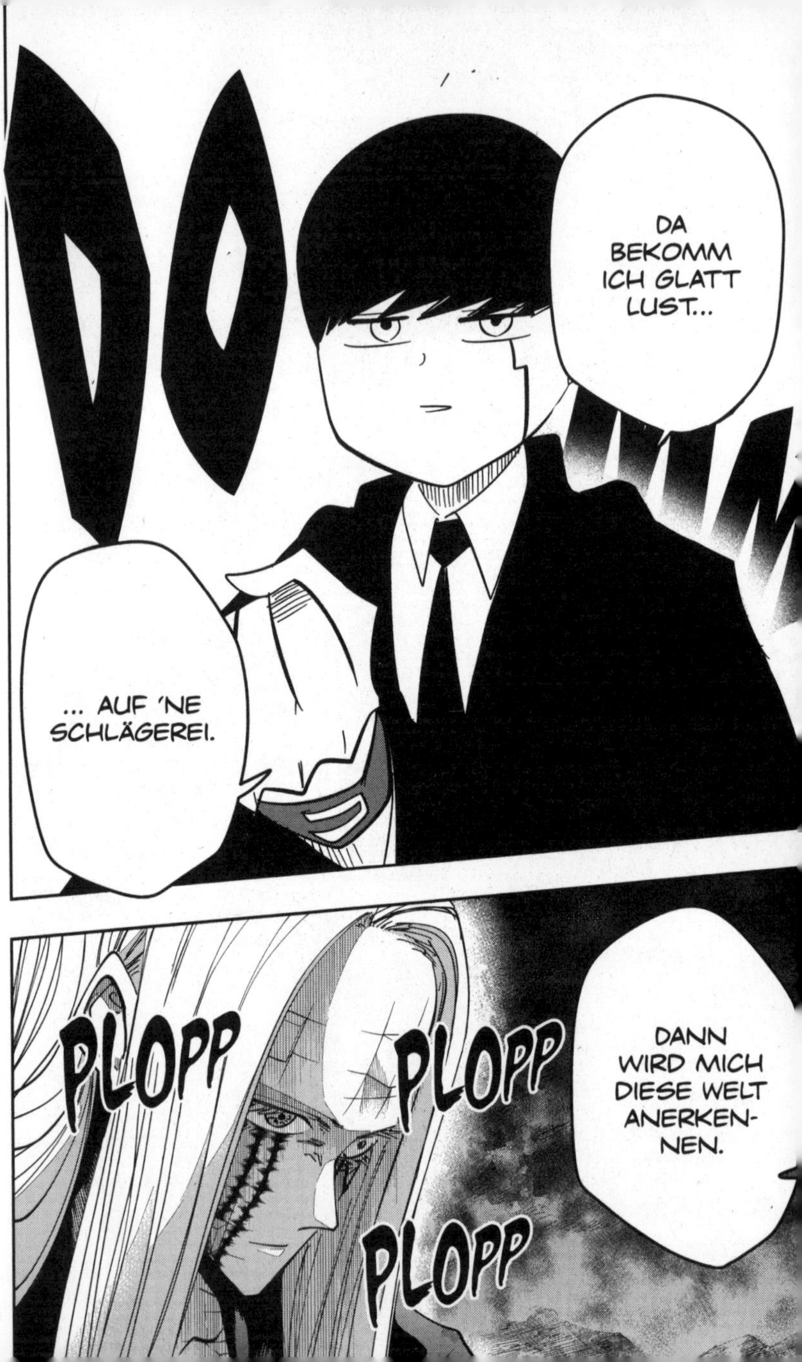
DA BEKOMM ICH GLATT LUST...
... AUF 'NE SCHLÄGEREI.
DANN WIRD MICH DIESE WELT ANERKEN-NEN.
PLOPP
PLOPP
PLOPP

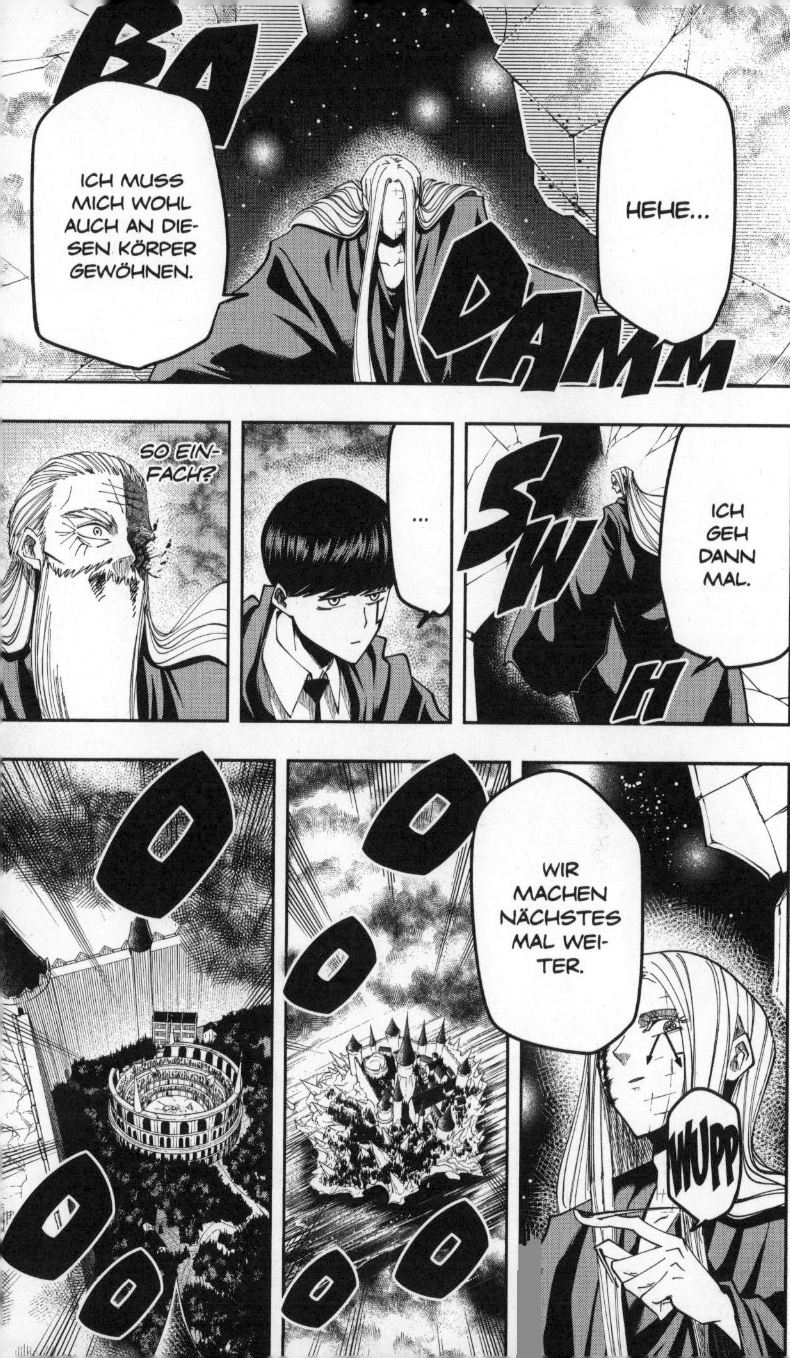
BA
HEHE...
DAMM
ICH MUSS MICH WOHL AUCH AN DIESEN KÖRPER GEWÖHNEN.
ICH GEH DANN MAL.
SWH
...
SO EINFACH?
WIR MACHEN NÄCHSTES MAL WEITER.
WUPP
OOO
OOO
OOO

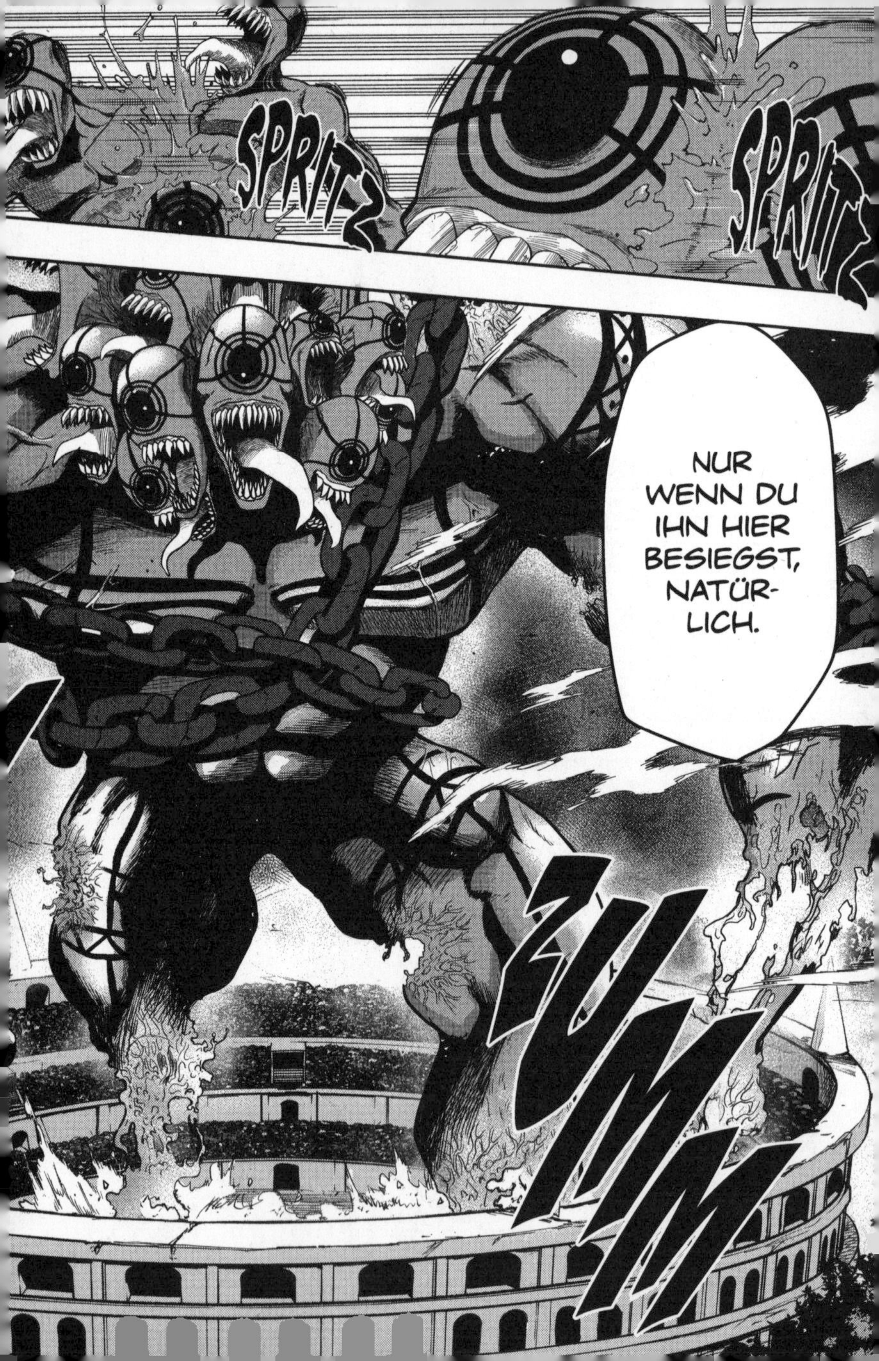
SPRITZ
SPRITZ
NUR WENN DU IHN HIER BESIEGST, NATÜR-LICH.
ZUMM

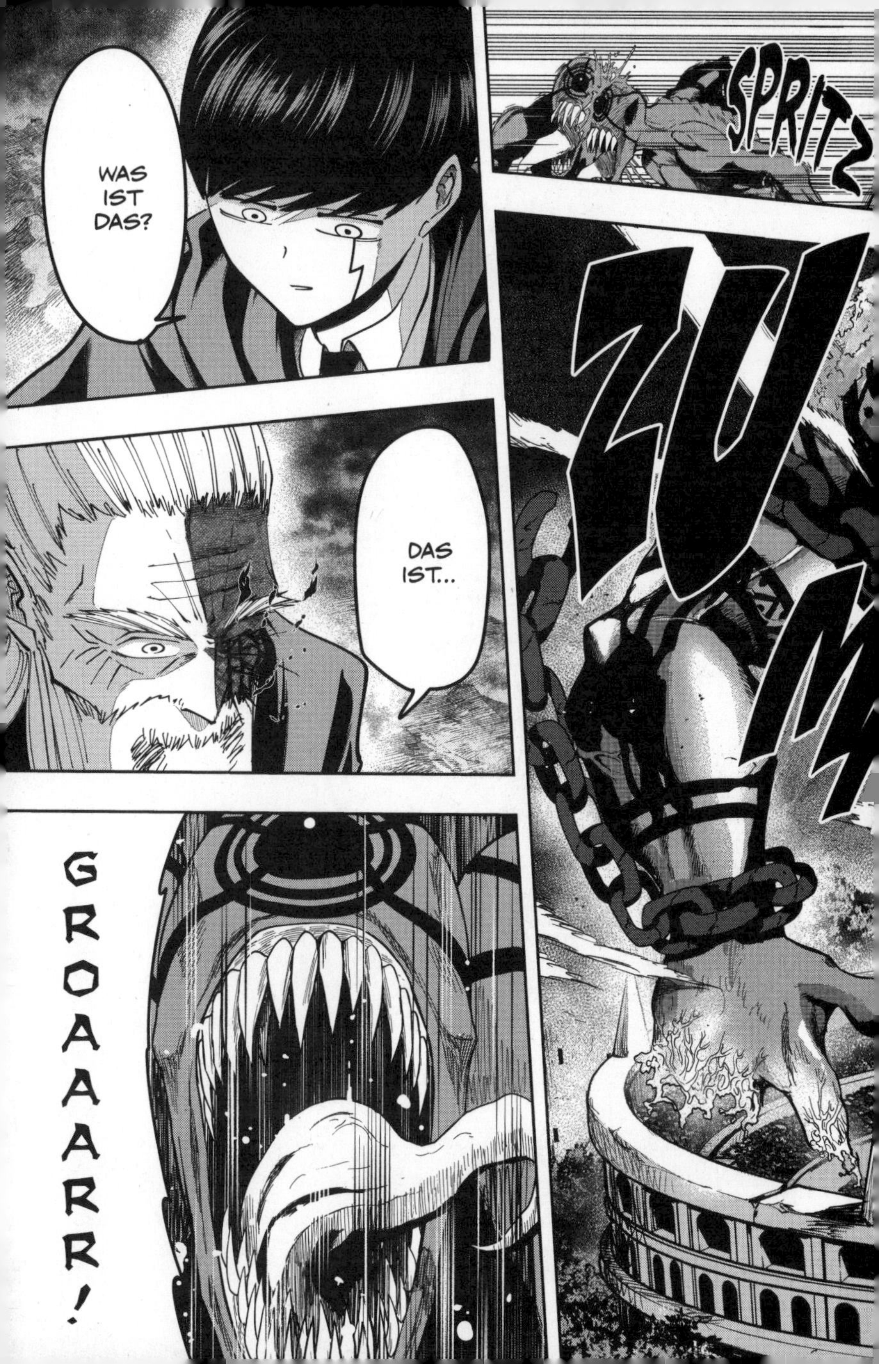
SPRITZ
WAS IST DAS?
DAS IST...
GROAAARR!

Extra 6

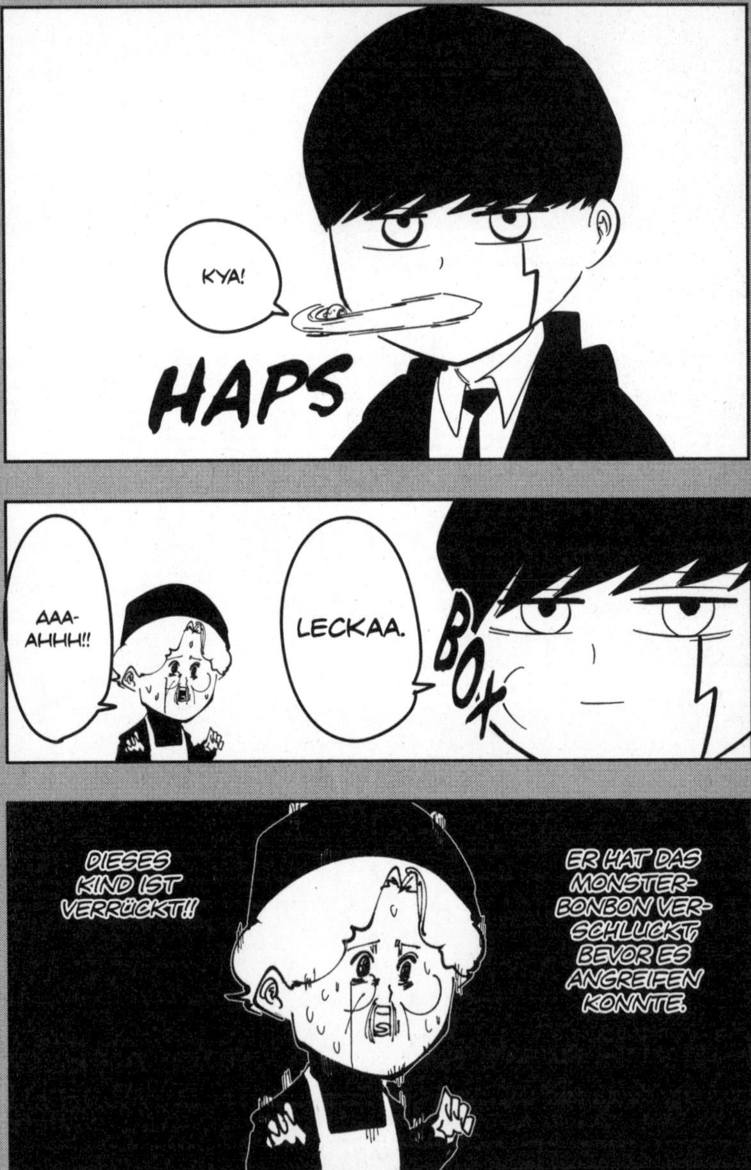

Ende des Extras

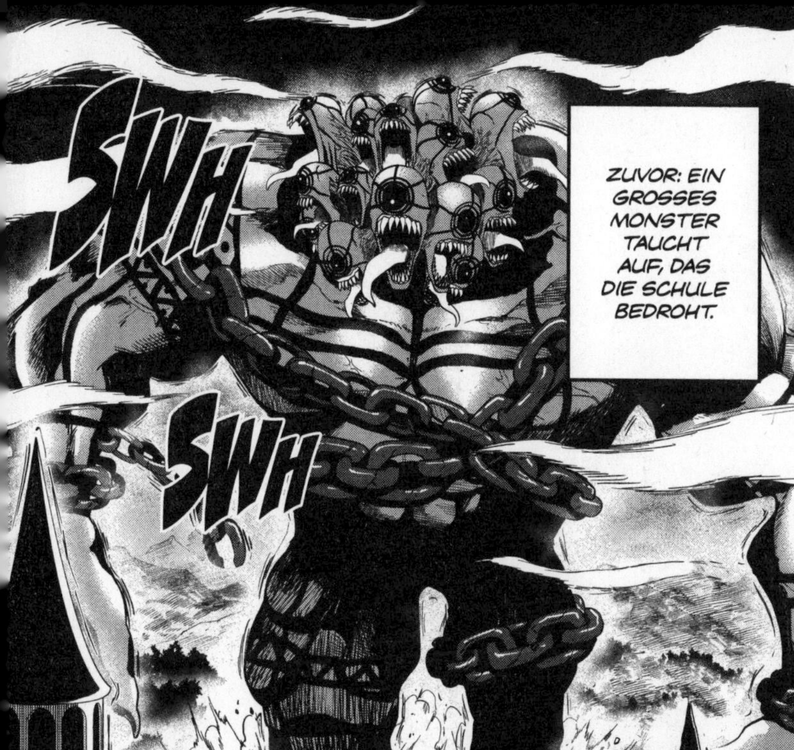

72. Kapitel Mash Burnedead und der Kettenriese

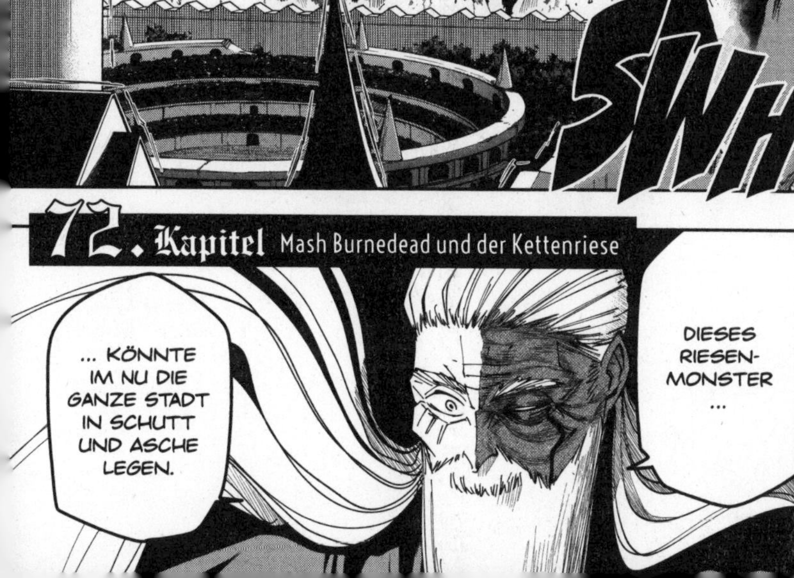

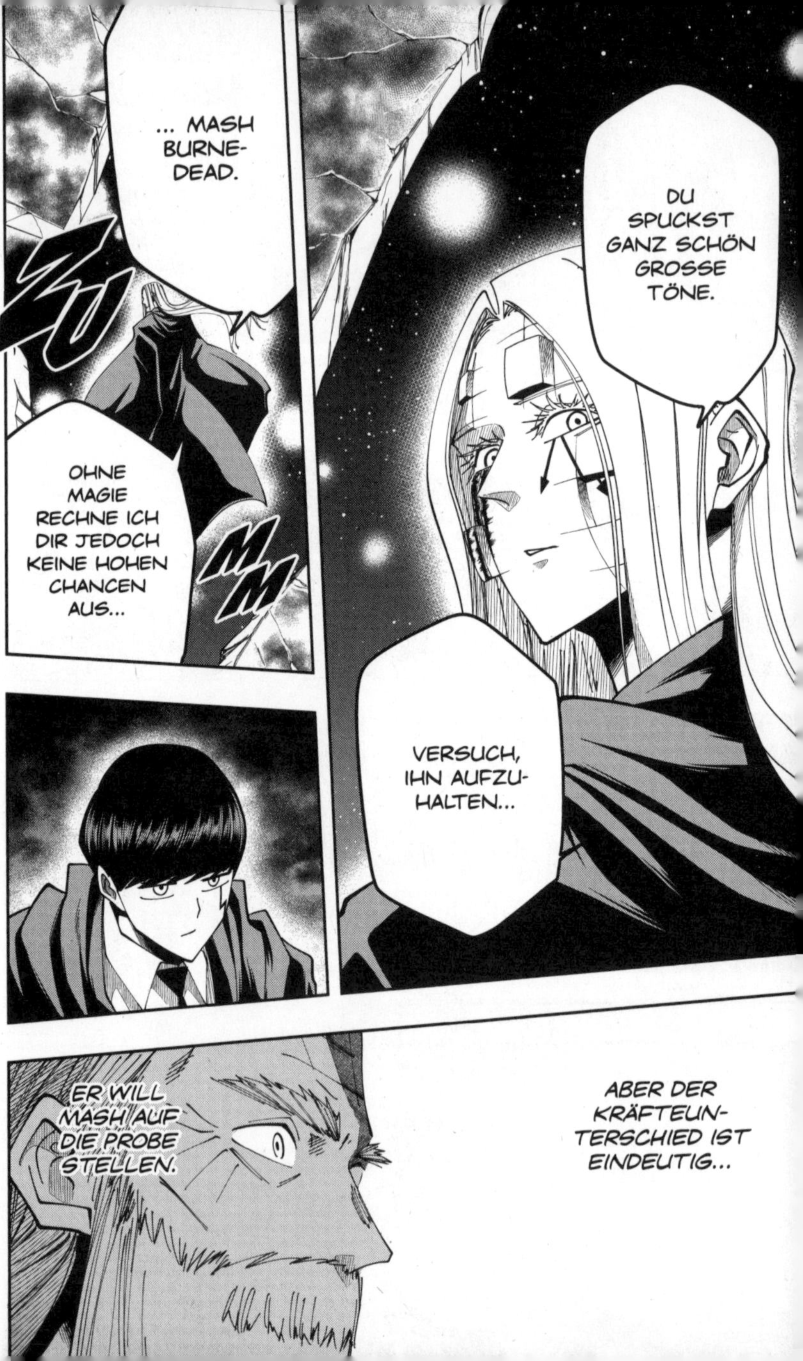
DU SPUCKST GANZ SCHÖN GROSSE TÖNE.
... MASH BURNE-DEAD.
ZU
OHNE MAGIE RECHNE ICH DIR JEDOCH KEINE HOHEN CHANCEN AUS...
MM
VERSUCH, IHN AUFZU-HALTEN...
ABER DER KRÄFTEUN-TERSCHIED IST EINDEUTIG...
ER WILL MASH AUF DIE PROBE STELLEN.

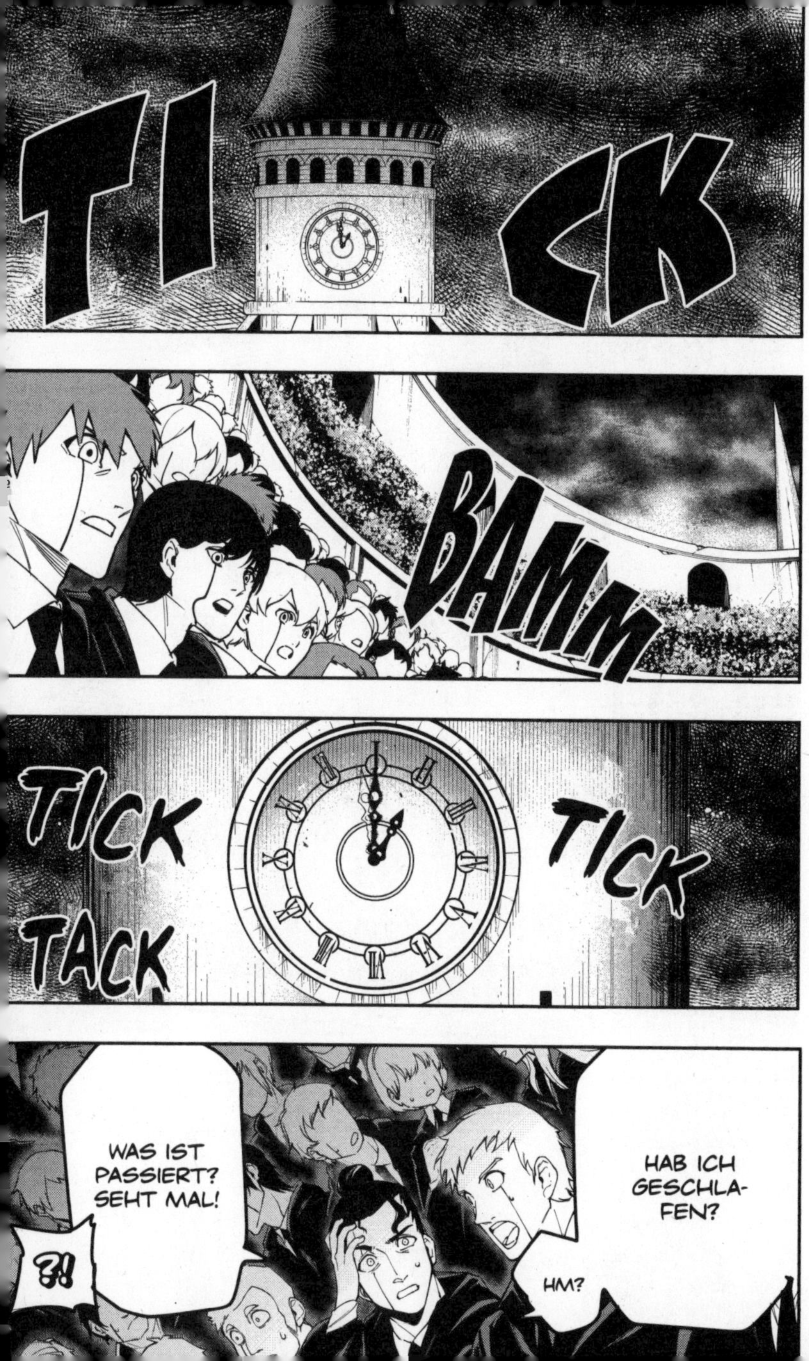
TI CK
BAMM
TICK TICK TACK
HAB ICH GESCHLA-FEN?
HM?
WAS IST PASSIERT? SEHT MAL!
?!

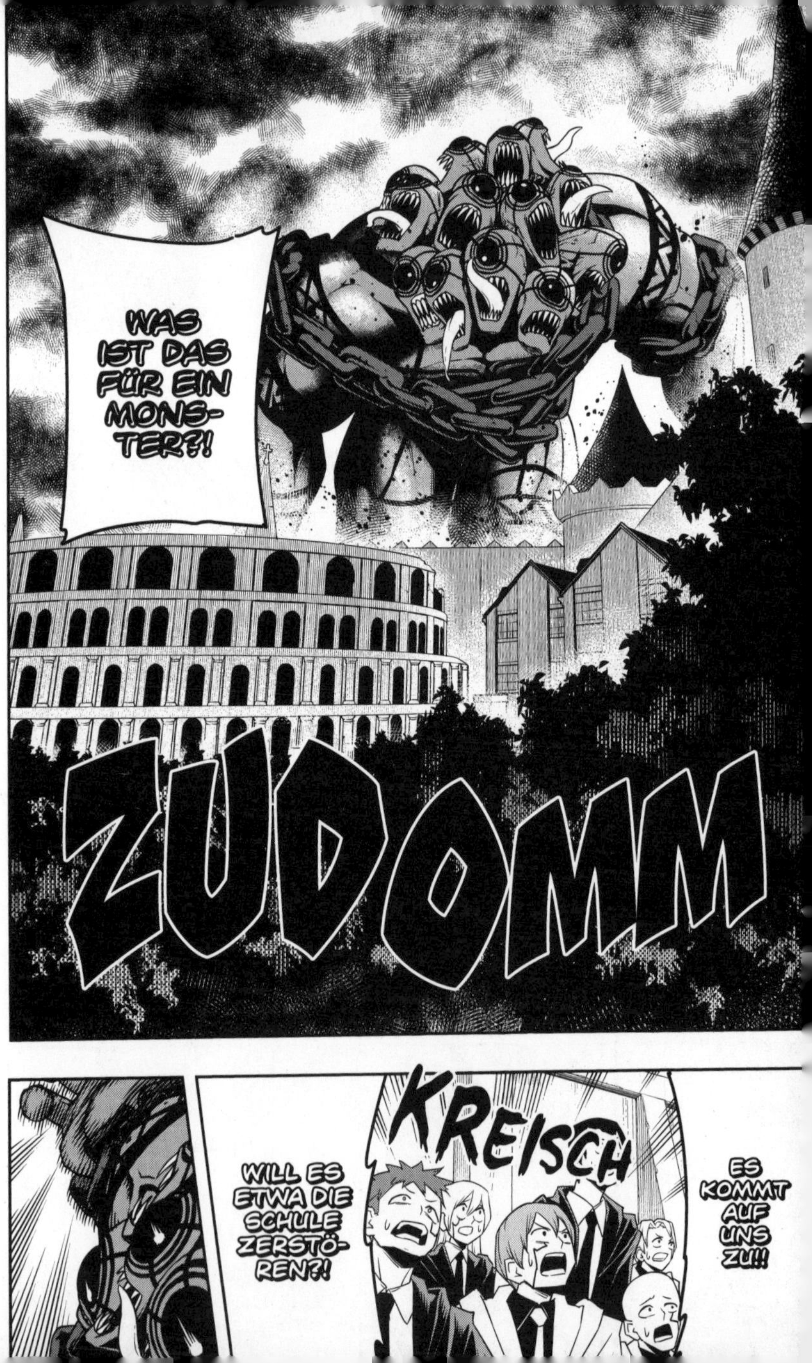
WAS IST DAS FÜR EIN MONS-TER?!
ZUDOMM
KREISCH
ES KOMMT AUF UNS ZU!!
WILL ES ETWA DIE SCHULE ZERSTÖ-REN?!

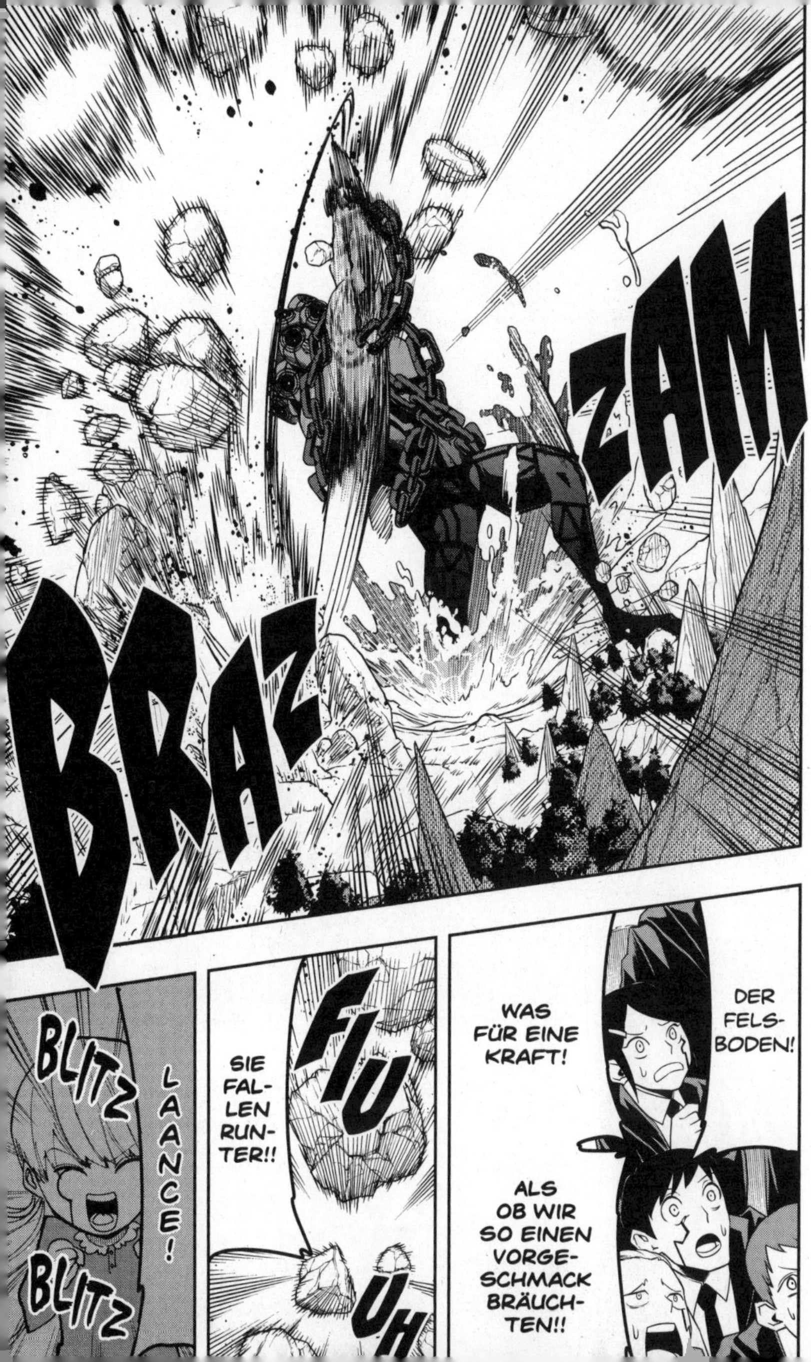

BRAZ
ZAM
DER FELS-BODEN!
WAS FÜR EINE KRAFT!
ALS OB WIR SO EINEN VORGE-SCHMACK BRÄUCH-TEN!!
FIU
SIE FAL-LEN RUN-TER!!
UH
BLITZ
LAANCE!
BLITZ

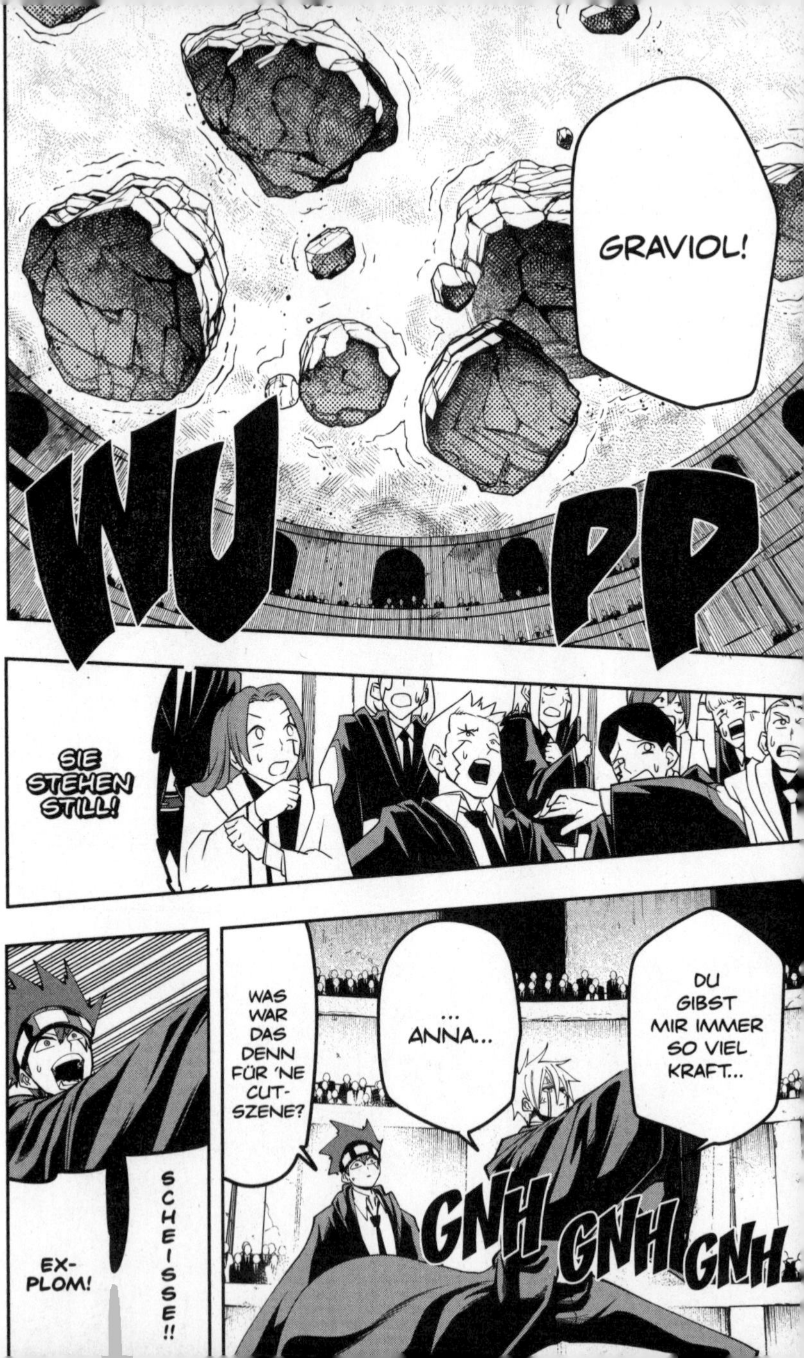
GRAVIOL!
WUPP
SIE STEHEN STILL!
DU GIBST MIR IMMER SO VIEL KRAFT...
... ANNA...
WAS WAR DAS DENN FÜR 'NE CUT-SZENE?
GNH GNH GNH
SCHEISSE!!
EX-PLOM!

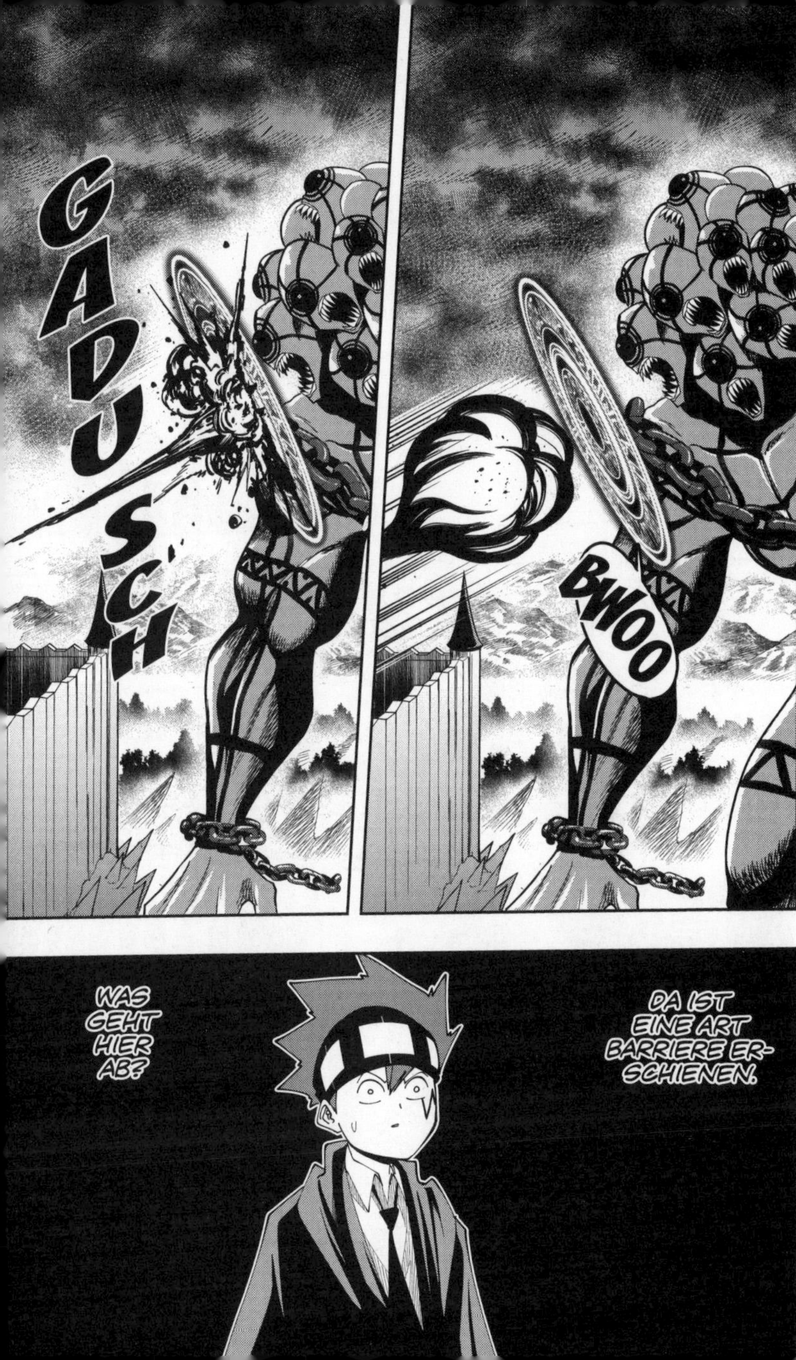
BWOO
GADUSCH
WAS GEHT HIER AB?
DA IST EINE ART BARRIERE ER-SCHIENEN.

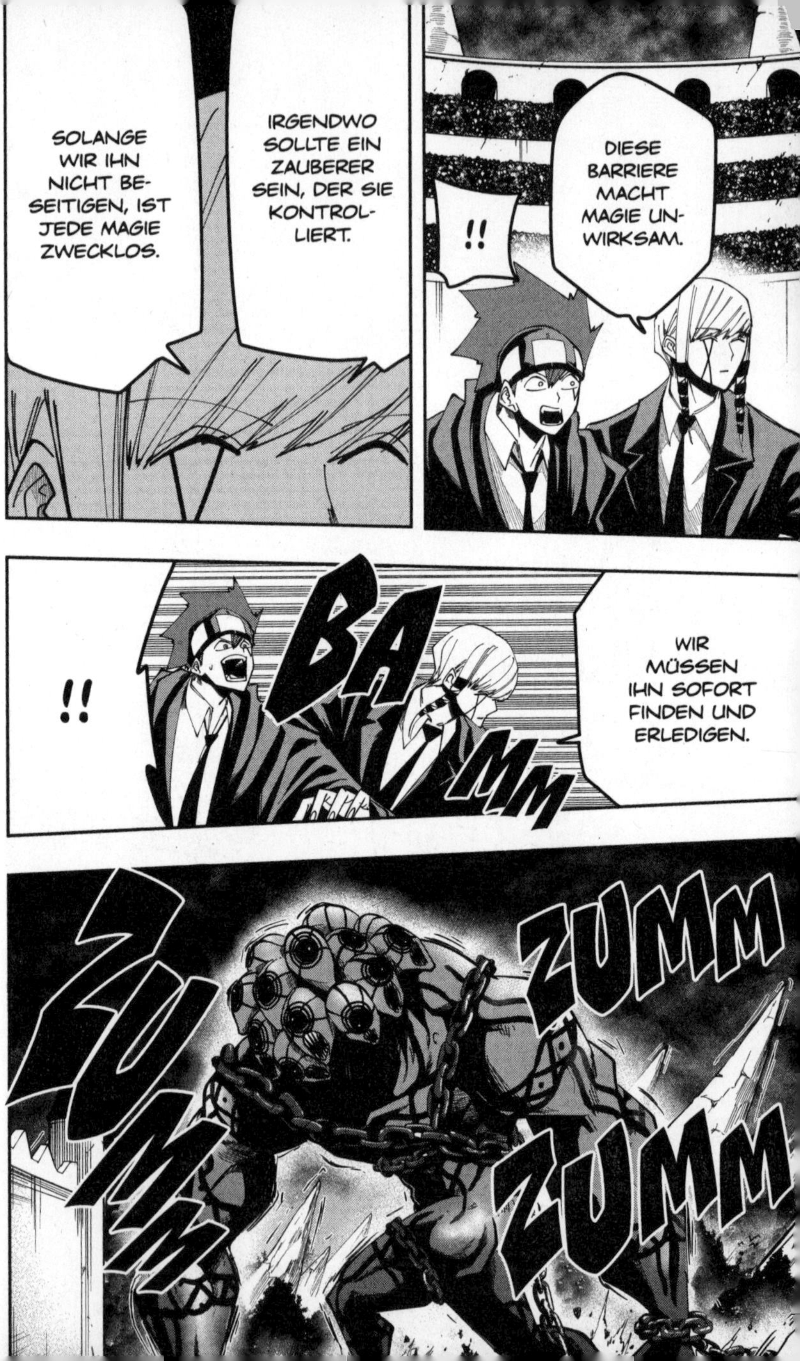
DIESE BARRIERE MACHT MAGIE UNWIRKSAM.
!!
IRGENDWO SOLLTE EIN ZAUBERER SEIN, DER SIE KONTROLLIERT.
SOLANGE WIR IHN NICHT BESEITIGEN, IST JEDE MAGIE ZWECKLOS.
WIR MÜSSEN IHN SOFORT FINDEN UND ERLEDIGEN.
BAMMM
!!
ZUMM
ZUMM
ZUMM

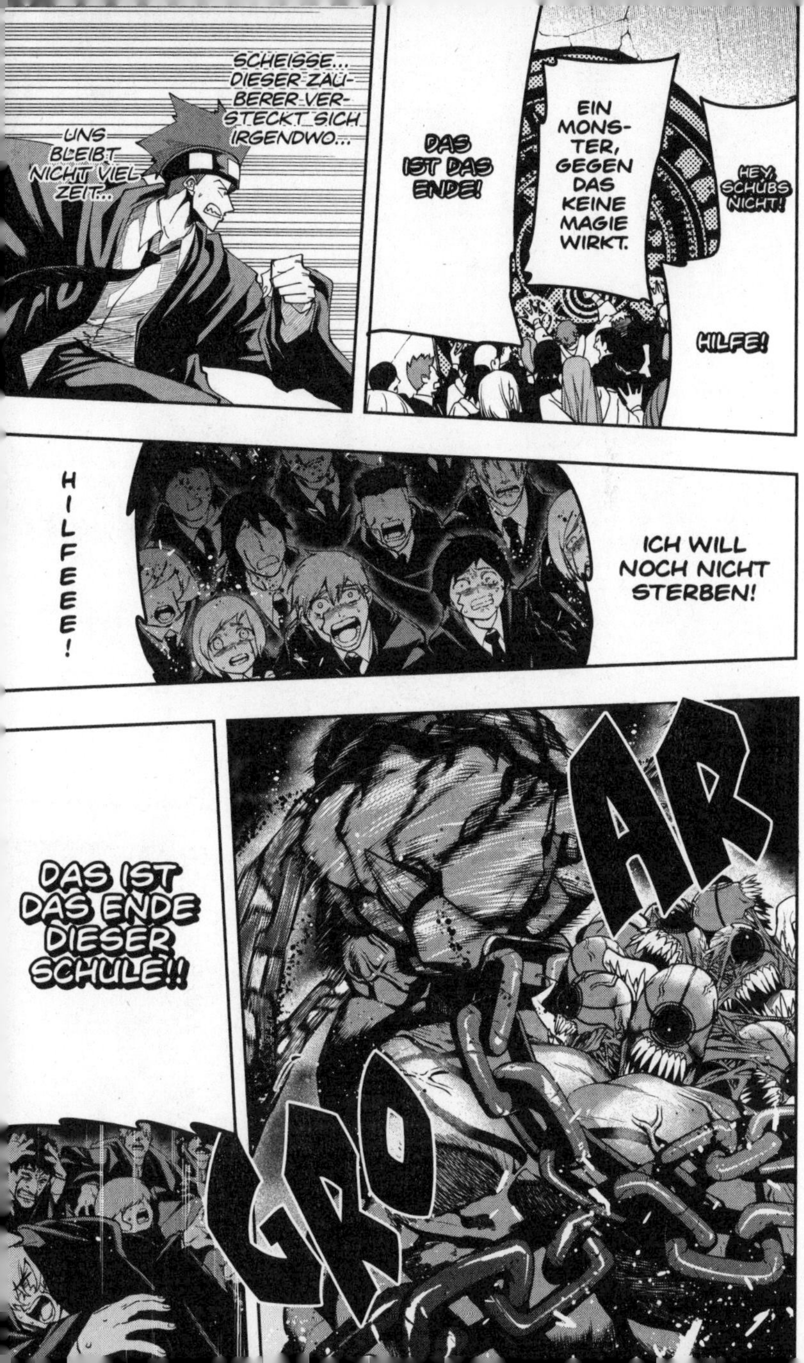
HEY, SCHUBS NICHT!
EIN MONSTER, GEGEN DAS KEINE MAGIE WIRKT.
DAS IST DAS ENDE!
HILFE!
SCHEISSE... DIESER ZAUBERER VERSTECKT SICH IRGENDWO...
UNS BLEIBT NICHT VIEL ZEIT...
ICH WILL NOCH NICHT STERBEN!
HILFEEEE!
GROAR
DAS IST DAS ENDE DIESER SCHULE!!

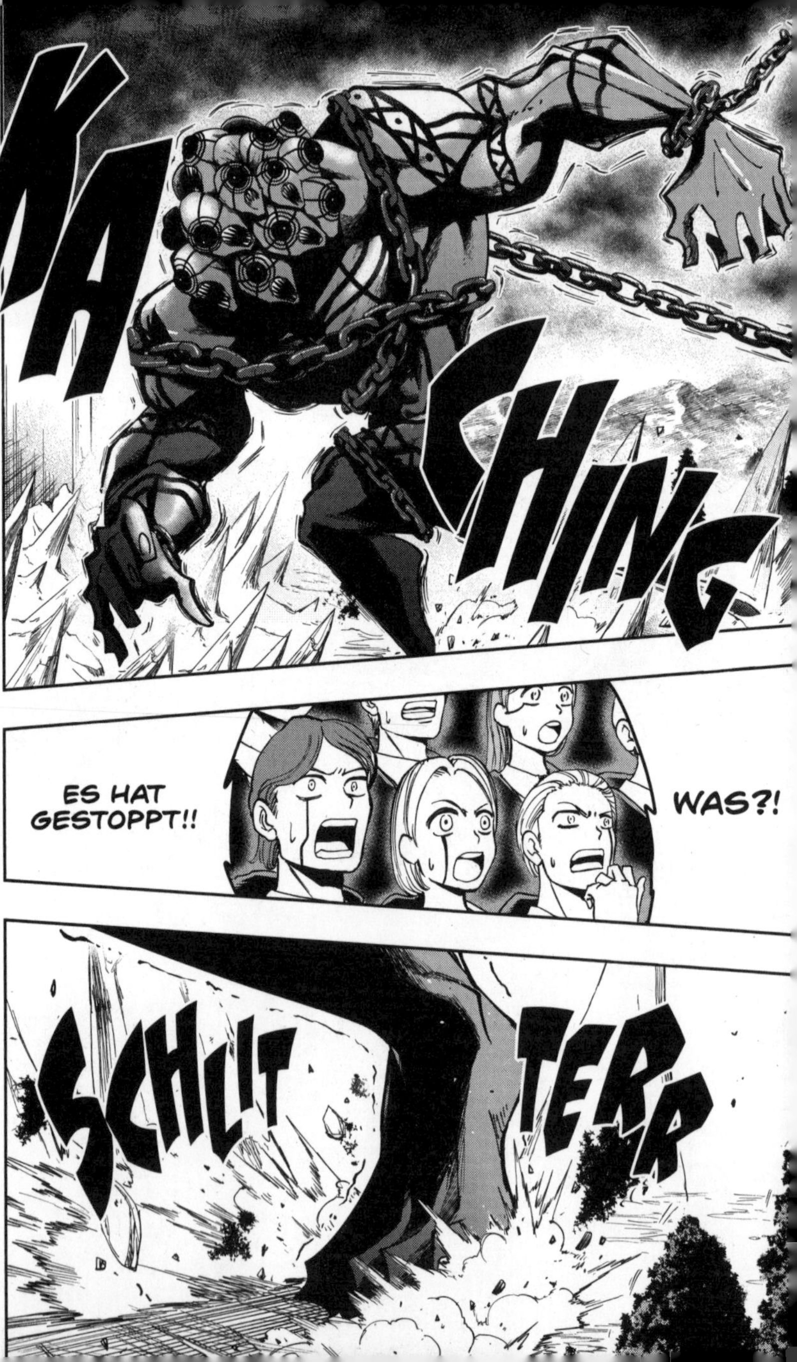
KA
CHING
WAS?!
ES HAT GESTOPPT!!
SCHUT
TERR

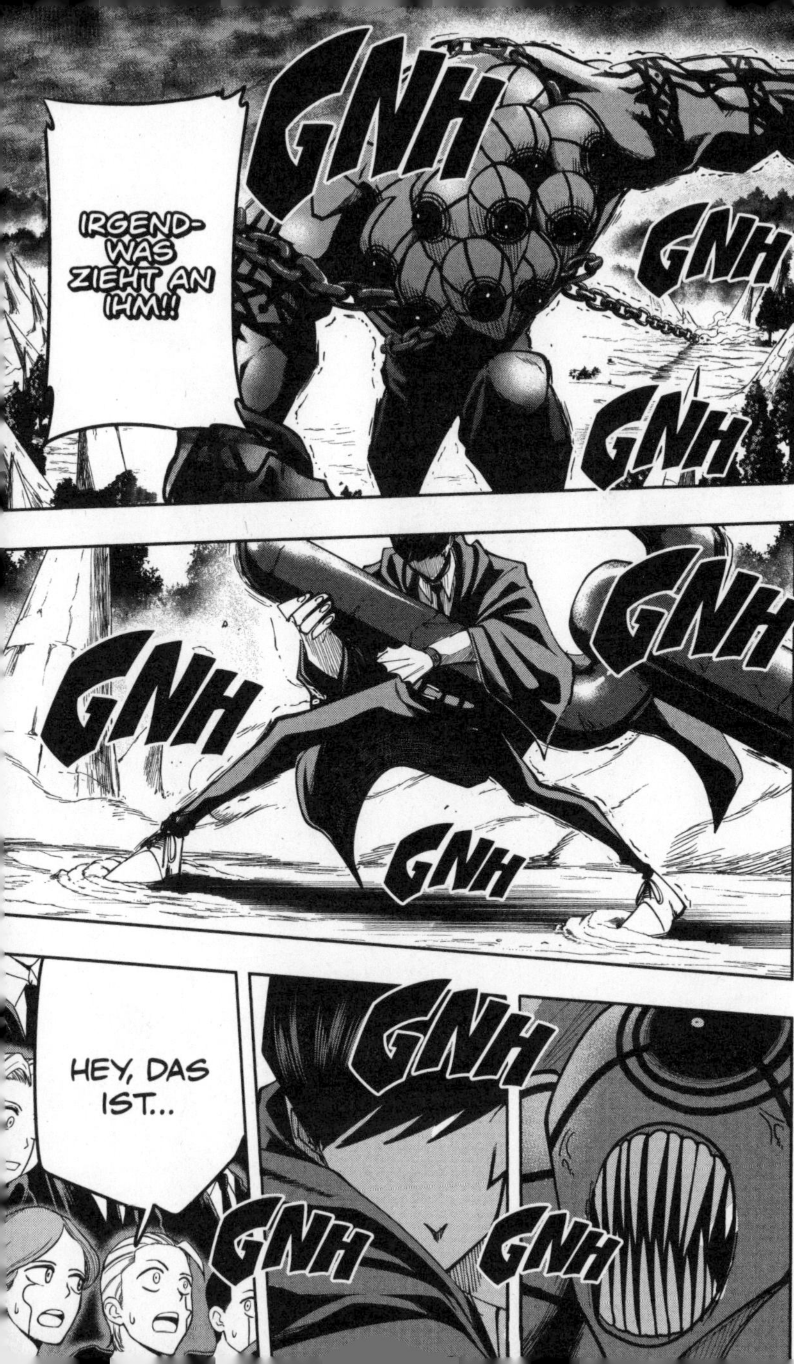
GNH
GNH
GNH
IRGEND-WAS ZIEHT AN IHM!!
GNH
GNH
GNH
GNH
GNH
GNH
HEY, DAS IST...

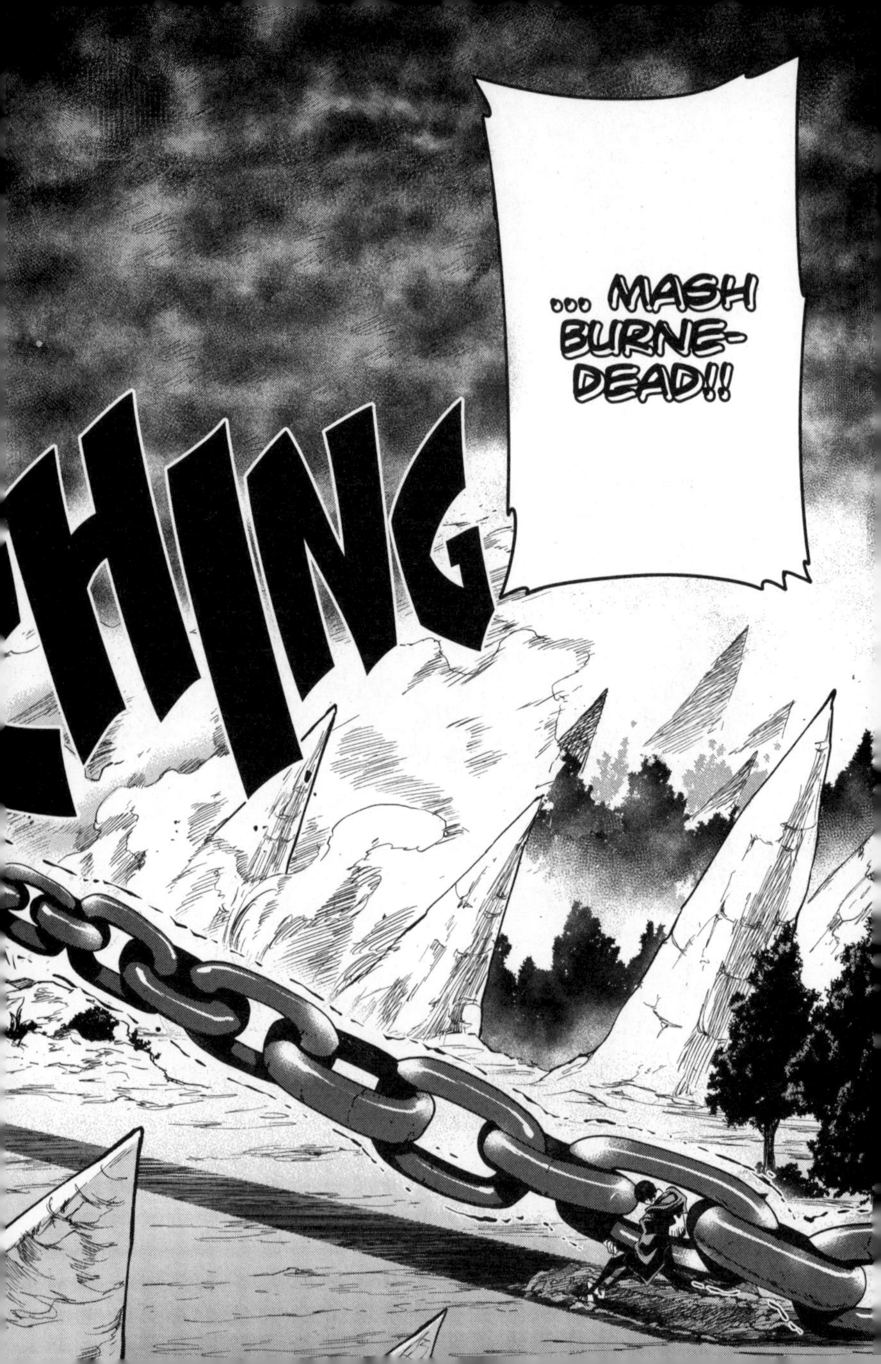
... MASH BURNE-DEAD!!
CHING

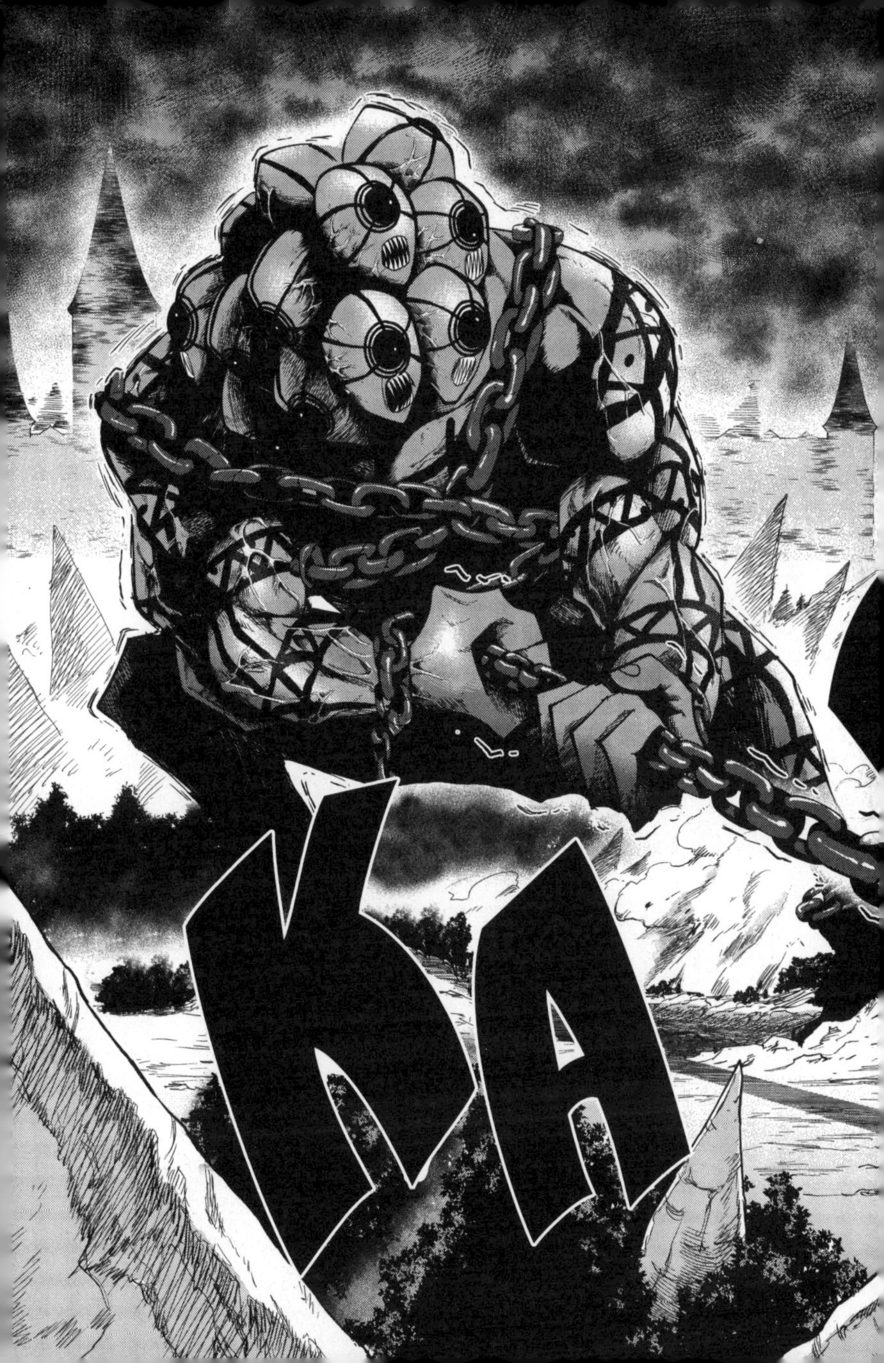
KA

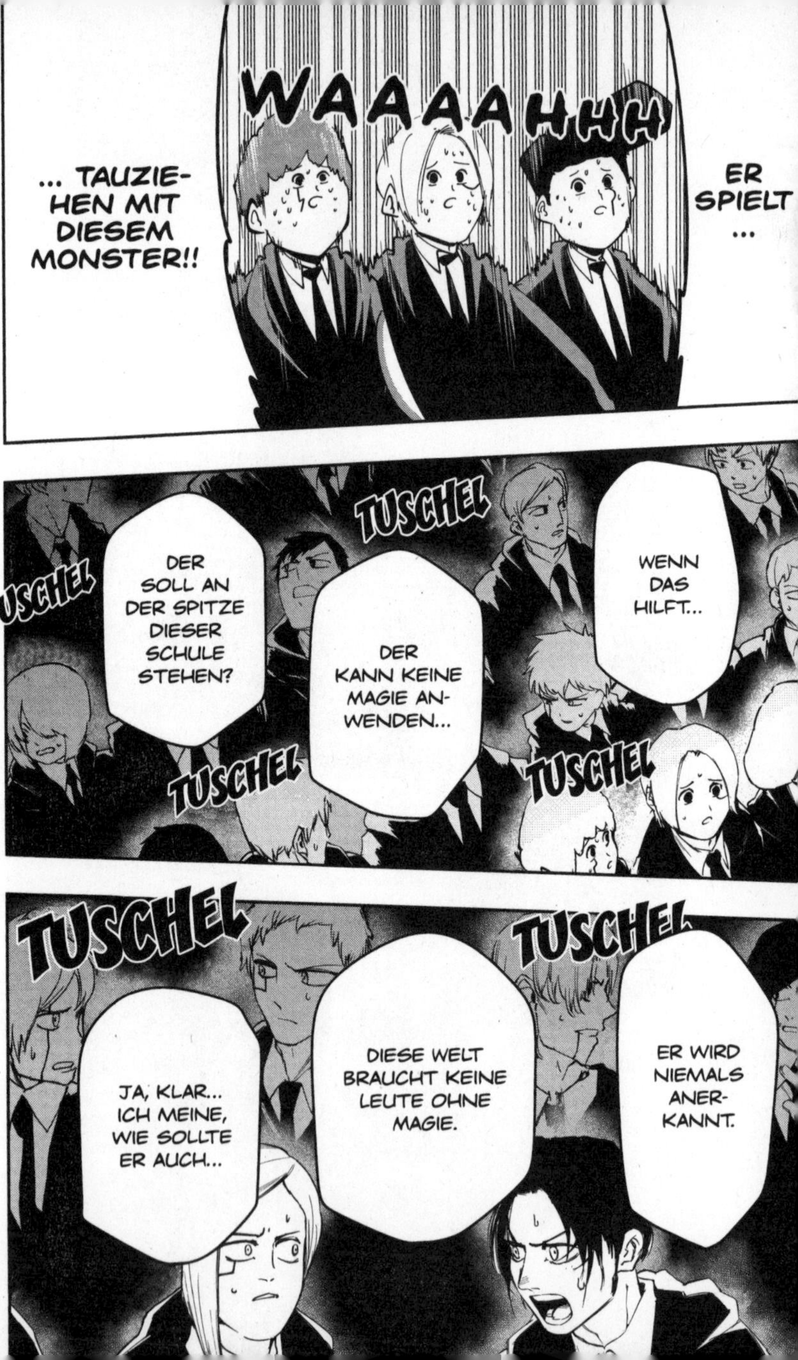
ER SPIELT …
… TAUZIE-HEN MIT DIESEM MONSTER!!
WAAAAHHH
TUSCHEL
WENN DAS HILFT…
TUSCHEL
DER KANN KEINE MAGIE AN-WENDEN…
TUSCHEL
DER SOLL AN DER SPITZE DIESER SCHULE STEHEN?
TUSCHEL
TUSCHEL
ER WIRD NIEMALS ANER-KANNT.
DIESE WELT BRAUCHT KEINE LEUTE OHNE MAGIE.
TUSCHEL
JA, KLAR… ICH MEINE, WIE SOLLTE ER AUCH…

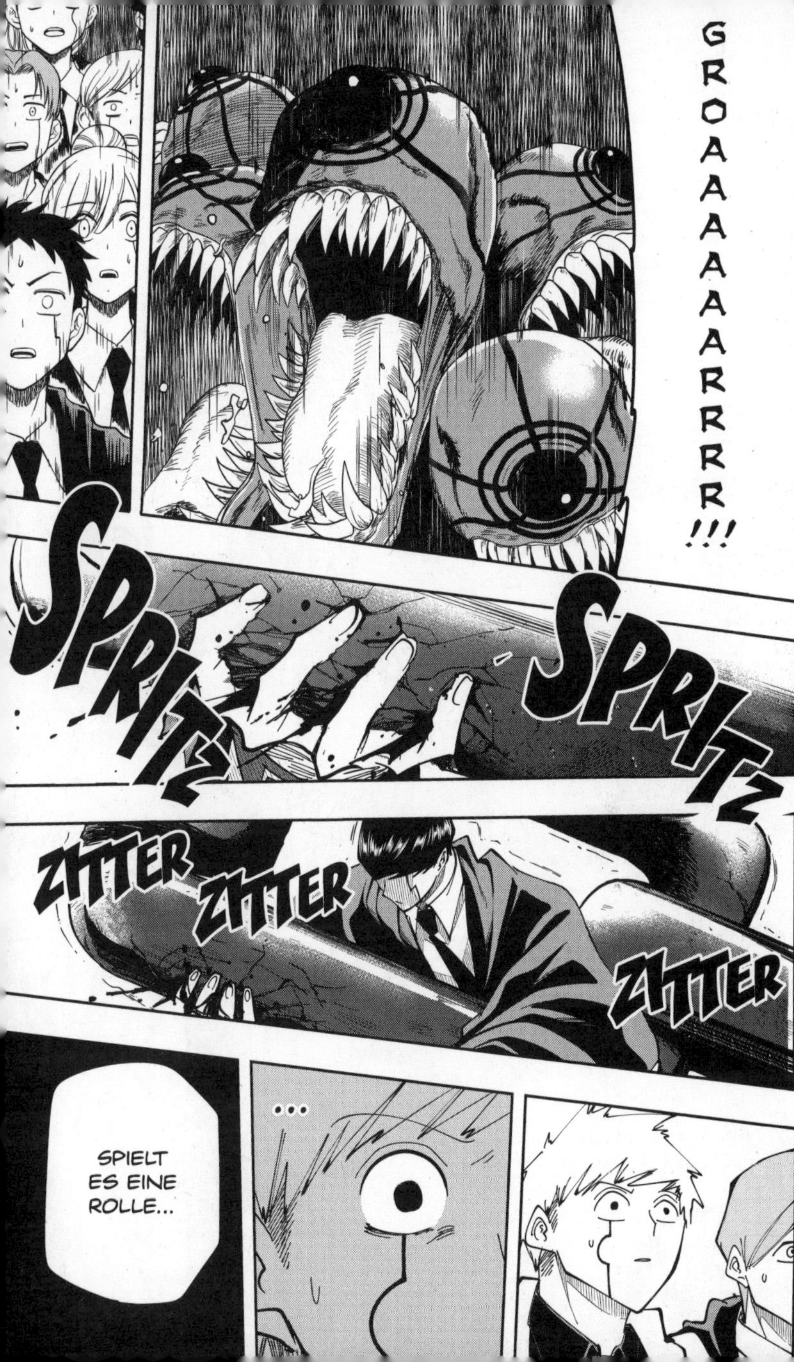
GROAAAAAAARRRR!!!
SPRITZ
SPRITZ
ZITTER
ZITTER
ZITTER
...
SPIELT ES EINE ROLLE...

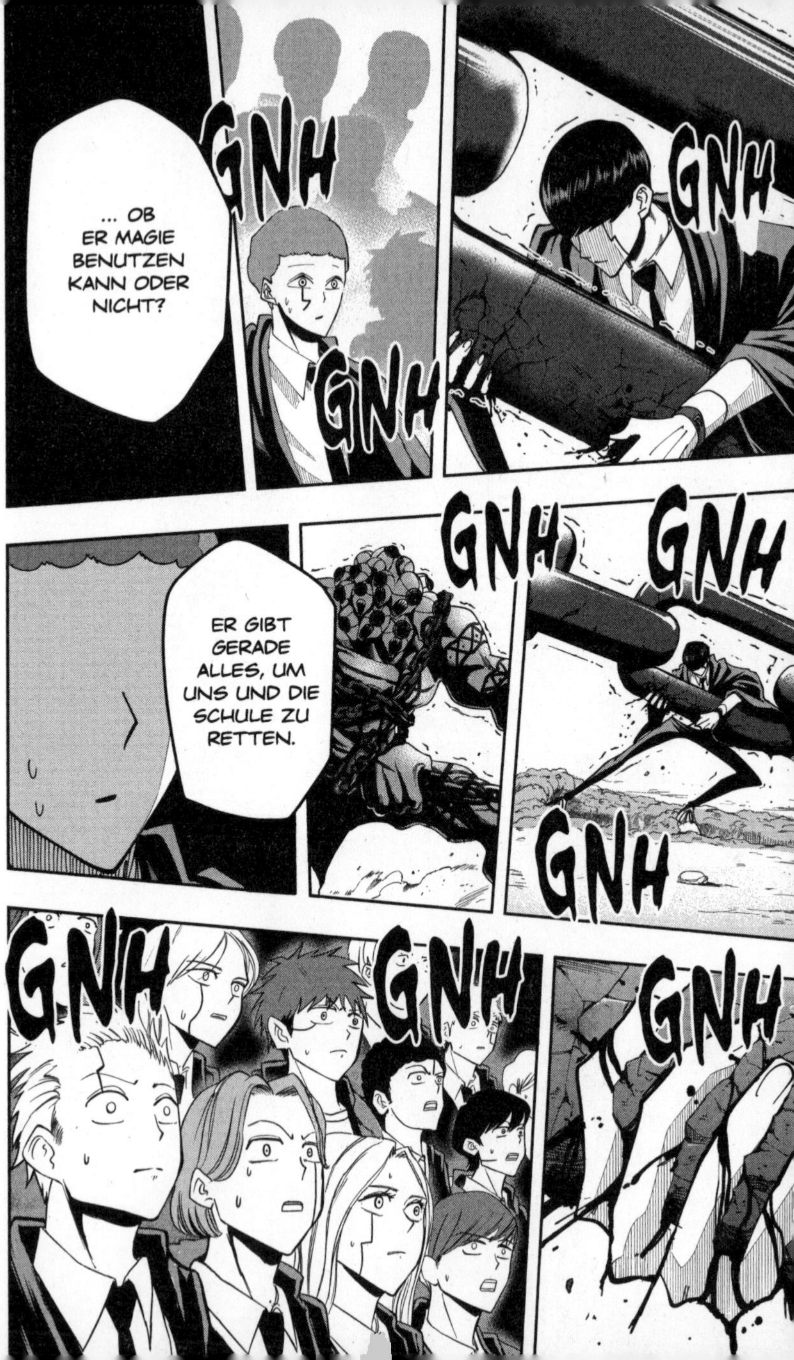
GNH
GNH
GNH
... OB ER MAGIE BENUTZEN KANN ODER NICHT?
GNH
GNH
GNH
ER GIBT GERADE ALLES, UM UNS UND DIE SCHULE ZU RETTEN.
GNH
GNH
GNH

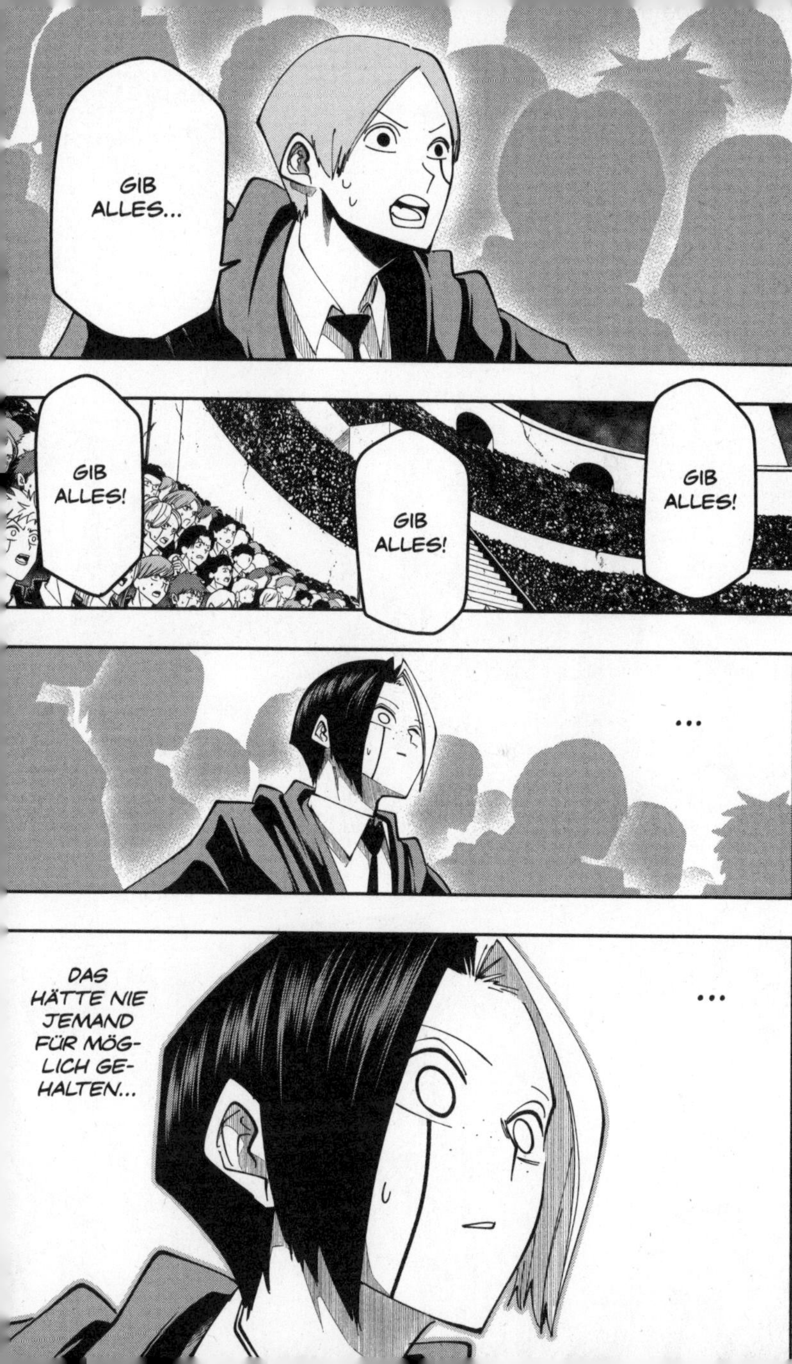
GIB ALLES...
GIB ALLES!
GIB ALLES!
GIB ALLES!
...
...
DAS HÄTTE NIE JEMAND FÜR MÖG-LICH GE-HALTEN...

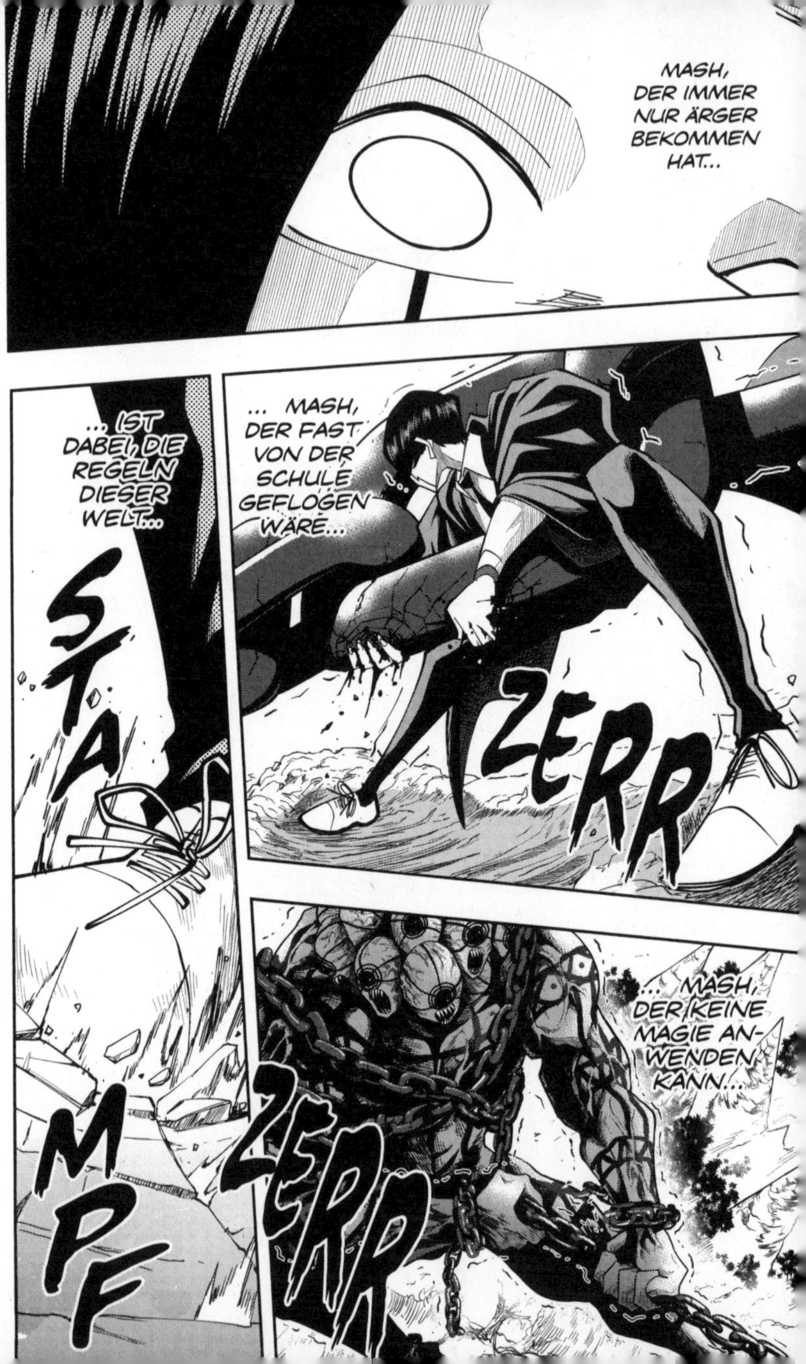
MASH, DER IMMER NUR ÄRGER BEKOMMEN HAT...
... MASH, DER FAST VON DER SCHULE GEFLOGEN WÄRE...
ZERR
... IST DABEI, DIE REGELN DIESER WELT...
STAMPF
... MASH, DER KEINE MAGIE ANWENDEN KANN...
ZERR

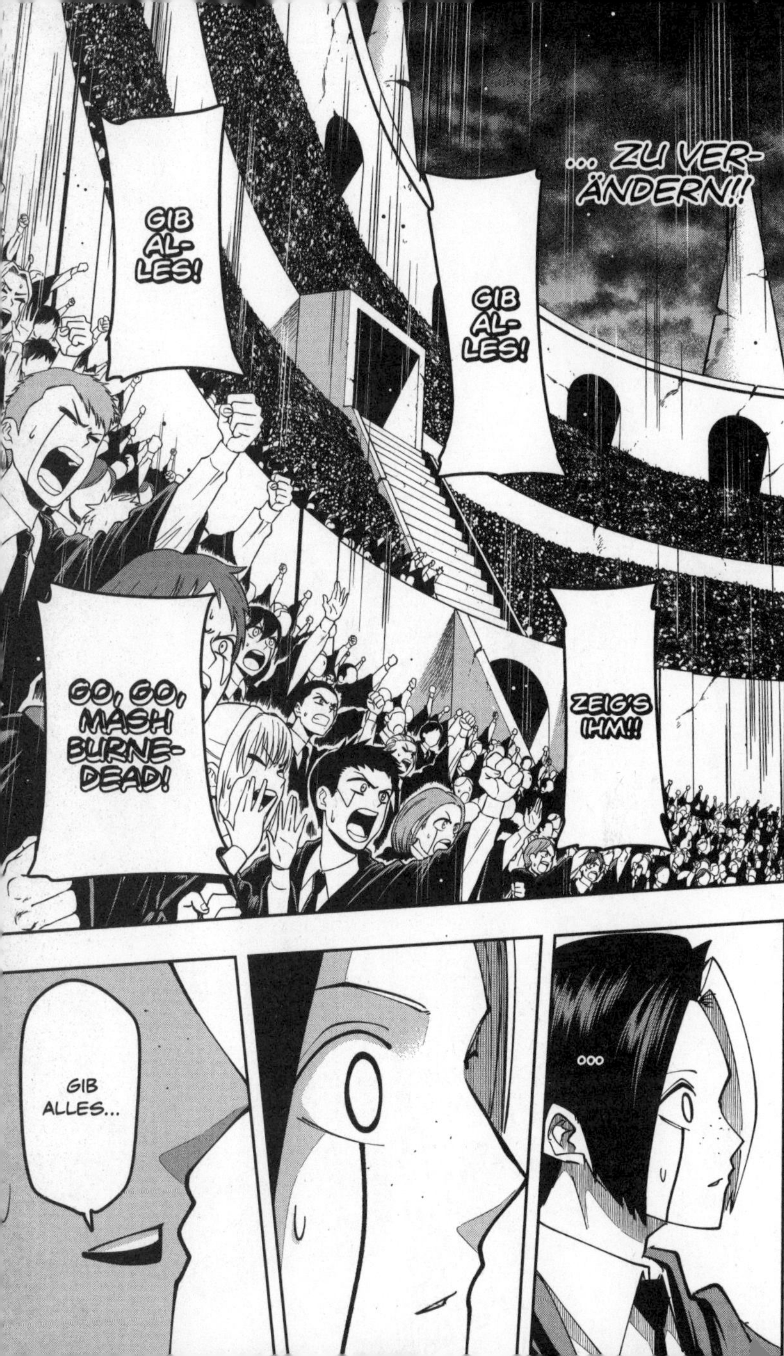

... ZU VERÄNDERN!!
GIB AL-LES!
GIB AL-LES!
ZEIG'S IHM!!
GO, GO, MASH BURNEDEAD!
...
GIB ALLES...

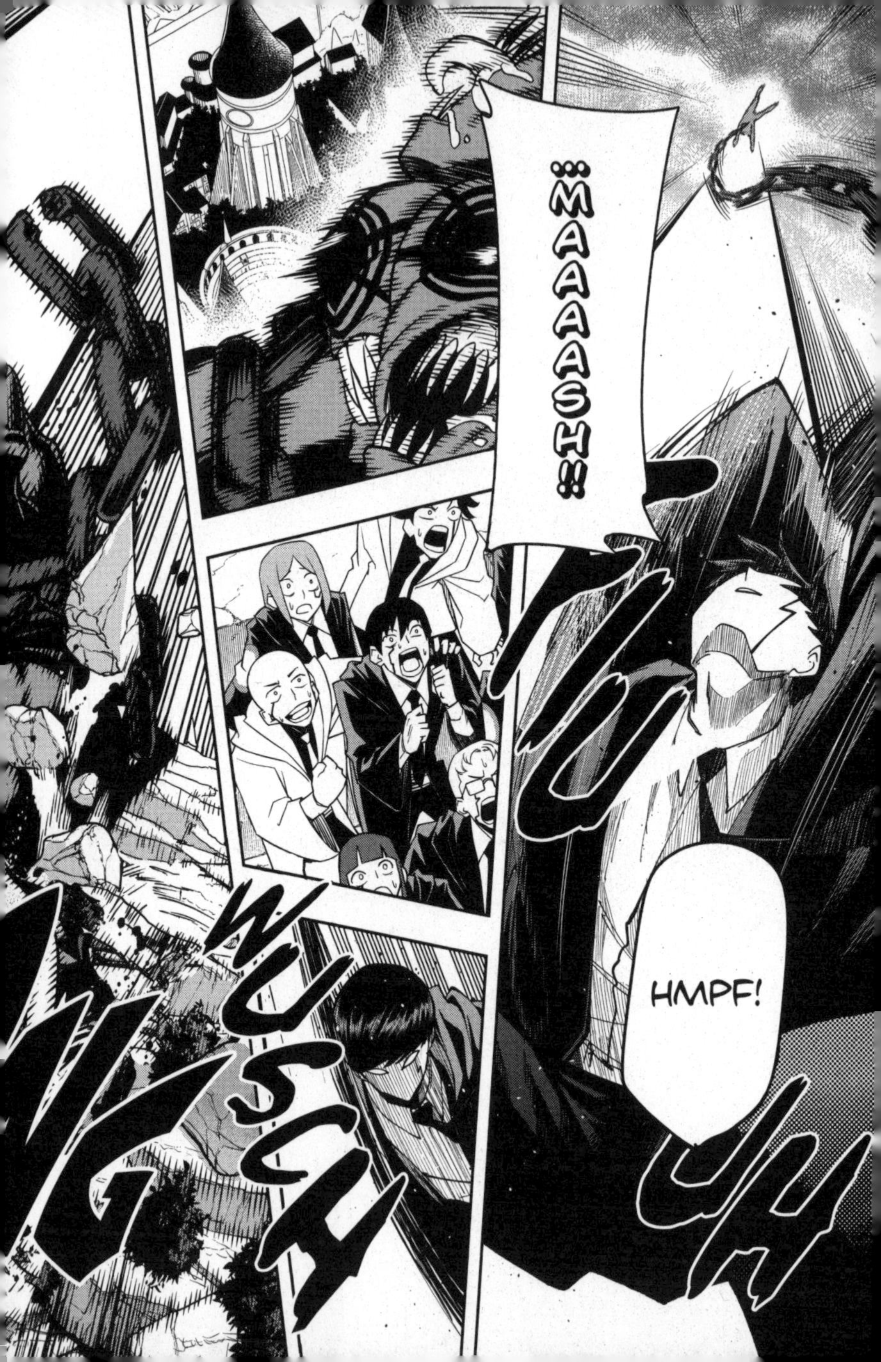
...MAAAAASH!!
WUSCH
HMPF!
WUSCH

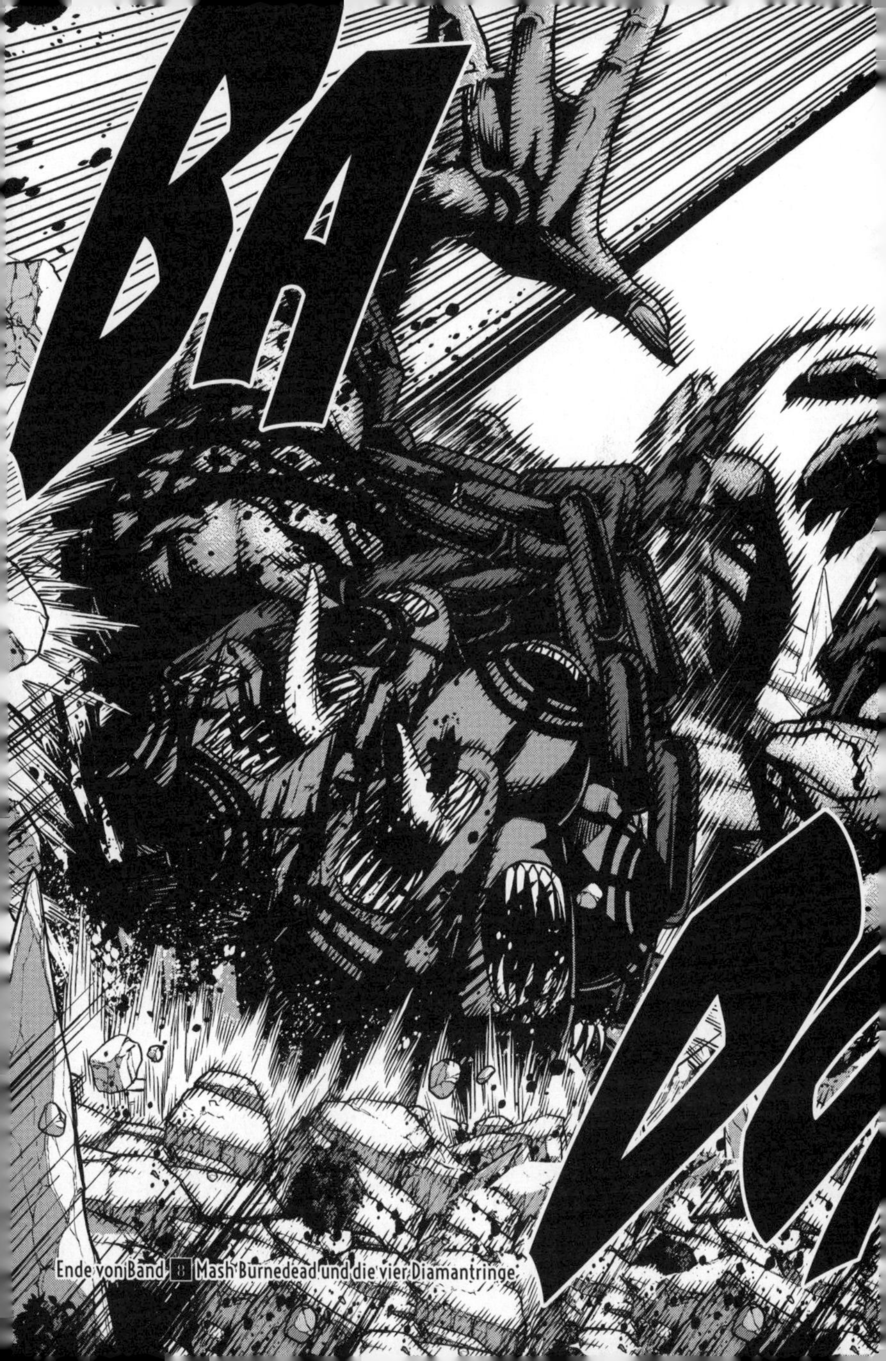

Ende von Band 8 Mash Burnedead und die vier Diamantringe

IM NACHSTEN BAND BEGINNT EIN NEUES KAPITEL!!

DIE LETZTE PRÜFUNG IST...

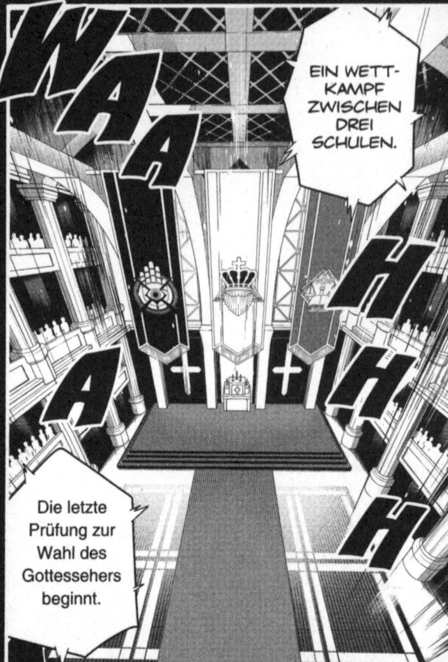

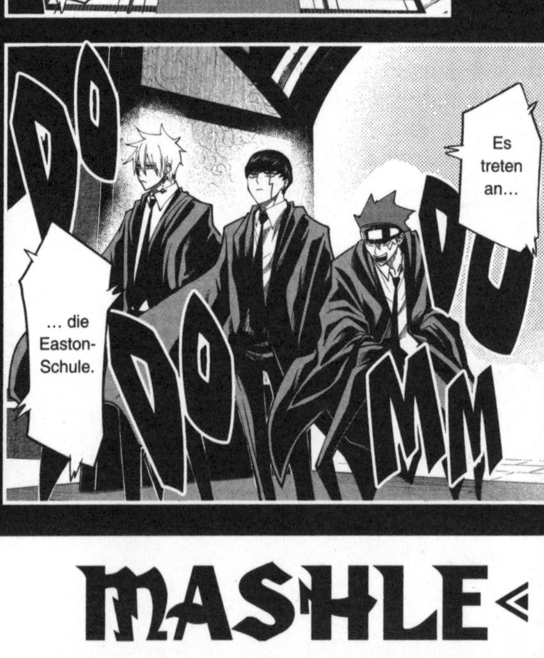

... EIN KAMPF GEGEN GEGNERISCHE SCHULEN!

MASHLE 9

HAU DIE BEDROHLICHEN GEGNER UM!

DAZU SIND MUSKELN GUT!!

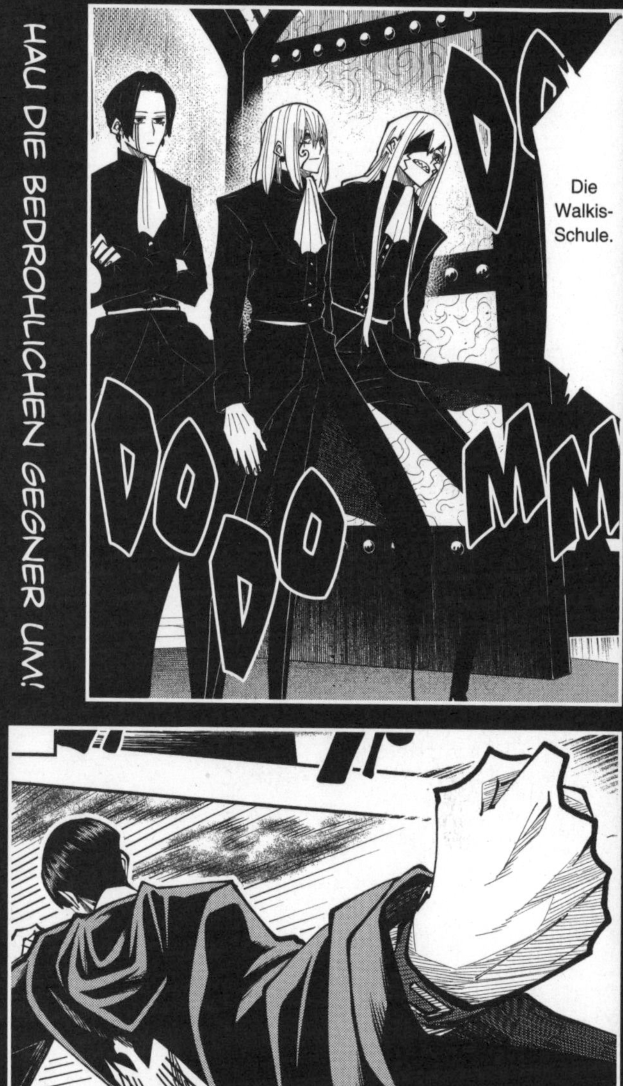

DAS ALLES UND NOCH MEHR IN

MISSION: Yozakura Family

HITSUJI GONDAIRA

VORHANG AUF FÜR DIE SCHRÄGSTE UND GEFÄHRLICHSTE FAMILIE DER WELT!

Taiyo Asano ist ein extrem schüchterner Oberschüler. Die einzige Person, mit der er unbeschwert reden kann, ist seine Kindheitsfreundin Mutsumi Yozakura. Doch dann stellt sich heraus, dass Mutsumi ein Geheimnis hat, das Taiyos Leben völlig auf den Kopf stellt: Ihre Familie besteht aus lauter Superspionen! Und als wäre das nicht schon aufregend genug, trachtet Mutsumis großer Bruder ihm auch noch nach dem Leben! Wie weit wird Taiyo gehen, um seine Haut zu retten?

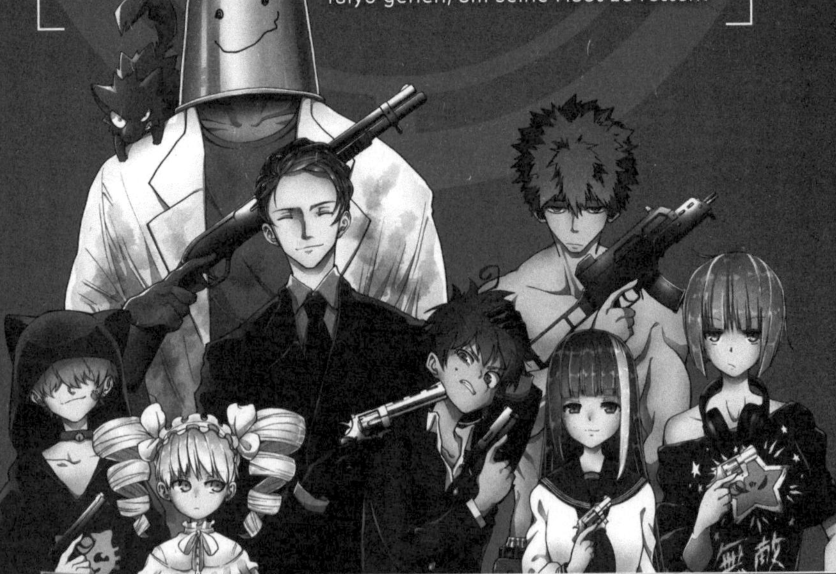

YOZAKURA-SANCHI NO DAISAKUSEN © 2019 by Hitsuji Gondaira / SHUEISHA Inc.

CARLSEN MANGA!
www.carlsenmanga.de
carlsen_manga
carlsenmanga

SAKAMOTO DAYS

YUTO SUZUKI

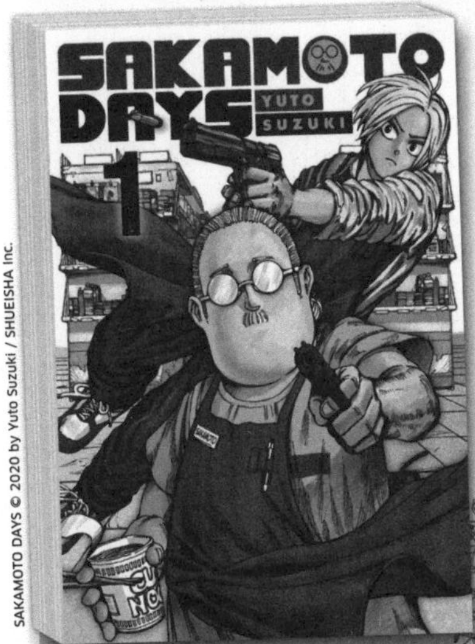

SAKAMOTO DAYS © 2020 by Yuto Suzuki / SHUEISHA Inc.

EX-GANGSTER-KOMÖDIE

MIT RASANTER ACTION

Entdecke die Leseprobe zu Band 1:

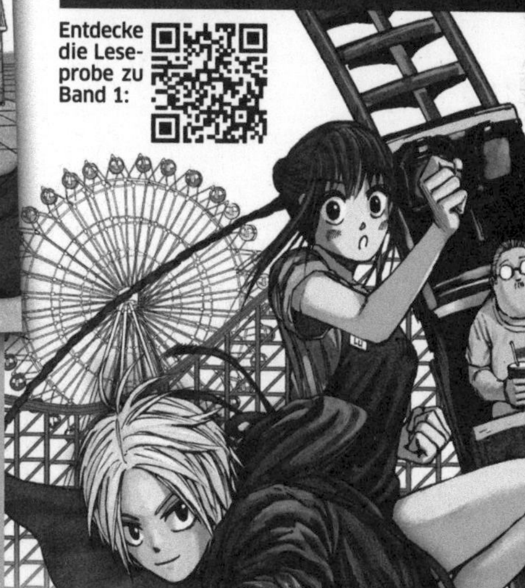

Einst war er der ultimative Auftragskiller, von der gesamten Verbrecherwelt gefürchtet und bewundert zugleich. Doch als er auf die Liebe seines Lebens trifft, schwört Sakamoto, sich zu ändern.

Kurzerhand tauscht er seine Knarren gegen Schürzen ein und arbeitet fortan in einem Supermarkt. Seine Frau und seine kleine Tochter bedeuten ihm alles. Als also der junge Shin auftaucht und seinen Ruhestand bedroht, muss er wohl oder übel seine alten Tricks auspacken...

CARLSEN MANGA! www.carlsenmanga.de

carlsen_manga carlsenmanga

UNDEAD UNLUCK

Yoshifumi Tozuka

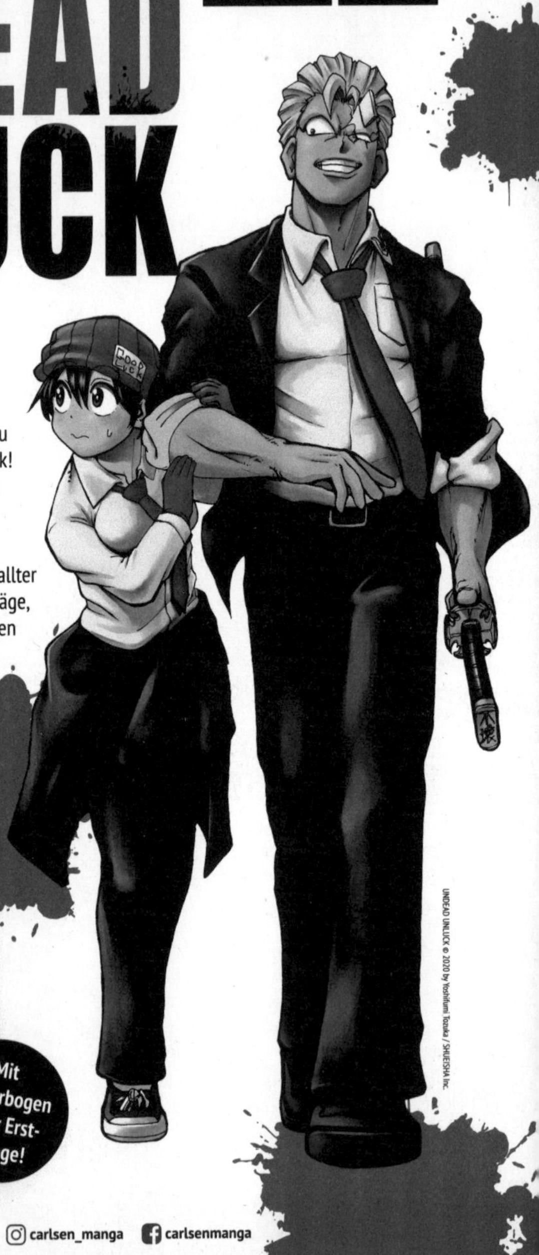

DURCHGEDREHTER ACTION-REISSER ZUM TOTLACHEN

Fuko, genannt Unluck, wünscht sich nichts sehnlicher als eine turbulente Romanze. Ihr Problem: Jedem, der ihr zu Nahe kommt, bringt sie großes Unglück! Auch Andy, genannt Undead, hat einen Wunsch, nämlich endlich zu sterben. Sein Problem: Er ist unsterblich!

Eine ungewöhnliche Komödie mit geballter Actionladung voller Meteoriteneinschläge, Blitz und Donner, Krach und Explosionen sowie einer Prise Romantik!

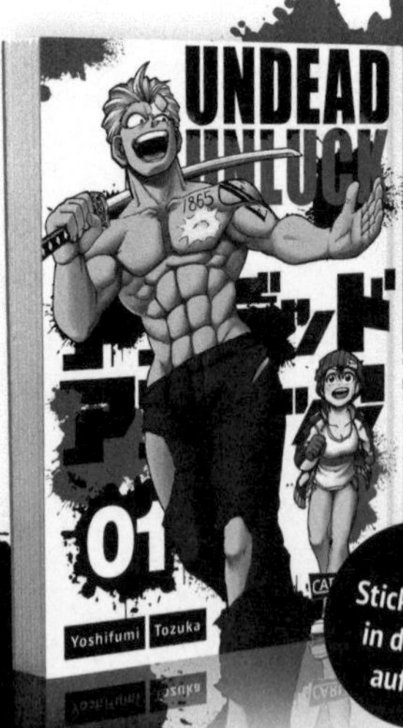

Mit Stickerbogen in der Erstauflage!

UNDEAD UNLUCK © 2020 by Yoshifumi Tozuka / SHUEISHA Inc.

CARLSEN MANGA!

carlsenmanga.de carlsen_manga carlsenmanga

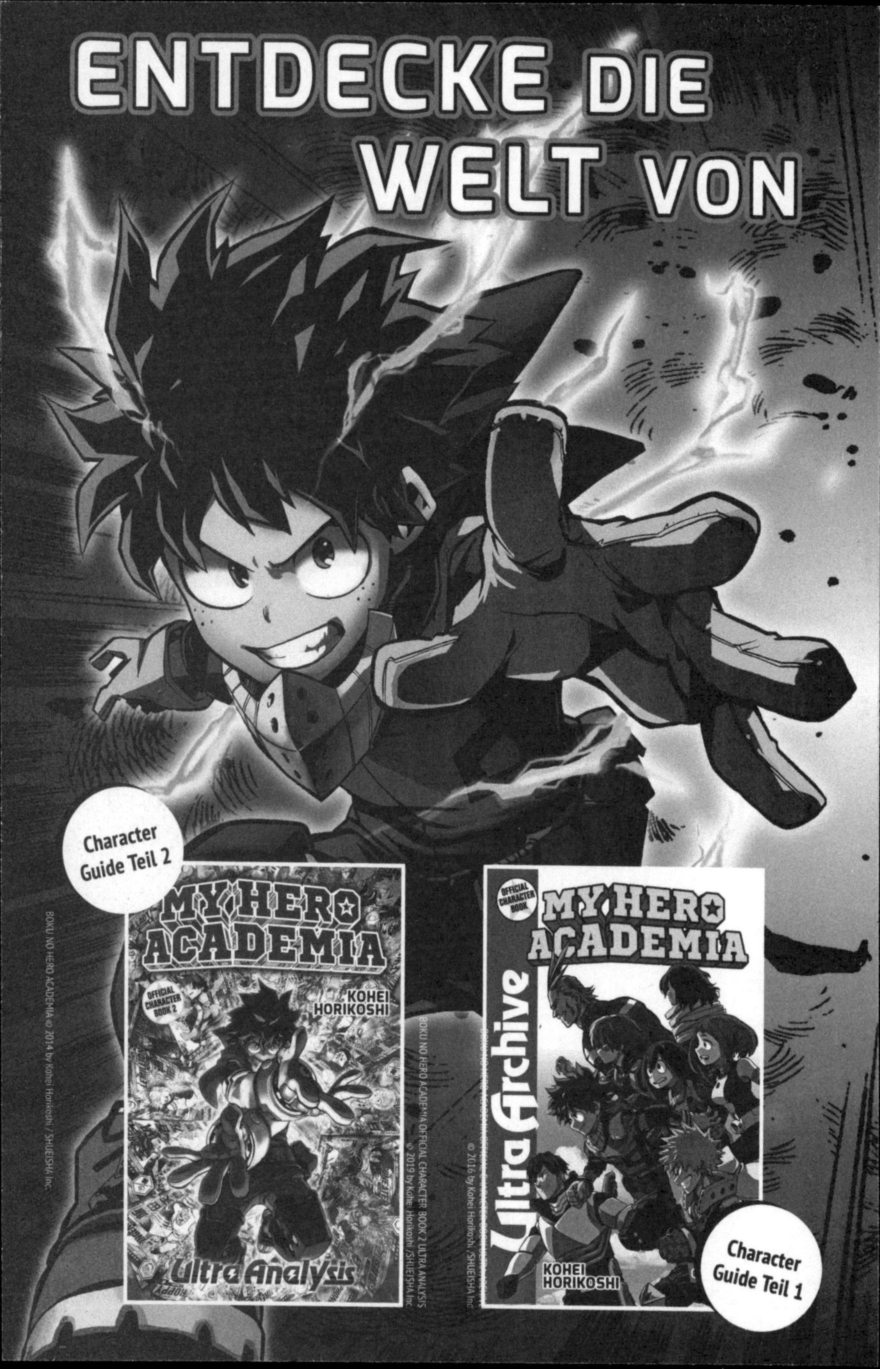
ENTDECKE DIE WELT VON
Character Guide Teil 2
MY HERO ACADEMIA
OFFICIAL CHARACTER BOOK 2
KOHEI HORIKOSHI
Ultra Analysis
BOKU NO HERO ACADEMIA © 2014 by Kohei Horikoshi / SHUEISHA Inc.
BOKU NO HERO ACADEMIA OFFICIAL CHARACTER BOOK 2 ULTRA ANALYSIS © 2019 by Kohei Horikoshi /SHUEISHA Inc.
OFFICIAL CHARACTER BOOK
MY HERO ACADEMIA
Ultra Archive
KOHEI HORIKOSHI
© 2016 by Kohei Horikoshi /SHUEISHA Inc.
Character Guide Teil 1

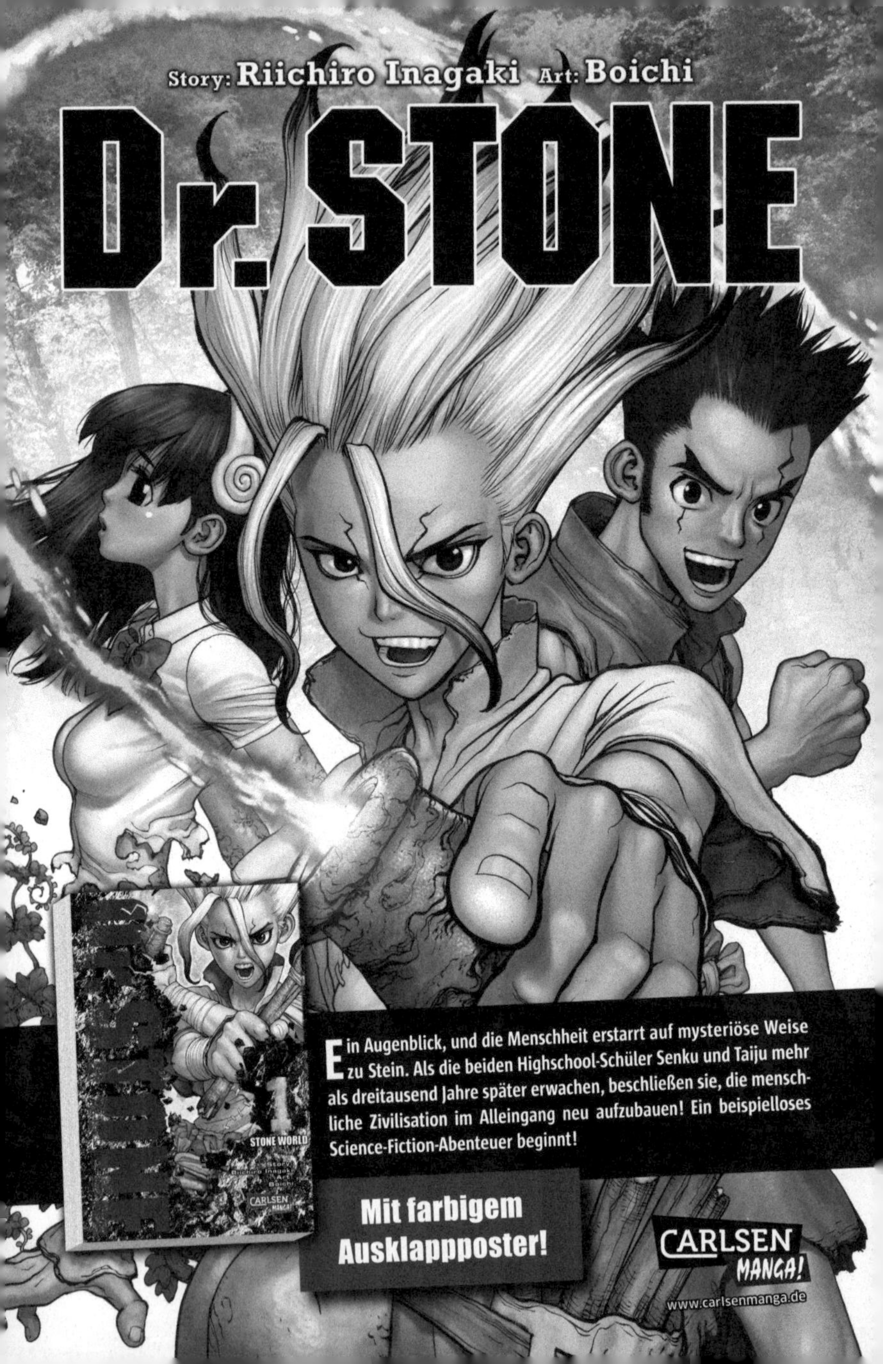

Story: Riichiro Inagaki Art: Boichi
Dr. STONE
STONE WORLD
Ein Augenblick, und die Menschheit erstarrt auf mysteriöse Weise zu Stein. Als die beiden Highschool-Schüler Senku und Taiju mehr als dreitausend Jahre später erwachen, beschließen sie, die menschliche Zivilisation im Alleingang neu aufzubauen! Ein beispielloses Science-Fiction-Abenteuer beginnt!
Mit farbigem Ausklappposter!
CARLSEN MANGA!
www.carlsenmanga.de

STORY: KAIU SHIRAI

THE PROMISED NEVERLAND

ART: POSUKA DEMIZU

ES GIBT KEIN ENTKOMMEN!

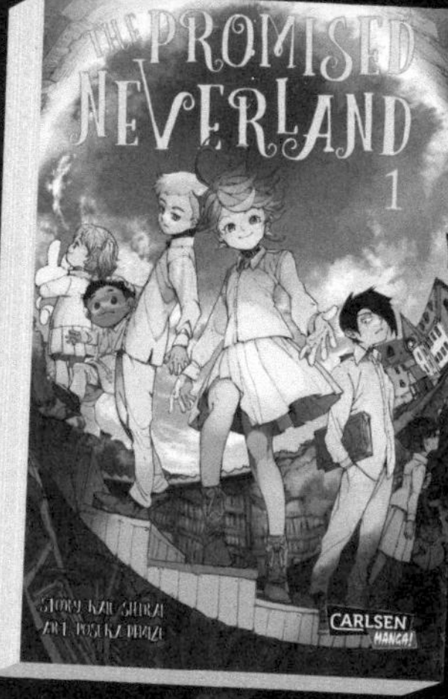

Emma und die anderen Waisenkinder, die im Grace Field Haus aufwachsen, dürfen im Grunde alles tun, was sie wollen. Allerdings gibt es eine wichtige Regel: Das Gelände des Waisenhauses darf nicht verlassen werden. Eines Tages schleichen sie sich doch ans Tor zur Außenwelt, und was die Kinder dort erfahren, ist der blanke Horror...

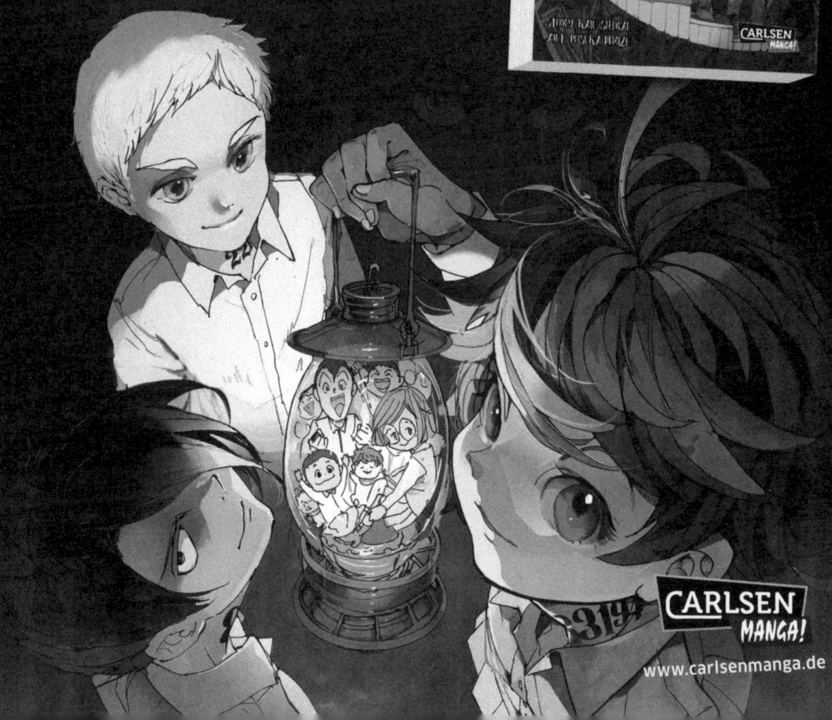

CARLSEN MANGA!

www.carlsenmanga.de

YAKUSOKU NO NEVERLAND © 2016 by Kaiu Shirai, Posuka Demizu / SHUEISHA Inc.

reiche Serien

Boruto

von Masashi Kishimoto, Ukyo Kodachi und Mikio Ikemoto

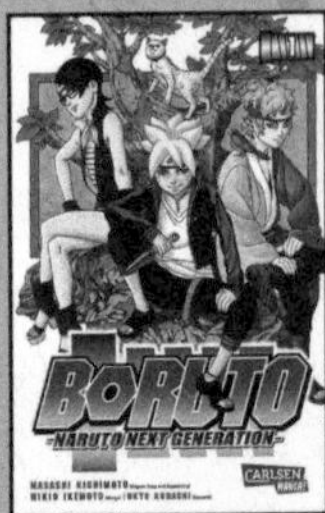

Narutos Sohn Boruto gilt als Wunderkind und ist genauso rebellisch wie einst sein Vater. Er bittet Sasuke ihn zu trainieren, um ein besserer Ninja als Naruto zu werden…

Naruto

von Masashi Kishimoto

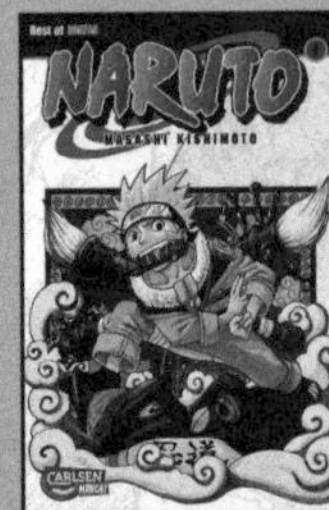

Naruto will der beste Ninja der Welt werden. Weil in ihm ein mächtiges Geheimnis schlummert, wird er von vielen bösen und gefährlichen Ninja verfolgt…

Fairy Tail

von Hiro Mashima

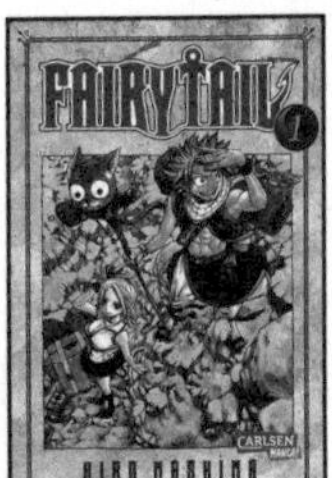

Verrückte Magier, geflügelte Katzen und gefährliche Monster – das ist die Welt von »Fairy Tail«. So nennt sich eine Gilde von sympathischen Outlaws, die mit ihren Zauberkünsten gegen das Böse in der Welt kämpfen, dabei aber mehr als einmal über das Ziel hinausschießen.

Edens Zero

von Hiro Mashima

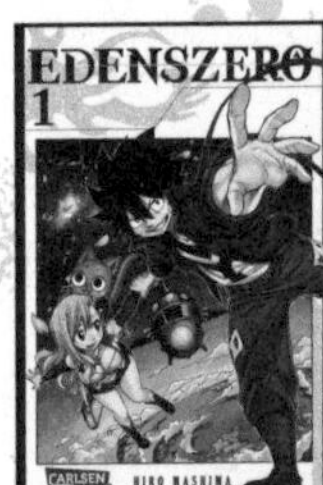

Im Reich der Träume, dem Vergnügungspark Granbell, lebt Shiki allein unter Robotern, doch dann treffen die ersten Gäste seit 100 Jahren ein: Rebecca und ihre blaue Katze Happy. Die drei verstehen sich auf Anhieb gut und werden Freunde… Allerdings birgt dieses kleine Aufeinandertreffen große Veränderungen für ihr Schicksal!

Assassination Classroom

von Yusei Matsui

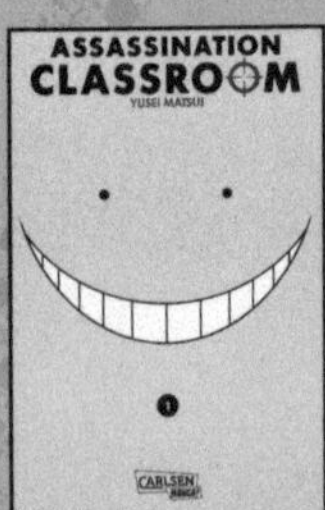

Ein übermächtiges Tentakelmonster mit Smileygesicht droht die Erde zu zerstören. Aber erst nächstes Jahr … Bis dahin unterrichtet das Monster die Klasse 9-E der Kunugigaoka Junior Highschool.

Soul Eater Massiv

von Atsushi Ohkubo

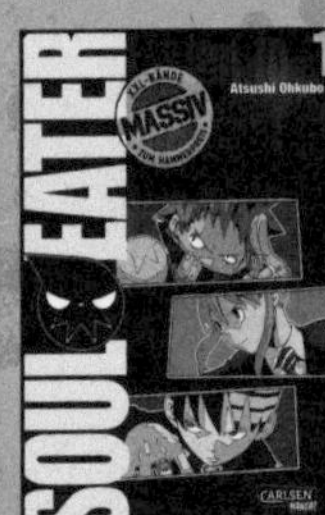

Maka ist Waffenschmiedin in einer spezieller Ausbildung. Ihre Sense namens Soul Eater hat ein Eigenleben und nimmt außerhalb des Kampfes die Gestalt eines ultracoolen Jungen an.

MANGA HEROES Action

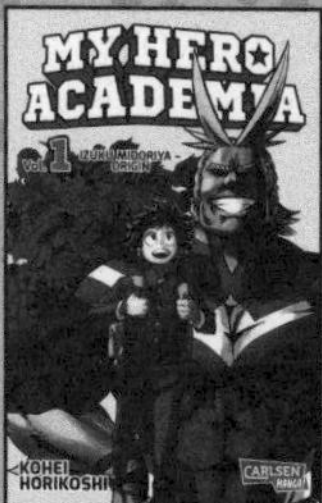

My Hero Academia
von Kohei Horikoshi

In der Welt von Izuku Midoriya besitzt 80% der Bevölkerung Superkräfte.
Doch wie und wo könnten die Helden lernen, ihre Fähigkeiten, die sogenannten »Macken« (jp. Kosei) effizienter zu nutzen? Natürlich an der MY HERO ACADEMIA!

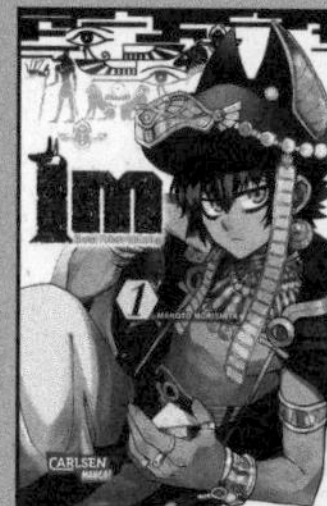

IM – Great Priest Imhotep
von Makoto Morishita

Der Hohepriester Imhotep aus dem antiken Ägypten weilt wieder unter den Lebenden. Im modernen Japan gestrandet, ist er ein Jäger, der die Menschen vor dem uralten Übel der Magai bewahren soll – gottgleichen Wesen, die nach der Vernichtung der Menschen trachten.

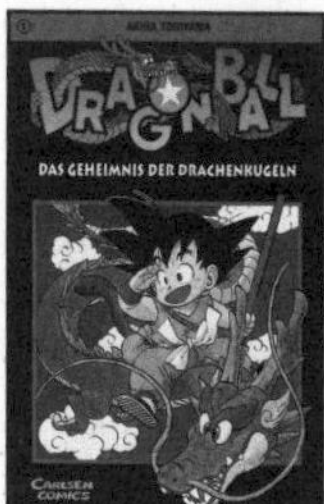

Dragon Ball
von Akira Toriyama

Der Legende nach gibt es sieben »Dragon Balls« auf der Welt. Bringt man alle zusammen, so erscheint der mächtige Drache Shenlong und erfüllt einen Wunsch. Nicht auszudenken, was passiert, sollten die »Dragon Balls« in falsche Hände geraten ...

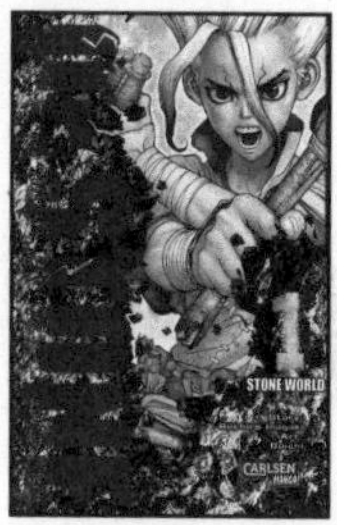

Dr. Stone
von Riichiro Inagaki und Boichi

Ein Augenblick, und die Menschheit erstarrt auf mysteriöse Weise zu Stein. Als die beiden Highschool-Schüler Senku und Taiju mehr als dreitausend Jahre später erwachen, beschließen sie, die menschliche Zivilisation im Alleingang neu aufzubauen!

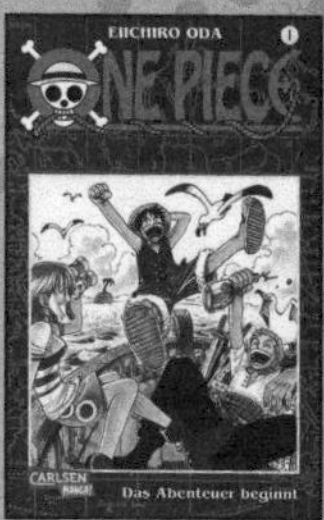

One Piece
von Eiichiro Oda

Monkey D. Ruffy und seine lustige Piraten-Crew sind auf der Suche nach dem größten Schatz der Welt: dem One Piece! Klar, dass sie da nicht die einzigen Piraten auf den Meeren sind...

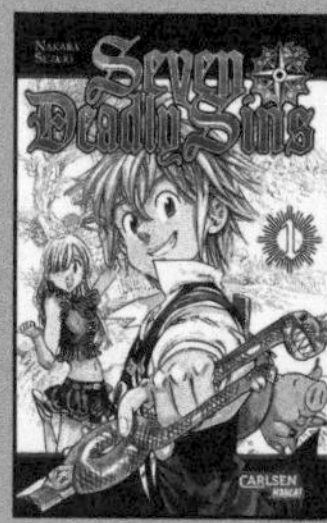

Seven Deadly Sins
von Nakaba Suzuki

Die »Seven Deadly Sins« gelten als die schlimmsten Verbrecher Britannias, Prinzessin Elisabeth macht sich dennoch auf die Suche nach ihnen, denn sie braucht dringend ihre Hilfe...

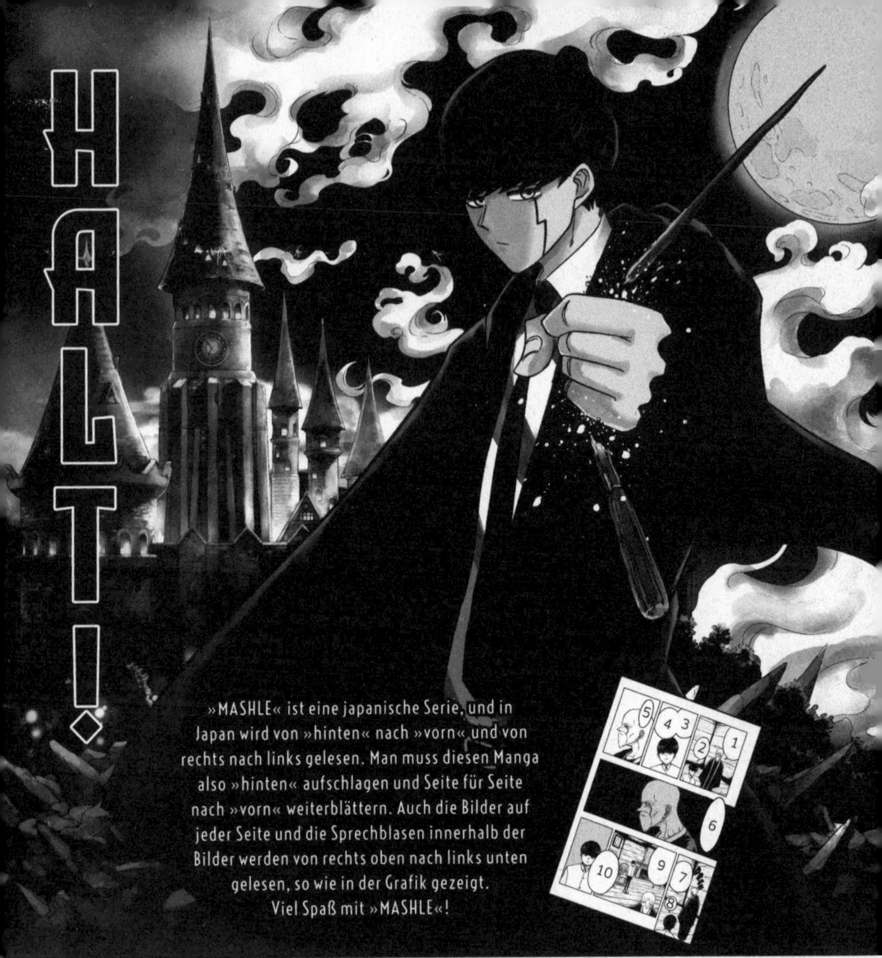

CARLSEN MANGA! NEWS jeden Monat neu per E-Mail
www.carlsenmanga.de · www.carlsen.de

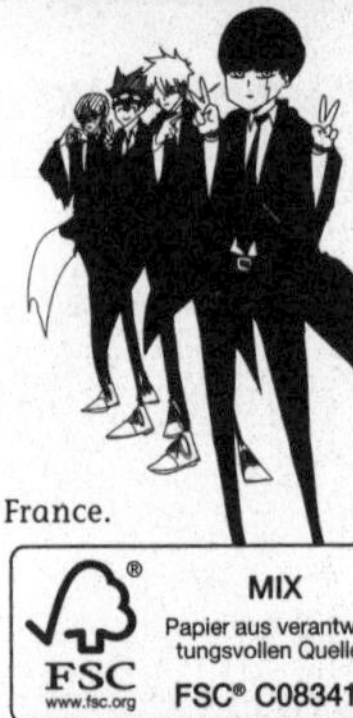

CARLSEN MANGA
Deutsche Ausgabe/German Edition
© Carlsen Verlag GmbH 2023 · Völckersstraße 14-20 · 22765 Hamburg
Aus dem Japanischen von Katrin Stamm
MASHLE © 2020 by Hajime Komoto
All rights reserved.
First published in Japan in 2020 by SHUEISHA Inc., Tokyo.
German translation rights in Germany, Austria, Luxembourg and German-speaking Switzerland arranged by SHUEISHA Inc. through VME PLB SAS, France.
Redaktion: Philipp Nakata & Anne Berling
Textbearbeitung: Steffi Korda
Herstellung: Tobias Hametner
Alle deutschen Rechte vorbehalten
ISBN: 978-3-551-02489-3

MIX
Papier aus verantwortungsvollen Quellen
FSC www.fsc.org
FSC® C083411
Klimaneutrales Produkt